Die Verpflichtung zur Arbeit im Strafvollzug

SCHRIFTEN ZUM STAATS- UND VÖLKERRECHT

Herausgegeben von Gilbert Gornig,
Burkhard Schöbener und Winfried Bausback

Begründet von Dieter Blumenwitz

Band 137

Peter Lang
Frankfurt am Main · Berlin · Bern · Bruxelles · New York · Oxford · Wien

Carolin Dahmen

Die Verpflichtung zur Arbeit im Strafvollzug

Untersuchung zur Vereinbarkeit der Regelungen zu Arbeitspflicht, Entlohnung und Sozialversicherung nach dem Strafvollzugsgesetz mit deutschem Verfassungsrecht und Völkerrecht

Peter Lang
Internationaler Verlag der Wissenschaften

Bibliografische Information der Deutschen Nationalbibliothek
Die Deutsche Nationalbibliothek verzeichnet diese Publikation in der Deutschen Nationalbibliografie; detaillierte bibliografische Daten sind im Internet über http://dnb.d-nb.de abrufbar.

Zugl.: Köln, Univ., Diss., 2010

Umschlaggestaltung:
Olaf Glöckler, Atelier Platen, Friedberg

Gedruckt auf alterungsbeständigem,
säurefreiem Papier.

D 38
ISSN 0172-7796
ISBN 978-3-631-61449-5

www.peterlang.de

Meiner Familie

Vorwort

Die vorliegende Arbeit wurde im Sommersemester 2010 von der Juristischen Fakultät der Universität zu Köln als Dissertation angenommen. Literatur und Rechtsprechung konnten bis zum Februar 2010 berücksichtigt werden.

Ganz herzlich bedanke ich mich bei meiner Doktormutter, Frau Professor Dr. Dr. h.c. Angelika Nußberger, M.A. für die Betreuung der Arbeit von der Themensuche bis zu ihrer Veröffentlichung. Danken möchte ich weiterhin Herrn Professor Dr. Burkhard Schöbener für die zügige Erstellung des Zweitgutachtens und für die Aufnahme der Arbeit in diese Schriftenreihe.

Ein besonderer Dank gilt außerdem Frau Carolin Kleinen für ihren fortwährenden Zuspruch während der Erstellung der Arbeit sowie Herrn Oliver Krauß und Frau Ute Bollig für die Unterstützung im Rahmen der Fertigstellung dieses Werkes. Frau Anne Sieben, Frau Alexandra Kelter und Herrn Thorsten Scheuren danke ich für ihre Diskussionsbereitschaft und die kritischen Anmerkungen.

Besonders herzlicher Dank gebührt meinen Eltern sowie Angelika, Christoph und Udo, denen ich diese Arbeit widme. Ihre uneingeschränkte Förderung meiner Ausbildung und ihre vollumfängliche Unterstützung hat die Anfertigung der vorliegenden Arbeit erst ermöglicht.

Köln, den 05. Oktober 2010

Inhaltsverzeichnis

Abkürzungsverzeichnis

Abs.	Absatz
AE	Alternativentwurf
AEMR	Allgemeine Erklärung der Menschenrechte
a.F.	Alte Fassung
AG	Amtsgericht
AK	Alternativkommentar
AöR	Archiv des öffentlichen Rechts
Art.	Artikel
Az.	Aktenzeichen
BAGE	Sammlung der Entscheidungen des Bundesarbeitsgerichts
BAG-S	Stellungnahme der Bundesarbeitsgemeinschaft für Straffälligenhilfe e.V.
BArbBl	Bundesarbeitsblatt
BayVBl	Bayerische Verwaltungsblätter
BB	Der Betriebsberater
BGBl	Bundesgesetzblatt
BGH	Bundesgerichtshof
BGHSt	Sammlung der Entscheidungen des Bundesgerichtshofs in Strafsachen
BGHZ	Sammlung der Entscheidungen des Bundesgerichtshofs in Zivilsachen
Br-Ds.	Bundesrats-Drucksache
BSG	Bundessozialgericht
BSGE	Sammlung der Entscheidungen des Bundessozialgerichts
BSHG	Bundessozialhilfegesetz
Bt-Ds.	Bundestags-Drucksache
BUrlG	Bundesurlaubsgesetz
BVerfG	Bundesverfassungsgericht
BVerfGE	Sammlung der Entscheidungen des Bundesverfassungsgerichts
BVerwG	Bundesverwaltungsgericht
BVerwGE	Sammlung der Entscheidungen des Bundesverwaltungsgerichts
CESCR	Committee on Economic, Social and Cultural Rights

CCPR	Committee on Civil and Political Rights/Human Rights Committee
DAV	Deutscher Anwaltverein
DÖV	Die öffentliche Verwaltung
DRiZ	Deutsche Richterzeitung
DVBl	Deutsches Verwaltungsblatt
DVollzO	Dienst- und Vollzugsordnung für Strafanstalten
ECOSOC	Economic and Social Council
EGMR	Europäischer Gerichtshof für Menschenrechte
Einf.	Einführung
EKMR	Europäische Kommission für Menschenrechte
EMRK	Europäische Menschenrechtskonvention
ESC	Europäische Sozialcharta
ESCR	European Committee of Social Rights
EuGRZ	Europäische Grundrechtezeitung
EuR	Europarecht
FEVS	Fürsorgerechtliche Entscheidungen der Verwaltungs- und Sozialgerichte
GA	Goltdammers Archiv für Strafrecht
GATT	General Agreement on Tariffs and Trade
GG	Grundgesetz
HStR	Handbuch des Staatsrechts
IAO	Internationale Arbeitsorganisation
ICCPR	International Covenant on Civil and Political Rights
ICESCR	International Convenant on Economic, Social and Cultural Rights
ICTY	International Criminal Tribunal for the former Yugoslavia
IGH	Internationaler Gerichtshof
IGHSt	Internationaler Strafgerichtshof
ICJ	International Court of Justice
ILC	International Labour Conference
ILO	International Labour Organisation
Info Also	Informationen zum Arbeitslosenrecht und Sozialhilferecht
InfAuslR	Informationsbrief Ausländerrecht
IPbpR	Internationaler Pakt über bürgerliche und politische Rechte
IPwskR	Internationaler Pakt über wirtschaftliche, soziale und kulturelle Rechte
JBl	Juristische Blätter
JöR	Jahrbuch öffentliches Recht
JURA	Juristische Ausbildung

JuS	Juristische Schulung
Kap.	Kapitel
KG	Kammergericht
LAG	Landesarbeitsgericht
LG	Landgericht
LSG	Landessozialgericht
MDR	Monatsschrift für Deutsches Recht
NachrLVA HE	Nachrichten der Landesversicherungsanstalt Hessen
n.F.	Neue Fassung
NJW	Neue Juristische Wochenzeitschrift
NJW-RR	Neue Juristische Wochenzeitschrift, Rechtssprechungs-Report
NK	Neue Kriminalpolitik
No.	Number
Nr.	Nummer
NStZ	Neue Zeitschrift für Strafrecht
NVwZ	Neue Zeitschrift für Verwaltungsrecht
NVwZ-RR	Neue Zeitschrift für Verwaltungsrecht, Rechtsprechungs-Report
NZA	Neue Zeitschrift für Arbeitsrecht
NZS	Neue Zeitschrift für Sozialrecht
OLG	Oberlandesgericht
OVG	Oberverwaltungsgericht
Para	Paragraph/Absatz
RCE	Report of the Committee of Experts
RdA	Recht der Arbeit
RegE	Regierungsentwurf
Rs.	Rechtssache
SchlHA	Schleswig-Holsteinische Anzeigen
SG	Sozialgericht
SGB	Sozialgesetzbuch
SGb	Die Sozialgerichtsbarkeit
SozSich	Soziale Sicherheit
SozVers	Die Sozialversicherung
SRH	Sozialrechtshandbuch
StPO	Strafprozessordnung
StraFo	Strafverteidiger Forum
StV	Strafverteidiger
StVollzG	Strafvollzugsgesetz
StVollzVergO	Strafvollzugsvergütungsordnung
UN	United Nations

VG	Verwaltungsgericht
VGH	Verwaltungsgerichtshof
Vorb.	Vorbemerkung
VSSR	Vierteljahresschrift für Sozialrecht
WVK	Wiener Übereinkommen über das Recht der Verträge
ZaöRV	Zeitschrift für ausländisches öffentliches Recht und Völkerrecht
ZEuS	Zeitschrift für Europarechtliche Studien
ZESAR	Zeitschrift für Europäisches Sozial- und Arbeitsrecht
ZFSH/SGB	Sozialrecht in Deutschland und Europa
ZfStrVo	Zeitschrift für Strafvollzug und Straffälligenhilfe
ZIAS	Zeitschrift für ausländisches und internationales Arbeits- und Sozialrecht
ZP	Zusatzprotokoll
ZRP	Zeitschrift für Rechtspolitik

Erster Teil: Einführung

A. Thema der Untersuchung

Die vorliegende Untersuchung befasst sich mit der verfassungs- und völkerrechtlichen Zulässigkeit der Arbeitspflicht von Strafgefangenen in deutschen Gefängnissen aufgrund von § 41 Abs. 1 StVollzG sowie mit der Zulässigkeit der Regelungen zur Entlohnung und Sozialversicherung, die mit der Arbeitspflicht korrespondieren.

I. Arbeit im Gefängnis

Die einfachgesetzliche Rechtsgrundlage der Gefängnisarbeit bildet § 41 Abs. 1 StVollzG. Danach müssen grundsätzlich alle Strafgefangenen einer Arbeit nachgehen. Diese „Arbeitspflicht", also die zwangsweise Verpflichtung zur Arbeit, wirkt vor dem Hintergrund der Bedeutung von Arbeit in unserer Gesellschaft und der seit Jahren schwierigen Situation auf dem Arbeitsmarkt anachronistisch. So ist die Ausübung einer Arbeit zum einen schlichte Notwendigkeit eines jeden zur Herstellung bzw. Sicherung einer Existenzgrundlage, wobei längst nicht jeder die Möglichkeit bekommt einer Arbeit nachzugehen, zum anderen bemisst sich nach der Art der Tätigkeit, dem damit einhergehenden Verdienst und einer möglichen Reputation der Arbeit auch der Wert eines Menschen als Teil der Leistungsgesellschaft. Der Verlust des Arbeitsplatzes führt daher nicht nur zu wirtschaftlichen Problemen, sondern stellt auch rein tatsächlich die soziale Reputation des Arbeitslosen in Frage[1]. Aufgrund der immensen Bedeutung von Arbeit in unserer Gesellschaft wird in regelmäßigen Abständen auch die Frage thematisiert, ob nicht ein „Recht auf Arbeit" für jedermann eingeführt werden sollte, welchen Nutzen dies hätte und wo die Grenzen dieses Rechts liegen. Die Idee zur Normierung eines „Grundrechts auf Arbeit" kam in Deutschland bereits im 20. Jahrhundert auf. Laut Art. 163 Abs. 2 der Weimarer Reichsverfassung sollte jedem Deutschen die Möglichkeit gegeben werden, durch wirtschaftliche Arbeit

1 Brockhaus, Band 2, S. 291.

seinen Unterhalt zu erwerben. Auch auf internationaler Ebene wurde das Recht auf Arbeit als ein grundlegendes Menschenrecht angesehen. So bestimmt etwa Art. 23 der Allgemeinen Erklärung der Menschenrechte aus dem Jahre 1948 „Jeder Mensch hat das Recht auf Arbeit“ und Art. 6 Abs. 1 des Internationales Pakts über soziale, wirtschaftliche und kulturelle Rechte aus dem Jahre 1966 lautet „Die Vertragsstaaten erkennen das Recht auf Arbeit an“.

Wenn also die Arbeit als ein so wesentliches Recht angesehen und damit das Ansehen eines Menschen in der Gesellschaft verknüpft ist, wofür bedarf es dann einer gesetzlich normierten Arbeitspflicht? Diese Frage lässt sich anhand der gesetzgeberischen Intention bei Schaffung des Strafvollzugsgesetzes beantworten. Der Gesetzgeber hat die Arbeit der Strafgefangenen im Strafvollzug als das maßgebliche Mittel zur Resozialisierung eingestuft, die Resozialisierung wiederum ist Hauptzweck des Strafvollzugs, § 2 S. 1 StVollzG.

Nun birgt jede zwangsweise Verpflichtung von Menschen einen Konflikt mit den grundrechtlich geschützten Freiheiten. Dies führt zu der Frage, ob und unter welchen Bedingungen eine Arbeitspflicht von Gefängnisinsassen zulässig ist. Für die Beantwortung dieser Frage gibt sowohl das deutsche Verfassungs- als auch das Völkerrecht einen Rahmen. Das Grundgesetz trifft Aussagen über die verfassungsrechtliche Zulässigkeit der Gefängnisarbeit in Art. 12 Abs. 3 GG, im Bereich des universellen Völkerrechts ist etwa das IAO-Übereinkommen Nr. 29 zu nennen, das Vorgaben macht, und Art. 4 Abs. 2 EMRK stellt Maßgaben für die Ebene des regionalen Völkerrechts auf.

Neben dieser rechtlichen Dimension der Gefängnisarbeit gibt es auch einen tatsächlichen Aspekt. Betrachtet man etwa die Zahlen des Statistischen Bundesamtes zum Strafvollzug, so befanden sich zum 31.03.2008 insgesamt 62.348 Personen in Haft[2]. Davon haben 13.197 Personen eine Freiheitsstrafe von mehr als zwei Jahren Dauer abzuleisten. Tatsächlich kann jedoch nicht allen Strafgefangenen ein Arbeitsplatz zur Verfügung gestellt werden. Wie verträgt sich diese Situationen mit der vom Gesetzgeber ausgegebenen Maxime, dass die Arbeit im Gefängnis das Mittel zur Resozialisierung ist? Für die tatsächliche Bedeutung der Gefangenenarbeit dürfen auch Kostenerwägungen nicht unberücksichtigt bleiben. Jährlich kostet die Bundesländer der Strafvollzug etliche Millionen Euro. So gab beispielsweise Bayern im Jahre 2008 insgesamt 310,1 Millionen Euro, im Jahre 2009 geschätzte 324 Millionen Euro für den Strafvollzug aus[3]. Nordrhein-Westfalen gab im Jahre 2007 653,9 Millionen Euro für den Strafvollzug aus, während es im Jahre 1982 noch 300,7 Millionen Euro waren[4]. Insoweit stellt sich die Frage,

2 Statistisches Bundesamt, Strafvollzug 2008, 12.

3 Die Daten sind abzurufen unter www.justizvollzug-bayern.de.

4 Justizministerium des Landes Nordrhein-Westfalen, Justiz in Zahlen 2008, Ziffer 8.1.

welchen Nutzen die Arbeitspflicht hat, ob sie sich in den 30 Jahren seit Inkrafttreten des Strafvollzugsgesetzes bewährt hat und ob sie in der aktuellen Ausgestaltung tatsächlich das geeignete Resozialisierungsmittel ist, als das sie vorgesehen war.

II. Allgemeine Fragestellung

Das Thema der vorliegenden Untersuchung ist die Überprüfung der Rechtmäßigkeit der Arbeitspflicht von Strafgefangenen gemäß § 41 StVollzG und der damit einhergehenden Fragen der Vergütung (§ 200 StVollzG) und der Sozialversicherung (§§ 190–193 StVollzG), gemessen am Maßstab des deutschen Verfassungs- und des Völkerrechts. Es gilt insbesondere herauszuarbeiten, ob und inwieweit verfassungs- und völkerrechtliche Regelungen für diesen Themenkomplex in Verbindung zueinander stehen und gegebenenfalls, ob sich daraus Konfliktfelder ergeben. In diesem konkreten Zusammenhang stellt sich die allgemeine Frage nach der Geltung des Völkerrechts als Teil der deutschen Rechtsordnung in Theorie und Praxis. Der letztgenannte praktische Aspekt wirft die auf den vorliegend untersuchten konkreten Untersuchungsgegenstand bezogenen Fragen auf, wozu sich die Bundesrepublik Deutschland als Völkerrechtssubjekt verpflichtet hat, wie diese Verpflichtungen von den drei staatlichen Gewalten umgesetzt und ob mögliche Konflikte von nationalen Gesetzen und Völkerrecht anerkannt und aufgelöst werden. Maßgeblicher Bestandteil der Arbeit soll die Herausarbeitung von Merkmalen des Begriffs „Zwangsarbeit“ unter Einbeziehung der Rechtsquellen von Verfassungs- und Völkerrecht sein.

III. Konkreter Gang der Untersuchung

Ausgangspunkt der Untersuchung ist die Darstellung der historischen Entwicklungslinien und der im Verlaufe der letzten fünf Jahrhunderte stetigen Veränderungen unterliegenden Ansätze und Auffassungen zu der Frage, welche Ziele durch die Inhaftierung von Menschen als Sanktion für strafbares Handeln erreicht werden sollen. Dabei sei vorweggenommen, dass der zwangsweisen Verpflichtung zur Arbeit im Gefängnis in der Diskussion um den Sinn und Zweck der Freiheitsstrafe stets eine hervorgehobene Rolle zukam. Wesentlicher Aspekt der Diskussion um Strafvollzug, Strafen und das Arbeiten ist auch seit jeher die Kostenfrage.

Im Anschluss an die historische Darstellung wird auf die aktuelle gesetzliche Regelung zur Gefängnisarbeit nach dem Strafvollzugsgesetz eingegangen. Neben der Erläuterung zur Arbeitspflicht an sich, erfolgt eine Übersicht über die Bedingungen, zu denen die Strafgefangenen im Gefängnis arbeiten (müssen). Dabei werden die aktuell gültige Norm und die bis zum Jahre 2001 geltende Regelung über die Höhe der Entlohnung der Strafgefangenen gegenübergestellt.

Der verfassungsrechtliche Teil der Arbeit beginnt mit der Darstellung der Entscheidung des Bundesverfassungsgerichts vom 01.07.1998. Anhand des Sachverhalts und der Entscheidungsgründe lassen sich die wesentlichen verfassungsrechtlichen Probleme zusammengefasst aufzeigen. Sodann erfolgt die Prüfung der Zulässigkeit der Arbeit im Strafvollzug am Maßstab des Verfassungsrechts, wobei besonderer Wert auf den Inhalt des Art. 12 Abs. 2 und Abs. 3 GG sowie das Resozialisierungsgebot aus Art. 2 Abs. 1 GG i.V.m. Art. 1 Abs. 1 GG gelegt werden wird. Im Anschluss werden die Bedingungen, zu denen die Gefängnisarbeit erbracht wird, einer Rechtmäßigkeitsprüfung im Hinblick auf das Grundrecht der Eigentumsfreiheit aus Art. 14 Abs. 1 GG und den Allgemeinen Gleichheitssatz des Art. 3 Abs. 1 GG unterzogen. Dieses Kapitel wird mit der Feststellung des verfassungsrechtlichen Ergebnisses beendet.

Im fünften Teil wird auf die verschiedenen völkerrechtlichen Regelungen eingegangen, die für den Bereich der Gefängnisarbeit Vorgaben enthalten. Die Darstellung erfolgt ausgehend vom universellen Völkerrecht hin zum regionalen Völkerrecht. Aus dem Bereich des universellen Völkerrechts werden die IAO-Übereinkommen Nr. 29, Nr. 105, Nr. 102 und Nr. 108, der Internationale Pakt über bürgerliche und politische Rechte sowie der Internationale Pakt über kulturelle, soziale und wirtschaftliche Rechte in die Prüfung einbezogen. Auf der Ebene des regionalen Völkerrechts erfolgt die Prüfung der Vereinbarkeit der Arbeitspflicht zu den aktuell geltenden Bedingungen mit der Europäischen Menschenrechtskonvention und der Europäischen Sozialcharta. Am Ende dieses Kapitel wird der völkerrechtliche Ist-Zustand festgestellt.

B. Methodisches Vorgehen

I. Historische Entwicklungen der Gefängnisarbeit

Zunächst werden die historische Entwicklung der Einrichtung „Gefängnis“ und die sich über die Jahrhunderte immer wieder veränderte Bedeutung und Ausprägung der Gefängnisarbeit dargestellt. Dies dient als Hintergrund für die auch nach über fünf Jahrhunderten immer noch aktuelle Diskussion um Sinn und Nutzen der Gefängnisarbeit trotz der erheblichen Änderungen rechtlicher Determinanten im zurückliegenden Jahrhundert. Zudem soll mit dieser Darstellung aufgezeigt werden, dass die Diskussion um die sinnvolle Gestaltung des Strafvollzugs keineswegs ein rein deutsches Phänomen ist.

II. Analyse und Bestand der aktuellen Situation

Die Arbeitspflicht von Strafgefangenen wird durch das Strafvollzugsgesetz geregelt. Im Rahmen der nach § 41 Abs. 1 StVollzG vorgesehenen Arbeitspflicht gibt es unterschiedliche Formen der Gefängnisarbeit. Daneben gibt es Regelungen zur Entlohnung und Sozialversicherung der Gefangenen.

1. Charakterisierung von „Zwangsarbeit“

Am Beginn der verfassungsrechtlichen Prüfung stehen Ausführungen zu Inhalt und Reichweite von Art. 12 Abs. 2 und 3 GG. Dazu erfolgt zunächst eine Auslegung der beiden Absätze nach Wortlaut, Systematik, Historie sowie Sinn und Zweck. Anhand der Auswertung der einschlägigen Literatur und Rechtsprechung ist zu prüfen, was den Begriff der Zwangsarbeit im Sinne von Art. 12 Abs. 3 GG ausmacht, ob die Arbeitspflicht der Strafgefangenen im Gefängnis unter diesen Begriff fällt und gegebenenfalls, ob sie mit dem Grundgesetz vereinbar ist. Die Regelungen zur Arbeitspflicht selbst sowie die Bedingungen, zu denen die Arbeit verrichtet wird, waren Gegenstand zahlreicher Beschwerden von Strafgefangenen. Durch die Auswertung dieser Entscheidungen wird ein Überblick über die Situation im Gefängnis gegeben.

Die Darlegung der verfassungsrechtlichen Determinanten für den Strafvollzug erfolgt insbesondere unter Bezugnahme des Urteils des Bundesverfassungsgerichts BVerfGE 98, 169 aus dem Jahre 1998. Aufgrund dieser Entscheidung erfolgte eine Neuregelung der Entlohnung von Gefängnisarbeit. Diese wurde im Jahre 2002 erneut einer Prüfung durch das Bundesverfassungsgericht unterzogen und für rechtmäßig befunden[5]. In Bezug auf die letztgenannte Entscheidung stellt sich die Frage, ob die Entscheidung des Gerichts den in der Entscheidung aus dem Jahre 1998 gesetzten Maßstäben angemessen Rechnung trägt, wenn es die Neuregelung als verfassungsgemäß bewertet.

Im völkerrechtlichen Teil der Arbeit wird geprüft, ob im universellen und regionalen Völkerrecht ein einheitlicher Begriff der „Zwangsarbeit“ existiert und gegebenfalls, ob der Begriff „Zwangsarbeit“ im Völkerrecht einen anderen Inhalt hat als im Verfassungsrecht. Ausgangspunkt der Untersuchung im Bereich des universellen Völkerrechts ist die Entwicklung hin zur Vereinbarung des IAO-Übereinkommens Nr. 29 über das Verbot der Zwangs- und Pflichtarbeit unter Abgrenzung der Begriffe „Sklaverei“ und „Zwangsarbeit“. Die Regelungen des Übereinkommens Nr. 29 zum Bereich der Gefängnisarbeit werden anschließend analysiert, wobei für die Auslegung des Übereinkommens die Gutachten des

---

5 Beschluss vom 24.03.2002, Az. 2 BvR 2175/01 = NJW 2002, 2023.

IAO-Sachverständigenausschusses in die Untersuchung einbezogen werden. Auch die für den vorliegenden Themenkomplex einschlägigen Regelungen des Internationalen Pakts über bürgerliche und politische Rechte sowie des Internationalen Pakts über wirtschaftliche, soziale und kulturelle Rechte werden, unter Berücksichtigung der General Comments des jeweiligen Expertengremiums, untersucht. Für die drei vorgenannten Vertragswerke stellt sich zusätzlich die Frage, welche Bindungswirkung die Auslegung der Sachverständigengremien, die die Einhaltung und Durchsetzung der Verträge kontrollieren, entfaltet.

Der Begriff der Zwangsarbeit im Sinne der Europäischen Menschenrechtskonvention wird unter Bezugnahme auf die Rechtsprechung des Europäischen Gerichtshofs für Menschenrechte konkretisiert. Dabei wird aufgrund der Parallelität des Art. 4 Abs. 2 EMRK und des Übereinkommens Nr. 29 geprüft, ob eine Bezugnahme auf die Auslegung des Sachverständigenausschusses der Internationalen Arbeitsorganisation in Betracht kommt.

2. *Verfassungs- und völkerrechtliche Determinanten der Sozialversicherung*

Auch die Fragen der Entlohnung und der Einbeziehung in die Sozialversicherung sind anhand der in diesem Bereich veröffentlichten Rechtsprechung und Literatur einer verfassungsrechtlichen Prüfung zu unterziehen. Ausgangspunkt ist der Schutz sozialversicherungsrechtlicher Anwartschaften durch Art. 14 Abs. 1 GG. Diese Prüfung ist vor dem Hintergrund geboten, dass aktuell ca. 13.000 Personen eine Freiheitsstrafe von zwei bis fünf Jahren verbüßen und aufgrund der bestehenden Rechtslage sozialversicherungsrechtliche Anwartschaften verlieren können. Die unterschiedliche Wertung von Arbeit innerhalb des Gefängnisses und auf dem freien Arbeitsmarkt bildet den Ausgangspunkt für eine Prüfung anhand des Allgemeinen Gleichheitssatzes.

Im völkerrechtlichen Teil der Untersuchung wird die Darstellung der Entwicklung sozialer Rechte im Völkerrecht vorangestellt. Dabei wird auch auf die Bedeutung sozialer Rechte für den Einzelnen eingegangen. In diesem Kontext stellt sich sodann die Frage, ob die unterschiedliche Behandlung von Gefängnisarbeit und „freier“ Arbeit mit den genannten völkerrechtlichen Verträgen in Einklang steht oder ob eine Einbeziehung von Strafgefangenen in die Sozialversicherungssysteme aufgrund dieser Regelungen vorzunehmen ist. Auch insoweit wird auf die Auslegung der jeweiligen Sachverständigengremien Bezug genommen. In diesem Zusammenhang ist auf die aktuell wieder verstärkte Diskussion eines völkerrechtlich geschützten Rechts auf soziale Sicherheit und dessen Inhalt einzugehen. Zudem ist das Diskriminierungsverbot, das in wesentlichen völkerrechtlichen Regelungswerken normiert und dessen Tatbestand sehr viel weiter gefasst ist als der des Allgemeinen Gleichheitssatzes aus Art. 3 Abs. 1 GG, Prüfungsmaßstab für die Regelungen zur Gefangenenarbeit nach dem Strafvollzugsgesetz.

Schließlich werden die Regelungen zur Sozialversicherung auf eine Vereinbarkeit mit der Europäischen Sozialcharta untersucht, deren Einhaltung durch den Europäischen Ausschuss für soziale Rechte überprüft wird.

C. Zielsetzung der Untersuchung

In der vorliegenden Arbeit sollen der verfassungs- und völkerrechtliche Begriff bzw. die Begriffe von Zwangsarbeit herausgearbeitet und auf die Arbeitspflicht von Strafgefangenen in deutschen Gefängnissen angewendet werden. Dabei wird die Frage aufgeworfen, wie sich die beiden Regelungskomplexe „Verfassungsrecht" und „Völkerrecht" zueinander verhalten und wie mögliche Konflikte auf der Ebene der Gesetzgebung, der Verwaltung oder der Rechtsprechung aufgelöst werden. Die Bedeutung des Völkerrechts und der nur bedingt vorhandene Wille des Gesetzgebers, sich einer umfassenden völkerrechtlichen Bindung zu unterwerfen, werden verdeutlicht. Auch die mangelnde Beachtung selbstgesetzter Vorgaben, wie etwa des Resozialsierungsgedankens, auf den verschiedenen rechtlichen Ebenen wird beleuchtet.

Im Bereich der völkerrechtlichen Überprüfung wird zudem die Problematik der Durchsetzbarkeit dieser Rechte angesprochen. Diesbezüglich wird dargelegt, welche Konflikte sich daraus ergeben, dass sich die für die Kontrolle der jeweiligen Vertragswerke zuständigen Gremien auch um die Konkretisierung und Auslegung der teilweise sehr allgemein und abstrakt formulierten Regelungen bemühen.

Ein weiterer Schwerpunkt liegt auf der Frage nach dem Zweck von Sozialversicherung. Auch hier werden das Verfassungs- und das Völkerrecht dahin gehend überprüft, inwieweit sie Vorgaben aufstellen. Wesentlich ist in diesem Zusammenhang das – im Vergleich zum Verfassungsrecht – viel weiter gehende völkerrechtliche Verbot der Diskriminierung.

Zweiter Teil: Die Entstehung der modernen Freiheitsstrafe in West- und Mitteleuropa

A. Gründung der ersten Zuchthäuser und Gefängnisse – 16. Jahrhundert

Bis ins 16. Jahrhundert hinein war die Verbannung oder die auf Vergeltung ausgerichtete Leibes- oder Lebensstrafe die übliche Bestrafung für Straftäter[6]. Zudem wurden etwa in England und im deutschsprachigen Raum Kriminelle aus der Gemeinschaft ausgeschlossen, so genannte Friedloslegung[7]. Die Freiheitsentziehung wurde bis zum 16. Jahrhundert dagegen überwiegend als Zwangsmittel oder Ersatzstrafe angewendet[8]. Auch die Peinliche Halsgerichtsordnung Kaiser Karls V. aus dem Jahre 1532, genannt Carolina, sah noch Lebens- und Leibesstrafen als Sanktion für strafbares Handeln vor. Für Brandstifter, Münzfälscher, Hexen, Sodomiter und Kirchenräuber ordneten die Art. 109, 111, 116, 125 und 172 der Carolina den Tod durch Feuer an. Gemäß Art. 159 Carolina wurden Einbrechern die Augen ausgestochen oder die Hand abgehauen. Die Freiheitsstrafe war nur für Diebstähle vorgesehen, bei denen bis zu fünf Gulden erbeutet wurden, Art. 157.

Erst im Laufe des 16. Jahrhunderts[9] begannen England und die Niederlande damit, systematisch Kriminelle aus den unteren Schichten in Zuchthäusern, in England als *houses of correction* bezeichnet, zu inhaftieren[10]. Der Anlass für das Umdenken war die verstärkte Kriminalität der Bevölkerung aufgrund ihrer Armut[11], die vor allem eine Folge wirtschaftlicher Entwicklungen war[12]. Um eine

---

6 *Laubenthal*, Rn. 85 f., 89; *Ohle*, 3.

7 *V. Liszt*, 126 (139).

8 *Doleisch von Dolsperg*, 70; *Krause*, 17 ff.

9 Zur Entwicklung vor dem 16. Jahrhundert *Schwind* in Schwind/Blau, 1 ff.; *Lee*, 12 ff.

10 *Laubenthal*, Rn. 92; Laut *A. van der Slice* in Elizabethan houses of correction markiert die Nutzung der Londoner Burg Bridewell als Zuchthaus im Jahre 1557 den Anfangspunkt der Freiheitsstrafe, zit. nach *de Jonge* in Arbeitsmarkt, Strafvollzug und Gefangenenarbeit, 35; ebenso *Doleisch von Dolsperg*, 90.

11 *Doleisch von Dolsperg*, 92 ff.

12 *Schwind* in Schwind/Blau, 4; *Lee*, 16.

sinnvolle Beschäftigung für die Gefangenen in den neu geschaffenen Zuchthäusern zu finden, Wiedergutmachung und eine Besserung des Gefangenen zu erreichen, wurden die Gefangenen zwangsweise zur Arbeit verpflichtet[13]. Vorbildhaft für die weitere Entstehung von Zuchthäusern sowie die systematische Einführung und Nutzung von Gefangenenarbeit war die Eröffnung des Amsterdamer Rasphuis (Raspelhauses) im Jahre 1596[14]. In dieser Anstalt gab es ein Regelwerk, in dem alle Einzelheiten des Lebens der Strafgefangenen, also ihre Behandlung, Unterbringung, Kleidung, Tätigkeit und Aufenthaltsdauer, detailliert geregelt wurden[15]. Die Insassen lebten in kleinen Gruppen und sollten vor allem durch schwere Arbeit dazu gebracht werden, ein sozialadäquates Leben zu führen[16]. Die Gefangenen bekamen für ihre Arbeit Geldprämien, die ihnen bei der Entlassung ausbezahlt wurden[17].

Das Modell der Arbeit im Strafvollzug fand in anderen europäischen Ländern ebenfalls Anklang und wurde alsbald nach Deutschland importiert[18]. So führte etwa Hamburg im Jahre 1609 die Karrenstrafe als eine Form der Zwangsarbeitsstrafe ein[19]. Diese Strafe wurde für diejenigen Gefangenen angeordnet, die nicht zur Todesstrafe verurteilt worden waren. Sie wurden mit der Reinigung der städtischen Straßen als eine Art Müllabfuhr beschäftigt. Dazu liefen sie graugekleidet, an einen Karren gekettet durch die Stadt. Dieser Bestrafung wohnte damit auch eine gewisse öffentliche Demütigung, vergleichbar dem Pranger, inne und war damit zumindest auch auf Abschreckung gerichtet. Allerdings wurde durch diese Tätigkeit ebenfalls eine Besserung des Gefangenen dahin gehend bezweckt, dass er in Zukunft ein ehrliches Leben führen werde. Die Gefangenen erhielten Unterricht, Bekleidung, ärztliche Fürsorge und sogar eine Bezahlung[20]. Im Jahre 1630 wurde die Karrenstrafe in Hamburg aus finanziellen Gründen wieder abgeschafft[21]. Parallel zu der Entwicklung der Karrenstrafe in Hamburg kamen Pläne für den Bau eines Zuchthauses auf. Dieses wurde um das Jahr 1618 fertig gestellt und anschließend in Betrieb genommen. Die Werk- und Zuchthaus-Ordnung vom 08.03.1622[22] beschreibt, welche Personen dort untergebracht

13 *Doleisch von Dolsperg*, 115; *de Jonge* in Arbeitsmarkt, Strafvollzug und Gefangenenarbeit, 35 (36); *Laubenthal*, Rn. 92; *Schwind* in Schwind/Blau, 4; *Ohle*, 4.

14 *V. Hippel* in Deutsches Gefängniswesen, 1 (10); *Doleisch von Dolsperg*, 131; *de Jonge* in Arbeitsmarkt, Strafvollzug und Gefangenenarbeit, 35; *Laubenthal*, Rn. 93.

15 *Doleisch von Dolsperg*, 132.

16 *V. Hippel* in Deutsches Gefängniswesen, 1 (10); *Lee*, 17.

17 *Laubenthal*, Rn. 93.

18 *Schwind* in Schwind/Blau, 6; *Lee*, 18.

19 *Ebeling*, 3.

20 *Ebeling*, 6 f.

21 *Ebeling*, 11.

22 Abgedruckt bei *Ebeling*, 77 ff. als Anlage 5.

sind und dass sie durch Arbeit zu wohlgefälligem Verhalten gebracht werden sollten[23].

B. Abkehr vom Behandlungsvollzug

Die positive Entwicklung des Vollzugs, weg von einer bloß vergeltenden, hin zu einer behandelnden Strafe, fand insbesondere in Deutschland als Folge des 30-jährigen Kriegs bereits mit Ausklang des 17. Jahrhunderts ihr Ende[24]. Die als positive Einrichtung gedachte Maßnahme der Arbeit geriet immer mehr zu einer schweren körperlichen Strafe und kam als solche der vormaligen Leibes- oder Lebensstrafe gleich. Zudem wurden die Zuchthäuser zugleich als Irren-, Armen- oder Waisenhäuser verwendet[25]. Die damit einhergehende Überbelegung der Einrichtungen führte zu einer drastischen Verschlechterung der anstaltsinternen Verhältnisse[26]. Auch die industrielle Revolution hatte Anteil an dem Rückgang des Behandlungsvollzugs. Sie führte zu einem Überangebot an Arbeitskräften in der Bevölkerung; die Arbeit Strafgefangener brachte für die Wirtschaft insoweit keinen Nutzen mehr[27].

C. Wiederbelebung der Resozialisierungsidee als Folge der Aufklärung

Begegnet wurde dieser rückläufigen Entwicklung der auf Resozialisierung ausgerichteten Freiheitsstrafe durch die Aufklärungsbewegung. Einigkeit bestand bei den Gegnern der bloßen Inhaftierung von Gefangenen darüber, dass diese Art des Vollzugs bei den Gefangenen zu keiner Besserung führen würde. Vielmehr sei eine Art des Behandlungsvollzugs anzustreben[28]. Wortführer dieser Idee war der Engländer *John Howard.* Er beklagte in seinem Werk *The state of the prisons in England and Wales* den schlechten Zustand der englischen Gefängnisse. *Howard* bezeichnete die Verhältnisse als miserabel, die Gefangenen würden binnen kürzester Zeit krank, sie bekämen keine oder schlechte Nahrung, in machen Fällen nicht

23 *Ebeling*, 85.

24 *Laubenthal*, Rn. 95; *Schwind* in Schwind/Blau, 7.

25 *V. Hippel* in Deutsches Gefängniswesen, 1 (12).

26 *Lee*, 18.

27 *Däubler/Spaniol* in AK-StVollzG, vor § 37 Rn. 12.

28 So entwickelte etwa *Howard* den Plan eines Besserungsstrafvollzugs, dazu *Laubenthal*, Rn. 99 f.; *Schwind* in Schwind/Blau, 8.

einmal sauberes Wasser[29]. *Howard* vertrat die These, dass man die Straftäter zu Fleiß erziehen müsse und damit ein Wandel hin zu einem rechtschaffenen Leben erreicht werden könne[30]; die Idee *Howards* wird durch seinen Ausspruch „Make them diligent and they will be honest" auf den Punkt gebracht[31]. Er stellte die Forderung auf, dass die Gefangenen in ordentlichen Verhältnissen untergebracht werden müssten, um ihre Arbeitskraft zu erhalten[32]. Diese Vorstellung des Engländers fand europaweit Anhänger, sein Werk wurde in zahlreiche Sprachen übersetzt. In Deutschland verbreitete *Wagnitz* die Idee eines Behandlungsvollzugs und regte damit weitere Reformbestrebungen an[33].

Diese Tendenzen griffen in Deutschland auch im 19. Jahrhundert weiter um sich. In Preußen wurde ein Plan entwickelt, in welchem eine Einteilung der Gefangenen im Hinblick auf ihre Entwicklungsmöglichkeiten und ihren Arbeitseinsatz vorgesehen war[34]. Der „Generalplan zur allgemeinen Einführung einer besseren Kriminalgerichtsverfassung und zur Verbesserung der Gefängnis- und Strafanstalten" des Justizministeriums vom 16.09.1804 konnte jedoch aufgrund der napoleonischen Kriege und der darauf folgenden wirtschaftlichen Probleme Preußens nicht in die Tat umgesetzt werden[35]. Zu dieser Zeit wurde sogar eine Rückkehr zur vormaligen Leibes- und Lebensstrafe oder zur Verschaffung von Kriminellen in außerdeutsche Staaten befürwortet[36].

Es folgten weitere Reformbestrebungen, ausgelöst durch die philosophischen Werke Hegels, Kants und Feuerbachs, wobei die Systemerneuerungen stets an der konsequenten Umsetzung dieser Vorstellungen scheiterten. Zwar wurde die schlechte Situation in den Gefängnissen deutlich kritisiert[37], eine Besserung wurde jedoch nicht erreicht. Ebenso verhielt es sich in der Zeit des Deutschen Reiches ab 1871, in der der Gedanke der Besserung der Gefangenen durch Arbeit zunehmend in den Hintergrund rückte[38]. Allerdings griff etwa *Franz von Liszt* auch in dieser Zeit die Frage nach dem Zweckgedanken im Strafrecht auf und setzt sich in diesem Zusammenhang mit verschiedenen Erscheinungsformen von „Strafe" und deren Wirkungen auseinander[39]. Er vertrat eine differenzierte Theorie: Unverbesserliche Straftäter, die sogenannten Gewohnheitsverbrecher,

29 *Howard*, 4 ff.

30 *Lee*, 19.

31 *Howard*, 20, 24.

32 *Howard*, 20.

33 *Schwind* in Schwind/Blau, 9.

34 *Schwind* in Schwind/Blau, 15.

35 *Krohne*, 142; *Tögel* in Kerner, Straffälligenhilfe, 52; *Lee*, 20; *Ohle*, 9.

36 *Krohne*, 142.

37 *Krohne*, 138 ff.

38 *Schwind* in Schwind/Blau, 18 f., *Lee*, 21.

39 *V. Liszt*, 126 ff.

sollten auf unbestimmte Zeit eingeschlossen und auf diese Weise unschädlich gemacht werden. Ihre Strafe sollten sie in Zucht- oder Arbeitshäusern unter Anwendung strengsten Arbeitszwangs und möglichster Ausnutzung der Arbeitskraft in der Gemeinschaft der Straftäter verbüßen; dabei sah er die Prügelstrafe als unerlässlichen Teil der Disziplinarstrafe an. Die Besserungsbedürftigen, also solche Gewohnheitsstraftäter, die durch vererbte und erworbene Anlagen zum Verbrechen hinneigten, aber noch nicht rettungslos verloren seien, sollten für mindestens ein Jahr und höchstens fünf Jahre in Einzelhaft untergebracht werden. Arbeit und Elementarunterricht sollten als Mittel zur Stärkung der Widerstandskraft gegen die Verbrechensneigung eingesetzt werden; auf die Besserungsfähigen wollte *von Liszt* die Prügelstrafe nicht angewendet sehen[40]. Die Gelegenheitsverbrecher, das heißt diejenigen, die weder in die Gruppe der Unverbesserlichen noch der Besserungsfähigen gehörten, sollten für mindestens sechs Wochen und höchstens zehn Jahre im Gefängnis untergebracht werden. Für diese Gruppe könne allerdings auch eine Geldstrafe angemessen sein. Mit diesem Konzept glaubte *von Liszt* allen Typen von Straftätern gerecht zu werden und die Besserungsfähigen zurück in die Gesellschaft führen zu können. Die Arbeit der Gefangenen hatte insoweit zwei Aspekte, zum einen Arbeit als Strafe bei den Unverbesserlichen und zum anderen Arbeit und Bildung als Mittel zur Besserung der besserungsfähigen Straftäter. Umgesetzt wurde dieses Konzept jedoch nicht.
Auch *Krohne* forderte die Durchführung von Reformen, auch im Hinblick auf die Gefängnisarbeit[41]. Die Arbeit müsse nach sittlichen, strafrechtlichen und wirtschaftlichen Gesichtspunkten ausgerichtet sein; es sei eine sittliche Pflicht des Staates, den Gefangenen nicht mit Müßiggang zu bestrafen oder ihn durch schlechte Arbeit herabzuwürdigen. Zudem müssten solche Arbeiten ausgeschlossen werden, die eine Absonderung des Gefangenen von der freien Gesellschaft bewirkten oder gesundheitsschädlich seien. In wirtschaftlicher Hinsicht sei zu gewährleisten, dass durch die Gefängnisarbeit Werte geschaffen werden[42]. Die Tätigkeit der Strafgefangenen erfolgte zu dieser Zeit etwa in Preußen in drei verschiedenen Arten von Betrieben: Zunächst Betriebe, die durch den Unternehmer auf dessen Rechnung betrieben wurden, dann Betriebe, die durch die Anstaltsverwaltung für Rechnung eines Unternehmers betrieben wurden, und als letzte Form Betriebe, die durch die Anstaltsverwaltung auf eigene Rechnung betrieben wurden. In der erstgenannten Betriebsform wurden Gefangene Privatpersonen bzw. Unternehmen überlassen, die sie den gesamten Haftzeitraum beschäftigten. Der Unternehmer stellte die Gebäude, die Beamten und den Unterhalt, dafür konnte er im Gegenzug die gesamte Arbeitskraft der Gefangenen

40 *V. Liszt*, 126 (171).
41 *Krohne*, 388 f.
42 *Krohne*, 388 f.

nutzen; lediglich eine allgemeine Aufsicht wurde durch die jeweilige Gefängnisverwaltung ausgeübt. Teilweise erhielt der Unternehmer zusätzlich vom Staat ein Kopfgeld. In der zweiten Betriebsform erfolgte ein Tätigwerden der Gefangenen in der Anstalt, die Organisation und der Ertrag lagen jedoch bei dem Unternehmer. Bei der letztgenannten Art von Anstaltsbetrieb erfolgte ein Tätigwerden der Gefangenen innerhalb der Anstalt, alleine zu deren Nutzen[43].

Erst in der Zeit der Weimarer Republik nahmen weitere Reformbestrebungen Gestalt an. Sie gipfelten in dem Erlass der „Grundsätze für den Vollzug von Freiheitsstrafen" vom 07.06.1923, die eine Stärkung des Behandlungsvollzugs beinhalteten; bezweckt waren ausdrücklich nicht mehr Abschreckung und Vergeltung, sondern die Rückfallverhütung durch die Erziehung und damit einhergehend die Wiedereingliederung in die Gesellschaft[44]. Die Arbeit im Gefängnis sollte als hauptsächliches Mittel zur Besserung der Gefangenen eingesetzt werden[45]. Die Einführung einer allgemeinen Arbeitspflicht wurde begrüßt[46]. An die Ausgestaltung der Tätigkeit wurden jedoch bestimmte Anforderungen formuliert; so sollte die Arbeit die körperlichen und geistigen Kräfte des Gefangenen voll und ernst in Anspruch nehmen, wirtschaftlich nützlich sein, indem wirkliche Werte geschaffen auch und damit eine Finanzierung des Strafvollzugs ermöglicht werde. Dazu sollte die Arbeit „erziehlich" sein, also den Strafgefangenen in die Lage versetzen, nach seiner Entlassung ein ehrliches Leben zu führen[47]. Um dieses Ziel zu erreichen, sollte eine Gleichstellung der Einrichtung der Gefängnisbetriebe mit Betrieben der freien Wirtschaft im Hinblick auf die Löhne erfolgen; nicht zuletzt lag die Motivation für diese Forderung darin begründet, die Kosten der Arbeit auf dem freien Markt nicht zu unterbieten[48]. Der Erlass der „Grundsätze für den Vollzug von Freiheitsstrafen" wurde von Befürwortern der auf Behandlung ausgerichteten Anstaltsarbeit als positive Entwicklung gewertet. Gleiches galt für den Plan zur Schaffung eines umfassenden Strafvollzugsgesetzes[49]. Letzterer wurde jedoch nicht in die Tat umgesetzt.

43 Zum Ganzen *Krohne*, 390 f.
44 *Starke* in Deutsches Gefängniswesen, 147 (147, 159).
45 *Wutzdorff* in Deutsches Gefängniswesen, 178; *Starke* in Deutsches Gefängniswesen, 147 (160).
46 *Wutzdorff* in Deutsches Gefängniswesen, 178.
47 *Wutzdorff* in Deutsches Gefängniswesen, 178 (180 f.).
48 *Starke* in Deutsches Gefängniswesen, 147 (160).
49 *V. Hippel* in Deutsches Gefängniswesen, 1 (15).

D. Abschreckung und Vergeltung als Maßgaben des Strafvollzugs im Dritten Reich

Die Machtübernahme der Nationalsozialisten im Jahre 1933 machte die Reformbewegungen aus der Weimarer Zeit zunichte. Im Vordergrund der Strafe und des Strafvollzugs standen Abschreckung und Vergeltung. Jedwede Bemühung zur Wiedereingliederung oder Möglichkeit der Besserung des Gefangenen wurde für unbrauchbar gehalten und abgelehnt. Die Zustände in den Gefängnissen während der Weimarer Zeit wurden in der Rückschau überaus kritisch gesehen. So wurde postuliert, dass die Gefangenen es vielfach besser gehabt hätten als freie Bürger. Auch ein Teil der Gefängnisverwalter sah in der Machtergreifung der Nationalsozialisten die Möglichkeit, grundlegende Änderung im System durchzuführen. So wurde unmittelbar nach der Ernennung Hitlers zum Reichskanzler im Jahre 1933 von den Anstaltsleitern gefordert, dass der „sentimentale Humanismus und die Schwäche“ gegenüber Kriminellen beendet werden müssten. Der Strafvollzug müsse streng, aber gerecht und auf die Ziele Strafe, Vergeltung und Abschreckung ausgerichtet sein[50]. Im Vordergrund standen nicht mehr länger Besserung, Resozialisierung und Ausbildung, sondern allein die Gedanken der Generalprävention und Vergeltung.

Die vorgenannten Ziele wurden in der „Verordnung über den Vollzug von Freiheitsstrafen und von Maßregeln der Sicherung und Besserung, die mit Freiheitsentziehung verbunden sind“[51] auch ausdrücklich formuliert. Aufgabe des Strafvollzugs war gemäß § 48 Abs. 1 Strafvollzugsordnung der Schutz des Volkes, die Sühne begangenen Unrechts sowie die Vorbeugung gegen die Begehung neuer Straftaten. Nach Abs. 2 der Vorschrift verfolgte der Vollzug das Ziel, durch den Eindruck der Gefangenschaft überhaupt und durch die Gewöhnung an harte, nützliche Arbeit und an Zucht und Ordnung auf die Gefangenen zu wirken. In der Zeit des Nationalsozialismus stand die Arbeit im Gefängnis im Vordergrund. So war nach § 67 Abs. 1 Strafvollzugsordnung Arbeit die Grundlage eines geordneten und wirksamen Strafvollzugs; nach § 67 Abs. 2 Strafvollzugsordnung war jeder Gefangene verpflichtet zu arbeiten und hatte zu leisten, „was er bei Fleiß und Sorgfalt leisten kann“. Bereits seit der Machtergreifung waren zusätzlich zu den „normalen“ Gefängnissen Gefängnislager eingerichtet worden, in denen Strafgefangene arbeiten mussten. Diese gehörten nicht zu den Konzentrationslagern. Die Gefangenen wurden beispielsweise zu landwirtschaftlichen Tätigkeiten herangezogen, um eine selbstständige Versorgung Deutschlands während des Krieges zu ermöglichen. Außerdem setzte man sie zum Kanal-, Brücken- und Straßenbau

50 Zum Ganzen *Wachsmann*, 17 ff.

51 Amtliche Sonderveröffentlichungen der Deutschen Justiz, 1940, Nr. 21.

ein[52]. Während des Krieges wurden die Gefangenen verstärkt zur kriegswichtigen Produktion eingesetzt. Die Bedingungen in den Arbeitslagern waren im Vergleich zu der Arbeit in „normalen" Gefängnissen wesentlich härter. Die Gefangenen mussten mindestens 12 Stunden pro Tag arbeiten, bekamen kaum Nahrung und medizinische Versorgung. In manchen Lagern wurden die Gefangenen zudem misshandelt und gedemütigt. Selbstmorde und Erschießungen waren an der Tagesordnung[53]. Die Entwicklung der vorangegangenen Jahrhunderte weg von reiner Vergeltung hin zur Behandlung des Gefangenen verkehrte sich ins Gegenteil. Den Nationalsozialisten ging es lediglich um die möglichst umfassende Ausbeutung der Arbeitskraft der Gefangenen[54].

E. Zusammenfassung

Die Entwicklung des Strafvollzugs und der Gefängnisarbeit über die vergangenen fünf Jahrhunderte hinweg zeigt, dass es immer wieder Versuche gab, den Gedanken des Behandlungsvollzugs umzusetzen, diese Pläne jedoch nie stringent verfolgt wurden. Immer wieder veränderte sich die Zielsetzung des Freiheitsentzugs, wobei sich erkennen lässt, dass sich die Tendenz, Straftäter zu „behandeln", mit den wirtschaftlichen und sozialen Rahmenbedingungen einer Gesellschaft veränderte. In „guten" Zeiten besteht der Wille, Straftätern die Rückkehr in die Gesellschaft zu ermöglichen. In wirtschaftlich schlechten Zeiten stand zumeist der Gedanke der „Verwahrung" der Straftäter im Vordergrund. Erkennbar ist zudem eine Verknüpfung zwischen der humanistischen Weltanschauung und dem Wunsch, einen Behandlungsvollzug zu schaffen.

52 *Wachsmann*, 101 ff.

53 *Wachsmann*, 108.

54 *Wachsmann*, 227.

Dritter Teil: Arbeitspflicht, Entlohnung und Sozialversicherung im Strafvollzug

Im Folgenden werden die gesetzlichen Regelungen zur Arbeitspflicht, zur Entlohnung und zur Sozialversicherung im Strafvollzug erläutert.

A. Entstehung des Strafvollzugsgesetzes

Nach Beendigung des Zweiten Weltkriegs wurde auf Initiative der Alliierten erneut der Gedanke der Erziehung und Besserung zur Grundlage des Strafvollzugs gemacht[55]. Jedoch kam es in den 50er und 60er Jahren nicht zur Entstehung eines Strafvollzugsgesetzes. So gab es bis zum Inkrafttreten des Strafvollzugsgesetzes am 01.01.1977 in Deutschland keine umfassende länderübergreifende und damit einheitliche formalgesetzliche Regelung des Strafvollzugs[56]. Lediglich die Dienst- und Vollzugsordnung (DVollzO) vom 01.07.1962 sollte für eine Vereinheitlichung des Strafvollzugs in den Bundesländern sorgen[57]. Es bestand zudem die Möglichkeit, Strafgefangene aufgrund von § 15 Abs. 1 StGB a. F. zur Arbeit zu verpflichten. Dafür erhielten sie gemäß § 96 DVollzO eine Arbeits- und gegebenenfalls eine Leistungsbelohnung; eine Vergütung für die geleistete Arbeit stand ihnen nicht zu. Das galt gleichermaßen für die Arbeit in oder außerhalb der regelmäßigen Arbeitszeit[58]. Bereits zum damaligen Zeitpunkt standen eine an die Verhältnisse außerhalb des Gefängnisses angepasste Vergütung und die Einbeziehung Strafgefangener in die gesetzlichen Sozialversicherungssysteme in Frage[59].

---

55 Zur Entwicklung des Strafvollzugs nach dem Zweiten Weltkrieg und Entstehung des Strafvollzugsgesetzes ausführlich *Calliess/Müller-Dietz*, StVollzG, Einl. Rn. 1 ff.

56 Zur historischen Entwicklung *Calliess/Müller-Dietz*, StVollzG, Einl. Rn. 2 ff.; *Laubenthal*, Rn. 124 ff.

57 Zur Situation der Gefangenenarbeit unter Geltung der Dienst- und Vollzugsordnung umfassend *Ohle*, 16 ff.

58 BGH NJW 1975, 1017 (1018). Der Kläger in diesem Verfahren war zur Arbeit für den Bund der Strafvollzugsbediensteten herangezogen worden. Für seine Tätigkeit führte diese Vereinigung 1,50 DM pro Tag an die Arbeitsverwaltung der Strafanstalt ab. Der Kläger selbst erhielt für die geleisteten Arbeiten die in Nr. 96 DVollzO vorgesehene Arbeitsbelohnung und gelegentliche Sonderzuwendungen in Form von Tabak, Getränken und Esswaren.

59 So verneinte etwa das OLG Hamm NJW 1973, 2168 (2169) einen Anspruch des Gefangenen auf Einbeziehung in die gesetzliche Rentenversicherung.

Zum Ende der 60er bis Anfang der 70er Jahre kam es wiederum zu verstärkten Reformbewegungen für den Bereich des Strafvollzugs[60], auch Gesetzesentwürfe für ein Strafvollzugsgesetz wurden vorlegt. Zu einer Einigung über die Einführung eines solchen Gesetzes kam es jedoch zunächst nicht. Es bedurfte erst einer Entscheidung des Bundesverfassungsgerichts[61], um den entscheidenden Anstoß für die Aufnahme konkreter Beratungen über einen neuen Entwurf für ein Strafvollzugsgesetz zu geben. Nach mehrjährigen intensiven Diskussionen[62] wurde am 12.02.1976 das erste deutsche Strafvollzugsgesetz (StVollzG) beschlossen[63]. Die zunächst sehr deutlich in den Entwürfen für das Strafvollzugsgesetzes enthaltenen Reformschritte und eine damit verbundene grundlegende Änderung des Strafvollzugs wurden durch die angespannte finanzielle Lage der Länderhaushalte Mitte der 70er Jahre wieder stark eingeschränkt und fanden in das verabschiedete Gesetz nur begrenzt Eingang[64]. Dies kommt etwa darin zum Ausdruck, dass die Einbeziehung der Strafgefangenen in alle Zweige der gesetzlichen Sozialversicherung suspendiert wurde. Gleiches gilt für die in § 41 Abs. 3 StVollzG vorgesehene Notwendigkeit der Zustimmung des Strafgefangenen zur Tätigkeit in einem Unternehmerbetrieb. Allerdings erfüllte die Verabschiedung des Strafvollzugsgesetzes zum einen die Forderung des Bundesverfassungsgerichts nach Schaffung einer Rechtsgrundlage für den Strafvollzug, die rechtsstaatlichen Anforderungen entspricht; zum anderen wurden hierdurch die Grundsätze des Strafvollzugs, insbesondere das Strafvollzugsziel, normiert[65].

B. Zielsetzung und Grundsätze des Strafvollzugs nach dem StVollzG

Die Aufgabe des Strafvollzugs wird in § 2 S. 1 StVollzG festgelegt. Danach soll der Gefangene durch den Strafvollzug in die Lage versetzt werden, künftig in sozialer Verantwortung ein Leben ohne Straftaten zu führen.

Nach § 2 S. 2 StVollzG dient der Vollzug der Freiheitsstrafe für die Haftzeit auch dem Schutz der Allgemeinheit vor weiteren Straftaten. Bei dem Schutz der

60 *Rotthaus*, NStZ 1987, 1.

61 BVerfG Entscheidung vom 14.03.1972 – BVerfGE 33, 1.

62 In diesem Zusammenhang wurden auch zwei alternative Gesetzesentwürfe durch deutsche und Schweizer Strafrechtswissenschaftler entwickelt, deren Vorstellungen jedoch nur in begrenztem Maße Berücksichtigung im StVollzG gefunden haben. So war etwa in § 87 Abs. 1 AE-StVollzG vorgesehen, dass der Gefängnisinsasse für seine Tätigkeit einen tarifmäßigen Stundenlohn erhält.

63 BGBl. I 1976, S. 581.

64 *Rotthaus*, NStZ 1987, 1.

65 *Calliess/Müller-Dietz*, StVollzG, Einl. Rn. 20.

Allgemeinheit handelt es sich jedoch nicht um ein eigenständiges Vollzugsziel[66], sondern um eine – nachrangige[67] – Aufgabe[68]. Der Schutz der Allgemeinheit ist rein tatsächlich zudem nur eine Nebenwirkung des Freiheitsentzuges, die einfach aus dem Faktum resultiert, dass der Straftäter aus der Gesellschaft für einen bestimmten Zeitraum „isoliert" wird. Vorrangig dient der Strafvollzug also dem Ziel der Resozialisierung[69]. Dabei sind nach heute ganz herrschender Meinung[70] die allgemeinen Strafzwecke, zu denen etwa Vergeltung, Sühne, gerechter Schuldausgleich sowie Generalprävention und Verteidigung der Rechtsordnung gehören, keine Maßgaben zur Gestaltung des Strafvollzugs[71]. § 2 S. 1 StVollzG ist eine für die Vollzugsorganisation bindende Regelung.

Ausgehend von § 2 StVollzG stellt sich die Frage, wie der Begriff der Resozialisierung zu verstehen ist, was ihn ausmacht und prägt[72]. Im vorliegenden Zusammenhang meint Resozialisierung[73] die Gesamtheit der Maßnahmen, die vorgenommen werden, um im Strafvollzug Fähigkeiten der Gefangenen herauszubilden, die es ihnen ermöglichen, in Zukunft ein ihrer sozialen Verantwortung entsprechendes Leben ohne Straftaten zu führen[74]. Sozialisation umfasst das schon in der Kindheit beginnende Erlernen eines an der Umwelt und an den Mitmenschen

---

66 BVerfGE 98, 169 (200 f.); *Calliess/Müller-Dietz*, StVollzG, § 2 Rn. 1.

67 *Laubenthal*, Rn. 137.

68 Bt-Ds. 15/778 Anlage 2.

69 Br-Ds. 7/3998, 5 f.; BVerfGE 33, 7; 35, 235; 45, 245; 98, 169 (200); *Laubenthal*, Rn. 140 ff.; *Feest/Lesting*, AK-StVollzG, § 2 Rn. 3 ff.; *Calliess/Müller-Dietz*, StVollzG, § 2 Rn. 1; a.A. *Arloth* in Arloth/Lückemann, StVollzG, § 2 Rn. 2 ff., 10. Dieser spricht von einer Gleichrangigkeit der Aufgabe der Resozialisierung und des Schutzes der Allgemeinheit und führt zur Begründung die Stellungnahme der Bundesregierung zum BREntwurf, Bt-Ds. 15/778 Anlage 2 an. Daraus zieht er wohl den Schluss, dass eine Gleichrangigkeit der Aufgaben auch eine Gleichrangigkeit der Ziele bedeute. Zu unterscheiden ist jedoch zwischen Ziel und Aufgabe des Strafvollzugs. Ziel ist gerade die Resozialisierung des Gefangenen, nicht der Schutz der Allgemeinheit, dieser Teil des § 2 StVollzG bezieht sich ausschließlich auf die Haftzeit, nicht auf ein nach dem Vollzug zu erreichendes Ergebnis. Dies bringen auch *Laubenthal*, Rn. 171 ff., und *Feest/Lesting* in AK-StVollzG, § 2 Rn. 5 ff. zum Ausdruck.

70 Zunächst abweichend OLG Karlsruhe JR 1978, 213; OLG Frankfurt NStZ 1983, 140; OLG Celle ZfStrVo 1984, 251; OLG Stuttgart NStZ 1984, 429; OLG Nürnberg NStZ 1984, 92. Seit den genannten Entscheidungen in den 80er Jahren sind keine Urteile veröffentlicht worden, in denen diese Rechtsauffassung weiter vertreten wird, daher ist davon auszugehen, dass die Rechtsprechung sich der Literatur angeschlossen hat, jetzt auch ausdrücklich OLG Frankfurt, NStZ 2002, 53.

71 *Böhm/Jehle* in Schwind/Böhm/Jehle/Laubenthal, StVollzG, § 2 Rn. 5; *Calliess/Müller-Dietz*, StVollzG, § 2 Rn. 8; *Laubenthal*, Rn. 140; *Feest/Lesting* in AK-StVollzG, § 2 Rn. 3.

72 Zum Begriff der Resozialisierung ausführlich *Schüler-Springorum*, Strafvollzug im Übergang, 157 ff.; *Cornel* in Handbuch der Resozialisierung, 13 ff.

73 *Matt*, NK 2004, 140 wählt den Begriff der „sozialen Reintegration".

74 *Laubenthal*, Rn. 152.

orientierten Sozialverhaltens und eine damit einhergehende Persönlichkeitsentwicklung[75]. Durch die Begehung einer Straftat hat sich der Täter gegen das erlernte Verhalten gewendet und sich damit „entsozialisiert". Während der Haft soll er also zur „Normalität" zurückgeführt werden. Die Resozialisierung kann durch vielfältige Maßnahmen erreicht werden, so etwa durch eine persönliche Beratung und Bestärkung, das eigene Leben in Angriff zu nehmen, sowie durch finanzielle Hilfen[76]. Kern der Resozialisierung ist die Arbeit im Gefängnis[77]. Insoweit ist zu berücksichtigen, dass die Strafe nach der Intention des Gesetzgebers allein in der Freiheitsentziehung besteht[78]. Darüber hinausgehende Sanktionen im Strafvollzug sind nicht Teil der Strafe; dies gilt seit Inkrafttreten des Strafvollzugsgesetzes auch für die Gefangenenarbeit[79]. Allerdings wird diesbezüglich wohl in der Öffentlichkeit eine andere Auffassung vertreten und die Arbeitspflicht als ein zusätzliches und zulässiges „Strafübel" gesehen[80]. Insoweit wird auch der Begriff der Resozialisierung mit einer Entschärfung des Strafvollzugs verbunden[81].

Einige Maßgaben und zugleich Konkretisierungen des § 2 StVollzG für die Gestaltung des Vollzugs sind in § 3 StVollzG enthalten. Gemäß Abs. 1 soll das Leben im Vollzug den allgemeinen Lebensverhältnissen so weit als möglich angepasst werden (Angleichungsgrundsatz). Zudem ist schädlichen Folgen des Freiheitsentzugs entgegenzuwirken (Gegensteuerungsgrundsatz), Abs. 2, und der Vollzug darauf auszurichten, dass dem Gefangenen geholfen wird, sich nach seiner Entlassung in das Leben in Freiheit einzugliedern (Integrationsgrundsatz), Abs. 3. Durch diese Vorgaben sollen menschenwürdige Lebensbedingungen auch im Gefängnis gewährleistet werden[82]. § 3 StVollzG findet Anwendung bei der Auslegung von Regelungen des Strafvollzugsgesetzes und im Hinblick auf Ermessensspielräume der Vollzugsbehörde[83]. Dabei vermittelt die Norm jedoch keinen Anspruch des Strafgefangenen auf eine bestimmte Behandlung[84].

---

75 *Laubenthal,* Rn. 143.

76 *Cornel* in Handbuch der Resozialisierung, 13 (45) mit diesen und weiteren Beispielen.

77 BVerfGE 66, 199 (208); 98, 169 (172, 206 ff.); NStZ 2004, 514; Beschluss vom 27.12.2007, Az. 2 BvR 1061/05.

78 *Feest/Lesting* in AK-StVollzG, § 2 Rn. 1; a.A. wohl *Hartmann*, SozVers 1993, 197, der die Arbeitspflicht als Element der Strafe einstuft.

79 Anders zeigte sich die Lage noch bis zum Jahre 1969. Es galten Vorschriften, wonach die Arbeitstätigkeit sich nach der Schwere der Straftat bestimmte. So mussten die Zuchthausgefangenen länger arbeiten als die Gefängnisinsassen. Zudem wurden die Gefangenen gezielt ausgenutzt, da neben der harten Arbeit nur eine unzulängliche Versorgung mit Nahrungsmitteln erfolgte, *Böhm*, Rn. 291.

80 *Böhm*, Rn. 291.

81 Walter in Festschrift für Müller-Dietz, 961 (963).

82 *Calliess/Müller-Dietz*, StVollzG, § 3 Rn. 1; *Arloth* in Arloth/Lückemann, StVollzG, § 3 Rn. 4; *Rosenthal*, NK 1998, 12.

83 *Arloth* in Arloth/Lückemann, StVollzG, § 3 Rn. 1.

84 KG ZfStrVo 1998, 307 (308); *Arloth* in Arloth/Lückemann, StVollzG, § 3 Rn. 1.

§ 4 StVollzG enthält Ausführungen zur Stellung des Strafgefangenen im Vollzug. Gemäß § 4 Abs. 1 StVollzG wirkt er an der Gestaltung seiner Behandlung mit und arbeitet auf die Resozialisierung hin, wobei er durch die Vollzugsbehörde unterstützt wird; diese hat gemäß § 4 Abs. 1 S. 2 StVollzG die Pflicht, motivierend auf den Gefangenen einzuwirken. In § 4 Abs. 2 StVollzG werden die Voraussetzungen zur Einschränkung der Rechte des Strafgefangenen festgelegt. Den gesetzlichen Zielvorstellungen nach wirkt der Gefangene also an der Erreichung des Vollzugsziels mit[85]. „Mitwirkung" in diesem Sinne meint die Bereitschaft, gar die Initiative zur Mitarbeit, indem sich der Gefangene selbst um Kontakt zu den Vollzugsangestellten und den Mitinsassen bemüht[86]. Es besteht geradezu eine Notwendigkeit zur Mitwirkung[87], wobei der Strafgefangene jedoch kein Recht zur Mitwirkung an der Gestaltung seines Vollzugs hat. Der Gesetzgeber hat sich bei der Schaffung des Strafvollzugsgesetzes gegen ein solches Recht entschieden, da viele Gefangene zur Mitwirkung entweder nicht fähig oder nicht willig seien[88]. Damit geht einher, dass Strafgefangene, zumindest nach der Konzeption des Strafvollzugsgesetzes, auch keine Mitwirkungspflicht haben[89]. Vielmehr soll es sich um einen Behandlungsvollzug handeln, in dem sich die Fähigkeit oder Bereitschaft des Strafgefangenen zur Resozialisierung aufgrund der Einwirkung durch Mitarbeiter der Vollzugsbehörde entwickelt[90]. Sofern sich ein Gefangener der Mitwirkung verschließt, dürfen gegen ihn keine Disziplinarmaßnahmen angeordnet werden[91]. Dies gilt für direkte und indirekte Maßnahmen gleichermaßen, so könnten auch bei Gefangenen, die sich der Mitwirkung verschließen, etwa Lockerungsmaßnahmen der Haft angebracht sein, um soziale Kontakte aufrechtzuerhalten und schädlichen Einflüssen im Vollzug entgegenzuwirken[92].

85 BVerfG StraFo 2006, 512 (513).

86 *Callies/Müller-Dietz*, StVollzG, § 4 Rn. 2.

87 *Callies/Müller-Dietz*, StVollzG, § 4 Rn. 3.

88 Bt-Ds. 7/918, 46 f.

89 OLG Zweibrücken STV 1992, 589; *Calliess/Müller-Dietz*, StVollzG, § 4 Rn. 4; *Arloth* in Arloth/ Lückemann, StVollzG, § 4 Rn. 2; *Feest/Lesting* in AK-StVollzG, § 4 Rn. 4; *Laubenthal*, Rn. 238; a.A. *Böhm/Jehle* in Schwind/ Böhm/Jehle/Laubenthal, StVollzG, § 4 Rn. 4, die in einer Mitwirkungspflicht insbesondere im Hinblick auf die Arbeitspflicht keine unzulässige Einwirkung auf die Rechte des Betroffenen sehen.

90 *Calliess/Müller-Dietz*, StVollzG, § 4 Rn. 4.

91 OLG Zweibrücken StV 1992, 589; OLG Nürnberg ZfStrVo 1980, 250; OLG Celle ZfStrVo 1980, 184; *Calliess/Müller-Dietz*, StVollzG, § 4 Rn. 4; *Arloth* in Arloth/Lückemann, StVollzG, § 4 Rn. 2.

92 OLG Zweibrücken StV 1992, 589.

C. Die Arbeitspflicht des Strafgefangenen gemäß § 41 Abs. 1 StVollzG

Gemäß § 41 Abs. 1 S. 1 StVollzG sind Strafgefangene dazu verpflichtet, eine ihnen zugewiesene Arbeit anzunehmen, sofern sie körperlich angemessen ist. Die Arbeit im Vollzug ist der Kern des auf Resozialisierung ausgerichteten Behandlungsvollzugs[93]. Arbeit und Bildung werden als Faktoren angesehen, die eine positive Persönlichkeitsentwicklung des Strafgefangenen bewirken und dazu beitragen können, dass sich Selbstwertgefühl und soziale Verhaltensweisen ausbilden[94]. Des Weiteren soll der Strafgefangene in die Lage versetzt werden, nach der Entlassung durch Arbeit seinen Lebensunterhalt zu verdienen, § 37 Abs. 1 StVollzG[95].

Die Arbeitspflicht gilt nicht für Strafgefangene über 65 Jahren oder für werdende oder stillende Mütter, § 41 Abs. 1 S. 3 StVollzG. Aus der Arbeitspflicht ist kein Anspruch des Strafgefangenen auf eine bestimmte Arbeit zu folgern[96], auch eine Tätigkeit in seinem erlernten Beruf kann nicht zur Voraussetzung der Arbeitsaufnahme gemacht werden[97]. Zu berücksichtigen ist jedoch, dass die Arbeit gemäß § 37 Abs. 1 StVollzG dem Strafgefangenen die Fähigkeit vermitteln soll, nach seiner Entlassung auf dem freien Arbeitsmarkt tätig zu werden. Daher sind sowohl die Ausbildung als auch die Qualifikation des Gefangenen bei der Zuweisung so weit wie möglich zu berücksichtigen[98]. Geeigneten Gefangenen ist darüber hinaus die Möglichkeit zu geben, eine Berufsausbildung zu absolvieren, sich beruflich weiterzubilden oder an aus- oder weiterbildenden Maßnahmen teilzunehmen, § 37 Abs. 3 StVollzG. Die Rechtsprechung lehnt es jedoch ab, daraus bei Vorliegen der Eignungsvoraussetzungen eine Verpflichtung der Voll-

---

93 OLG Nürnberg NStZ 1991, 102; *Hartmann*, SozVers 1993, 197; *Rosenthal*, NK 1998, 12 (13).

94 *Laubenthal* in Schwind/Böhm/Jehle Laubenthal, StVollzG, vor § 37 Rn. 1.

95 Zu den Wirkungen und Zielen der Gefangenenarbeit und zu Wirkungen von Arbeit allgemein ausführlich *Koch*, 70 ff.

96 OLG Nürnberg NStZ 1981, 200; *Laubenthal* in Festschrift für Geerds, 337 (338).

97 *Calliess/Müller-Dietz,* StVollzG, § 41 Rn. 1; OLG Nürnberg NStZ 1981, 200 im Falle eines Zahnarztes, der die Zustimmung zur Eingehung eines freien Beschäftigungsverhältnisses oder einer Tätigkeit als Anstaltszahnarzt beantragte. Dies wurde ihm mit der Begründung verwehrt, dass die staatliche Sorgfaltspflicht für die Gefängnisinsassen das Resozialisierungsinteresse des einzelnen Strafgefangenen überwiege; daher müsse die medizinische Betreuung der Strafgefangenen von hauptamtlich oder vertraglich bestelltem ärztlichen Personal durchgeführt werden. Das Gericht sah auch das Ermessen als ordnungsgemäß angewandt an. Die Vollzugsbehörde hatte ihre Entscheidung unter anderem damit begründet, dass es nicht erwünscht sei, dass ein Gefangener Einblicke in die persönlichen Verhältnisse von Bediensteten, Gefangenen oder Dritten oder in Personal- und ähnliche Akten bekäme. Zudem bestünde eine Missbrauchsgefahr, weil der Betroffene Zugang zu Medikamenten und Narkotika habe und dies von Mitinsassen, auch gegen den Willen des Betroffenen selbst, ausgenutzt werden könnte.

98 *Calliess/Müller-Dietz,* StVollzG, § 41 Rn. 1.

zugsbehörde zur Einwilligung in die Durchführung eines Fernstudiums herzuleiten[99]; hier ist zusätzlich zu prüfen, ob der Strafgefangene die persönliche und vollzugliche Eignung besitzt, die angestrebte Ausbildung tatsächlich zu absolvieren[100]. Sofern ein Gefangener eines der Ausbildungsangebote wahrnimmt, ist er von der Arbeitspflicht befreit[101].

Die Anordnung der Arbeitspflicht bedarf nicht der Zustimmung des einzelnen Strafgefangenen. Sofern schuldhaft gegen die Arbeitspflicht verstoßen wird, besteht für die Anstaltsleitung die Möglichkeit, Disziplinarmaßnahmen nach den §§ 102 ff. StVollzG anzuordnen[102]. Dies gilt gleichermaßen für die Arbeit in Eigen- und Unternehmerbetrieben[103]. Daneben kann ein arbeitsunwilliger Strafgefangener auch von der zugewiesenen Arbeit ausgeschlossen werden. Naturgemäß erhalten die Gefangenen kein Arbeitsentgelt, wenn sie sich der Arbeitspflicht widersetzen. Sofern ein Gefängnisinsasse dauerhaft nicht in der Lage oder bereit ist, seiner Arbeitspflicht nachzukommen, und durch sein Verhalten den Betriebsfrieden nachhaltig stört, kann er auch völlig von der Gemeinschaftsarbeit abgelöst werden[104]. Zu beachten ist in diesem Zusammenhang ebenfalls die Regelung des § 50 StVollzG. Danach wird, als Teil der Kosten der Vollstreckung der Rechtsfolgen einer Tat, von den Strafgefangenen durch die Strafvollzugsanstalt grundsätzlich ein Haftkostenbeitrag erhoben, § 50 Abs. 1 S. 1 StVollzG. Dieser Haftkostenbeitrag wird gemäß § 50 Abs. 1 S. 2 StVollzG dann nicht erhoben, wenn der Gefangene Bezüge im Sinne des Strafvollzugsgesetzes erhält (Nr. 1), unverschuldeterweise nicht arbeiten kann (Nr. 2) oder er, etwa aus Altersgründen, nicht der Arbeitspflicht unterliegt (Nr. 3). Demzufolge wird ein Kostenbeitrag von den Gefangenen erhoben, die sich schuldhaft der Arbeitspflicht widersetzen.

Die Arbeitsmöglichkeit hat für die Gefangenen allerdings durchaus positive Seiten. So bringt die Arbeit Abwechslung in den Gefängnisalltag[105] und bietet geeigneten und interessierten Strafgefangenen die Option, sich fortzubilden. Des Weiteren können durch die Arbeit zusätzliche finanzielle Mittel erwirtschaftet werden. Allerdings stellt sich die Situation der Gefängnisarbeit so dar, dass längst nicht für alle Insassen, die an Arbeit interessiert sind, auch Stellen zur Verfügung stehen. Die

---

99 OLG Frankfurt am Main NStZ 1983, 381; OLG Nürnberg NStZ 1991, 102.

100 *Molketin*, NStZ 1991, 102.

101 *Däubler/Spaniol* in AK-StVollzG, vor § 37 Rn. 4.

102 OLG Hamm NStZ 1985, 429; OLG Hamburg NStZ 1992, 53; *Lückemann* in Arloth/Lückemann, StVollzG, § 41 Rn. 2.

103 OLG Hamburg NStZ 1992, 53.

104 *Calliess/Müller-Dietz*, StVollzG, § 41 Rn. 2.

105 *Shea*, 2 berichtet in ihrer Studie, dass Gefangene ihr gegenüber geäußert hätten, sie würden verrückt ohne die Arbeit.

Entwicklung auf dem „Arbeitsmarkt Gefängnis“ ist ebenso wie auf dem „normalen“ Arbeitsmarkt an die gesamtwirtschaftliche Entwicklung gekoppelt[106].

D. Gesetzliche Regelung und Formen der Gefangenenarbeit

Ausgangspunkt ist die Regelung des § 37 StVollzG. Dies ist die erste Norm des Fünften Titels des Strafvollzugsgesetzes, „Arbeit, Ausbildung, Weiterbildung“, und enthält eine Konkretisierung des in § 2 S. 1 StVollzG enthaltenen Vollzugsziels der Resozialisierung[107]. Gemäß § 37 Abs. 1 StVollzG ist dem Gefangenen innerhalb der Justizvollzugsanstalt eine Arbeit zuzuweisen. Zu unterscheiden sind die wirtschaftlich ergiebige Arbeit gemäß § 37 Abs. 2 StVollzG, die angemessene Beschäftigung gemäß § 37 Abs. 4 StVollzG, die arbeitstherapeutische Beschäftigung gemäß § 37 Abs. 5 StVollzG und Hilfstätigkeiten in der Anstalt gemäß § 41 Abs. 1 S. 2 StVollzG.

Innerhalb des System der Gefängnisarbeit gibt es verschiedene Formen der Arbeitseinrichtungen. Zum einen existieren Haus- oder Versorgungsbetriebe der Anstalten, wie etwa Küche und Wäscherei[108]. Hier erfolgt die Heranziehung der Gefangenen zu Hilfsdiensten. Die Hausbetriebe dienen der Versorgung der Anstalt[109]. Die Anstaltsverwaltung wird im Bereich dieser Arbeiten zumeist auf Freiwillige zurückgreifen. Jedoch können diese Tätigkeiten auch als Überbrückungstätigkeit für solche Strafgefangene dienen, denen zeitweilig keine andere Arbeitsmöglichkeit zur Verfügung gestellt werden kann[110].

Daneben bestehen so genannte Eigen- oder Regiebetriebe. Hierbei handelt es sich um Produktionsbetriebe, die Erzeugnisse für Behörden oder für den Verkauf auf dem freien Markt herstellen[111], dabei aber allein von der Anstalt geleitet und verwaltet werden[112]. Die zur Produktion verwendeten Gerätschaften, Maschinen und Rohstoffe sind Eigentum der öffentlichen Hand[113].

---

106 *Däubler/Spaniol* in AK-StVollzG, vor § 37 Rn. 12; *Jehle*, ZfStrVO 1994, 259.

107 *Däubler/Spaniol* in AK-StVollzG, vor § 37 Rn. 2.

108 In NRW wurden im Jahresdurchschnitt 1999 wurden ca. 25 % der 10.900 beschäftigten Strafgefangenen in den Hausbetrieben eingesetzt, vgl. Strafvollzug in NRW, 48. 2003 waren ebenfalls 25 % der 10.600 Beschäftigten in den Hausbetrieben tätig.

109 *Laubenthal* in Schwind/Böhm/Jehle/Laubenthal, StVollzG, § 148 Rn. 2.

110 *Calliess/Müller-Dietz*, StVollzG, § 41 Rn. 3.

111 *Neu* in Arbeitsmarkt, Strafvollzug und Gefangenenarbeit, 100.

112 *Laubenthal* in Schwind/Böhm/Jehle/Laubenthal, StVollzG, § 148 Rn. 2; 1999 waren ca. 10 % der 10.900 beschäftigten Strafgefangenen in Regiebetrieben tätig, vgl. Strafvollzug in NRW, 48. Auch 2003 waren ca. 10 % der 10.600 arbeitstätigen Strafgefangenen in Regiebetrieben tätig.

113 *Däubler/Spaniol* in AK-StVollzG, § 37 Rn. 3.

Die Strafgefangenen können zudem in Unternehmerbetrieben und freien Beschäftigungsverhältnissen tätig werden. Unternehmerbetriebe sind Arbeitsbetriebe, die von freien Unternehmern innerhalb der Anstalt eingerichtet werden[114]. Ihre Einrichtung erlaubt das Strafvollzugsgesetz ausdrücklich, § 149 Abs. 4 StVollzG. Die Unternehmerbetriebe unterscheiden sich von den Eigenbetrieben dadurch, dass nicht die öffentliche Hand, sondern ein Unternehmer der freien Wirtschaft das wirtschaftliche Risiko des Betriebes trägt[115]. Dennoch besteht kein privatrechtliches Arbeitsverhältnis zwischen dem Gefängnisinsassen und dem Unternehmer, vielmehr besteht zwischen der Justizvollzugsanstalt und dem Insassen ein öffentlich-rechtliches Verhältnis[116]. Daraus folgt, dass die Inhaftierten keinen Anspruch auf die tarifmäßige Entlohnung haben, sondern sie arbeiten für eine zwischen der Anstalt und dem Unternehmer vereinbarte Vergütung. Durch die Einrichtung von Unternehmerbetrieben soll erreicht werden, dass die Strafgefangenen schon während ihrer Haftzeit einen Kontakt zur freien Wirtschaft herstellen und so idealerweise nach ihrer Entlassung einen beruflichen Einstieg finden können[117].

Im Rahmen des freien Beschäftigungsverhältnisses gemäß § 39 Abs. 1 StVollzG arbeiten die Gefangenen außerhalb der Anstalt, sie werden als Freigänger bezeichnet. Diese Ausgestaltung der Gefangenenarbeit stellt kein öffentlich-rechtliches Beschäftigungsverhältnis dar[118]; vielmehr schließen die Strafgefangenen mit einem privaten Unternehmen einen Arbeitsvertrag ab und erhalten als Vergütung das vereinbarte und gegebenenfalls tarifgebundene Arbeitsentgelt[119]. Darüber hinaus wird der Strafgefangene in die gesetzliche Renten-, Arbeitslosen- und Krankenversicherung einbezogen[120]. Voraussetzung für die Aufnahme einer Tätigkeit im freien Beschäftigungsverhältnis ist gemäß § 39 Abs. 1 S. 2 StVollzG die Vollzugslockerung des Freigangs gemäß § 11 Abs. 1 Nr. 1 StVollzG.

---

114 *Laubenthal* in Schwind/Böhm/Jehle/Laubenthal, StVollzG, § 148 Rn. 2.

115 *Laubenthal* in Festschrift für Geerds, 337 (340).

116 *Laubenthal* in Festschrift für Geerds, 337 (340).

117 *Calliess/Müller-Dietz,* StVollzG, § 41 Rn. 7; in den Unternehmerbetrieben sind die weitaus meisten Strafgefangenen beschäftigt. 1999 waren es von 10.900 beschäftigten Strafgefangenen ca. 35 %, Strafvollzug in NRW, 48. Diese Zahl ist allerdings rückläufig, so waren im Jahre 2003 von den 10.600 beschäftigten Strafgefangenen ca. 30 % in Unternehmerbetrieben tätig.

118 *Laubenthal* in Festschrift für Geerds, 337 (341).

119 *Lückemann* in Arloth/Lückemann, StVollzG, § 39 Rn. 3; *Neu* in Arbeitsmarkt, Strafvollzug und Gefangenenarbeit, 103; im Jahre 1999 gingen nur ca. 10 % der 10.900 Beschäftigten einem freien Arbeitsverhältnis außerhalb der Anstalt nach, Strafvollzug in NRW, 48. Im Jahre 2003 blieb der prozentuale Anteil der freien Beschäftigungsverhältnisse bei Rückgang der insgesamt Tätigen auf 10.600 Strafgefangene stabil. Für das Jahr 2004 wurde eine Zahl von 10.200 Erwerbstätigen angegeben, davon werden ca. 30 % in Unternehmer- und 25 % in Eigenbetrieben tätig, Justizvollzug NRW, 2006, 24.

120 *Lückemann* in Arloth/Lückemann, StVollzG, § 39 Rn. 3.

Neben diesen Beschäftigungsformen hat sich eine weitere Beschäftigungsform entwickelt, der sogenannte unechte Freigang. Dabei stellt die Vollzugsanstalt privaten Unternehmen Freigänger, also Strafgefangene, deren Vollzug so weit als möglich gelockert ist, als (Leih-)Arbeitskräfte zur Arbeit in dem privaten Betrieb zur Verfügung. Die Vollzugsanstalt enthält dafür eine bestimmte Vergütung, zahlt dem Gefangenen ihrerseits jedoch nur den Lohn, den sie nach § 200 StvollzG zu zahlen verpflichtet ist. Eine Einbindung der Gefangenen in die Sozialversicherung erfolgt nicht. Diese Konstruktion ist vor dem Hintergrund bedenklich, dass die Gefangenen als Freigänger auch in einem freien Beschäftigungsverhältnis tätig werden könnten und eine wesentlich höhere Vergütung erhielten und sozialversichert würden. Zudem kommt ihnen so nicht der Effekt zugute, dass sie bereits während ihrer Haftzeit eine Stelle annehmen können, die ihnen auch nach der Entlassung erhalten bleibt.

E. Die Entlohnung der Strafgefangenen

Die Regelungen zur Gefangenenentlohnung finden sich zum einen im Strafvollzugsgesetz in den §§ 200, 42, 43 StVollzG, zum anderen in der Strafvollzugsvergütungsordnung (StVollzVergO). Geregelt sind nicht nur die Bezüge der Strafgefangenen, sondern auch die Verfügungsberechtigung über das erhaltene Geld, §§ 47 ff. StVollzG. Die Grundnorm zur Regelung des Entgeltanspruchs ist § 200 StVollzG. Zur Klarstellung sei erwähnt, dass diese Regelung nicht auf die Tätigkeit von Freigängern Anwendung findet. Im Folgenden wird dargestellt, welche Regelung im Ausgangsentwurf des Strafvollzugsgesetzes von 1977 gegolten hat und welchen Inhalt die aus Anlass des Urteils des Bundesverfassungsgerichts vom 01.07.1998[121] vom Gesetzgeber überarbeitete, nun geltende Regelung des § 200 StVollzG n.F. hat.

I. § 200 StVollzG a.F.

Nach der ursprünglichen Regelung des § 200 StVollzG hatten arbeitende Strafgefangene einen Anspruch auf Arbeitsentgelt, die so genannte Eckvergütung, in Höhe von maximal 5 % der Bezugsgröße. Die Bezugsgröße ist die Summe, die im Durchschnitt auf jeden Versicherten im vorvergangenen Jahr in Deutschland entfallen ist. Diese Größe wechselt entsprechend der bundesdeutschen Gehaltsstruktur. Beispielhaft sei dies an der Bezugsgröße für das Jahr 2009 aufgezeigt:

---

121 BVerfGE 98, 169, zu diesem Urteil ausführlich auf S. 41.

Die Bezugsgröße für das Jahr 2009 liegt bei 30.240,– Euro jährlich, 5 % entsprechen damit 1.512,– Euro. Der Tagessatz ist gemäß § 43 Abs. 2 S. 3 StVollzG der 250. Teil der Eckvergütung, also nach dem Beispiel 6,05 Euro. Bricht man den Tagessatz auf einen Stundensatz herunter, wobei ein Arbeitstag von acht Stunden zugrunde zu legen ist, so beträgt der Stundenlohn 0,76 Euro.

Gemäß § 200 Abs. 2 StVollzG a.F. hatte der Gesetzgeber die Verpflichtung, bis zum 31.12.1980 über eine Erhöhung der Eckvergütung zu entscheiden. Damit sollte es den Ländern ermöglicht werden, ihre Haushaltsplanungen auf eine Neuregelung einzustellen[122], da mit einer erheblichen Mehrbelastung der Länderhaushalte durch eine erhöhte Gefangenenentlohnung zu rechnen war.

Zuvor hatte sich bereits der Fachausschuss I „Strafrecht und Strafvollzug" des Bundeszusammenschlusses für Straffälligenhilfe in seinem Alternativentwurf zum Strafvollzugsgesetz aus dem Jahre 1973 für eine andere Regelung der Gefangenenentlohnung stark gemacht; es wurde vorgeschlagen, eine Gefangenenentlohnung einzuführen, die an tarifliche Regelungen angepasst ist. Dies war jedoch in der Begründung zum Gesetzesentwurf abgelehnt worden, da sich aus dem Strafvollzug gewisse produktivitätsmindernde Faktoren ergäben und daher eine tarifliche Entlohnung nicht gezahlt werden könne. Zu den die Rentabilität der Gefangenenarbeit einschränkenden Faktoren gehörten zum einen die aus dem Gefängnisbetrieb resultierenden Sicherheitsvorkehrungen und der häufige Wechsel der Arbeitskräfte in den Anstaltsbetrieben[123]; zum anderen nähmen die Gefangenen häufig an weiteren Behandlungsmaßnahmen teil, die es ihnen nicht ermöglichten, ihre volle Arbeitskraft zur Verfügung zu stellen.

Dennoch war vom Gesetzgeber in der ursprünglichen Fassung des Strafvollzugsgesetzes eine schrittweise Erhöhung des Entgelts bis auf 40 % der Bezugsgröße vorgesehen; diese ist allerdings nicht erfolgt. Als Grund hierfür wurde die seit den 80er Jahren zunehmend angespannte finanzielle Lage der öffentlichen Haushalte genannt[124]. Eine Erhöhung der Eckvergütung von 5 % auf 10 % wurde daher im Jahre 1980 vom Bundesrat[125], eine Erhöhung von 5 % auf 6 % im Jahre 1988 vom Bundestag[126] abgelehnt.

II. Entgeltanspruch gemäß § 200 StVollzG n.F.

In der Entscheidung des Bundesverfassungsgerichts zur Frage der Gefangenenentlohnung vom 01.07.1998 wurde die bis dahin geltende Regelung für verfassungs-

---

122 *Calliess*, NJW 2001, 1692.

123 Bt-Ds. 7/918, 67 f.

124 Dies war bereits im Gesetzesentwurf Bt-Ds. 7/4208 befürchtet worden, 67 f.;

125 Br-Ds. 282/807.

126 Bt-Ds. 11/3694.

widrig erklärt und dem Gesetzgeber die Verpflichtung auferlegt, eine verfassungskonforme Regelung der Gefangenenentlohnung bis zum 31.12.2000 zu schaffen.

Diesem Auftrag kam der Gesetzgeber mit Wirkung zum 27.12.2000 durch den Erlass des Strafvollzugsänderungsgesetzes nach. Die Neuregelung sieht eine Erhöhung der Eckvergütung auf 9 % als monetären Ausgleich für die Gefangenenarbeit vor. Beispielhaft sei erneut anhand der Bezugsgröße des Jahres 2009 der Tages- bzw. Stundensatz der Strafgefangenen aufgezeigt:

Die Bezugsgröße für das Jahr 2009 liegt bei 30.240,– Euro jährlich, 9 % entsprechen demnach 2.726,– Euro. Der Tagessatz ist gemäß § 43 Abs. 2 S. 3 StVollzG der 250. Teil der Eckvergütung, also nach dem Beispiel 10,89 Euro. Bricht man den Tagessatz auf einen Stundensatz herunter, wobei ein Arbeitstag von acht Stunden zugrunde zu legen ist, so beträgt der Stundenlohn 1,36 Euro.

Der Erhalt der Eckvergütung in Höhe von 9 % der Bezugsgröße stellt nicht den Regelfall der Vergütung dar, diese kann vielmehr auch darunter liegen. In Anwendung des § 43 Abs. 3 StVollzG sind in der StVollzVergO fünf Vergütungsstufen festgesetzt worden. Der Grundlohn in der untersten Vergütungsstufe beträgt 75 % der Eckvergütung nach § 43 Abs. 2 S. 2 StVollzG, also 75 % der genannten 9 % der Bezugsgröße. Die Einordnung in die fünf Vergütungsstufen richtet sich nach der Art der Tätigkeit, die der Gefangene ausübt. Die vollen 9 % werden einem Strafgefangenen dann gewährt, wenn er eine Arbeit verrichtet, die einer Anlernzeit bedarf und durchschnittliche Anforderungen an die Leistungsfähigkeit und die Geschicklichkeit stellt, § 1 StVollzVergO. Der Stundensatz gemäß § 43 Abs. 2, Abs. 3 StVollzG i.V.m. § 1 StVollzVergO liegt somit am Beispiel der Bezugsgröße des Jahres 2009 zwischen 1,02 Euro und 1,70 Euro.

Zusätzlich besteht eine nicht monetäre Gegenleistung für die Arbeit. Sofern der Strafgefangene seiner Arbeitspflicht zwei Monate lang zusammenhängend nachkommt, wird er einen Tag von der Arbeit freigestellt, § 43 Abs. 6 StVollzG. Die Freistellungstage kann er als Urlaub aus der Haft nutzen, sofern die Voraussetzungen für die Zulässigkeit eines Hafturlaubs nach § 13 Abs. 1 S. 2 i.V.m. § 11 Abs. 2 StVollzG vorliegen, oder sich auf den Entlassungszeitpunkt anrechnen lassen, § 43 Abs. 1, Abs. 9 StVollzG. Dabei gelten nach § 43 Abs. 10 StVollzG einige Ausnahmen. So ist eine Anrechnung etwa ausgeschlossen, wenn der Strafgefangene eine lebenslange Freiheitsstrafe oder Sicherungsverwahrung verbüßt (Nr. 1). Falls eine Anrechnung nach § 43 Abs. 10 StVollzG ausgeschlossen ist, erhält der Gefangene für seine Tätigkeit eine Ausgleichsentschädigung von 15 % der 9 % Eckvergütung für die geleistete Arbeit, § 43 Abs. 11 StVollzG. Der Anspruch entsteht erst im Zeitpunkt der Entlassung; er ist vorher weder verzinslich noch abtretbar oder vererblich, § 43 Abs. 11 S. 2 StVollzG. Verbüßt der arbeitende Strafgefangene eine lebenslange Freiheitsstrafe oder unterliegt er der Sicherungsverwahrung, so wird ihm die Ausgleichszahlung nach Verbüßung von jeweils zehn Jahren der Strafe auf sein Eigengeld nach § 52 StVollzG gutgeschrieben.

Der Entgeltanspruch entsteht, wenn der Gefangene arbeitet. Er entfällt dementsprechend, wenn der Gefangene der Arbeit verschuldet fernbleibt, sie verweigert, aber auch, wenn die Arbeit aus organisatorischen Gründen nicht ausgeführt werden kann[127]. In § 45 StVollzG ist eine Entschädigung für den Fall vorgesehen, dass die Arbeit aus Gründen entfällt, die nicht in der Person des Strafgefangenen begründet liegen, die sogenannte Ausfallentschädigung. Diese Norm ist den Entgeltfortzahlungsregelungen nachgebildet[128], es soll eine Ausgleichsentschädigung im Falle unverschuldeter Krankheit gezahlt werden, § 45 Abs. 2 StVollzG. Diese Regelung sollte gemäß § 198 Abs. 3 StVollzG durch besonderes Bundesgesetz in Kraft gesetzt werden, dies ist jedoch nicht erfolgt, sodass die Regelung seit Inkrafttreten des Strafvollzugsgesetzes im Jahre 1977 suspendiert ist.

Sofern Feiertage auf einen Werktag fallen, kann der Gefangene ebenfalls keinen Lohn beanspruchen, dies resultiert jedoch aus der Tatsache, dass diese Tage bereits im Grundlohn, der sich nach der Bezugsgröße richtet, eingerechnet sind[129]. Gemäß § 42 Abs. 1 StVollzG haben Gefangene, die ein Jahr lang ihrer Arbeitspflicht nachgekommen sind, einen Anspruch auf Freistellung von der Arbeitspflicht in Höhe von 18 Tagen.

III. Lohnverwendungsmöglichkeiten

Strafgefangene sind im Gegensatz zu „normalen" Arbeitnehmern im Hinblick auf die Verwendung ihres Lohnes erheblich eingeschränkt[130]. Gemäß § 47 Abs. 1 StVollzG darf der Gefangene 3/7 seines Arbeitsverdienstes als so genanntes „Hausgeld" für den Einkauf nach § 22 Abs. 1 StVollzG oder anderweitig verwenden; dieses Geld steht dem Gefangenen zur freien Verfügung[131]. Das übrige Geld wird gemäß § 51 StVollzG dem Überbrückungs-[132] oder gemäß § 52 StVollzG dem Eigengeld zugeführt. Eine Einschränkung der Verfügungsbefugnis über das Hausgeld kann die Folge einer Disziplinarmaßnahme sein[133], der Anspruch geht

127 KG NStZ 1989, 197.

128 *Däubler/Spaniol* in AK-StVollzG, vor § 37 Rn. 6.

129 *Calliess/Müller-Dietz*, StVollzG, § 43 Rn. 2.

130 Eine Lohnverwendungsabrede ist in freien Arbeitsverhältnissen bereits seit langem unzulässig, dies wurde durch §§ 117 Abs. 2, 115 GewO geregelt.

131 *Calliess/Müller-Dietz*, StVollzG, § 47 Rn. 1.

132 Das Überbrückungsgeld soll dem Entlassenen in den ersten vier Wochen nach seiner Entlassung den Lebensunterhalt sicherstellen.

133 LG Karlsruhe NStZ 1982, 263; *Calliess/Müller-Dietz*, StVollzG, § 47 Rn. 1.

jedoch nicht verloren, vielmehr muss das Geld auf das Überbrückungskonto eingezahlt werden[134].

Gemäß § 47 Abs. 2 StVollzG setzt die Vollzugsbehörde für Gefangene, die in einem freien Beschäftigungsverhältnis stehen oder die sich selbst beschäftigen dürfen, aus ihren Bezügen ein angemessenes Hausgeld fest. Die Unterscheidung zwischen Gefangenen im freien Beschäftigungsverhältnis und den anderweitig beschäftigten Gefangenen folgt daraus, dass den Erstgenannten zumeist ein deutlich höheres Arbeitsentgelt zusteht. Um jedoch ungleiche Verhältnisse und daraus resultierende Abhängigkeiten im Gefängnis zu vermeiden, wird der Betrag von der Behörde festgesetzt[135].

IV. Kosten im Gefängnis

§ 50 StVollzG sieht vor, dass vom Strafgefangenen ein Haftkostenbeitrag erhoben wird. Nach der Konzeption des Strafvollzugsgesetzes soll der Gefangene zu den Kosten seiner Haft bis zu der Höhe beitragen, die in etwa den Aufwendungen für seinen Lebensunterhalt entspricht[136]. Dies dient der Angleichung des Haftaufenthalts an die allgemeinen Verhältnisse[137]. Die Regelung knüpft an den Grundgedanken der StPO an, nach welchem der Verurteilte die Kosten des Strafverfahrens zu tragen hat, § 465 Abs. 1 S. 1 StPO. Nach § 464a Abs. 1 S. 2 StPO gehören zu diesen Kosten auch diejenigen, die durch Vollstreckung der Rechtsfolgen der Tat entstehen[138].

In die zu ersetzenden Kosten könnten durchaus die Personal- und Sachkosten einbezogen werden, die durch den Betrieb der Justizvollzugsanstalt verursacht werden. Damit würde der zu ersetzende Betrag aber eine Höhe erreichen, die der Strafgefangene in der Regel nach seiner Entlassung nicht wird beibringen können. Dies wäre nicht mit dem Strafvollzugsziel der Resozialisierung zu vereinbaren. Insofern verpflichtet § 50 StVollzG den Strafgefangenen nur zum Ersatz der Kosten, die durch seinen Lebensunterhalt, die Unterbringung und Verpflegung entstehen[139]. Insoweit ist auch festzustellen, dass tatsächlich wohl nur in den wenigsten Fällen ein Haftkostenbeitrag von den Strafgefangenen erhoben wird, da regelmäßig die in § 50 Abs. 1 S. 2 StVollzG enthaltenen Ausnahmeregelungen Anwendung finden. Danach wird kein Haftkostenbeitrag von Häftlingen

---

134 LG Karlsruhe NStZ 1982, 263.
135 Bt-Ds. 7/3998, 23.
136 Bt-Ds. 7/918, 70.
137 *Calliess/Müller-Dietz*, StVollzG, § 50 Rn. 1.
138 *Meyer-Goßner*, StPO, § 464a Rn. 3.
139 *Callies/Müller-Dietz*, StVollzG, § 50 Rn. 2.

erhoben, wenn sie Bezüge nach dem Strafvollzugsgesetz erhalten, ohne Verschulden nicht arbeiten können oder nicht arbeiten, weil sie nicht zur Arbeit verpflichtet sind. In der Regel wird der Haftkostenbeitrag also nur von den Gefangenen erhoben, die in einem freien Beschäftigungsverhältnis gemäß § 39 StVollzG stehen oder denen die Selbstbeschäftigung, das heißt eine freiberufliche Tätigkeit, erlaubt ist[140].

F. Die Einbindung des Gefangenen in die Sozialversicherung

Wie bereits erläutert, handelt es sich bei einer Tätigkeit im Freigang nach § 39 Abs. 1 StVollzG um ein „normales" Arbeitsverhältnis. Damit unterliegen die im Freigang beschäftigten Gefangenen den üblichen gesetzlichen Regelungen und sind in allen Teilbereichen der Sozialversicherung pflichtversichert. Die folgenden Ausführungen beziehen sich daher auf die Strafgefangenen, die nicht im Freigang tätig sind.

Die §§ 190 bis 193 StVollzG enthalten Vorschriften, die die Regelungen der RVO (SGB VII), des AVG, des RKG und des Gesetzes über die Krankenversicherung der Landwirte zum Zwecke der Einbeziehung der Strafgefangenen in das Sozialversicherungssystem ergänzen. Die Regelungen sind jedoch teilweise suspendiert, ihr Inkrafttreten ist gemäß § 198 Abs. 3 StVollzG von dem Erlass eines besonderen Bundesgesetzes abhängig. Ausnahmen gelten nur für § 190 Nr. 11 und Nr. 12 StVollzG, wonach die Gefangenen in die gesetzliche Unfall- und Arbeitslosenversicherung einbezogen sind, sofern sie einer Arbeit nachgehen.

Wie bereits im Hinblick auf die Anhebung des Arbeitsentgelts sah der Gesetzgeber sich bei Erlass des Strafvollzugsgesetzes aufgrund der mit den Regelungen einhergehenden Belastung der Länder außer Stande, ein unmittelbares Inkrafttreten anzuordnen[141]. Die finanziellen Vorbehalte gegen eine Einbeziehung der Strafgefangenen in die gesetzliche Renten- und Krankenversicherung wurden während der 8. und 9. Wahlperiode bestätigt. Die Bundesregierung hatte mehrfach versucht, die in den §§ 190–193 StVollzG enthaltenen Regelungen durch ein besonderes Bundesgesetz umzusetzen und ihnen damit Geltung zu verschaffen. Das Vorhaben scheiterte jedoch zweimal am Widerstand des Bundesrates[142]. Dieser lehnte die geplante Regelung aufgrund der hohen finanziellen Belastungen für die Länderhaushalte ab. In späteren Jahren wurde, wegen der zunehmend angespannten finanziellen Lage der Bundesländer und der damit

140 *Lückemann* in Arloth/Lückemann, StVollzG, § 50 Rn. 6; *Calliess/Müller-Dietz*, StVollzG, § 50 Rn. 4.

141 Bt-Ds. 7/3998, 53, 127; § 86 AE-StVollzG sah eine Einbindung aller Insassen in die gesetzliche Kranken-, Unfall-, Renten- und Arbeitslosenversicherung vor.

142 Bt-Ds. 8/3335; 9/566.

einhergehenden mangelnden Aussicht auf Erfolg, von einem erneuten Anlauf Abstand genommen[143].

I. Unfallversicherung

Im Zuge der Einführung eines Arbeitsentgelts wurden arbeitende Strafgefangene in die Unfallversicherung einbezogen. Dementsprechend haben sie einen Anspruch auf Heilbehandlung nach den §§ 27 ff. SGB VII, auf Verletztengeld nach den §§ 45 ff. SGB VII und unter bestimmten Umständen auf Verletztenrente nach den §§ 56 ff. SGB VII. Sofern ein Strafgefangener durch einen Arbeitsunfall tödlich verunglückt, haben auch die Hinterbliebenen Rentenansprüche, §§ 63 ff. SGB VII.

II. Arbeitslosenversicherung

Für den Fall, dass ein Gefangener ein Arbeitsentgelt oder Ausbildungsbeihilfe erhält, ist er in der Arbeitslosenversicherung versicherungspflichtig. Die Beiträge müssen grundsätzlich von dem Land erbracht werden, zu dem die Justizvollzugsanstalt, in der der Gefangene arbeitet, gehört. Es gilt die Gefangenen-Beitragsverordnung. Die Justizvollzugsanstalt ist jedoch gemäß § 195 StVollzG dazu berechtigt, einen Teil des Arbeitsentgelts bzw. der Ausbildungsbeihilfe zur Erbringung der Beitragsleistung einzubehalten. Nach der Verwaltungsvorschrift zu § 195 StVollzG ist die Vollzugsbehörde grundsätzlich dazu verpflichtet, den Anteil an der Arbeitslosenversicherung vom Verdienst des Strafgefangenen einzubehalten. Ihr wird entgegen dem Wortlaut der gesetzlichen Vorschrift kein Ermessen eingeräumt; von der Erhebung des Beitrags wird jedoch in Fällen unbilliger Härte abgesehen[144].

III. Krankenversicherung

Strafgefangene sind zur Krankenversicherung nicht beitragspflichtig. Dies gilt auch dann, wenn sie während des Vollzugs eine Arbeit ausüben oder Ausbildungsmöglichkeiten in Anspruch nehmen. Sofern der Gefangene das Versiche-

143 Bt-Ds. 11/717.

144 Da es sich bei § 195 StVollzG um eine Ermessensnorm handelt und dieses Ermessen durch die Verwaltungsvorschrift zu § 195 StVollzG ausgehöhlt wird, hält das OLG Hamburg die Verwaltungsvorschrift für rechtswidrig, NStZ 1992, 352.

rungsverhältnis durch Beitragszahlung aufrechterhalten möchte, steht ihm dies frei; er hat jedoch keinen Beitragsanspruch gegenüber der Vollzugsbehörde. Aufgrund der Tatsache, dass der weit überwiegende Teil der Strafgefangenen finanziell äußerst schlecht gestellt ist, führt die Versicherungs- und Beitragsfreiheit faktisch dazu, dass sie nicht Mitglied der gesetzlichen Krankenversicherung sind.

Unter bestimmten Voraussetzungen kann der Gefangene eine bereits bestehende gesetzliche Krankenversicherung aufrechterhalten. Dies muss bei der Krankenkasse innerhalb eines Zeitraumes von drei Monaten nach Beendigung der Mitgliedschaft bei der Krankenkasse beantragt werden, § 9 SGB V. Die Strafgefangenen haben gegenüber der Vollzugsbehörde einen Anspruch auf Gesundheitsfürsorge nach den §§ 56 ff. StVollzG. Dazu gehört, dass die Vollzugsbehörden gemäß § 158 StVollzG eine ärztliche Versorgung einzurichten und zu unterhalten haben. Den Gefangenen werden Leistungen zur Verfügung gestellt, die im Wesentlichen denen der gesetzlichen Krankenversicherung entsprechen[145]. Sofern andere Ansprüche bestehen, etwa aus einer Familienversicherung, ruhen diese gemäß § 16 Abs. 4 Nr. 1 SGB V für die Zeit des Gefängnisaufenthalts.

IV. Rentenversicherung

Die Strafgefangenen sind während ihrer Haftzeit ebenfalls nicht in die Rentenversicherung einbezogen. Der Haftzeitraum zählt überdies nicht als Berücksichtigungs-, An- oder Zurechnungszeit nach den §§ 57 bis 59 SGB VI. Die Rentenversicherung kann nur durch freiwillige Beitragsleistungen nach § 7 SGB VI erhalten werden. Sofern ein Strafgefangener Anspruch auf Rentenleistungen hat, müssen ihm diese auch während der Haftzeit gewährt werden[146]. Wie bereits ausgeführt wird in diesem Fall kein Haftkostenbeitrag erhoben, da Gefangene im Rentenalter nicht zur Arbeit verpflichtet sind.

145 Bt-Ds 7/3998, 25; *Calliess/Müller-Dietz*, StVollzG, § 56 Rn. 1.

146 *Brühl* in AK-StVollzG, vor § 190 Rn. 5.

Vierter Teil: Verfassungsrechtliche Überprüfung der §§ 41, 200, 190–193 StVollzG

Zu Beginn des verfassungsrechtlichen Teils erfolgt die Darstellung der für die vorliegende Fragestellung maßgeblichen Entscheidung des Bundesverfassungsgerichts aus dem Jahre 1998. Im Anschluss daran werden die grundrechtliche Stellung des Strafgefangenen im Strafvollzug und die grundsätzliche Bedeutung des Resozialisierungsgebots erläutert. Sodann werden die gesetzlichen Regelungen zur Arbeitspflicht, Entlohnung und Sozialversicherung einer Prüfung an dem Maßstab der jeweils einschlägigen Artikel des Grundgesetzes unterzogen.

A. Urteil des Bundesverfassungsgerichts vom 01.07.1998 – BVerfGE 98, 169

Am 01.07.1998 erging das für die Gefangenenentlohnung maßgebliche Urteil des Bundesverfassungsgerichts. Gegenstand des Verfahrens waren drei Verfassungsbeschwerden und eine Normenkontrolle über den Umfang der Arbeitspflicht im Strafvollzug, die Bemessung des Arbeitsentgelts für die zugewiesene Arbeit und die sozialversicherungsrechtliche Stellung der Strafgefangenen und Sicherungsverwahrten.

I. Sachverhalt

Der Beschwerdeführer der ersten Verfassungsbeschwerde hatte gegenüber der Justizvollzugsanstalt einen Anspruch auf Zahlung von Lohn und nachträgliche Beitragsleistung zur gesetzlichen Renten- und Krankenversicherung geltend gemacht. Er war als Freigänger acht Monate lang in einem privaten Betrieb außerhalb der Anstalt tätig. Der Betrieb zahlte an die JVA 13,– DM pro Stunde, der Beschwerdeführer erhielt von der Anstalt 1,– DM pro Stunde, was der damals üblichen Eckvergütung entsprach. Nachdem seine Ansprüche durch die zuständigen Gerichte zurückgewiesen worden waren, erhob der Beschwerdeführer Verfassungsbeschwerde mit der Begründung, dass seine Rechte aus Art. 3 Abs. 1 GG in

Verbindung mit dem Sozialstaatsprinzip sowie aus Art. 2 Abs. 1 GG in Verbindung mit dem Rechtsstaatsprinzip verletzt seien. Bei seiner Tätigkeit im Rahmen des Freigangs sei er wie andere Arbeitnehmer in den Betrieb integriert gewesen und habe die gleiche Arbeit wie jene verrichtet. Daher habe auch er in die gesetzliche Rentenversicherung einbezogen werden müssen. Des Weiteren sei sein Resozialisierungsanspruch verletzt, da dieser dem Gefangenen für die Zeit nach der Entlassung ein Mindestmaß an sozialer und finanzieller Absicherung gewähre. Aus Art. 3 GG in Verbindung mit dem Sozialstaatsprinzip folge weiterhin ein Anspruch auf leistungsgerechten Lohn, daher dürfe Arbeit von gleichem wirtschaftlichen Wert nicht unterschiedlich entlohnt werden. Außerdem bereichere sich der Staat an der Arbeitskraft der im Freigang arbeitenden Strafgefangenen, da er diese „vermiete". Dies verstoße sowohl gegen Normen des Grundgesetzes als auch gegen das IAO-Übereinkommen Nr. 29 vom 28.06.1930 über Zwangs- und Pflichtarbeit.

Die zweite Verfassungsbeschwerde richtete sich gegen die Zuweisung eines Arbeitsplatzes innerhalb der Justizvollzugsanstalt. Der Beschwerdeführer hatte eine Ausbildung mit dem Abschluss Diplom-Volkswirt erlangt und verbüßte eine lebenslange Freiheitsstrafe. Er hatte den Wunsch geäußert, in der anstaltseigenen Bibliothek eingesetzt zu werden; dies war ihm gewährt worden. In späteren Jahren machte der Beschwerdeführer gegenüber der Justizvollzugsanstalt den Anspruch geltend, an einem seiner Qualifikation entsprechenden Arbeitsplatz eingesetzt, angemessen vergütet, in die Sozialversicherungssysteme eingegliedert zu werden sowie sich berufsqualifizierend weiterbilden zu dürfen. Dies lehnten die zuständigen Behörden ab; die Entscheidung wurde von den angerufenen Gerichten bestätigt. Im Verfassungsbeschwerdeverfahren machte der Beschwerdeführer einen grundgesetzlichen Anspruch auf Wiedereingliederung in die Gesellschaft sowie auf Aufnahme in die Sozialversicherung geltend. Auch für lebenslänglich Inhaftierte bestünde der Resozialisierungsanspruch nach dem Grundgesetz, man dürfe auch einen „Menschen wie ihn [nicht] einfach wegschließen". Die Arbeitsfähigkeit sei eine naturgegebene Möglichkeit, die eigene und die Existenz der Familie zu sichern, und Kennzeichen einer menschenwürdigen Existenz. Diese Möglichkeit werde ihm durch die geringe und seiner Qualifikation nicht angemessene Entlohnung vorenthalten. Seine Arbeitskraft würde ausgebeutet. Auch der Beschwerdeführer der zweiten Verfassungsbeschwerde rügte eine Verletzung des IAO-Übereinkommens Nr. 29.

In einer weiteren Verfassungsbeschwerde machte der sich in Sicherungsverwahrung befindende Beschwerdeführer einen Anspruch auf tarifliche Entlohnung und die Einbeziehung in die Sozialversicherungssysteme geltend. Dieser Anspruch wurde von der vorhergehenden Instanz mit Hinweis auf Art. 12 Abs. 3 GG abgelehnt, da auch die Sicherungsverwahrung eine Freiheitsentziehung in diesem

Sinne sei. Der Beschwerdeführer rügte in seiner Verfassungsbeschwerde die Verletzung seiner Grundrechte aus Art. 1 Abs. 1 GG, Art. 3 Abs. 1 und Abs. 3 GG, Art. 12 Abs. 3 GG und Art. 19 Abs. 2 GG sowie der EMRK und des IAO-Übereinkommens Nr. 29.

Der Beschwerdeführer der vierten Verfassungsbeschwerde war zur Arbeit in einem Unternehmerbetrieb nach § 41 Abs. 1 StVollzG verpflichtet worden. Wegen mehrfacher Arbeitsverweigerung wurden ihm Disziplinarmaßnahmen auferlegt. Die gegen diese Maßnahmen eingelegten Rechtsmittel blieben ohne Erfolg; da der Beschwerdeführer arbeitstauglich und zur Arbeit verpflichtet gewesen sei, hätten die Disziplinarmaßnahmen verhängt werden dürfen. Der Beschwerdeführer rügte eine Verletzung seiner Grundrechte aus Art. 1 Abs. 1 GG, Art. 2 Abs. 2 GG in Verbindung mit dem Rechtsstaatsprinzip, Art. 3 Abs. 1 GG, Art. 19 Abs. 4 GG, Art. 104 Abs. 1 und Abs. 2 GG sowie Art. 12 GG. Art. 12 Abs. 3 GG gestatte es nicht, Gefangene mit der Androhung und Vollziehung von Arrest zur Arbeit zu zwingen. Dies seien Zustände wie in einem „Arbeitslager". Insbesondere dürfe ein Strafgefangener nicht ohne seine Zustimmung zur Arbeit in einem Unternehmerbetrieb verpflichtet werden; dies zeige das in § 41 Abs. 3 StVollzG enthaltene Zustimmungsbedürfnis. Die Arbeitszuweisung ohne Zustimmung des Betroffenen sei willkürlich. Dies komme auch in der verhängten Disziplinarmaßnahme zum Ausdruck, da wegen seiner dauernden Arbeitsverweigerung auch durch die verhängten Maßnahmen kein Umdenken zu erwarten gewesen sei. Die Maßnahme sei daher nur deswegen angeordnet worden, um die allgemeine Disziplin aufrecht zu halten. Der Beschwerdeführer wandte sich zudem gegen die Disziplinarmaßnahme selbst. Angeordnet worden waren 14 Tage Arrest, sieben Tage Ausschluss vom Hofgang sowie ein vierwöchiger Entzug der Gegenstände für die Freizeitgestaltung und getrennte Unterbringung während der Freizeit. Die Kombination von Arrest und Hofgangentzug sei unverhältnismäßig gewesen. In einer vom Bundesverfassungsgericht eingeholten Stellungnahme des Bayerischen Justizministeriums wurde mitgeteilt, dass der Strafgefangene bereits bei der Einführung in den Vollzug sowohl die Arbeitsaufnahme als auch die Mitarbeit an der Erstellung eines Vollzugsplans verweigert habe. Demgegenüber führte der Beschwerdeführer aus, dass er zu anderen Konditionen zur Arbeitsaufnahme bereit gewesen sei.

Das Normenkontrollverfahren hatte die Überprüfung der Verfassungsmäßigkeit des § 200 Abs. 1 StVollzG zum Gegenstand. Der Antragsteller hatte ausgeführt, dass er für die Wiedergutmachung der Straftat, die Tilgung seiner Schulden, die Unterstützung seiner Angehörigen sowie für die Zahlung der Gerichts- und Anwaltskosten von einer angemessenen Entlohnung abhängig sei. Das erkennende Gericht hatte dem Bundesverfassungsgericht die die Entlohnung regelnde Norm zur Überprüfung der Verfassungsmäßigkeit vorgelegt. Das vorlegende

Gericht hielt die Bestimmung für verfassungswidrig, da das aus dem Grundgesetz resultierende Resozialisierungsgebot, konkretisiert durch den Angleichungsgrundsatz des § 3 StVollzG, verletzt sei. Den Strafgefangenen sei für das Ziel der Gleichstellung der Verhältnisse innerhalb und außerhalb der Anstalt ein Anspruch auf ein „echtes“ Arbeitsentgelt zu gewähren. Dieses wiederum sollte seitens des Gefangenen verwendet werden, um Schulden zu tilgen, Angehörige zu unterstützen und den von ihm verursachten Schaden wiedergutzumachen. Die Vorgabe der Gleichstellung und damit der Resozialisierung werde durch § 200 Abs. 1 StVollzG nicht erfüllt und damit das Resozialisierungsgebot des Staates und der damit korrespondierende Resozialisierungsanspruch der betroffenen Gefangenen verletzt. Die an den Antragsteller gezahlte Entlohnung von 65,04 bis 259,29 DM bei durchschnittlich 7,4 Arbeitsstunden pro Tag sei nicht geeignet, den angestrebten Resozialisierungseffekt zu erreichen. Der Gesetzgeber habe zwar einen Ermessenspielraum, auch im Hinblick auf die zur Verfügung stehenden finanziellen Mittel zur Erreichung des Gesetzeszwecks; dennoch müsse er in Bereichen, die alleine der staatlichen Aufsicht unterliegen, verstärkt auf die Einhaltung der Grundrechte achten. Sofern bestimmte Mittel gewählt würden, mit denen die Resozialisierung erreicht werden solle, müssten diese Mittel auch so ausgestaltet sein, dass sie ihre Wirksamkeit tatsächlich auch entfalten könnten. Gerügt wurde durch das vorlegende Gericht zudem, dass es keine konkrete Berechnung der Kostenbelastung des Staates im Vergleich zu dem durch die Gefangenenarbeit erwirtschafteten Gewinn gäbe, die zugleich die Kosten der öffentlichen Haushalte durch die Wiedergutmachung der Schäden, die Unterstützung der Angehörigen und die Rückfallvermeidung berücksichtige, die bei höherer Entlohnung eingespart werden könnten.

II. Entscheidungsgründe

Das Bundesverfassungsgericht führt aus, dass die in § 41 Abs. 1 StVollzG normierte Arbeitspflicht mit der Verfassung vereinbar sei, sofern die Verantwortung für die arbeitenden Strafgefangenen bei der Vollzugsbehörde bleibe und die Arbeit entlohnt werde. Ebenso wenig sei die nur teilweise Einbeziehung der Strafgefangenen in die Sozialversicherung verfassungswidrig. Nicht mit der Verfassung in Einklang stünden hingegen die praktische Handhabung des Freigangs und die Höhe des gewährten Arbeitsentgelts von 5 % der Bezugsgröße gemäß § 200 Abs. 1 StVollzG[147].

147 BVerfGE 98, 169 (200).

Das Gericht tätigt zunächst Ausführungen zum Resozialisierungsanspruch der Strafgefangenen aus Art. 2 Abs. 1 i.V.m. Art. 1 Abs. 1 GG und stellt fest, dass der Strafvollzug auf das Ziel der Resozialisierung auszurichten ist. Weiter bringt es zum Ausdruck, dass die Höhe des Arbeitsentgelts ein Indikator dafür sei, ob sich die Arbeit als Mittel zur verfassungsrechtlich gebotenen Resozialisierung eigne[148]. Dieses Gebot resultiere zum einen aus der Wertung des Grundgesetzes, die die Menschenwürde als Grundlage der deutschen Werteordnung bestimme. Des Weiteren verpflichte das Sozialstaatsprinzip dazu, den Gefangenen die Möglichkeit zu geben, eine Wiedereingliederung in die Gesellschaft zu erreichen. Ihnen soll im Gefängnis der Weg dazu bereitet werden, nach ihrer Entlassung ihr Leben eigenverantwortlich zu meistern. Dabei diene die Resozialisierung dennoch nicht allein dem Straftäter, vielmehr sei sie auch ein Mittel, um einen Rückfall des Gefangenen in die Kriminalität zu verhindern und damit die Gesellschaft selbst zu schützen[149]. Das Gericht stellt klar, dass die gesamte Staatsgewalt durch und an das Resozialisierungsgebot gebunden sei. Es sei eine vorrangige Aufgabe des Gesetzgebers, ein wirksames Resozialisierungskonzept zu entwickeln; diesbezüglich sei ihm jedoch ein weiter Spielraum eröffnet. Dabei dürfe der Gesetzgeber durchaus auch die Kosten von Vollzugsmaßnahmen im Auge behalten und bewerten, ob andere Staatsaufgaben aufgrund ihres Ranges oder ihrer Dringlichkeit vorgehen[150]. Das Resozialisierungsgebot binde Verwaltung und Rechtsprechung auch im Hinblick auf die Auslegung von unbestimmten Rechtsbegriffen oder Generalklauseln oder wenn ein Ermessensspielraum rechtsfehlerfrei genutzt werden müsse[151]. Das Gericht führt weiter aus, dass die Pflichtarbeit im Strafvollzug angemessen gewürdigt werden müsse, um ihre Wirksamkeit als Resozialisierungsmittel entfalten zu können[152]. Dabei sei es nicht notwendig, dass eine finanzielle Gegenleistung gewährt würde, vielmehr kämen auch andere Leistungen in Betracht. Beispielhaft werden der Aufbau einer sozialversicherungsrechtlichen Anwartschaft, Hilfen zur Schuldentilgung oder eine Haftzeitverkürzung genannt[153]. Zwingend sei jedoch, dass die Anerkennung geeignet ist, „dem Gefangenen den Wert regelmäßiger Arbeit für ein künftiges eigenverantwortetes und straffreies Leben in Gestalt eines für ihn greifbaren Vorteils vor Augen zu führen. Nur wenn der Gefangene eine solchermaßen als sinnvoll erlebbare Arbeitsleistung erbringen kann, darf der Gesetzgeber davon ausgehen, dass durch die Verpflichtung zur Arbeit einer weiteren Desozialisation des Gefangenen entge-

---

148 BVerfGE 98, 169 (199).
149 BVerfGE 35, 202 (235 f.); 98, 169 (200).
150 BVerfGE 82, 60 (80); 90, 107 (116); 96, 288 (305 f.); 98, 169 (201).
151 BVerfGE 98, 169 (201).
152 BVerfGE 98, 169 (201).
153 BVerfGE 98, 169 (202).

gengewirkt wird und dieser sich bei der Entwicklung beruflicher Fähigkeiten sowie bei der Entfaltung seiner Persönlichkeit auf ein positives Verhältnis zur Arbeit zu stützen vermag“[154]. Den Gefangenen müsse durch die Anerkennung, zumindest in einem Mindestmaß, vermittelt werden, dass Arbeit sich lohnt und zur Herstellung einer Lebensgrundlage tauglich ist[155]. Dabei dürften bei der Bemessung der Anerkennung auch Gesichtspunkte berücksichtigt werden, die die Arbeit auf dem „normalen“ Arbeitsmarkt von der Arbeit im Gefängnis unterscheiden, sogenannte Marktferne[156]. Das bis dato gezahlte Arbeitsentgelt von 5 % (zuletzt etwa 200,– DM pro Monat[157]) der Bezugsgröße genüge jedoch nicht den genannten Anforderungen[158].

Nicht zu beanstanden sei das vom Gesetzgeber eingeführte stufenweise Vergütungssystem der StVollzVergO. Dies sei eine Voraussetzung dafür, dass die Betriebe in betriebswirtschaftlicher Art und Weise geführt werden könnten. Gebilligt wird vom Bundesverfassungsgericht auch die Erhebung eines Haftkostenbeitrags. Jedoch müsse der Betrag so bemessen werden, dass dem Gefangenen von der Vergütung „jedenfalls ein gewisser Betrag verbleibt“.

Im weiteren Verlauf des Urteils kommt der erkennende Senat auf die Einbeziehung der Strafgefangenen in die Sozialversicherungssysteme zu sprechen. Die Einbeziehung könne ebenfalls als Gegenleistung für die Arbeit gewährt werden, jedoch bestehe keine Pflicht des Gesetzgebers, die Strafgefangenen in den Anwendungsbereich der sozialen Sicherungssysteme einzubeziehen. Innerhalb seiner aus dem Sozialstaatsprinzip gemäß Art. 20 Abs. 1 GG folgenden Aufgabe zur Gestaltung der Sozialordnung habe der Gesetzgeber die Möglichkeit, bestimmte Personen in die Sozialversicherung einzubeziehen oder dieses zu unterlassen. Der Gesetzgeber sei nicht dazu verpflichtet, „jede in Betracht kommende Beschäftigung am Schutz der Sozialversicherung teilnehmen zu lassen“[159]. Die vorgenannten Erwägungen veranlassen das Gericht zu der Feststellung, dass aus Art. 3 Abs. 1 GG keine Gleichstellung der Pflichtarbeit mit der freien Erwerbsarbeit zu erfolgen habe. Dies gelte umso mehr, da dem Gesetzgeber bei dem Vergleich zweier Sachverhalte ein erheblicher Bewertungsspielraum zustehe[160].

Nach Darlegung der vorgenannten Grundsätze und Ausführungen der historischen Entwicklung des Art. 12 Abs. 3 GG wird im weiteren Verlauf des Urteils auf die Bestimmungen des Strafvollzugsgesetzes konkret Bezug genommen. Die

---

154 BVerfGE 98, 169 (201).
155 BVerfGE 98, 169 (202).
156 BVerfGE 98, 169 (203).
157 *Calliess*, NJW 2001, 1692.
158 BVerfGE 98, 169 (200, 214).
159 BVerfGE 98, 169 (204).
160 BVerfGE 98, 169 (204).

Pflichtarbeit sei das Kernstück des Strafvollzugs, ausgerichtet auf die Resozialisierung der Strafgefangenen. Nach dem Strafvollzugsgesetz soll den Strafgefangenen wirtschaftlich ergiebige Arbeit vermittelt, sollen die Gefangenen gefördert und die Lebensverhältnisse im Gefängnis an diejenigen außerhalb der Justizvollzugsanstalten angepasst werden. Zur Verwirklichung des gewählten Resozialisierungskonzepts sieht das Strafvollzugsgesetz zudem vor, dass Betriebe in ausreichender Zahl eingerichtet werden müssen, damit möglichst viele Gefangene von der Möglichkeit zu arbeiten Gebrauch machen können. Wäre das angestrebte Resozialisierungskonzept, insbesondere auch die suspendierte Einbeziehung in alle Sozialversicherungssysteme und die schrittweise Erhöhung des Arbeitsentgeltes auf 40 % der Bezugsgröße, umgesetzt worden, so hätte der Gesetzgeber seine Verpflichtung aus dem Re-sozialisierungsgebot über Gebühr erfüllt. Demgegenüber sei das derzeit geltende Strafvollzugsgesetz ein „Torso" des ursprünglichen Resozialisierungskonzepts; dies gelte vor allem im Hinblick auf das vom Gesetzgeber selbst gesteckte Ziel einer Erhöhung der Bezüge und die vorgesehene Einbeziehung der Gefangenen auch in die Kranken- und Rentenversicherung[161].

Die Arbeitspflicht in Unternehmerbetrieben genüge den Anforderungen des Grundgesetzes, soweit sie unter der Aufsicht, Kontrolle und Verantwortung der Justizvollzugsanstalten stattfinde. Den Unternehmen dürfe zwar die fachliche und technische Leitung übertragen werden, eine darüber hinausgehende Übertragung der Aufsicht und Leitung sei jedoch nach dem Grundgesetz nicht gestattet. Sofern Gefangene außerhalb der Anstalt in privaten Betrieben tätig würden, müsse zuvor ein Vertrag mit der Anstalt geschlossen und sichergestellt werden, dass der Gefangene nicht der öffentlich-rechtlichen Verantwortung der Anstalt entzogen wird[162].

III. Abweichende Meinung Richter Kruis

Das Urteil enthält eine abweichende Meinung des Richters Kruis. Dieser führt aus, dass der erkennende Senat in zutreffender Weise auf das Resozialisierungsgebot des Grundgesetzes eingegangen sei, dabei aber die Bedeutung der Arbeit im Hinblick auf die Menschenwürde gemäß Art. 1 Abs. 1 GG völlig außer Acht gelassen habe. Der Mensch werde in seiner „existenziellen Befindlichkeit" berührt, sofern der Zusammenhang zwischen geleisteter Arbeit und angemessenem Lohn nicht hergestellt werde. Das Bundesverfassungsgericht habe sich bereits in einem anderen Urteil mit der Verzahnung der Arbeitspflicht mit der Menschen-

161 BVerfGE 98, 169 (175).
162 BVerfGE 98, 169 (209).

würde auseinandergesetzt und diese anerkannt[163]. Demzufolge sei ungerechte Arbeit ausgeschlossen; dies müsse auch bei der Bemessung des angemessenen Arbeitsentgelts für Strafgefangene gelten. Einen Maßstab für eine gerechte Entlohnung könnten die Tariflöhne bieten, wobei selbstverständlich ein Abzug aufgrund mangelnder Produktivität oder besonderer Schwierigkeiten der Gefangenenarbeit zulässig sein soll. Richter Kruis kommt zu dem Schluss, dass der Wert von Arbeit nur schwer anders als durch finanzielle Leistungen angemessen anerkannt werden könnte. Sofern dies dennoch möglich sein sollte, müsse die Anerkennung ebenfalls einen echten Gegenwert darstellen.

B. Geltung der Grundrechte im Strafvollzug

Seit Bestehen des Deutschen Reichs im Jahre 1871 wurde der Begriff des besonderen Gewaltverhältnisses[164] verwendet, um dessen rechtliche Situation zu beschreiben[165]. Es wurde davon ausgegangen, dass zwischen Staat und Bürger als Folge des Über- und Unterordnungsverhältnisses ein allgemeines Gewaltverhältnis bestehe. In diesem garantierten die Grundrechte die Abgrenzung der staatlichen Sphäre auf der einen und der Individualsphäre des Bürgers auf der anderen Seite[166]. Sofern sich der Bürger in ein Näheverhältnis zum Staat begebe, sei es freiwillig oder gezwungenermaßen, entstehe ein spezielles Verhältnis, das sogenannte besondere Gewaltverhältnis[167]. Fallgestaltungen des besonderen Gewaltverhältnisses wurden im Beamten-, Schul-, Soldaten- und Strafvollzugsrecht verortet[168]. Als Auswirkung des Eintritts in das besondere Gewaltverhältnis wurde ein verstärkter Gehorsam des Bürgers verlangt[169]. Ausgehend von diesem ursprünglichen Verständnis des besonderen Gewaltverhältnisses bestand eine verminderte Bindung der ausführenden Gewalt beispielsweise an das grundlegende Prinzip des Vorbehalts des Gesetzes. Für die Rechtfertigung von Grundrechtseingriffen in den genannten Bereichen bedurfte es keines Parlamentsgesetzes[170]. Damit war

163 BVerfGE 74, 102 (120 f.).

164 Andere Bezeichnungen, die Verwendung finden, sind z.B. Sonderrechtsverhältnis, Sonderstatusverhältnis, besonderes Pflichtverhältnis. Im Folgenden wird der besseren Verständlichkeit halber nur der Begriff des besonderen Gewaltverhältnisses Verwendung finden.

165 Der Begriff geht auf die Anfänge der Entwicklung der Verwaltungsrechtslehre zurück, *Stern*, Staatsrecht, Band III/1, § 74 III 2.

166 *Tiedemann*, 91.

167 *Tiedemann*, 91.

168 *Starck* in v. Mangoldt/Klein/Starck, GG Band 1, Art. 1 Rn. 295.

169 *Tiedemann*, 92.

170 *v. Münch* in v. Münch/Kunig, GG Band 1, Vorb. Art. 1–19, Rn. 59; *Starck* in v. Mangoldt/Klein/Starck, GG Band 1, Art. 1 Rn. 295.

dem besonderen Gewaltverhältnis eine Einschränkbarkeit der Grundrechte der Betroffenen inhärent[171]. Zur Zeit der Geltung der Weimarer Reichsverfassung entsprach es sogar der herrschenden Auffassung, dass die Grundrechte im besonderen Gewaltverhältnis keine Anwendung finden[172].

Dagegen wurde ab Inkrafttreten des Bonner Grundgesetzes zwar die Geltung der Grundrechte innerhalb des besonderen Gewaltverhältnisses nicht grundsätzlich in Frage gestellt[173]. Jedoch waren Einschränkungen dann zulässig, wenn sie aus dem Wesen und Zweck des besonderen Gewaltverhältnisses resultierten[174]. Gekennzeichnet war dieses Verhältnis darüber hinaus durch die Tatsache, dass den Betroffenen gegenüber der Verwaltung keine Rechtsschutzmöglichkeiten zur Verfügung standen. Sofern tatsächlich keine Regelung für Betroffene des Gewaltverhältnisses vorhanden war[175], standen sie der Verwaltung rechtlos gegenüber.

Eine Abkehr von der eingeschränkten Geltung der Grundrechte für den Bereich des Strafvollzugs erfolgte aufgrund einer Entscheidung des Bundesverfassungsgerichts[176] im Jahre 1972. Der Beschwerdeführer, ein Gefängnisinsasse, hatte sich gegen die Überwachung, Zensur und die unterlassene Weiterleitung seiner Briefe zur Wehr gesetzt. Die gegen das Vorgehen der Anstaltsleitung eingelegten Rechtsbehelfe wurden zurückgewiesen. Das erkennende Gericht begründete seine Entscheidung damit, dass sich Strafgefangene nicht auf die Meinungsfreiheit aus Art. 5 Abs. 1 GG berufen könnten. Die Grundrechte der Strafgefangenen würden so weit außer Kraft gesetzt, wie es der Strafvollzug erfordere. Eine besondere gesetzliche Eingriffsbefugnis sei dafür nicht erforderlich, weil sich die Beschränkung bereits aus der nach dem Grundgesetz zulässigen Verhängung der Freiheitsstrafe ergebe. Das Bundesverfassungsgericht sah die Verfassungsbeschwerde als begründet an, da auch die Einschränkung von Grundrechten Strafgefangener einer gesetzlichen Grundlage bedürfe[177]. Es leitete in seiner Entscheidung die

171 BVerfGE 33, 1 (10); *Stern*, Staatsrecht, Band III/1, § 74 III 3.

172 *Tiedemann*, 93.

173 *Stern*, Staatsrecht, Band III/1, § 74 III 2.,3.

174 BVerwG NJW 1958, 1407 (1409 f.); VGH Stuttgart DÖV 1958, 498 (499 f.); OLG Bremen NJW 1963, 1465.

175 So beispielsweise im Strafvollzug. Hier gab es über Jahrzehnte hinweg nur einfache Verwaltungsvorschriften, die den Strafvollzug regelten. Anders im Beamtenrecht, hier wurden bereits 1794 im Preußischen Allgemeinen Landrecht die ersten Regelungen getroffen; dort fanden sich Regelungen über Pflichten, Rechte und Disziplinarmaßnahmen, ein historischer Überblick über die Entwicklung des Beamtenrechts findet sich etwa bei *Schütz*, Beamtenrecht des Bundes und der Länder, 5. Auflage, Hamburg 1973, 1 ff.

176 BVerfGE 33, 1; schon zuvor wurde in der Literatur die eingeschränkte Grundrechtsgeltung zugunsten der Strafgefangenen in Zweifel gezogen. So leitete beispielsweise *Müller-Dietz* die Geltung der abwehrrechtlichen Dimension der Grundrechte aus dem Rechtsstaatsprinzip her, *Müller-Dietz*, Strafvollzugsgesetzgebung, 86 ff.

177 BVerfGE 33, 1 (9)

Geltung des Gesetzesvorbehalts auch im besonderen Gewaltverhältnis aus den Gesetzesvorbehalten der einzelnen Grundrechte und der verfassungsrechtlichen Rechtsweggarantie des Art. 19 Abs. 4 GG her[178]. Zudem resultiere die Geltung der Grundrechte auch im besonderen Gewaltverhältnis aus der umfassenden Bindung aller staatlichen Gewalt an die Grundrechte, vermittelt durch Art. 1 Abs. 3 GG[179]. Grundsätzlich entfalten demzufolge die Grundrechte ihre Wirkungen auch für den Bereich des Strafvollzugs.

Fraglich ist jedoch, ob daraus im Umkehrschluss die uneingeschränkte Geltung der grundrechtlichen Gewährleistungen im Strafvollzug folgt. Die Einschränkung bestimmter Grundrechte hat zur Gewährleistung der Funktionsfähigkeit des Vollzugs durchaus eine Daseinsberechtigung. Naturgemäß können dort nicht alle Grundrechte ihre vollständige Wirkung entfalten. Dies wird am Beispiel des Rechts auf Freizügigkeit sehr deutlich, Gleiches gilt für das Versammlungsrecht und die Berufsfreiheit. Strafgefangene können nicht in den Berechtigtenkreis der Art. 8, 11, 12 Abs. 1 GG einbezogen werden, ohne dass der Strafvollzug funktionslos würde[180].

In Bezug auf die übrigen grundrechtlichen Gewährleistungen muss danach differenziert werden, ob die Einschränkungen der Funktionsfähigkeit des Strafvollzugs zu dienen bestimmt sind. Bereits das Bundesverfassungsgericht hat in seiner Strafgefangenen-Entscheidung dargelegt, dass eine Einschränkung der Grundrechte nur dann in Betracht komme, wenn diese aufgrund eines der Grundordnung des Grundgesetzes entsprechenden Zwecks geboten sei und die allgemeinen Voraussetzungen für die Einschränkbarkeit von Grundrechten beachtet würden[181]. Insoweit ist also auf den mit der Einschränkung verbundenen Zweck und die Erforderlichkeit der Einschränkung abzustellen. Sofern die Beeinträchtigung mit der Ratio des Stravollzugs in Einklang steht, ist sie, im Rahmen der geltenden Grundrechtsdogmatik[182], hinzunehmen[183].

178 BVerfGE 33, 1 (10).
179 BVerfGE 33, 1 (11).
180 So auch *Stern*, Staatsrecht, Band III/1, § 74 5 f) β).
181 BVerfGE 33, 1 (11).
182 Insbesondere im Hinblick auf die Angemessenheit.
183 BVerfGE 33, 1 (13); 40, 276 (284); *Stern*, Staatsrecht, Band III/2, § 90 IV 4 d).

C. Verfassungsrechtliche Maßgabe für den Strafvollzug – das Resozialisierungsgebot

Die wesentliche grundrechtliche Maßgabe des Strafvollzugs ist das Resozialisierungsgebot aus Art. 1 Abs. 1 GG i.V.m. Art. 20 Abs. 1 GG und damit korrespondierend der Resozialisierungsanspruch des Strafgefangenen aus Art. 2 Abs. 1 GG i.V.m. Art. 1 Abs. 1 GG. Bevor im Einzelnen die Arbeitspflicht, die Entlohnung sowie die Sozialversicherung der Strafgefangenen einer verfassungsrechtlichen Prüfung unterzogen werden, erfolgt daher die Darstellung der Gewährleistungen dieser Maßgaben.

Bereits seit Ende der 1960er Jahre ist anerkannt, dass der Strafvollzug nicht dazu dienen soll, den Straftäter durch den Freiheitsentzug einem empfindlichen Strafübel auszusetzen und dadurch „das Abschreckungs-, Vergeltungs-, Sühne- und Besserungsziel der Bestrafung"[184] zu erreichen[185]. Vielmehr ist das Ziel des Strafvollzugs die Wiedereingliederung des Straftäters in die Gesellschaft[186]. Durch die Freiheitsentziehung soll der Gefangene in die Lage versetzt werden, ein gesetzmäßiges Leben zu führen und zu „sozialer Verantwortung zu finden"[187]. Es besteht Einigkeit darüber, dass der Strafvollzug menschenwürdig[188] und sinnvoll zu gestalten ist, um dieses Ziel zu erreichen. Grundlage der Resozialisierung ist nach Ansicht des Bundesverfassungsgerichts jedoch nicht allein die Zeit während der Haft, besonderes Augenmerk müsse auch auf die Entwicklung des Strafgefangenen nach der Entlassung aus dem Gefängnis gelegt werden[189]. Aus dem allgemeinen Persönlichkeitsrecht des Strafgefangenen folge ein Anspruch auf Wiedereingliederung[190]. Einem verurteilten Straftäter müsse die Möglichkeit eingeräumt werden, sich nach der Verbüßung seiner Freiheitsstrafe wieder in die Gemeinschaft einzufügen[191]. Die Gesellschaft müsse dabei auch darauf vorbereitet sein, den Straftäter wieder aufzunehmen.

---

184 So noch OLG Hamm NJW 1967, 2024 (2026).

185 BVerfGE 33, 1 (7 f.); 98, 169 (200).

186 BVerfGE 33, 1 (8).

187 BVerfGE 33, 1 (8); 35, 202 (235 ff.); 45, 187 (238 ff.); 64, 261 (276 ff.); 98, 169 (200 f.); 116, 69 (85 f.).

188 Ausdrücklich BVerfGE 98, 169 (200); dies ergibt sich zudem aus der Bindung aller staatlichen Gewalt an die Grundrechte und vorrangig aus der Menschenwürdegarantie.

189 BVerfGE 35, 202 (235).

190 BVerfGE 35, 202 (235 f.); 45, 187 (239); 74, 102 (122); 98, 169 (200); 103, 21 (39 f.); StraFo 2006, 512 (513); *Jarass* in Jarass/Pieroth, GG, Art. 2 Rn. 50, 69; *Kunig* in v. Münch/Kunig, GG Band 1, Art. 2 Rn. 36; *Di Fabio* in Maunz/Dürig, GG Band I, Art. 2 Rn. 216.

191 BVerfGE 35, 202 (235 f.); 36, 174 (188); 45, 187 (239); *Di Fabio* in Maunz/Dürig, GG Band I, Art. 2 Rn. 216.

Mit dem Resozialisierungsanspruch des Strafgefangenen korrespondiert das Resozialisierungsgebot des Staates. Dieses gründet sich auf den Schutz der Menschenwürde aus Art. 1 Abs. 1 und das Sozialstaatsprinzip des Art. 20 Abs. 1 GG[192]. Aus dem Resozialisierungsgebot folgt die Verpflichtung des Staates, die für die Wiedereingliederung erforderlichen gesetzlichen Rahmenbedingungen zu schaffen[193]. Das Sozialstaatsprinzip verlangt staatliche Vor- und Fürsorge für Gruppen der Gesellschaft, die aufgrund persönlicher Schwäche oder Schuld, Unfähigkeit oder gesellschaftlicher Benachteiligung in ihrer persönlichen und sozialen Entfaltung behindert sind[194]. Darüber hinaus gebietet das genannte Prinzip die Wahrnehmung der Interessen der Gemeinschaft durch den Staat[195]. Auch dieser Maßgabe dient die Resozialisierung, denn durch sie soll verhindert werden, dass der Täter nach seiner Entlassung rückfällig wird und erneut die Gemeinschaft schädigt[196].

Für den Vorgang der Resozialisierung folgt daraus, dass im Strafvollzug die Voraussetzungen dafür geschaffen werden müssen, dass der Strafgefangene nach seiner Entlassung ein straffreies Leben führen kann[197]. Der Gesetzgeber hat insoweit die Verpflichtung, ein taugliches Resozialisierungskonzept zu entwickeln[198] und die Ausstattung einzubringen, die zur Erreichung der Resozialisierung erforderlich ist[199]. Dafür müssen alle zumutbaren Maßnahmen getroffen werden[200], auch die Bereitstellung der notwendigen personellen und sächlichen Mittel in den Vollzugsanstalten[201]. Bei der Entwicklung des Resozialisierungskonzepts steht dem Gesetzgeber jedoch ein erheblicher Einschätzungsspielraum zu. Es gilt – ebenso wie im Rahmen anderer Staatsaufgaben wie etwa der Bereitstellung eines Bildungskonzepts – die Maßgabe, dass auch andere Belange der Gesellschaft Berücksichtigung finden dürfen, soweit es um die Aufteilung der begrenzten öffentlichen Mittel geht[202]. Der Gesetzgeber muss bei der Verteilung dieser Mittel berücksichtigen, dass das gesamtwirtschaftliche Gleichgewicht gewahrt wird[203].

192 BVerfGE 35, 303 (219 ff.; 235 f.); 36, 174 (188); 45, 187 (238 f.); 64, 261 (276 f.); 98, 169 (200 ff.); 109, 133 (150); *Benda* in Festschrift für Faller, 307 (310).
193 BVerfGE 45, 187 (239); 98, 169 (200).
194 BVerfGE 35, 202 (236).
195 BVerfGE 35, 202 (235 f.); 98, 169 (200); *Benda* in Festschrift für Faller, 307 (312).
196 BVerfGE 35, 202 (236); 98, 169 (200).
197 BVerfGE 35, 202 (236).
198 BVerfGE 98, 169 (201); *Di Fabio* in Maunz/Dürig, GG Band I, Art. 2 Rn. 217.
199 BVerfGE 40, 276 (284).
200 BVerfGE 36, 264 (275); 40, 276 (284).
201 BVerfGE 36, 264 (275).
202 BVerfGE 40, 121 (133); 75, 40 (68); 82, 60 (80); 90, 107 (116); 96, 288 (306); 98, 169 (201).
203 BVerfGE 90, 107 (116).

Auch und gerade bei der Verhängung belastender Maßnahmen gegenüber dem Strafgefangenen ist sein Resozialisierungsanspruch zu berücksichtigen[204]. Das Resozialisierungsgebot ist die konkrete Vorgabe, an der die Regelungen für den Strafvollzug zu messen sind. Auch im Rahmen der Prüfung der Verhältnismäßigkeit einer Maßnahme haben die dargestellten Gesichtspunkte Eingang zu finden.

D. Vereinbarkeit der Arbeitspflicht gemäß § 41 StVollzG mit Verfassungsrecht

I. Vereinbarkeit mit Art. 12 Abs. 1 GG

Zunächst ist fraglich, ob die Arbeitspflicht nach § 41 StVollzG den Schutzbereich des Art. 12 Abs. 1 GG tangiert. Vom Schutzgehalt des Abs. 1 ist das Recht jedes Deutschen auf freie Wahl von Beruf, Arbeitsplatz und Ausbildungsstätte erfasst. Der Schutz der Berufsfreiheit ist in einem umfassenden Sinn zu verstehen, sodass nicht nur die positive Tätigkeit, sondern auch die negative Entfaltung geschützt ist[205]. Es besteht daher eine Verpflichtung weder dahin gehend, einen bestimmten Beruf auszuüben, noch überhaupt einer beruflichen Tätigkeit nachzugehen[206].

Die Arbeitspflicht der Strafgefangenen könnte gegen die negative Berufsfreiheit aus Art. 12 Abs. 1 GG verstoßen. Dann müsste es sich bei den angeordneten Arbeitspflichten um einen Beruf handeln. Darunter wird jede Tätigkeit verstanden, die der Schaffung und Erhaltung einer Lebensgrundlage dient[207]. Für die Qualifizierung einer Tätigkeit als Beruf ist eine objektive Feststellung dahin gehend zu treffen, ob die Tätigkeit geeignet ist, dem Grundrechtsträger ein Auskommen zu sichern[208].

Die Arbeit der Strafgefangenen soll der Erreichung des Strafvollzugsziels der Resozialisierung dienen, § 2 S. 1 StVollzG[209]. Die Tätigkeit ist in diesem Fall nicht auf die Schaffung und Erhaltung einer Lebensgrundlage gerichtet. Dem-

---

204 *Di Fabio* in Maunz/Dürig, GG Band I, Art. 2 Rn. 216.

205 BVerfGE 58, 358 (364 f.); 68, 256 (267).

206 BVerfGE 58, 358 (364 f.); *Scholz* in Maunz/Dürig, GG Band II, Art. 12 Rn. 2; *Jarass* in Jarass/Pieroth, GG, Art. 12 Rn. 8; *Uber* in Festschrift für Schack, 174; *Sachs,* Grundrechte, B 12 Rn. 10.

207 BVerfGE 7, 377 (397); 54, 301 (313); 68, 272 (281); 97, 228 (252 f.); 105, 252 (265); *Jarass* in Jarass/Pieroth, GG, Art. 12 Rn. 4; *Manssen* in v. Mangoldt/Klein/Starck, GG Band 1, Art. 12 Rn. 36.

208 *Manssen* in v. Mangoldt/Klein/Starck, GG Band 1, Art. 12 Rn. 37.

209 BVerfGE 98, 169 (199); *Däubler/Spaniol* in AK-StVollzG, § 37 Rn. 2; *Lückemann* in Arloth/Lückemann, StVollzG, § 37 Rn. 1.

nach handelt es sich nicht um einen Beruf. Insofern ist die negative Schutzrichtung der Berufsfreiheit durch die Arbeitspflicht nicht tangiert[210].

II. Vereinbarkeit mit Art. 12 Abs. 2 und Abs. 3 GG

Die Arbeitspflicht der Strafgefangenen gemäß § 41 StVollzG könnte gegen das Verbot von Arbeitszwang und Zwangsarbeit aus Art. 12 Abs. 2 und Abs. 3 GG verstoßen.

1. Schutzgehalt des Art. 12 Abs. 2 und Abs. 3 GG

Art. 12 GG gewährleistet die in einem engeren inneren Zusammenhang zueinander stehenden Grundrechte der Freiheit des Berufs und der Freiheit von Arbeitszwang und Zwangsarbeit[211]. Dabei ist davon auszugehen, dass die Freiheit des Berufs und die Freiheit von Arbeitszwang und Zwangsarbeit selbstständig nebeneinander stehen[212]. Zwischen Abs. 1 und Abs. 2, Abs. 3 besteht Idealkonkurrenz[213].

Gemäß Art. 12 Abs. 2 GG darf niemand zu einer bestimmten Arbeit gezwungen werden, außer im Rahmen einer herkömmlichen allgemeinen, für alle gleichen öffentlichen Dienstleistungspflicht. Demgegenüber enthält Art. 12 Abs. 3 GG die Aussage, dass Zwangsarbeit nur bei einer gerichtlich angeordneten Freiheitsentziehung zulässig ist.

Die Gebote der Freiheit von Arbeitszwang und Zwangsarbeit stellen Abwehrrechte im klassischen Sinne dar[214]. Die Schaffung des Verbots des Arbeitszwangs und der Zwangsarbeit geht zurück auf die Vorkommnisse während des Dritten Reichs und ist maßgeblich durch diese Ereignisse beeinflusst[215]. Während

---

210 Einer Auffassung folgend können sich Strafgefangene aufgrund der spezielleren Regelungen des Art. 2 Abs. 2 S. 3 GG und Art. 12 Abs. 3 GG nicht auf die Berufsfreiheit aus Art. 12 Abs. 1 GG berufen, BVerwGE 35, 146 (149); *Hofmann* in Schmidt-Bleibtreu/Klein, GG, Art. 12 Rn. 6; *Scholz* in Maunz/Dürig, GG Band II, Art. 12 Rn. 110. Dem ist jedoch entgegenzuhalten, dass Art. 12 Abs. 1 bei einem Verbot, das sich gegen die Ausübung eines Berufes richtet, die speziellere Regelung ist. Insofern ist davon auszugehen, dass die Regelungen des Abs. 1 und der Abs. 2 und 3 in Idealkonkurrenz zueinander stehen; dies muss auch für Strafgefangene gelten.

211 *Bachof* in Bettermann/Nipperdey/Scheuner, GR III/1, 156 ff.

212 *Scholz* in Maunz/Dürig, GG Band II, Art. 12 Rn. 477; *Gubelt* in v. Münch/Kunig, GG Band 1, Art. 12 Rn. 77.

213 BVerfGE 22, 380 (383); 74, 102 (116); *Jarass* in Jarass/Pieroth, GG, Art. 12 Rn. 88; *Umbach* in Umbach/Clemens, GG Band I, Art. 12 Rn. 124.

214 *Bachof* in Bettermann/Nipperdey/Scheuner, GR III/1, 156 (257); *Breuer* in Isensee/Kirchhof, HStR VI, § 147 Rn. 88, 95; *Manssen* in v. Mangoldt/ Klein/Starck, GG Band 1, Art. 12 Rn. 292.

215 JöR NF 1, 133 ff.; BVerfGE 22, 380 (383); 74, 102 (116); *Breuer* in Isensee/Kirchhof, HStR VI, § 147 Rn. 88.

Art. 163 Abs. 1 Weimarer Reichsverfassung lediglich eine sittliche Pflicht jedes Einzelnen normierte, seine geistigen und körperlichen Kräfte unbeschadet seiner persönlichen Freiheit so zu betätigen, wie es das Wohl der Gesamtheit erfordert[216], wurde durch die Nationalsozialisten eine weitreichende rechtliche Arbeitspflicht eingeführt[217]. Bei der Konzeption des Grundgesetzes bestand Einigkeit darüber, dass ein Zeichen der Abkehr der zu schaffenden Verfassung von den Vorgängen in den Jahren 1933 – 1945 gesetzt werden soll. Kennzeichnend für die Methoden des Nationalsozialismus war insbesondere die völlige Missachtung jeglicher menschlicher Würde durch die Degradierung von Personen zu Objekten und die Negierung von Individualität und eines daraus resultierenden Achtungsanspruchs. Daher sind die Gewährleistungen des Art. 12 Abs. 2 und Abs. 3 GG als eine Konkretisierung des Grundsatzes der Menschenwürde anzusehen[218].

Um zur Frage der Verfassungsmäßigkeit der Arbeitspflicht gemäß § 37 StVollzG Stellung nehmen zu können, hat zunächst eine Klärung der Begriffe Arbeitszwang und Zwangsarbeit sowohl anhand der überkommenen Auslegungsmethoden als auch durch eine Auswertung der Literatur und Rechtsprechung, die den Bereich Arbeitszwang und Zwangsarbeit betreffen, zu erfolgen. Es stellt sich insbesondere die Frage, ob die Inhalte der Begriffe deckungsgleich oder voneinander abgrenzbar sind und anhand welcher Kriterien man gegebenenfalls eine Abgrenzung vornehmen kann. Die Klärung des Begriffs Zwangsarbeit erfolgt trotz der Regelung des Art. 12 Abs. 3 HS. 2 GG – Zwangsarbeit ist zulässig bei einer gerichtlich angeordneten Freiheitsentziehung – im Hinblick darauf, dass auch insoweit keine unbeschränkte Inanspruchnahme erfolgen darf. Vielmehr unterliegt auch und gerade die Zwangsarbeit im Rahmen einer gerichtlich angeordneten Freiheitsentziehung dem Grundsatz der Verhältnismäßigkeit[219]. Die Frage, ob und in welcher Form Zwangsarbeit verhältnismäßig ist, lässt sich nur dann beantworten, wenn geklärt ist, was grundsätzlich unter Zwangsarbeit zu verstehen ist.

---

216 *Gusy*, Weimarer Reichsverfassung, 353, führt dazu aus, dass Art. 163 Abs. 1 WRV eine Obliegenheit formulierte. Dies komme darin zum Ausdruck, dass die Verpflichtung zur Arbeit lediglich als sittliche und nicht als rechtliche Pflicht ausgestaltet war und die persönliche Freiheit nicht eingeschränkt werden sollte.

217 Siehe dazu S. 62 ff.

218 BVerfGE 74, 102 (120); *Breuer* in Isensee/Kirchhof, HStR VI, § 147 Rn. 88; *Jarass* in Jarass/Pieroth, GG, Art. 12 Rn. 88; *Umbach* in Umbach/Clemens, GG Band I, Art. 12 Rn. 126; *Köhler*, GA 1987, 145 (154).

219 *Jarass* in Jarass/Pieroth, GG, Art. 12 Rn. 96.

a) *Auslegung des Begriffs „Zwang zu einer bestimmten Arbeit"*

(1) Wortlaut

Art. 12 Abs. 2 GG enthält den Begriff „Zwang zu einer bestimmten Arbeit". Fraglich ist, inwieweit der Wortlaut darüber Aufschluss gibt, zu welchen Tätigkeiten Personen im Rahmen der Freiheit vom Arbeitszwang verpflichtet werden dürfen.

Unter Arbeit versteht man ein bewusstes, zielgerichtetes Handeln des Menschen sowohl körperlicher als auch geistiger Art zum Zweck der Existenzsicherung wie der Befriedigung von Einzelbedürfnissen, das zugleich ein wesentliches Moment der Daseinserfüllung darstellt[220]. Nach der genannten Definition geht mit der Erfüllung von Arbeit als einer Leistung eine Gegenleistung einher. Dabei mag die Gegenleistung in der Sicherung der Existenz, in der Befriedigung von Einzelbedürfnissen etwa durch die Erlangung von Mitteln zum Konsum oder in der Bedeutung der Arbeit für die Selbstverwirklichung liegen. Gegenleistung ist insoweit nicht notwendigerweise nur im Sinne einer finanziellen Gegenleistung zu verstehen.

Dem Wortsinn nach bedeutet „bestimmt" eine inhaltliche Festlegung, eine spezielle Ausrichtung[221]. Ob durch das Wort „bestimmt" die Heranziehung zu einer speziellen Art von Tätigkeit erlaubt oder eine Beschränkung der Arbeit auf einen Teil der Arbeitskraft gemeint sein soll, erschließt sich aus dem Wortlaut nicht.

Durch Zwang zu einer bestimmten Arbeit verpflichtet werden dürfen Personen nach Art. 12 Abs. 2 Hs. 2 GG nur im Rahmen einer „herkömmlichen allgemeinen, für alle gleichen öffentlichen Dienstleistungspflicht". Der Begriff „herkömmlich" ist dahin gehend zu verstehen, dass es sich um eine seit langem bestehende Dienstpflicht handeln muss[222]. Der Terminus „allgemein" erscheint auch in anderen Vorschriften des Grundgesetzes. So sieht Art. 38 Abs. 1 GG das „allgemeine" Wahlrecht vor. In diesem Zusammenhang meint der Begriff „allgemein" eine für alle Bürger gleichermaßen bestehende Verpflichtung ohne Ansehen der Person. Diese Begriffsbestimmung kann auch im Rahmen von Art. 12 Abs. 2 GG verwendet werden. Eine Verpflichtung ist demnach nicht allgemein, wenn sie nur einer bestimmten Person oder bestimmten Personengruppen aufer-

---

220 Der Brockhaus in 15 Bänden, Online-Auflage Brockhaus 2002–2007; *Rosenthal*, NK 1998, 12 zum Begriff der Arbeit im Sinne des Art. 12 GG.

221 bestimmt: a) feststehend, speziell; den Eingeweihten bekannt, aber nicht näher beschrieben; gewiss: b) inhaltlich festgelegt, genau umrissen, klar, deutlich, zitiert nach Duden, 6. Auflage 2007.

222 OLG Hamburg NJW 1969, 1780 (1781).

legt wird[223]. Damit ist nach dem Wortlaut des Abs. 2 die Verpflichtung einzelner Personen oder Personengruppen zur Erledigung einer beschränkten Aufgabe außerhalb althergebrachter Dienstpflichten verboten.

Fraglich ist darüber hinaus, wie der Terminus „Zwang" in Abs. 2 auszulegen ist. Dem Wortsinn nach liegt Zwang vor, wenn auf eine Person unter Androhung von Strafen oder sonstigen Nachteilen eingewirkt wird, um sie zu einem Handeln, Dulden oder Unterlassen zu bewegen[224]; fest steht insoweit, dass die Freiwilligkeit einer Tätigkeit im vorgenannten Sinne Zwang ausschließt. Aufgrund der primär abwehrrechtlichen Ausrichtung der Grundrechte muss der Zwang im vorliegenden Kontext von staatlicher Seite ausgeübt werden[225].

Darüber hinaus stellt sich die Frage, welche Art des Zwangs vom Verbot des Abs. 2 umfasst ist. Der Wortlaut gibt jedoch keinen Aufschluss darüber, ob nur unmittelbarer oder auch mittelbarer Zwang von dem Verbot erfasst ist.

(2) Historische Auslegung

Der Herrenchiemsee-Entwurf enthielt keine Vorgängernorm des Art. 12 Abs. 2 GG[226], erst in den Entwurf des Parlamentarischen Rates wurde eine der heutigen[227] Vorschrift vergleichbare Regelung aufgenommen[228]. In der inhaltlichen Diskussion um die Ausgestaltung der Freiheit von Arbeitszwang und Zwangsarbeit gab es auch andere begriffliche Vorschläge. So erarbeitete der allgemeine Redaktionsausschuss die Formulierung „sonstiger Zwang zur Arbeit"[229]. Dieser Vorschlag überstand jedoch nicht die Beratungen im Parlamentarischen Rat; ausweislich der Materialien war die verfassungsgebende Versammlung der Auffassung, dass

---

223 OLG Hamburg NJW 1969, 1780 (1781).

224 *Scholz* in Maunz/Dürig, GG Band II, Art. 12 Rn. 494.

225 *Göppel*, 87.

226 Art. 16 des Herrenchiemsee-Entwurfes lautet: Jeder hat die freie Wahl des Berufs und des Arbeitsplatzes. Zwangsarbeit in jeder Form ist unzulässig außer auf Grund einer gerichtlichen Entscheidung.

227 Zunächst bestand Art. 12 GG aus drei Absätzen, das Verbot des Arbeitszwangs war in Abs. 2, das Verbot der Zwangsarbeit in Abs. 3 enthalten. 1956 wurde im Zusammenhang mit der Einführung des Wehrdienstes das System des Art. 12 GG verändert. Eingefügt wurden Abs. 2 S. 2 – S. 4 und Abs. 3, welche Bestimmungen über Wehrdienst, Wehrersatzdienst und eine Befreiung zugunsten der Frauen enthielten. Erst 1968 wurde durch die Schaffung des Art. 12 a GG die ursprüngliche Systematik wieder hergestellt.

228 Art. 12 Abs. 2 lautet: Niemand darf zu einer bestimmten Arbeit gezwungen werden außer im Rahmen einer allgemeinen für alle gleichen öffentlichen Dienstleistungspflicht.
Art. 12 Abs. 3 lautet: Zwangsarbeit ist nur bei einer gerichtlich angeordneten Freiheitsentziehung zulässig.

229 Allgemeiner Redaktionsausschuss, Dr 282, Art. 5 a.

durch diese Formulierung der scharfe Gegensatz zwischen den Dienstleistungspflichten auf der einen Seite und einer Zwangsarbeit auf der anderen Seite nicht ausreichend zum Ausdruck kam[230].

In der 5. Sitzung des Ausschusses für Grundsatzfragen wurde ausgeführt, dass mit Art. 5 Abs. 2 zur Frage des Arbeitszwangs und der Zwangsarbeit schlechthin Stellung genommen werde. Mit dem aus den Arbeitsgerichtsgesetzen verschiedener Länder der amerikanischen Zone bekannten und auch dem in Russland verbreiteten Arbeitszwang sei eine, zumindest mittelbare, Beschränkung der Freizügigkeit verbunden. Der Arbeitszwang sollte gesetzlich so ausgestaltet werden, dass eine Heranziehung von Bürgern zur Erfüllung gemeinnütziger Arbeiten grundsätzlich erlaubt ist, aber diese Möglichkeit gleichzeitig eine Beschränkung erfahre[231]. Daher sollten gewisse Dienstpflichten vom Verbot des Zwangs zu einer bestimmten Arbeit ausgenommen sein. Zulässige Dienstpflichten im Sinne des Art. 12 Abs. 2 GG waren zur Zeit der Entstehung des Grundgesetzes soziale Gemeinschaftsverpflichtungen, so beispielsweise die Feuerwehr-, Hand- und Spanndienste sowie der Deichschutz[232]. Den Gemeinden sollte ermöglicht werden, bei einem etwaigen Bedarf auf zivile Kräfte zurückzugreifen, ohne ihnen jedoch die Möglichkeit einer unbeschränkten Inanspruchnahme der Bevölkerung zu geben[233]. Durch den Begriff der „Herkömmlichkeit“ sollte zudem vermieden werden, dass neue Dienstleistungspflichten, deren Erfüllung durch die Bürger den Kommunen als wünschenswert erscheinen, begründet werden[234].

(3) Systematische Auslegung

Art. 12 Abs. 2 GG steht zwischen der Berufsfreiheit auf der einen Seite und dem Verbot der Zwangsarbeit auf der anderen Seite. Durch die Trennung der Abs. 2 und 3 ist auch eine inhaltliche Differenzierung naheliegend. Weiteren Aufschluss über den Inhalt der Regelung gibt die Systematik nicht.

(4) Teleologische Auslegung

Aus der Zusammenschau der beiden Satzhälften des Art. 12 Abs. 2 GG wird die Zweckbestimmung des Arbeitszwangsverbots deutlich. Zum einen soll, wie bereits im Rahmen der historischen Auslegung dargestellt, eine weitgehende

230 Abgeordneter *Zinn*, JöR 1, 134; *Heuß*, ebd., 135; *v. Mangoldt*, ebd., 136.
231 *Zinn*, Stenografisches Protokoll der 5. Sitzung des Ausschusses für Grundsatzfragen, 2 f.
232 JöR NF 1, 134.
233 JöR NF 1, 135.
234 *Nußberger* in Gedächtnisschrift Tettinger, 81 (97).

Inanspruchnahme des Bürgers vermieden werden, zum anderen soll die Inanspruchnahme aber in eng begrenzten Ausnahmefällen ermöglicht werden. Die Heranziehung zu einer bestimmten Arbeit „im Rahmen einer herkömmlichen allgemeinen, für alle gleichen öffentlichen Dienstleistungspflicht“ ist nicht durch Art. 12 Abs. 2 GG verboten[235]. Wie die genannten Beispiele zeigen, sind dies Pflichten, die dem Allgemeinwohl dienen[236].

Vom Vorliegen eines Zwangs ist grundsätzlich nur dann auszugehen, wenn eine Rechtspflicht zu Erbringung einer Handlung, also im vorliegenden Kontext zur Arbeitserbringung, besteht[237]. Fraglich ist, ob die teleologische Auslegung Aufschluss darüber gibt, ob der Begriff des Zwangs nur die unmittelbare oder auch die mittelbare, also etwa psychische Einwirkung umfasst. Die unmittelbare Einwirkung, beispielsweise die Durchsetzung der Verpflichtung mittels staatlicher Zwangsmaßnahmen, ist jedenfalls verboten[238]. In Bezug auf den mittelbaren Zwang ist darauf abzustellen, ob dieser einer unmittelbaren Zwangsanwendung vergleichbar ist und die drohenden Folgen dazu geeignet sind, derart auf den Willen des Betroffenen einzuwirken, dass er zu der entsprechenden Tätigkeit veranlasst wird[239]. Dabei ist zu berücksichtigen, dass sich beispielsweise der Entzug von Vergünstigungen[240] genauso schwerwiegend auswirken kann wie eine unmittelbare Sanktion[241]. Soll der Arbeitszwang nur in begrenzten Fällen erlaubt und ansonsten strikt untersagt sein, so liegt der Zweck der Vorschrift darin, den Arbeitszwang grundsätzlich zu unterbinden. Soll der Arbeitszwang effektiv verhindert werden, so muss auch der mittelbare Zwang erfasst werden, da dieser in seiner Intensität dem unmittelbaren Zwang nicht nachsteht. Insofern legt die teleologische Auslegung nahe, dass der Begriff des Zwangs sowohl unmittelbare als auch mittelbare Beeinträchtigungen erfasst.

---

235 *Bachof* in Bettermann/Nipperdey/Scheuner, GR III/1, 156 (260).

236 *Mann* in Sachs, GG, Art. 12 Rn. 185; *Umbach* in Umbach/Clemens, GG Band I, Art. 12 Rn. 135.

237 *Bachof* in Bettermann/Nipperdey/Scheuner, GR III/1, 156 (259).

238 *Bachof* in Bettermann/Nipperdey/Scheuner, GR III/1, 156 (259).

239 *Kreßel*, 98; *Bachof* in Bettermann/Nipperdey/Scheuner, GR III/1, 156 (260); wohl auch *Göppel*, 26, zufolge ist allein darauf abzustellen, ob die Auferlegung einer Strafe oder aber der Entzug einer Vergünstigung darauf zielen, die Arbeitserbringung zu erzwingen. Diese Ansicht greift jedoch zu kurz. Natürlich werden sowohl eine Bestrafung als auch der Entzug von Vergünstigen darauf abzielen, dass der sich Weigernde die Arbeit aufnimmt. Für eine Charakterisierung einer Maßnahme als Zwang ist jedoch entscheidend darauf abzustellen, ob diese Maßnahme dazu geeignet ist, den erwünschten Zweck zu erreichen, und ob aus Sicht des Betroffenen eine psychische oder physische Einwirkung vorliegt.

240 Zu denken ist an eine Sperrfrist der Zuwendung an Empfänger von Arbeitslosen- oder Sozialhilfe, vgl. eingehend hierzu *Kreßel*, 99; *Ackermann*, 41 ff.

241 *Göppel*, 88; *Mann* in Sachs, GG, Art. 12 Abs. 183, 94 f.; einschränkend *Bachof* in Bettermann/ Nipperdey/ Scheuner, GR III/1, 156 (260); a.A. *Grewe*, 71.

b) Auslegung des Begriffs „Zwangsarbeit“

Nach der Auslegung des Begriffs „Arbeitszwang“ stellt sich die Frage, ob und in welcher Weise eine Differenzierung der Begriffe Arbeitszwang und Zwangsarbeit vorzunehmen ist und insbesondere, ob der Begriff der Zwangsarbeit ein „Mehr“ im Verhältnis zum Arbeitszwang ist und wodurch er sich charakterisieren lässt.

(1) Wortlaut

Abs. 2 und Abs. 3 unterscheiden sich in ihrem Wortlaut. Wie bereits erläutert untersagt Abs. 2 den Zwang zu einer „bestimmten Arbeit“, dagegen enthält Abs. 3 die Terminologie „Zwangsarbeit“. Abs. 3 enthält somit keine weitere Ausgestaltung oder nähere Beschreibung. Aufgrund des unterschiedlichen Wortlauts in Abs. 2 und Abs. 3 ist davon auszugehen, dass sich die Verpflichtungen nach Art und/oder Intensität unterscheiden.

In beiden Absätzen wird der Begriff „Zwang“ ohne weitere Ergänzungen verwendet. Aufgrund der Übereinstimmung im Wortlaut ist auch von einer inhaltlichen Übereinstimmung zwischen Art. 12 Abs. 2 und Abs. 3 GG auszugehen.

(2) Historische Auslegung

Bereits in Art. 16 Chiemseer Entwurf war ein Zwangsarbeitsverbot enthalten[242]. Damit sollte zum einen die Abkehr von den Vorkommnissen des Dritten Reiches zum Ausdruck gebracht werden. Zum anderen wurde in der Entwurfsbegründung ausgeführt, dass die Bestimmung notwendig sei, da auch in der „Gegenwart der deutsche Mensch von der Arbeitsversklavung“ bedroht sei[243]. Dies war ein Hinweis auf die in den Besatzungszonen praktizierte Arbeitspflicht[244]. Diese bestand nach Beendigung des zweiten Weltkriegs in allen Besatzungszonen gleichermaßen. Grundlage der Pflicht war der Kontrollratsbefehl Nr. 3 vom 17. Januar 1946 über die Registrierung der im arbeitsfähigen Alter stehenden Bevölkerung, der Arbeitslosen und ihrer Unterbringung in Arbeit[245]. Im Anschluss an diesen Kontrollratsbefehl wurde die Militärregierungsverordnung Nr. 54 erlassen, die eine generelle

242 Art. 16 des Chiemseer Entwurfs lautet: „Jeder hat die freie Wahl des Berufs und des Arbeitsplatzes. Zwangsarbeit in jeder Form ist unzulässig außer auf Grund einer gerichtlichen Entscheidung.“

243 JöR NF 1, 133.

244 BVerfGE 74, 102 (116).

245 Amtsblatt der Militärregierung Deutschland, Britisches Kontrollgebiet, Nr. 6, 82.

Arbeitspflicht und den Zwang zur Leistung einer bestimmten Arbeit regelte[246]. Diese Regelungen gestatteten den Besatzungsmächten, vermittelt durch die Arbeitsbehörden, auch nach Beendigung des Krieges arbeitsfähige Personen zur Aufnahme eines Arbeitsverhältnisses zu verpflichten[247]. In der russischen Besatzungszone wurde ebenfalls eine Arbeitspflicht geschaffen[248], die als eine tragende Säule der Gesellschaft angesehen wurde. Die Beschränkung der persönlichen Freiheit des Einzelnen wurde insoweit nicht berücksichtigt.

Noch stärkeren Einfluss als der damalige Zustand in den verschiedenen Besatzungszonen hatten die Erfahrungen und Erlebnisse der vergangenen zwölf Jahre des Nationalsozialismus. Die Protokolle des Parlamentarischen Rats enthalten zwar keine Beispiele für Zwangsarbeit, auch fand keine explizite Zuordnung der Zwangsarbeit statt. Jedoch muss in die historische Betrachtung mit einbezogen werden, welches Bild von Zwangsarbeit den Abgeordneten vor Augen stand. Dass eine Abkehr von den Ereignissen während des Dritten Reiches erfolgen sollte, wurde sogar ausdrücklich festgehalten[249]. Zusätzlich zu den Häftlingen der Konzentrationslager und den Kriegsgefangenen sind in erheblichem Umfang ausländische Zivilarbeiter zum Arbeitsdienst in Deutschland zwangsweise verpflichtet worden[250]; dazu zählten sowohl französische als auch polnische und sowjetische Arbeiter. Die Zwangsrekrutierung wurde als notwendig angesehen, um den Arbeitskräftebedarf der deutschen Kriegswirtschaft zu decken, nachdem die anfänglichen Versuche des freien Anwerbens der ausländischen Arbeiter fehlgeschlagen waren[251]. Dabei übten die Nationalsozialisten schon bei der „Akquise" dieser Personen erheblicher Druck aus. Sofern sich jemand der Inpflichtnahme widersetzte, wurden ihm die Lebensmittelkarten entzogen oder die Arbeitslosenunterstützung gesperrt[252]. In Polen und der Sowjetunion gingen die Nationalsozialisten bei der Rekrutierung der Arbeitskräfte sogar noch über die genannten Maßnahmen hinaus; sofern sich die Arbeiter nicht dazu bereiterklärten, Arbeitsdienst in Deutschland zu verrichten, wurden Geiseln inhaftiert, mit Erschießungen gedroht, die Unterkünfte oder ganze Häuser abgebrannt und die Nutztiere der Menschen vertrieben[253]. Dabei zeigte sich, bedingt durch die Rassenideologie

---

246 Dienstverpflichtung vom 22. 10. 1946, Arbeitsblatt für die Britische Besatzungszone 1947, 4.

247 *Grewe*, 7.

248 *Bülck*, 92 f.

249 JöR NF 1, 133.

250 Dazu umfassend *Pfahlmann*, Fremdarbeiter und Kriegsgefangene in der Deutschen Kriegswirtschaft 1939-1945; *Herbert*, Fremdarbeiter. Politik und Praxis des „Ausländer-Einsatzes" in der Kriegswirtschaft des Dritten Reiches; *Jacksch*, 154 ff.

251 *Pfahlmann*, 21.

252 *Pfahlmann*, 20, 31 ff.

253 *Herbert*, 165; *Raphael* in Unfreie Lebens- und Arbeitsverhältnisse, 258 (269).

der Nationalsozialisten, ein erhebliches Gefälle zwischen der Behandlung der so genannten Westarbeiter und der polnischen und sowjetischen Arbeiter. Während Erstere bezüglich der Entlohnung den deutschen Arbeitern zumindest zu Beginn der Inpflichtnahme weitestgehend gleichgestellt waren[254], lagen die Löhne der polnischen Arbeiter deutlich unter den an deutsche Arbeiter gezahlten Tariflöhnen[255]. Hinzu kamen Abgaben für Unterkunft, Verpflegung, Fahrtkosten und Bekleidung[256] sowie erhebliche Abzüge aufgrund der so genannten Ostarbeiterabgabe[257]; auch wurden ihnen keine Lohnzuschläge, sondern nur die tatsächlich geleistete Arbeit bezahlt[258]. Zudem wurden den Ostarbeitern weder Sozialzulagen noch Sozialleistungen gewährt, im Krankheitsfall oder bei einem Unfall wurde die Lohnzahlung eingestellt[259]. Die Ostarbeiter wurden in Lagern untergebracht; es war ihnen untersagt, nachts ausgehen, öffentliche Verkehrsmittel und Fahrräder zu benutzen, sie durften weder am kulturellen Leben teilnehmen noch Radio hören oder Zeitungen lesen[260]. Die Arbeitszeiten waren unerträglich lang, die Ernährung reichte nicht zur Versorgung der Arbeiter aus, auch wurde ihnen keine ärztliche Betreuung zuteil; vielmehr wurden sie misshandelt und gequält[261]. Im Falle der Arbeitsverweigerung wurden den Ostarbeitern Geld- oder Haftstrafen auferlegt, schlimmstenfalls wurden sie in Konzentrationslagern inhaftiert[262].

Noch schlimmer erging es den Menschen in den Konzentrationslagern. Sie wurden unter dem nationalsozialistischen Gedanken der „Vernichtung durch Arbeit“[263] zu Tausenden in Arbeitslagern eingepfercht und durch unerträglich schwere Arbeit und mangelnde Ernährung bis zur totalen Erschöpfung ausgebeutet und zu Tode gequält.

Neben diesem unmenschlichen Vorgehen gegenüber den Insassen der Konzentrationslager gab es auch für die übrigen Staatsbürger eine umfassende Arbeitspflicht[264]. Bereits im Jahre 1935 wurde eine Arbeitsdienstpflicht für junge

254 *Herbert*, 287; *Raphael* in Unfreie Lebens- und Arbeitsverhältnisse, 258 (268).

255 *Herbert*, 92.

256 *Jacksch*, 163 f.

257 Die Ostarbeiterabgabe sah vor, dass der 70 RM wöchentlich übersteigende Lohn abzüglich des einem Ostarbeiter zu zahlenden Höchstwochenlohnes von 17 RM an den Staat zu zahlen war, *Herbert*, 162, 165 f.

258 *Herbert*, 93.

259 *Jacksch*, 164.

260 *Herbert*, 76 ff.

261 *Herbert*, 154 ff.

262 *Herbert*, 75 ff., 118 ff.

263 Bericht des Reichsjustizministers Dr. Thierack über eine Besprechung mit Himmler am 18.09.1942, abgedruckt in *Hillermeier*, Im Namen des deutschen Volkes, 149 f.

264 Siehe dazu auch *Gagel*, NZS 2000, 231 (234 f.).

Männer geschaffen, die im darauffolgenden Jahr durch die Einführung des Arbeitsbuches ergänzt wurde[265]. 1938 war die „Verordnung zur Sicherstellung des Kräftebedarfs für Aufgaben von besonderer staatspolitischer Bedeutung“ und 1939 eine gleichnamige Verordnung erlassen worden[266]. Hierin wurde den Arbeitsämtern die Befugnis erteilt, Staatsbürger zur Dienstleistung zu verpflichten. Insbesondere fand eine Heranziehung zu den für den Krieg notwendigen Produktionen statt[267]. Auch gab es einen Arbeitsdienst, der einen sozialpädagogischen Ansatz im Sinne der damaligen Ideologie verfolgte[268]. Nach dem Reichsarbeitsdienstgesetz wurden junge Männer und Frauen für ein halbes Jahr zur Arbeit verpflichtet. Hierdurch sollte der Jugend das nationalsozialistische Gedankengut vermittelt und ihnen insbesondere der hohe Stellenwert der Arbeitskraft des Einzelnen für die Gesellschaft vor Augen geführt werden[269]. Die individuelle Freiheit, über die eigene Arbeitskraft zu verfügen, wurde weitestgehend entzogen[270].

In der historischen Auslegung zeigt sich, dass der Normierung des Zwangsarbeitsverbots ein gemischtes Bild von Zwangsarbeit vorausging. Sie reicht von einer Verpflichtung zur Arbeit gegen ein tarifgemäßes Entgelt bis hin zur totalen Ausbeutung unter schlechtesten Versorgungsbedingungen ohne Gegenleistung. Die verschiedenen Formen haben gemeinsam, dass Menschen durch den Staat zur Leistung von Arbeit unter Heranziehung ihrer gesamten Arbeitskraft gezwungen werden. In den Beratungen des Grundgesetzes wurde jedoch auch die Notwendigkeit gesehen, Arbeit in Gefängnissen zuzulassen und dadurch eine sinnvolle Gestaltung eines auf Resozialisierung ausgerichteten Strafvollzugs zu ermöglichen[271].

(3) Systematische Auslegung

Im Hinblick auf die systematische Auslegung kann auf die Ausführungen im Rahmen der Auslegung des Begriffes „Arbeitszwang“ verwiesen werden[272].

(4) Teleologische Auslegung

Das Zwangsarbeitsverbot ist eine Konkretisierung des Menschenwürdegrundsatzes[273]. Insofern soll durch das Zwangsarbeitsverbot eine Degradierung von Men-

---

265 *Raphael* in Unfreie Lebens- und Arbeitsverhältnisse, 258 (268).
266 *Bülck*, 83.
267 *Bülck*, 83.
268 *Bülck*, 87; *Raphael* in Unfreie Lebens- und Arbeitsverhältnisse, 258 (268).
269 Art. 3 Abs. 3 Reichsarbeitsdienstgesetz von 1935, RGBl. I. 769.
270 *Grewe*, 6.
271 JöR NF 1, 134.
272 Siehe oben, S. 60.

schen zu Objekten staatlichen Handelns verhindert werden[274]. Daher stellt sich die Frage, wann eine Arbeit im Sinne der oben genannten Definition eine derartige Belastung für den Betroffenen darstellt, dass von einer Menschenwürdeverletzung gesprochen werden kann. Dabei ist zu berücksichtigen, dass der Begriff der Arbeit durch das jeweilige wirtschaftliche und soziale Umfeld geprägt wird. Was noch Anfang des 19. Jahrhunderts als normale Arbeitsleistung galt, würde heute jeden Arbeitnehmer wegen unmenschlicher Arbeitsbedingungen zur Arbeitsverweigerung veranlassen. Gesellschaftliche Errungenschaften, wie etwa die Absicherung von Arbeitnehmern durch die Sozialversicherung, sichere Arbeitsbedingungen, die einen Verschleiß der Arbeitskraft und Arbeitsunfälle verhindern sollen, eine gesetzlich vorgeschriebene Arbeitsdauer und Urlaubsregelung und nicht zuletzt eine tarifgemäße Entlohnung prägen gegenwärtig den Begriff der Arbeit.

c) *Auswertung der Rechtsprechung zu den Begriffen Arbeitszwang und Zwangsarbeit*

Die Rechtsprechung hat sich in vielfältigen Rechtsbereichen mit den Themen Arbeitszwang und Zwangsarbeit beschäftigt. Entscheidungen finden sich im Arbeits- und Sozialrecht, im Ausländerrecht, im Strafrecht und nicht zuletzt im Verwaltungsrecht.

(1) Obergerichtliche Rechtsprechung

i) Zwangsarbeit bei einer unfreiwillig aufgenommenen Vollzeittätigkeit

Bereits im Jahre 1950 entschied das Landesarbeitsgericht Düsseldorf[275] über einen Fall betreffend die Gewährleistungen des Art. 12 GG. Die damals geltende Arbeitsplatzwechselverordnung sah vor, dass bei Eingehung und Auflösung eines Arbeitsverhältnisses durch den Arbeitnehmer die Zustimmung des Arbeits-

273 BVerfGE 22, 380 (383); 74, 102 (116); dies wird von *Hönicke*, 149 kritisiert, da er hierin eine einseitige Fixierung auf das historische Verständnis und damit auf das nationalsozialistische Unrecht sieht; dabei lässt er jedoch außer Acht, dass die Schaffung des Grundgesetzes maßgeblich durch die damaligen Verhältnisse beeinflusst und eben ganz eindeutig von den Vorkommnissen während der nationalsozialistischen Herrschaft geprägt war. Nur vor diesem Hintergrund erschließt sich die Bedeutung der Abs. 2 und 3 des Art. 12 GG, die im weiteren Verlauf der verfassungsrechtlichen Entwicklung nur eine sehr untergeordnete Rolle gespielt haben. Diesen Hintergrund zu vernachlässigen würde zu einer Missdeutung wesentlicher Aspekte und einem unvollständigen Verständnis der Norm führen.

274 BVerfGE 72, 102 (116).

275 LAG Düsseldorf NJW 1950, 718.

amtes erforderlich war. Das Gericht sah hierin einen Verstoß gegen die Bestimmungen des Art. 12 Abs. 3 GG[276], denn das Zustimmungserfordernis verpflichte den Arbeitnehmer bei Versagung der Zustimmung zu Zwangsarbeit. Daraus ist zum einen die Folgerung zu ziehen, dass Zwangsarbeit vorliegt, wenn der Betroffene gegen seinen Willen zur Arbeit verpflichtet wird. Zudem liegt jedenfalls bei einer Verpflichtung zur Bereitstellung der gesamten Arbeitskraft Zwangsarbeit vor.

ii) Arbeitszwang bei Teilzeittätigkeit, deren Nichterfüllung geahndet wird

In seiner Begründung differenzierter setzte sich das Oberlandesgericht Hamburg[277] im Jahre 1969 mit dem Regelungsgehalt des Art. 12 GG auseinander. Mittels einer Beschwerde wehrte sich ein verurteilter Straftäter gegen die Erteilung von Bewährungsauflagen. Das Landgericht Hamburg hatte den Angeklagten wegen Dienstflucht gemäß § 53 ErsatzdienstG zu einer Gefängnisstrafe von drei Monaten verurteilt. Diese wurde zur Bewährung ausgesetzt, wobei dem Verurteilten die Ableistung seines Ersatzdienstes als Krankenpfleger und im Anschluss die unentgeltliche Tätigkeit als Krankenpfleger sechs Monate lang an jedem ersten und dritten Wochenende zur Auflage gemacht wurde. Das Oberlandesgericht Hamburg führte aus, dass die Auflage zur unentgeltlichen Ableistung des Dienstes als Krankenpfleger gegen das Verbot des Arbeitszwangs aus Art. 12 Abs. 2 GG verstoße, die Auflage stelle einen Zwang zu einer bestimmten Arbeit dar. Auf den Verurteilten werde Zwang ausgeübt, da er im Falle einer Zuwiderhandlung mit dem Widerruf der Strafaussetzung zur Bewährung gemäß § 25 Abs. 2 Nr. 3 StGB rechnen müsse. Die Tatsache, dass es in der Hand des Verurteilten liege, ob er die Auflage befolgt oder die Strafverbüßung wählt, führe nicht dazu, dass der Zwang entfällt. Des Weiteren sei der Dienst als Krankenpfleger auch als Arbeit im Sinne des Art. 12 Abs. 2 GG zu qualifizieren. Unter den Begriff fielen weder jede Tätigkeit, die eine physikalische Arbeit darstelle, die Erfüllung von Pflichten, die als Gemeinpflicht von den Bürgern verlangt werde, noch Handlungen, die sich als Nebenpflicht aus einer anderen bereits bestehenden Verpflichtung ergeben. Vielmehr sei Arbeit eine Tätigkeit, die einen nicht nur unbedeutenden Aufwand erfordere und welche üblicherweise dazu geeignet sei, Erwerbszwecken zu dienen[278]. Bei der unentgeltlichen Ableistung von Schichten als Krankenpfleger handele es sich darüber hinaus nicht um eine herkömmliche allgemeine öffentliche Dienstleistungspflicht. Die Auflage sei auch nicht durch Art. 12a GG gerechtfertigt, da es sich nicht um eine Maßnahme im Rahmen der Ableistung des Ersatz-

276 LAG Düsseldorf NJW 1950, 718 (719).
277 OLG Hamburg NJW 1969, 1780.
278 OLG Hamburg NJW 1969, 1780.

dienstes handele. Eine Rechtfertigung durch Art. 12 Abs. 3 GG scheide ebenfalls aus, da Zwangsarbeit nur bei einer gerichtlich angeordneten Freiheitsentziehung erlaubt sei; damit sei jedoch der Vollzug der Freiheitsentziehung gemeint. Eine Bewährungsstrafe sei keine Freiheitsentziehung in diesem Sinne[279].

In dieser Entscheidung stellte das Oberlandesgericht Hamburg also fest, dass die beschränkte Inanspruchnahme zu einer beliebigen Tätigkeit, die keine herkömmliche allgemeine öffentliche Dienstleistungspflicht darstellt, den Begriff des Arbeitszwangs erfüllt. Zudem liegt unzulässiger Arbeitszwang dann vor, wenn der Betroffene nicht die Möglichkeit hat, die Aufnahme der Tätigkeit zu verweigern, weil ihm eine Sanktion droht.

iii) Keine Zwangsarbeit bei zeitlicher und sachlicher Begrenzung der Tätigkeit

Eine weitere Entscheidung bezüglich der Gewährleistungen des Art. 12 Abs. 3 GG traf das Oberlandesgericht Celle[280] am 31.07.2001. Es vertrat die Auffassung, dass eine Bewährungsauflage gemäß § 56b Abs. 2 S. 1 Nr. 3 StGB keinen Zwang zur Arbeit im Sinne einer Arbeitsstrafe begründe. Dazu führte es aus, dass die Erteilung einer Bewährungsauflage, also auch der Arbeitspflicht, eine Möglichkeit darstelle, den Vollzug einer Freiheitsstrafe abzuwenden. Daher unterliege sie einer spezifischen zeitlichen und sachlichen Begrenzung[281].

Diese Ansicht weckt insofern Zweifel, als auch die Arbeitspflicht in Gefängnissen in der Regel zeitlich und sachlich begrenzt ist, es sei denn, es handelt sich um eine lebenslange Freiheitsstrafe. Der Argumentation des Oberlandesgerichts Celle folgend handelt es sich bei der Pflichtarbeit in Gefängnissen grundsätzlich ebenfalls nicht um Zwangsarbeit. Diese Auslegung der Vorschrift des Art. 12 Abs. 3 GG widerspricht eindeutig deren Regelungszweck und überzeugt insoweit nicht. Das erkennende Gericht führte weiter aus, dass die Bewährungsentscheidung des Gerichts nach § 56 StGB die Erwartung voraussetze, dass der Verurteilte sich die Verurteilung zur Warnung dienen lasse und in Zukunft keine Straftaten mehr begehen wird, selbst wenn er nicht in den Strafvollzug einbezogen wurde. Daher dürfe die Auflage zur Ableistung gemeinnütziger Arbeit nicht einen solchen Umfang haben, dass sie einer Strafe gleichkomme[282].

---

279 OLG Hamburg NJW 1969, 1780 (1781).

280 OLG Celle, Beschluss vom 31.07.2001, Az 2 Ws 202/01.

281 OLG Celle, Beschluss vom 31.07.2001, Az 2 Ws 202/01, Rn. 4.

282 OLG Celle, Beschluss vom 31.07.2001, Az 2 Ws 202/01, Rn. 4.

(2) Rechtsprechung des BVerwG, BSG und BVerfG

i) Zeitlich befristeter Militärdienst ist gerechtfertigter Arbeitszwang im Sinne von Art. 12 Abs. 2 GG

Das Bundesverwaltungsgericht hatte in seinem Urteil vom 16.04.1970[283] über die Vereinbarkeit der für Berufsoffiziere bestehenden Beschränkung der Entlassung bis zum Ende des sechsten Dienstjahres mit dem Grundgesetz zu entscheiden. Das Gericht machte deutlich, dass die Entlassungsbeschränkung keinen im Sinne des Art. 12 Abs. 2 GG unzulässigen Arbeitszwang darstelle[284]. Auch sei der Arbeitszwang im Rahmen des Militärdienstes verfassungsrechtlich anerkannt und gerechtfertigt[285]. Des Weiteren sei mit der militärischen Dienstleistung gemäß Art. 4 Abs. 3 lit. b) der Konvention zum Schutze der Menschenrechte und Grundfreiheiten keine Zwangsarbeit im Sinne des Art. 12 Abs. 3 GG verbunden[286].

ii) Arbeitszwang nur bei höchstpersönlicher Verpflichtung

Eine weitere Entscheidung des Bundesverwaltungsgerichts zu Art. 12 Abs. 2 GG betraf die Pflicht von Straßenanliegern zur Reinigung des Bürgersteigs[287]. Die Beschwerdeführerin hatte geltend gemacht, dass sie durch die Verfügung zur Gehwegreinigung in ihren Grundrechten verletzt sei. Das Gericht stellte in seinem Urteil vom 05.08.1965 fest, dass die Gehwegreinigungspflicht keine Dienstpflicht im Sinne des Art. 12 Abs. 2 GG ist[288]. Denn diese Vorschrift verlange von den Anliegern nicht, dass sie die Gehwegreinigung selbst durchführen müssten. Ihnen würde nur die Verantwortung für den ordnungsgemäßen Zustand der Straße übertragen, so dass sie die Reinigungspflicht etwa auch auf einen Hauswart oder die Mieter des Grundstücks übertragen könnten[289]. Um eine Verpflichtung als Arbeitszwang im Sinne des Art. 12 Abs. 2 GG qualifizieren zu können, müsse es sich um eine persönliche Dienstleistung des Pflichtigen handeln[290]. Durch die Gehweg-

283 BVerwGE 35, 146.
284 BVerwGE 35, 146 (149).
285 BVerwGE 35, 146 (150).
286 BVerwGE 35, 146 (150).
287 BVerwGE 22, 26.
288 BVerwGE 22, 26 (28).
289 BVerwGE 22, 26 (29).
290 Diese Auffassung des Bundesverwaltungsgerichts wurde in einer Entscheidung des Verwaltungsgerichts Lüneburg im Jahre 2008 zur Verneinung von Arbeitszwang/Zwangsarbeit bei einer Inpflichtnahme von Anliegern zur Straßenreinigung erneut herangezogen, VG Lüneburg, Urteil vom 13.02.2008, Az. 5 A 34/07.

reinigungspflicht sei daher das Verbot zur Erteilung von Arbeitszwang nicht verletzt. Von dieser Gewährleistung sei eine andere Schutzrichtung erfasst als die von der Beschwerdeführerin angeführte; Art. 12 Abs. 2 GG müsse im Zusammenhang mit der jüngsten Vergangenheit gesehen werden[291].

Zu bedenken und kritisch anzumerken ist insoweit jedoch, dass in den Beratungen des Parlamentarischen Rates die Reinigung der Bürgersteige als eine herkömmliche Dienstpflicht bezeichnet worden ist[292]. Allerdings stimmt die Begründung dieser Entscheidung insofern mit der im Rahmen der Auslegung vorgenommenen Begriffsbestimmung des „Zwangs zu einer bestimmten Arbeit" überein, als das Vorliegen von Arbeitszwang aufgrund der nicht höchstpersönlichen Verpflichtung des Betroffenen ausgeschlossen ist.

iii) Zwangsarbeit nur bei Unfreiwilligkeit, verstanden als gesetzliche Verpflichtung zu einer Tätigkeit

Das Bundessozialgericht setzte sich mit dem Begriff der Zwangsarbeit regelmäßig im Rahmen der Geltendmachung von Entschädigungszahlungen oder Rentenansprüchen von Verfolgten des Nationalsozialismus auseinander. Dabei steht im Mittelpunkt dieser Entscheidungen häufig die Frage, ob ein versicherungspflichtiges Beschäftigungsverhältnis bestanden hat oder ob der Betroffene zur Leistung von Zwangsarbeit verpflichtet wurde.

Ein Beschäftigungsverhältnis, das die Versicherungspflicht in der gesetzlichen Rentenversicherung auslöst, besteht nach Ansicht des Bundessozialgerichts nur bei Freiwilligkeit der Leistung und der Bezahlung eines Entgeltes als Gegenleistung[293]. Freiwilligkeit in diesem Sinne meint jedoch nur, dass der Betroffene nicht gesetzlich zur Aufnahme einer Tätigkeit gezwungen wurde. Ob darüber hinaus die Annahme der Arbeitsstelle angezeigt war, um etwa die Deportation in ein Konzentrationslager zu verhindern, ist für die Frage der Freiwilligkeit nicht von Bedeutung[294].

Eine Entscheidung aus dem Jahre 2004[295] betraf die Frage, ob die Tätigkeit einer Jüdin in einem Offiziersheim in Warschau der Versicherungspflicht unterlag und ob ihr aufgrund ihrer mehrjährigen Arbeitstätigkeit ein Rentenanspruch entstanden ist. Im Rahmen der gerichtlichen Auseinandersetzung hatte die Klägerin geltend gemacht, dass es sich bei der Arbeit um ein versicherungspflichtiges

291 BVerwGE 22, 26 (29).

292 Protokoll der 44. Sitzung des Hauptausschusses des Parlamentarischen Rates, Abgeordneter Kaufmann, 576.

293 BSG, SozR 5070 § 14 Nr. 9.

294 BSGE 80, 250 (252).

295 BSGE 93, 214.

Beschäftigungsverhältnis gehandelt habe, da sie zwar nur selten entlohnt, jedoch untergebracht und verpflegt worden sei. Insbesondere die Verpflegung sei zur damaligen Zeit von immenser Bedeutung gewesen, so dass dies einer Entgeltzahlung gleich komme. Das Bundessozialgericht führt in den Entscheidungsgründen aus, dass eine Arbeit, für die im Jahre 1940 in Warschau nur freier Unterhalt in Form von (guter) Verpflegung gewährt worden ist, auch unter Berücksichtigung der allgemeinen Bedingungen nationalsozialistischer Gewaltherrschaft nicht geeignet war, ein versicherungspflichtiges Beschäftigungsverhältnis nach deutschem Rentenrecht zu begründen. Voraussetzung für die Versicherungspflicht sei die Aufnahme einer entgeltlichen und freiwilligen Beschäftigung; die Verpflegung stehe einer Entgeltzahlung dabei nicht gleich. Sofern man den Entgeltbegriff völlig von der Angemessenheit des für geleistete Arbeit Erlangten lösen und jegliche Form von freiem Unterhalt als Entgelt im Sinne einer versicherungspflichtigen Beschäftigung gelten lassen würde, wäre für eine Differenzierung der Ghetto-Arbeiten nach dem Typus einer sozialversicherungspflichtigen Beschäftigung einerseits und einer nicht versicherten Zwangsarbeit andererseits kaum noch Raum.

Aus dieser Begründung lässt sich der Schluss ziehen, dass jedenfalls eine unentgeltliche und unfreiwillige Tätigkeit den Begriff der Zwangsarbeit erfüllt.

iv) Arbeitszwang bei Erfüllung einer gemeinnützigen Tätigkeit

In seinem Beschluss vom 29.11.1967[296] hatte das Bundesverfassungsgericht über die Vereinbarkeit des damaligen § 45 Abs. 3 und Abs. 6 EStG mit dem Grundgesetz zu entscheiden. Die Beschwerdeführerin, eine Bank, hatte vor dem Bundesverfassungsgericht geltend gemacht, dass sie durch die ihr aufgrund der genannten Bestimmung auferlegte Pflicht, die Kapitalertragsteuer für den Steuerschuldner einzubehalten, in ihren Rechten aus Art. 12 GG und Art. 14 GG verletzt sei.

Das Bundesverfassungsgericht verneinte eine Verletzung des Verbots des Arbeitszwangs. Es führte aus, dass die Pflicht zur Einbehaltung der Kapitalertragssteuer nicht dem Bild des Arbeitszwangs entspreche, da mit Arbeitszwang im Sinne des Art. 12 Abs. 2 GG die Heranziehung zu gemeinnütziger Arbeit gemeint sei[297].

296 BVerfGE 22, 380.
297 BVerfGE 22, 380 (383).

v) *Differenzierung der Begriffe „Arbeitszwang“ und „Zwangsarbeit“ nur fallbezogen und unter Berücksichtigung von Art. 1 Abs. 1 GG möglich*

In seiner Entscheidung vom 13.01.1987[298] äußerte sich das Bundesverfassungsgericht umfassend zur Entstehungsgeschichte und dem Zweck des Arbeitszwangsverbots[299]. Der Beschwerdeführer hatte sich im Wege des Verfassungsbeschwerdeverfahrens gegen die an ihn ergangene Verurteilung zur Ableistung von 16 Stunden Hilfsdienst zur Wehr gesetzt. Die Verfassungsbeschwerde betraf die Frage, ob die in § 10 Abs. 1 S. 3 Nr. 4 JGG enthaltene Erziehungsmaßregel, die die Möglichkeit zur Erteilung von Arbeitsleistungen enthält, mit dem Grundgesetz, insbesondere mit Art. 12 Abs. 2 und Abs. 3 GG, vereinbar sei. Das Gericht erklärte, dass die Auferlegung von gemeinnütziger Arbeit nach der genannten Vorschrift des JGG nicht dem Grundgesetz widerspreche. Die Frage, ob es sich bei einer Tätigkeit um Arbeitszwang oder Zwangsarbeit handele, könne nur fallbezogen beantwortet werden. In den zuvor entschiedenen Fällen, der soeben genannten Heranziehung von Banken zur Einbehaltung der Kapitalertragssteuer[300], der Heranziehung der Arbeitgeber beim Lohnsteuerabzug oder der Abführung von Sozialversicherungsbeiträgen, der Heranziehung eines Versicherungsunternehmens bei Einbehaltung der Versicherungssteuer[301] sowie den Bevorratungspflichten von Unternehmen[302] könne kein Arbeitszwang erblickt werden. Denn hierbei handele es sich lediglich um auf vernünftigen Gründen des Allgemeinwohls beruhenden Verpflichtungen privater Unternehmen für staatliche Aufgaben. Dies geschehe im Rahmen der unternehmerischen Tätigkeit und sei daher am Maßstab des Art. 12 Abs. 1 GG zu messen[303]. Aufgrund der Tatsache, dass Art. 12 Abs. 2 und Abs. 3 GG geschaffen wurden, um die Abkehr von den Methoden des Dritten Reiches deutlich zu machen, sei die Grenze zu Arbeitszwang und Zwangsarbeit dort zu ziehen, wo die verfassungsrechtliche Gewährleistung der Achtung der Menschenwürde in Frage stehe[304]. Auch solle durch die Regelung einem Missbrauch der Befugnis zur zwangsweisen Heranziehung vorgebeugt werden[305]. Die Verfasser des Grundgesetzes hätten die herkömmlichen, allgemeinen, für alle gleichen Dienstverpflichtungen in diesem Sinne als zulässig erachtet, weil hier die Gefahr des Missbrauchs oder der Unverhältnismäßigkeit und damit der Menschen-

298 BVerfGE 74, 102.
299 BVerfGE 74, 102 (115 ff.).
300 BVerfGE 22, 380.
301 BVerfGE 22, 380 (383).
302 BVerfGE 30, 292 (312).
303 BVerfGE 74, 102 (120).
304 BVerfGE 74, 102 (120).
305 BVerfGE 74, 102 (120 f.).

unwürdigkeit nicht gegeben sei[306]. In den Schutzbereich der Gewährleistung der Freiheit von Arbeitszwang und Zwangsarbeit sollten daher solche Maßnahmen fallen, die die Menschenwürde ebenso wie die Grundrechte missachten. Ein solcher Fall sei etwa gegeben, wenn Maßnahmen zur Aufrechterhaltung der Arbeitsdisziplin angeordnet werden, als Sanktion für die Teilnahme an Streiks oder als Werkzeug, um eine rassische, soziale, nationale oder religiöse Diskriminierung vorzunehmen. Ebenso sollen die Gewährleistungen des Art. 12 Abs. 2 und Abs. 3 GG vor einer Inanspruchnahme schützen, die „ungerecht", „bedrückend", „unnötig beschwerlich", „in gewisser Weise schikanös" ist oder eine „vermeidbare Härte" darstellt[307]. Demgegenüber sei die Heranziehung im Rahmen begrenzter Arbeitspflichten im Wege richterlicher Anordnung zulässig, sofern sie sich im Rahmen des gesetzlich vorgesehenen Reaktions- und Sanktionensystems bewege. Diese Anordnungen würden als Folge einer Straftat verhängt und dienten der Erziehung von Jugendlichen und Heranwachsenden, um diesen das Leben als eigenverantwortliche Personen innerhalb der Gesellschaft zu ermöglichen. Sofern Arbeitspflichten angeordnet würden, die in Bezug zur Erreichung des genannten Zwecks stehen und in angemessener Weise angewendet würden, bestehe nicht die Gefahr, die Betroffenen zu Objekten staatlichen Handelns zu machen; sie würden in ihrer Menschenwürde nicht berührt. Art. 12 Abs. 3 GG stelle ausdrücklich klar, dass die Erfüllung von Arbeitspflichten im Rahmen des Strafvollzugs nicht durch das Verbot von Arbeitszwang und Zwangsarbeit ausgeschlossen sei[308]. Ebenso sei für den Bereich der Fürsorgemaßnahmen zu entscheiden.

vi) Zusammenfassung Arbeitszwang und Zwangsarbeit in der Rechtsprechung

Die Auswertung von gerichtlichen Entscheidungen, die sich mit Art. 12 Abs. 2 und Abs. 3 GG auseinandersetzen, führt zunächst zu dem Schluss, dass die Gewährleistungen nur dann zur Anwendung kommen, wenn eine Person gegen ihren Willen zur Arbeit verpflichtet wird. Dabei fällt unter den Terminus „Zwang" in den vorgenannten Entscheidungen jedenfalls eine gesetzliche Verpflichtung zum Tätigwerden, deren Nichterfüllung geahndet wird.

Zudem findet der Begriff „Arbeitszwang" bei einer zwangsweisen Verpflichtung zu einer begrenzten Tätigkeit Anwendung, der Begriff „Zwangsarbeit" dagegen, wenn die vollumfängliche, zwangsweise Inanspruchnahme der Arbeitskraft des Betroffenen in Rede steht. Dieses Resultat korrespondiert mit der Auslegung nach dem Wortlaut und dem Sinn und Zweck der beiden Regelungen, da durch die differenzierte Begriffsbestimmung in Art. 12 Abs. 2 GG „Zwang zu einer

306 BVerfGE 74, 102 (121).
307 BVerfGE 74, 102 (121).
308 BVerfGE 74, 102 (122).

bestimmten Arbeit“ eine unbeschränkte Heranziehung von Bürgern zu Arbeiten, die dem Gemeinwohl dienen, verhindert werden sollte. Diese Intention der verfassungsgebenden Versammlung findet sich auch in der Entscheidung des Bundesverfassungsgerichts aus dem Jahre 1967 wieder, da dort ausgeführt wurde, dass Arbeitszwang nur dann gegeben sein kann, wenn die Erfüllung einer gemeinnützigen Tätigkeit in Rede steht. Darüber hinaus muss eine höchstpersönliche Verpflichtung des Betroffenen bestehen, anderenfalls ist das Vorliegen von Arbeitszwang und Zwangsarbeit ausgeschlossen.
Den Entscheidungen des Bundessozialgerichts zum Thema der Entschädigungszahlungen und Rentenansprüche von Verfolgten des Nationalsozialismus lässt sich zudem entnehmen, dass „Zwangsarbeit“ regelmäßig ohne eine finanzielle Gegenleistung erbracht wird. Die Entscheidung des Bundesverfassungsgerichts aus dem Jahre 1987 weist einen weiteren Ansatz zur Bestimmung der Begriffe der Abs. 2 und 3 auf. Wie gesehen sollen diese Verbote verhindern, dass jemand zu einer Arbeit herangezogen wird, bei der die Achtung der Menschenwürde in Rede steht.

d) Auswertung der in der Literatur vertretenen Ansichten

Die Frage, ob zwischen den Begriffen des Arbeitszwangs und der Zwangsarbeit eine Differenzierung vorgenommen werden kann und sollte und wann es sich bei einer Tätigkeit um Zwangsarbeit im Sinne des Art. 12 Abs. 3 GG handelt, wird in der Literatur unterschiedlich beurteilt[309].

(1) Arbeitszwang und Zwangsarbeit nur bei Zwang zu beruflicher Tätigkeit

Bereits über den Begriff der Arbeit im Sinne des Art. 12 Abs. 2, Abs. 3 GG bestehen Unklarheiten. Weit überwiegend wird unter Arbeit jede körperliche oder geistige, selbstständige oder unselbstständige Tätigkeit verstanden, die nicht lediglich als Nebenwirkung einer anderen Handlungspflicht einzuordnen und von einigem Gewicht ist[310]. Dagegen wird vereinzelt, namentlich von *Grewe,* vertreten, dass eine Tätigkeit nur dann Arbeit darstelle, wenn sie eine Tätigkeit

309 Es gibt eine nahezu unübersichtliche Zahl von Autoren, die sich mehr oder weniger umfassend mit der vorliegenden Frage auseinandergesetzt haben. Die Darstellung jeder einzelnen Abhandlung würde den Rahmen der Arbeit sprengen, insoweit sind sie zusammenzufassen und die besonders diskussionsanregenden Positionen näher zu untersuchen.

310 *Grewe,* 52 f.; *Breuer* in Isensee/Kirchhof, HStR VI, § 147 Rn. 89; *Manssen* in v. Mangoldt/Klein/Starck, GG Band 1, Art. 12 Rn. 296; *Scholz* in Maunz/Dürig, GG Band II, Art. 12 Rn. 481; *Gubelt* in v. Münch/Kunig, GG Band 1, Art. 12 Rn. 74; *Kreßel*, 94; *Gusy*, JuS 1989, 910; *Günther*, DVBl 1988, 429 (431).

im beruflichen Sinne sei[311]. Begründet wird diese Auffassung damit, dass Art. 12 Abs. 2 GG in einem systematischen Zusammenhang zu Art. 12 Abs. 1 GG stehe. Der Artikel garantiere, dass der Staat niemanden dazu verpflichten kann, eine berufliche Tätigkeit auszuüben[312]; Art. 12 Abs. 2 GG gewährleiste die negative Berufsfreiheit[313]. Zudem eröffne der Terminus „Zwang zu einer bestimmten Arbeit" dem Gesetzgeber die Möglichkeit, eine allgemeine Arbeitspflicht einzuführen, da das Verbot des Abs. 2 nur auf eine bestimmte Arbeitspflicht gerichtet sei[314].

Dieser Auffassung ist nicht zu folgen. Bereits der Wortlaut der Abs. 1 und Abs. 2 macht durch die Verwendung der unterschiedlichen Begriffe „Beruf" und „Arbeit" deutlich, dass es sich um zwei differenzierte Schutzgegenstände handelt. Auch widerspricht diese Ansicht der Grundrechtssystematik. Das positive Recht der Freiheit der Berufswahl und Berufsausübung korrespondiert mit der negativen Seite, einen Beruf nicht zu wählen oder ihn nicht auszuüben. Der positive und negative Schutz einer Freiheit folgen aus demselben Recht, hierbei handelt es sich um die Kehrseiten einer Medaille. Die Möglichkeit, keinen Beruf auszuüben, wird daher durch die negative Berufsfreiheit aus Art. 12 Abs. 1 GG gewährleistet. Dem Rückschluss, dass Art. 12 Abs. 2 GG es dem Gesetzgeber ermögliche, eine allgemeine Arbeitspflicht einzuführen, ist folgender Gedanke entgegenzuhalten: Wenn schon die Möglichkeit der Heranziehung zu einer bestimmten Arbeit nur in engen Grenzen möglich sein soll, so muss eine vollumfängliche Inanspruchnahme wegen der damit verbundenen der wesentlich intensiveren Beeinträchtigung erst recht verboten sein. Darüber hinaus wollte der historische Gesetzgeber gerade die Einführung einer allgemeinen Arbeitspflicht verhindern. *Grewe* lässt in seinen Ausführungen zum Wortlaut des Abs. 2 die Entstehungsgeschichte der Norm völlig unberücksichtigt. Diese Ansicht überzeugt daher nicht.

(2) Unterscheidung zwischen Arbeitszwang und Zwangsarbeit nach dem Zweck der Arbeit

Einen anderen Ansatz wählt *Gusy*[315]. Zunächst stellt er fest, dass es sich bei Regelungen zu Arbeitszwang nach Art. 12 Abs. 2 GG und Zwangsarbeit nach Art. 12 Abs. 3 GG um zwei unterschiedliche Ausprägungen eines einheitlichen Grundrechts handelt[316]. Sodann formuliert er, dass Arbeitszwang jede einseitige

311 *Grewe*, 61; nach *Stree*, 185, ist darauf abzustellen, ob die Tätigkeit üblicherweise der Erwerbstätigkeit dient.

312 *Grewe*, 61.

313 *Grewe*, 61.

314 *Grewe*, 63, 66; wohl auch in diesem Sinne *Göppel*, 83.

315 *Gusy*, JuS 1989, 710.

316 *Gusy*, JuS 1989, 710 (711).

Verpflichtung eines Menschen zu einer selbstständigen Arbeit sei, welche der Erfüllung rechtlicher Pflichten des Staates zu dienen bestimmt ist[317]. Arbeit in diesem Sinne sei jede Tätigkeit, die keine Geld- oder Sachleistung ist. Es sei also unwesentlich, welchen Umfang die Tätigkeit habe, ob sie vertretbar oder unvertretbar sei, ob körperliche oder geistige Anforderungen an den Leistenden gestellt würden. Weiteres Charakteristikum des Arbeitszwangs sei die unfreiwillige Inanspruchnahme des Betroffenen. Darüber hinaus müsse es sich um eine selbstständige Tätigkeit handeln, d.h. die Pflicht dürfe nicht bloß die Nebenpflicht einer anderen Rechtsstellung sein. So resultieren etwa Verkehrssicherungspflichten eines Hauseigentümers aus dem Eigentum am Haus und sind damit unselbstständige Nebenpflichten des Eigentumsrechts[318]. Gleichermaßen keine selbstständigen Dienstpflichten seien Nebenpflichten, die aus bestimmten Berufen erwachsen, so etwa die Pflicht von Rechtsanwälten zur Übernahme von Pflichtverteidigungen oder der kassenärztliche Notdienst[319]. Die Selbständigkeit einer Pflicht sei jedoch dann zu bejahen, wenn die Pflicht in keinem ersichtlichen Zusammenhang zum eigentlichen Beruf stehe, sogenannte berufsfremde Handlungen. Als Beispiel nennt *Gusy* die Pflicht der Arbeitgeber zur Einziehung der Lohnsteuer[320]. Diese selbstständigen Handlungen, die lediglich aus Anlass der Berufstätigkeit entstehen, seien an Art. 12 Abs. 2 GG zu messen.

Kennzeichnend für Arbeit im Sinne von Art. 12 Abs. 2 GG sei die Zweckrichtung; die Heranziehung des Bürgers müsse dazu dienen, staatliche Zwecke zu erfüllen. Der Erfüllung staatlicher Aufgaben dienten auch gerade die vom Grundgesetzgeber als zulässig erachteten Dienstleistungspflichten, wie etwa Deichpflichten oder der Katastrophenschutz. Die Zweckrichtung sei auch das entscheidende Abgrenzungskriterium zwischen Abs. 2 und Abs. 3. Zwangsarbeit im Sinne von Abs. 3 sei die einseitige Verpflichtung des Betroffenen zu einer selbstständigen Arbeit, die nicht der Erfüllung staatlicher Zwecke diene[321], so etwa wenn die Arbeit dem Betroffenen aus sonstigen Gründen, beispielsweise als Strafe oder aus pädagogischen Motiven, auferlegt wird[322]. Dem Merkmal „bestimmt“ in Art. 12 Abs. 2 GG komme dabei keine eigenständige Bedeutung zu[323]. Zwangsarbeit ist nach Ansicht *Gusys* jede einseitige Heranziehung eines

317 *Gusy*, JuS 1989, 710 (712); *Wieland* in Dreier, GG Band I, Art. 12 Rn. 68.

318 Ebenso *Breuer* in Isensee/Kirchhof, HStR VI, § 147 Rn. 89.

319 Ebenso *Breuer* in Isensee/Kirchhof, HStR VI, § 147 Rn. 90.

320 *Gusy*, JuS 1989, 710 (712); a.A. *Breuer* in Isensee/Kirchhof, HStR VI, § 147 Rn. 90, dieser sieht die Pflicht des Arbeitgebers zur Einziehung der Lohnsteuer als unselbstständige Nebenpflicht der Berufstätigkeit.

321 *Gusy*, JuS 1989, 710 (714).

322 Zustimmend *Wieland* in Dreier, GG Band I, Art. 12 Rn. 69.

323 *Gusy*, JuS 1989, 710 (712).

Menschen zu einer selbstständigen Arbeit zu anderen als staatlichen Zwecken[324]. In diese Richtung geht auch die Definition *Manssens*, der unter Zwangsarbeit im Sinne des Art. 12 Abs. 3 GG eine allgemeine und gegenständlich unbegrenzte Inanspruchnahme der Arbeitskraft zur Erfüllung anderer als unmittelbarer staatlicher Zwecke versteht[325].

Vordergründig überzeugt die Ansicht *Gusys*. Die Selbstständigkeit der Arbeitspflicht und ihr Zweck, gerade keine staatliche Aufgabenerfüllung anzustreben, scheinen geeignet, die Begriffe Arbeitszwang und Zwangsarbeit sinnvoll voneinander abzugrenzen. Bezieht man Arbeit in Gefängnissen als eine typische Form[326] der Zwangsarbeit mit in die Betrachtung ein, ergibt sich ein anderes Bild. Die regelmäßige Arbeit soll zur Resozialisierung der Strafgefangenen beitragen und den Gefangenen nach ihrer Entlassung ein selbstständiges und verantwortungsbewusstes Leben ermöglichen[327]. Die rechtliche Basis der Resozialisierung liegt in dem Resozialisierungsgebot des Staates aus Art. 20 Abs. 3 GG und dem Resozialisierungsanspruch des Strafgefangenen aus Art. 2 Abs. 1 i.V.m. Art. 1 Abs. 1 GG. Der Gesetzgeber hat sich mit der Schaffung der Arbeitspflicht für ein Resozialisierungskonzept entschieden, dessen Gestaltung grundsätzlich in seinem Ermessen liegt; nicht in seinem Ermessen liegt es hingegen, überhaupt Maßnahmen zur Resozialisierung im Strafvollzug durchzuführen. Die Arbeitspflicht dient der Resozialisierung, diese wiederum ist Verpflichtung und Aufgabe des Staates. Demzufolge handelt es sich um eine Tätigkeit zu staatlichen Zwecken. Insoweit stellt sich bei der Ansicht *Gusys* die Frage, ob mit staatlichen Zwecken nur die unmittelbaren Pflichten des Staates gemeint sind und ob es darum geht, dass das Arbeitsergebnis bei Nichterfüllung durch den Verpflichteten dennoch durch den Staat erbracht werden muss. Anderenfalls wäre die Arbeitspflicht in Gefängnissen nicht als Zwangsarbeit einzustufen.

(3) Keine Differenzierung zwischen Arbeitszwang und Zwangsarbeit

Insbesondere *Göppel* verneint die Existenz des selbstständigen Grundrechts auf Freiheit von Zwangsarbeit, denn in der Verbürgung der Freiheit von Zwangsarbeit sei begriffsnotwendig die Verbürgung der Freiheit zur Ausübung einer bestimmten Arbeit enthalten[328]. Bei Abs. 3 handele es sich lediglich um eine

---

324 *Gusy*, JuS 1989, 710 (714); so auch *Manssen* in v. Mangoldt/Klein/Starck, GG Band 1, Art. 12 Rn. 303, der jedoch die Definition dahin gehend ergänzt, dass die Arbeit anderen als unmittelbaren staatlichen Zwecken dienen soll.

325 *Manssen* in v. Mangoldt/Klein/Starck, GG Band 1, Art. 12 Rn. 303.

326 *Manssen* in v. Mangoldt/Klein/Starck, GG Band 1, Art. 12 Rn. 303.

327 § 2 Abs. 1 StVollzG.

328 *Göppel*, 79 ff.

Schranke des Abs. 2[329], durch welche die Anordnung von Zwangsarbeit in wenigen Fällen ermöglicht werden soll, beispielsweise im Strafvollzug. Der Begriff der Zwangsarbeit sei dadurch gekennzeichnet, dass sich der Zwang gegen einzelne Gruppen oder einzelne Personen richtet[330]. Auch andere Stimmen in der Literatur verneinen eine Differenzierung der Begriffe Arbeitszwang und Zwangsarbeit und dementsprechend eine Ausgestaltung zweier selbstständiger Schutzbereiche[331]. So wird vertreten, dass eine Unterscheidung der Begriffe nicht vorgenommen werden könne und eine solche weder sinnvoll noch notwendig sei[332]. Denn das Verbot der Zwangsarbeit sei bereits vom Schutzbereich des Art. 12 Abs. 2 GG erfasst. Abs. 3 sei daher lediglich als Ausnahme zu Abs. 2 zu verstehen[333]. Diese Ansicht vertritt auch *Uber*[334], der Arbeit definiert als „jede Tätigkeit, die – nach ihrer Art, nicht nach Dauer und Bestimmung – Inhalt und Gegenstand einer beruflichen Betätigung oder einer Ausbildung hierzu sein kann“[335]. Die Besonderheit des Abs. 2 und des jetzigen Abs. 3[336] im Verhältnis zu Abs. 1 sei die Qualifizierung einer Tätigkeit als Beruf oder als sonstige Arbeit[337]. Für den Arbeitsbegriff des Art. 12 Abs. 2 GG sei es darüber hinaus entscheidend, dass der Staat dem Einzelnen eine Tätigkeit im Sinne der dargestellten Bestimmung auferlegt[338]. Arbeitszwang und Zwangsarbeit sind nach *Uber* die rechtliche oder tatsächliche, unter Umständen nur mittelbare Gebundenheit gegenüber dem Staat, eine persönliche Leistung zu erbringen, wie sie ihrer Art nach auch im Rahmen einer beruflichen Betätigung oder einer Ausbildung erbracht werden könnte. Die Gewährleistungen der Abs. 2 und Abs. 3 richteten sich gegen die Gebundenheit des Einzelnen[339]. Dabei gewährleiste Art. 12 GG insgesamt die Freiheit von Zwang zu Beruf und Arbeit, ohne dass eine weitergehende Differenzierung der Begriffe Arbeitszwang und Zwangsarbeit erfolgen solle[340]. Die Wahl des Begriffs Zwangsarbeit in Abs. 3 sei eher zufällig als bewusst gewählt[341].

---

329 In diesem Sinne wohl auch *Günther*, DVBl 1988, 429 (431).

330 *Göppel*, 81.

331 *Scholz* in Maunz/Dürig, GG Band II, Art. 12 Rn. 479; wohl der gleichen Auffassung ist auch *Hofmann* in Schmidt-Bleibtreu/Klein, GG, Art. 12 Rn. 96, da er den Begriff des Arbeitszwangs auch im Kontext von Abs. 3 verwendet.

332 *Umbach* in Umbach/Clemens, GG Band I, Art. 12 Rn. 132.

333 *Scholz* in Maunz/Dürig, GG Band II, Art. 12 Rn. 479.

334 *Uber* in Festschrift für Schack, 167.

335 *Uber* in Festschrift für Schack, 173.

336 Art. 12 wurde 1968 geändert. Bis dahin war das Verbot des Arbeitszwangs in Art. 12 Abs. 1 GG enthalten, dagegen war die Freiheit von Zwangsarbeit in Abs. 4 geregelt.

337 *Uber* in Festschrift für Schack, 177.

338 *Grewe*, 60.

339 *Uber* in Festschrift für Schack, 174.

340 *Uber* in Festschrift für Schack, 178.

341 *Uber* in Festschrift für Schack, 179.

Dieser Ansicht folgend würde man sowohl Wortlaut, Historie und Systematik der Regelungen außer Acht lassen. Zum einen unterscheiden sich die Begriffe „Zwang zu einer bestimmten Arbeit“ und „Zwangsarbeit“ darin voneinander, dass der erstgenannte Begriff wesentlich präziser gefasst ist. Davon auszugehen, dass die Wahl des Begriffs Zwangsarbeit demgegenüber lediglich ein Zufall ist, lässt zudem die umfangreichen Beratungen des Parlamentarischen Rates völlig außer Acht[342]. Wie bereits erläutert, sollte die Möglichkeit der Heranziehung von Bürgern durch den Staat in besonders gelagerten Fällen zugelassen werden. Auch der Vergleich der Schrankenregelungen in Abs. 2 und Abs. 3 zeigt, dass es sich, insoweit ist *Gusy* zuzustimmen, um zwei unterschiedliche Phänomene handelt. Für die Zwangsarbeit nach Abs. 3 gilt, dass sie nur während einer Haftstrafe geleistet werden darf, um welche Art von Arbeit es sich dabei handelt, ist zunächst unwesentlich. Demgegenüber ist eine Inanspruchnahme von Bürgern nach Abs. 2 unter sehr viel engeren Voraussetzungen möglich, ein qualitativer Unterschied der Begriffe Arbeitszwang und Zwangsarbeit ist daher nicht von der Hand zu weisen.

(4) Wortlaut und Trennung der Absätze bedingt inhaltliche Differenzierung

Eine vorzugswürdige Ansicht in der Literatur folgert aus dem unterschiedlichen Wortlaut und der Trennung in Absätze, dass es sich bei Arbeitszwang und Zwangsarbeit um unterschiedliche Vorgänge handelt[343]. Der Unterschied der Zwangsarbeit zum „Zwang zu einer bestimmten Arbeit“ bestehe darin, dass es sich bei der Zwangsarbeit um eine unbeschränkte Inanspruchnahme handele, beim Zwang zu einer bestimmten Arbeit um eine Einzelheranziehung[344] bzw. um eine nach Inhalt, Zweck und Umfang konkretisierte Tätigkeit[345]. Zu berücksichtigen sei insbesondere, dass die Zwangsarbeit eine hohe Eingriffsintensität aufweist[346]. *Bachof*[347] zufolge besteht ein wesentliches Merkmal der Zwangsarbeit darin, dass hinter ihr ein System der Arbeitsunfreiheit steht[348]. Damit verbunden

342 Siehe etwa das Protokoll der 44. Sitzung des Hauptausschusses des Parlamentarischen Rates, Abgeordneter v. Mangoldt, 575.

343 *Bachof* in Bettermann/Nipperdey/Scheuner, GR III/1, 156 (256).

344 *Bachof* in Bettermann/Nipperdey/Scheuner, GR III/1, 156 (256); *Zöbeley* in Festschrift für Faller, 344 (349); zustimmend *Mertens,* 24; *Rittstieg* in AK-GG, Band 1, Art. 12 Rn. 162; *Wieland* in Dreier, GG Band I, Art. 12 Rn. 69; *Gubelt* in v. Münch/Kunig, GG Band 1, Art. 12 Rn. 90; *Jarras* in *Jarass/Pieroth*, GG, Art. 12 Rn. 90.

345 *Breuer* in Isensee/Kirchhof, HStR VI, § 147 Rn. 89; *Manssen* in v. Mangoldt/Klein/Starck, GG Band 1, Art. 12 Rn. 295.

346 *Bachof* in Bettermann/Nipperdey/Scheuner, GR III/1, 156 (262).

347 *Bachof* in Bettermann/Nipperdey/Scheuner, GR III/1, 156.

348 *Bachof* in Bettermann/Nipperdey/Scheuner, GR III/1, 156 (256).

sei eine ständige Überwachung und Kontrolle in eigens eingerichteten Lagern[349]. *Jarass* vertieft diese Ansicht insofern, als Zwangsarbeit als ein besonders schwerer Unterfall des Arbeitszwangs eingestuft wird, bei dem die ganze Arbeitskraft des Betroffenen über eine erhebliche Zeit zur Verfügung gestellt werden muss[350]. Für den Arbeitszwang ist darüber hinaus kennzeichnend, dass die Verpflichtung in eine Verletzung der Menschenwürde mündet oder zumindest münden könnte[351]. Ein weiteres Merkmal des Begriffs des Zwangs bestehe in der Beugung des individuellen Willens durch staatliches Handeln im Wege der psychischen oder physischen Einwirkung[352]. Als Beispiele für verbotenen Arbeitszwang werden der normative oder individuelle Befehl, die Androhung, Festsetzung oder Anwendung von Sanktionen bei befehlswidriger Arbeitsverweigerung oder körperliche Gewalt sowie Drohung genannt[353]. Zudem schütze Art. 12 Abs. 2 GG auch gegen mittelbaren staatlichen Zwang[354].

(5) Arbeitszwang bei rechtlicher Verpflichtung

Des Weiteren wird vertreten, dass es für das Vorliegen von Arbeitszwang erforderlich sei, dass es sich um eine Tätigkeit handele, zu der der Betroffene rechtlich verpflichtet sei[355]. Gegen diese Auffassung wird eingewandt, dass der Gesetzgeber durch die Schaffung einfachgesetzlicher Regelungen, die Arbeitspflichten enthalten und den Einzelnen zu der Ausführung bestimmter Tätigkeiten rechtlich verpflichten, das Verbot des Zwangs zu einer bestimmten Arbeit umgehen könnte[356]; es sei daher nicht notwendig, dass eine rechtliche Verpflichtung zu einer bestimmten Tätigkeit gegeben sei, um diese als Arbeitszwang einzustufen.

Dem ist entgegenzuhalten, dass der Gesetzgeber im Rahmen von Art. 12 Abs. 2 und Abs. 3 GG natürlich ebenfalls an die von der Verfassung aufgegebenen Grenzen, beispielsweise durch den Grundsatz der Verhältnismäßigkeit, gebunden ist. Auch die Wesensgehaltsgarantie vermag eine Überdehnung der rechtlichen Verpflichtungen wirksam zu beschränken. Zudem ist es für die Begründung einer zulässigen Arbeitspflicht im Sinne des Abs. 2 erforderlich, dass es sich um eine herkömmliche Arbeitspflicht handelt, die Neuschaffung von Arbeitspflichten

---

349 *Bachof* in Bettermann/Nipperdey/Scheuner, GR III/1, 156 (256); *Göppel*, 81; dies wird von *Wieland* in Dreier, GG Band I, Art. 12 Rn. 93, bestritten.

350 *Jarass* in Jarass/Pieroth, GG, Art. 12 Rn. 92.

351 *Jarass* in Jarass/Pieroth, GG, Art. 12 Rn. 90; a A *Wieland* in Dreier, GG Band I, Art. 12 Rn. 68.

352 *Breuer* in Isensee/Kirchhof, HStR VI, § 147 Rn. 91.

353 *Breuer* in Isensee/Kirchhof, HStR VI, § 147 Rn. 91.

354 *Breuer* in Isensee/Kirchhof, HStR VI, § 147 Rn. 92; *Manssen* in v. Mangoldt/Klein/Starck, GG Band 1, Art. 12 Rn. 302.

355 *Uber* in Festschrift für Schack, 174; a.A. *Kreßel*, 99 f.

356 So *Kreßel*, 99.

kommt daher nur in eng begrenzten Ausnahmefällen in Betracht. Die erstgenannte Ansicht überzeugt dennoch nicht, da es zur Begründung einer Zwangslage nicht stets einer rechtlichen Verpflichtung bedarf und faktische Einwirkungen in ihrer Intensität häufig nicht geringer sind als rechtliche Einwirkungen. Sofern der Arbeit mit staatlichen Zwangsmitteln zur Durchsetzbarkeit verholfen werden kann, ist unzweifelhaft ein Zwang zu bejahen[357].

(6) Verbot des Arbeitszwangs als Verhinderung von Lohndumping

Münder/Birk sind der Ansicht, dass das in Art. 12 Abs. 2 GG enthaltene Verbot des Arbeitszwangs erreichen soll, „dass das Tauschverhältnis Lohn gegen Arbeitskraft nur über den Markt vermittelt wird, sodass ein Verkauf der Arbeitskraft unter dem Marktpreis, was langfristig nur durch staatliche Zwangsmaßnahmen durchgesetzt werden könnte, verhindert wird“[358].

Diese Auffassung kann weder durch die Auslegung nach dem Wortlaut, nach der Historie oder nach dem Zweck der Norm gestützt werden. Insbesondere die historische Auslegung hat gezeigt, welchem Zweck Art. 12 Abs. 2 GG dient. Für die Auffassung von *Münder/Birk* findet sich daher keine Stütze im Gesetz, sie ist abzulehnen.

(7) Zusammenfassung Arbeitszwang und Zwangsarbeit in der Literatur

Nach Auswertung der in der Literatur vertretenen Auffassungen zu den Begriffen Arbeitszwang und Zwangsarbeit lässt sich zunächst der Schluss ziehen, dass es sich bei den Begriffen „Arbeitszwang“ und „Zwangsarbeit“ um zwei unterschiedliche Erscheinungsformen einer Verpflichtung zum Tätigwerden handelt. Dieses Ergebnis stützt sich auf Wortlaut und Systematik der beiden Absätze des Art. 12 GG. Zudem läst sich festhalten, dass Zwang jedenfalls dann vorliegt, wenn eine rechtliche Verpflichtung zur Arbeit besteht.

e) Zwischenergebnis

Einige Parameter zur Feststellung der Inhalte der Begrifflichkeiten „Arbeitszwang“ und „Zwangsarbeit“ stehen nach der Auslegung der Normen und der einschlägigen Rechtsprechung und Literatur fest.

Im Rahmen der teleologischen Auslegung wurde aufgezeigt, dass nicht nur die unmittelbare Zwangseinwirkung, sondern auch die mittelbare bzw. psychische

357 *Rittstieg* in AK-GG, Band 1, Art. 12 Rn. 160.
358 *Münder/Birk*, 24 f.

Zwangseinwirkung vom Regelungsgehalt der Verbote erfasst sein muss, um deren effektive Umsetzung zu gewährleisten. Anhand der Auswertung von Rechtsprechung und Literatur konnte dieses Ergebnis jedoch weder be- noch widerlegt werden. Diese Frage soll nun anhand eines Vergleichs zum Themenkomplex der Verpflichtung von Arbeitslosengeld II-Empfängern zu zumutbarer Arbeit weiter untersucht werden.

f) Vergleich zu Fragestellungen des Sozialrechts

Seit der Einführung der so genannten „Hartz IV"-Gesetze ist die Frage der Heranziehung von Sozialhilfeempfängern zu zumutbarer Arbeit und, falls diese nicht vorhanden ist, zu gemeinnütziger Arbeit, erneut verstärkt in die öffentliche Diskussion gerückt[359]. Dabei stellt sich insbesondere die Frage der Vereinbarkeit der Verpflichtung von Arbeitslosengeld II-Empfängern mit den Gewährleistungen des Art. 12 Abs. 2 und 3 GG. Die in diesem sozialrechtlichen Kontext ergangenen Gerichtsentscheidungen und die Sozialrechtsliteratur werden dahin gehend überprüft, ob sich daraus Schlussfolgerungen für den Begriff des Arbeitszwangs und der Zwangsarbeit ziehen lassen. Zunächst ist für die bessere Verständlichkeit die Grundstruktur der Regelungen des SGB II und SGB XII darzulegen.

(1) Grundstruktur der Regelungen von SGB II und SGB XII

Nach dem Verlust ihrer Arbeitsstelle erhalten die Betroffenen zunächst Arbeitslosengeld, sofern die Anspruchsvoraussetzungen des § 118 Abs. 1 SGB III vorliegen. Danach muss der Betroffene arbeitslos im Sinne des § 119 Abs. 1 SGB III[360] sein,

---

359 Diskussionen über die Grenzen zumutbarer und gemeinnütziger Arbeit sind jedoch nicht erst mit Einführung der Hartz-IV-Gesetze entstanden. Auch unter Geltung der bisherigen Rechtslage nach dem SGB III und dem BSHG fanden zu dem Begriff der Zumutbarkeit und ebenso zur Zulässigkeit gemeinnütziger Arbeit gerichtliche Auseinandersetzungen statt. Da die Begriffe im Grundsatz beibehalten worden sind, werden vorliegend auch die Urteile und Literaturansichten zur Rechtslage vor Einführung des SGB II und SGB XII einbezogen.

360 § 119 Abs. 1 SGB III lautet:
(1) Arbeitslos ist ein Arbeitnehmer, der
1. nicht in einem Beschäftigungsverhältnis steht (Beschäftigungslosigkeit),
2. sich bemüht, seine Beschäftigungslosigkeit zu beenden (Eigenbemühungen) und
3. den Vermittlungsbemühungen der Agentur für Arbeit zur Verfügung steht (Verfügbarkeit).
(2) Eine ehrenamtliche Betätigung schließt Arbeitslosigkeit nicht aus, wenn dadurch die berufliche Eingliederung des Arbeitslosen nicht beeinträchtigt wird.
(3) Die Ausübung einer Beschäftigung, selbständigen Tätigkeit oder Tätigkeit als mithelfender Familienangehöriger (Erwerbstätigkeit) schließt die Beschäftigungslosigkeit nicht aus, wenn die Arbeits- oder Tätigkeitszeit (Arbeitszeit) weniger als 15 Stunden wöchentlich umfasst; gelegentli-

sich arbeitslos gemeldet und die Anwartschaftszeit erfüllt haben. Nach Ablauf der Bezugsdauer von sechs bis höchstens achtzehn Monaten enthält der Leistungsempfänger nicht mehr länger Arbeitslosengeld, sondern gemäß § 19 SGB II als Arbeitslosengeld II Leistungen zur Sicherung des Lebensunterhalts einschließlich der angemessenen Kosten für Unterkunft und Heizung. Als Berechtigte im Sinne des SGB II werden Personen angesehen, die zwischen 15 und 64 Jahren alt, erwerbsfähig und hilfebedürftig sind. Hilfebedürftigkeit in diesem Sinne liegt vor, wenn im gegenwärtigen Zeitpunkt für eine Person nicht die Möglichkeit besteht, ihren Lebensunterhalt, ihre Eingliederung in Arbeit und den Lebensunterhalt der in der gemeinsamen Bedarfsgemeinschaft lebenden Personen aus eigenen Kräften und Mitteln sichern zu können, § 9 Abs. 1 SGB II. Dabei wird vorrangig geprüft, ob ein Anspruch auf Arbeitslosengeld II besteht, § 5 Abs. 2 SGB II, § 21 SGB XII. Sofern dies nicht der Fall ist, etwa weil der Arbeitssuchende nicht erwerbsfähig ist, kommt ein Anspruch auf Grundsicherung im Alter oder bei Erwerbsunfähigkeit gemäß §§ 41–46 SGB XII in Betracht. Für den Fall, dass keine der beiden Regelungen Anwendung findet, besteht ein Anspruch auf Sozialgeld gemäß § 28 SGB II. Die unterste Stufe der sozialen Sicherung ist die Hilfe zum Lebensunterhalt nach den Regelungen des SGB XII. Zu den Leistungsempfängern gehören Personen, die keinen Anspruch auf die vorgenannten Leistungen haben. Die Leistungen nach dem SGB II und SGB XII stellen eine Grundsicherung dar und sollen insoweit lediglich die Befriedigung von Grundbedürfnissen gewährleisten[361].

(2) Leistungen zur Eingliederung in Arbeit

Um den Zustand der Hilfebedürftigkeit schnellstmöglich zu beenden, sieht das SGB II eine Reihe von Regelungen zur Wiedereingliederung vor, wobei die Leistungen nur die Eigenverantwortlichkeit des Empfängers unterstützen sollen[362].

An erster Stelle der durchzuführenden Maßnahmen steht natürlich der Versuch der Vermittlung des Erwerbslosen in den ersten Arbeitsmarkt. Sollte eine Vermittlung (zunächst) nicht möglich sein, ist gemäß § 16 Abs. 3 SGB II die Schaffung einer Arbeitsgelegenheit für die Hilfebedürftigen vorgesehen. Sofern es sich dabei nicht um eine Arbeitsbeschaffungsmaßnahme handelt, muss gemäß § 16 Abs. 3 S. 2 SGB II eine Mehraufwandsentschädigung gezahlt werden. Hierbei handelt es sich um die sogenannten „Ein-Euro-Jobs". Durch die Aufnahme

che Abweichungen von geringer Dauer bleiben unberücksichtigt. Die Arbeitszeiten mehrerer Erwerbstätigkeiten werden zusammengerechnet.

361 *Waltermann*, Rn. 452d.

362 *Rixen* in Eicher/Spellbrink, SGB II, § 10 Rn. 3; *Waltermann*, Rn. 453a.

einer Tätigkeit in diesem Sinne entsteht gemäß § 16 Abs. 3 S. 2 Halbsatz 2 SGB II ein öffentlich-rechtliches Beschäftigungsverhältnis eigener Art[363]. Entsprechende Anwendung auf dieses Arbeitsverhältnis finden die Vorschriften über den Arbeitsschutz und das Bundesurlaubsgesetz mit Ausnahme der Regelungen über das Urlaubsentgelt. Der Leistungsempfänger wird von seinem Arbeitsvermittler darüber informiert, dass bei einem öffentlich-rechtlichen Träger oder etwa einem Verband der freien Wohlfahrtspflege ein Zusatzjob zur Verfügung steht. Der Job wird durch den Leistungsträger gefördert, die durchführende Stelle erhält Fördermittel, damit diese Jobs geschaffen werden.

(3) Sanktionen im SGB II bei Ablehnung zumutbarer Arbeit

Das SGB II hat insbesondere zwei Zielsetzungen. Zum einen soll durch die Gewährung der Leistungen das Existenzminimum der Empfänger gesichert werden. Zum anderen sollen durch eine mögliche Leistungskürzung sowohl der Anreiz als auch der Druck für den Leistungsempfänger erhöht werden, in den ersten Arbeitsmarkt zurückzukehren, selbst wenn die Rückkehr zu schlechteren Konditionen erfolgt[364]. Daher besteht gemäß § 31 SGB II die Möglichkeit, die Leistungen zu kürzen oder für einen gewissen Zeitraum völlig zu entziehen, sofern ein Leistungsempfänger eine zumutbare Erwerbstätigkeit oder eine Eingliederungsmaßnahme ohne wichtigen Grund ablehnt. Beim ersten Verstoß erfolgt eine Kürzung von 30 %, bei einem weiteren Verstoß um weitere 30 %. Bei Hilfebedürftigen im Alter von unter 25 Jahren wird die Geldleistung insgesamt einbehalten. Die Unterkunft wird jedoch in allen Fällen weiter finanziert.

(4) Zumutbare Arbeit

Welche Arbeit in diesem Sinne zumutbar ist, richtet sich nach § 10 SGB II[365]. Grundsätzlich ist dem Erwerbsfähigen nach Ansicht des Gesetzgebers jede Erwerbstätigkeit zumutbar. Dies resultiert daraus, dass es zu den Pflichten des Arbeitssuchenden gehört, die Belastung der Allgemeinheit aufgrund seiner Hilfebedürftigkeit zu verringern[366]. Eine genaue Definition der Unzumutbarkeit gibt die Norm nicht. Sie beschreibt jedoch in § 10 Abs. 1 SGB II anhand verschiedener Beispiele, wann die Zumutbarkeit entfällt, und in § 10 Abs. 2 SGB II, welche

363 *Waltermann*, Rn. 453i; *Rixen,* SozSich 2005, 152 (153).

364 *Bieback*, NZS 2005, 337.

365 Auch bei anderen Pflicht- oder Obliegenheitsverletzungen kann das Arbeitslosengeld II gekürzt werden. Aufgrund des Themas dieser Arbeit soll hier jedoch nur die Ablehnung von Arbeit in den Blick genommen werden.

366 Bt-Ds. 15/1516, 53.

Tätigkeiten jedenfalls nicht unzumutbar sind. Andere Fälle der Unzumutbarkeit können dahin gehend berücksichtigt werden, dass sie mit den genannten Fällen vergleichbar sind[367].

Eine Grenze der Zumutbarkeit liegt in dem Zweck der Regelung. So soll primär die Wiedereingliederung in den ersten Arbeitsmarkt erreicht werden. Die Zuweisung beliebiger Arbeit, etwa, wenn ein Ingenieur oder ein Facharbeiter in der ersten Zeit der Erwerbslosigkeit als Reinigungskraft herangezogen wird, vermag das Ziel der Wiedereingliederung in den ersten Arbeitsmarkt eher zu verhindern als zu fördern[368].

Leistungen zur Eingliederung in Arbeit sind auch als zumutbare Arbeit anzusehen, für sie gelten ebenfalls § 10 Abs. 1 und 2 SGB II, § 10 Abs. 3 SGB III; zu den Eingliederungsleistungen gehören gemäß § 16 Abs. 3 S. 2 SGB II auch die sogenannten „Ein-Euro-Jobs". Die Ablehnung einer solchen Arbeitsstelle löst ebenfalls die Wirkungen des § 31 SGB II aus; es droht also Leistungskürzung oder -entzug.

(5) Vergleich zur Rechtslage in der Schweiz

Die gesetzlichen Regelungen in Deutschland unterscheiden sich im Grundsatz nicht von den gesetzlichen Regelungen der Schweiz. Ebenso wie in Deutschland hat in der Schweiz jede bedürftige Person Anspruch auf persönliche und wirtschaftliche Hilfe, § 23 Abs. 1 SHG. Als bedürftig in diesem Sinne gilt nach Art. 23 Abs. 2 SHG, wer für seinen Lebensunterhalt nicht hinreichend oder nicht rechtzeitig aus eigenen Mitteln aufkommen kann. Eine Übereinstimmung besteht ebenfalls im Hinblick auf Leistungskürzungen. Personen, die Sozialhilfe beanspruchen, sind gemäß Art. 28 Abs. 2 lit. c SHG dazu verpflichtet, eine zumutbare Arbeit anzunehmen oder an einer geeigneten Integrationsmaßnahme teilzunehmen. Zumutbar ist eine Arbeit, die dem Alter, dem Gesundheitszustand, den persönlichen Verhältnissen und den Fähigkeiten des Bedürftigen angemessen ist. Gemäß Art. 36 Abs. 1 SHG kann bei Pflichtverletzungen oder bei selbstverschuldeter Bedürftigkeit die wirtschaftliche Hilfe gekürzt werden, wobei die Kürzung den absolut nötigen Existenzbedarf nicht berühren darf, § 36 Abs. 2 SHG.

Die zu diesem Komplex ergangene Rechtsprechung ist in der Schweiz sehr viel restriktiver. So hat das schweizerische Bundesgericht in einer Entscheidung[369] aus dem Jahre 2003 den Totalentzug von Fürsorgeleistungen wegen einer Verweigerung zur Ausführung zumutbarer Arbeit durch den Empfänger als verfassungsgemäß anerkannt. Dem Beschwerdeführer war durch das Fürsorgeamt eine Arbeitsstelle in der „Citypflege" angeboten worden. Er weigerte sich jedoch, diese Arbeit anzunehmen, da er dadurch seine Chancen, im erlernten Beruf als Innendekora-

367 *Rixen* in Eicher/Spellbrink, SGB II, § 10 Rn. 9.
368 *Bieback*, NZS 2005, 337 (340); *Ackermann*, 168.
369 Urteil vom 04.03.2003, Az. 2P.147/2002/kil.

teur/Grafiker Arbeit zu finden, als beeinträchtigt ansah. Das Fürsorgeamt führte diesbezüglich aus, dass der Beschwerdeführer bereits seit 20 Jahren nicht mehr in seinem erlernten Beruf gearbeitet habe. Es vertrat die Auffassung, dass die Tätigkeit geeignet und zumutbar sei, und warf dem Beschwerdeführer vor, die angebotene Stelle oder eine andere Erwerbsarbeit nur deshalb nicht anzunehmen, um in den Genuss von Sozialhilfeleistungen zu kommen. Sodann verfügte das Fürsorgeamt die vollständige Einstellung der Unterstützungsleistungen.

Gegen diese Maßnahme setzte sich der Beschwerdeführer gerichtlich zur Wehr. Er führte aus, dass der Totalentzug der Fürsorgeleistungen aufgrund der Ablehnung einer angebotenen Arbeitsstelle gegen das Grundrecht auf persönliche Freiheit gemäß Art. 23 Abs. 2 BV verstoße. Die Arbeit in der „Citypflege“ sei als unzumutbar zu qualifizieren. Selbst wenn in der Ablehnung der angebotenen Arbeitsstelle eine Pflichtverletzung im Sinne des § 36 Abs. 2 SGH zu sehen sei, dürften die Sozialleistungen nicht vollständig entzogen werden; die Gewährung eines Existenzminimums sei durch Art. 12 BV geschützt.

Das Bundesgericht vertrat die Auffassung, dass dem Beschwerdeführer die angebotene Arbeit zumutbar gewesen sei. Aufgrund des Umstandes, dass der Beschwerdeführer die zumutbare Arbeit abgelehnt habe, sei sein Anspruch auf Fürsorgeleistungen zu Recht verneint worden. Eine Schmälerung der Chancen, in seinem erlernten Beruf zu arbeiten, sei in der angebotenen Stelle nicht zu sehen. Denn insoweit müsse berücksichtigt werden, dass der Beschwerdeführer bereits seit 20 Jahren nicht mehr in diesem Beruf arbeite. Bei der Entscheidung wurde auch das Verhalten des Beschwerdeführers gegenüber dem Fürsorgeamt berücksichtigt. Er hatte geäußert, dass für Arbeiten vergleichbar der „Citypflege“ Ausländer da seien und er die Absicht habe, bis zu seiner Pensionierung Sozialhilfeleistungen zu beziehen und den Staat für seine verfehlte Ausländerpolitik zu bestrafen; wenn er wollte, könnte er sehr schnell eine Arbeit finden. Gerade vor diesem Hintergrund sei die Entscheidung zum Entzug der gesamten Sozialleistungen nicht zu beanstanden.

(6) Leistungskürzung als Eingriff in Art. 12 GG

Nach der Konzeption des SGB II soll die Ablehnung zumutbarer Arbeit durch einen teilweisen Leistungsentzug sanktioniert werden. Es stellt sich insoweit die Frage, ob hierin eine Verletzung der Gewährleistungen des Art. 12 GG liegt[370].

---

370 Ausführlich zu dieser Frage im Rahmen von Art. 12 Abs. 2 GG *Jacksch*, Die Heranziehung von Sozialhilfeempfängern zu gemeinnütziger und zusätzlicher Arbeit im Sinne des § 19 Abs. 2 Halbs. 1 Alt. 2 BSHG unter besonderer Berücksichtigung des Artikels 12 Abs. 2 GG.

i) Argumentation von Rechtsprechung und Literatur

Sowohl in der Literatur[371] als auch in der Rechtsprechung[372] herrscht die Ansicht vor, dass in einem (teilweisen) Leistungsentzug wegen Ablehnung einer zumutbaren oder gemeinnützigen Tätigkeit weder eine ungerechtfertigte Beeinträchtigung von Art. 12 Abs. 1 GG noch rechtlich unzulässiger Arbeitszwang oder Zwangsarbeit im Sinne der Abs. 2 und 3 GG liege.

α) Keine Beeinträchtigung von Art. 12 Abs. 1 GG

Im Hinblick auf die Frage einer Beeinträchtigung der negativen Berufsfreiheit aus Art. 12 Abs. 1 GG wird ein unmittelbarer Eingriff mit der Begründung verneint, dass die Regelungen zur Zumutbarkeit und die möglichen Sanktionen im Falle einer Ablehnung keine Verpflichtung oder gar ein Verbot begründeten, einen bestimmten Beruf auszuüben[373]. Zu bejahen sei jedoch ein mittelbarer Eingriff, da sich der Leistungsempfänger durch die Sanktionen nach § 31 SGB II einem Druck zur Aufnahme einer Tätigkeit, die seinen Vorstellungen nicht entspricht, ausgesetzt sehen könnte[374]. Der Eingriff sei jedoch verhältnismäßig, da das öffentliche Interesse an der Entlastung der Versichertengemeinschaft gegenüber dem Individualinteresse, eine Tätigkeit nicht auszuüben, überwiege. Dabei müsse allerdings gewährleistet werden, dass der Leistungsempfänger nicht vorschnell zur Aufnahme von Arbeit, die unterhalb seines Qualifikationsniveaus liegt, gedrängt werde[375]. Daher sei zu überprüfen, ob kein anderer Empfänger von Arbeitslosengeld II mit der für die angebotene Tätigkeit erforderlichen Qualifikation oder mit einem näheren Wohnort in Anspruch genommen werden könnte[376].

β) Keine Beeinträchtigung von Art. 12 Abs. 2 und Abs. 3 GG

Die Vereinbarkeit der Sanktionierung mit Art. 12 Abs. 2 und Art. 12 Abs. 3 GG wird unterschiedlich begründet.

Zunächst wird vertreten, dass es demjenigen, der die Arbeit verweigert, freistehe, sich seinen Lebensunterhalt jederzeit über ein Arbeitsverhältnis zu verschaffen.

---

371 *Eicher* in Eicher/Spellbrink, SGB II, § 16 Rn. 246; *Rixen* in Eicher/Spellbrink, SGB II, § 10 Rn. 24; *Ackermann*, 163 ff.

372 OVG Münster DVBl 1996, 319; OVG Mecklenburg-Vorpommern, Beschluss vom 15. August 2002, Az 1 M 106/02.

373 *Ackermann*, 164.

374 *Ackermann*, 164.

375 *Ackermann*, 169 f.

376 *Bieback* NZS 2005, 337 (340).

§ 25 Abs. 1 BSHG[377] setzte diese Möglichkeit als selbstverständlich voraus und sei daher verfassungsgemäß[378]; jeder Bürger sei zunächst für sich selbst verantwortlich[379]. Etwas anderes gelte nur für den Fall, dass die Zahlung des Arbeitslosengeldes II nicht von der Übernahme einer bestimmten Arbeit durch den Empfänger abhängig gemacht werde und diesem ein Ausweichen in den Arbeitsmarkt und damit in die Eigenverantwortlichkeit versperrt sei; dies gelte etwa für Asylbewerber, die keiner Arbeit auf dem freien Arbeitsmarkt nachgehen dürfen[380].

In diese Richtung geht auch die Entscheidung des Oberverwaltungsgerichts Mecklenburg-Vorpommern[381]. Es stellte in zwei § 19 Abs. 2 BSHG betreffenden Entscheidungen fest, dass die Zuweisung gemeinnütziger und zusätzlicher Arbeit an einen Sozialhilfeempfänger durch den Sozialhilfeträger ein Hilfeangebot sei[382]. Als „Hilfenorm" sei § 19 Abs. 2 BSHG nicht darauf gerichtet, den Hilfebedürftigen zur Arbeit zu zwingen oder ihn gar zu Zwangsarbeit zu verpflichten[383]. Vielmehr solle durch die angebotene Arbeitsgelegenheit der Arbeitsentwöhnung vorgebeugt und der Betroffene auf die Übernahme einer Erwerbstätigkeit vorbereitet werden, die ihn dazu befähigt, unabhängig von der Sozialhilfe zu leben. Da der Bescheid nicht mit Zwangsmitteln vollstreckbar sei[384], bliebe es dem Betroffenen überlassen, eine ihm angebotene gemeinnützige zusätzliche Tätigkeit aufzunehmen oder dies zu unterlassen[385].

ii) Stellungnahme und eigene Auffassung

Die Argumentation, dass es dem „Arbeitsverweigerer" freistehe, sich aus dem Zwang zu befreien und damit der Leistungskürzung durch die Aufnahme einer anderen Tätigkeit zu entziehen, mag in der Theorie greifen; dies gilt jedoch nicht für den Fall, dass der Arbeitsmarkt eine Vollbeschäftigung nicht hergibt. Faktisch kommt in den weitaus meisten Fällen ein Ausweichen in den Arbeitsmarkt wohl

---

377 Das BSHG ist in Teilen das Vorgängergesetz des SGB II. Die Konzeption zur Gewährung von Leistungen und zur Sanktionierung der Ablehnung zumutbarer Arbeit ist am alten BSHG ausgerichtet und wurde nahezu unverändert beibehalten; verschärft wurde die Regelung insoweit, als nach § 25 Abs. 1 S. 1 BSHG die Sozialhilfe beim ersten Verstoß nur um 25 %gekürzt werden konnte. Aufgrund der vergleichbaren Gesetzeslage beanspruchen die Entscheidungen auch nach der Einführung des SGB II Geltung und können im vorliegenden Zusammenhang untersucht werden.

378 *Friehe*, NVwZ 1983, 382 (387).

379 *Münder*, NVwZ 1984, 206 (208, 210).

380 *Rittstieg* in AK-GG, Band 1, Art. 12 Rn. 160.

381 OVG Mecklenburg-Vorpommern NordÖR 2003, 129; NordÖR 2003, 383.

382 OVG Mecklenburg-Vorpommern NordÖR 2003, 129; ebenso VG Hamburg, info also 2003, 270; VGH München BayVBl 2002, 214.

383 OVG Mecklenburg-Vorpommern NordÖR 2003, 129.

384 OVG Mecklenburg-Vorpommern NordÖR 2003, 129; NordÖR 2003, 383.

385 OVG Mecklenburg-Vorpommern NordÖR 2003, 129.

nicht in Betracht. Diese nur an theoretischen Möglichkeiten ausgerichtete Rechtfertigung greift daher nicht durch.

Auch in der Entscheidung des Oberverwaltungsgerichts Mecklenburg-Vorpommern wird die Frage, ob es sich bei einer Tätigkeit um Zwangsarbeit handelt, primär am Begriff des Zwangs festgemacht. Das Gericht verneint die Einordnung der Tätigkeit in den Schutzbereich des Gebots der Freiheit von Arbeitszwang und Zwangsarbeit aus dem Grunde, dass es dem Betroffenen überlassen bleibe, ob er die Arbeit annimmt oder nicht, und insofern kein Zwang vorliege.

Zuzugestehen ist insoweit, dass durch die Regelung „lediglich" psychischer Zwang auf den Leistungsempfänger ausgeübt wird. Es muss jedoch berücksichtigt werden, dass an die Verweigerung der Arbeitsaufnahme weitreichende Folgen geknüpft sind. Gemäß § 31 SGB II (vormals § 25 Abs. 1 S. 1 BSHG) kann dem Sozialhilfeempfänger bei einer Arbeitsweigerung die Hilfe zum Lebensunterhalt teilweise gekürzt oder sogar ganz entzogen werden. In diesem Zusammenhang wird selbst vonseiten der Rechtsprechung formuliert, dass durch den Leistungsentzug auf den Leistungsempfänger Druck in Form mittelbaren „sanften" Zwangs ausgeübt werde[386] bzw. ein „Nachteil rechtlicher Art entstehe"[387]. Festzustellen ist also, dass es sich bei der Sanktionierung durch Leistungsentzug um einen mittelbaren Eingriff in Form psychischen Zwangs handelt[388]. Dieser ist sowohl nach dem modernen Eingriffsbegriff als auch im Rahmen des Art. 12 Abs. 2 GG als Eingriff zu werten, der einer verfassungsrechtlichen Rechtfertigung bedarf. Allein die Tatsache, dass es sich vorliegend um psychischen Zwang handelt, vermag die Einordnung der Sanktion des § 31 SGB II als Arbeitszwang nicht zu verhindern.

Auf den ersten Blick könnte zur Bestätigung der Auffassung des Oberverwaltungsgerichts Mecklenburg-Vorpommern auch die bereits dargestellte Entscheidung des Oberlandesgerichts Hamm[389] herangezogen werden. Dort war Zwang im Sinne des Art. 12 Abs. 2 und 3 GG angenommen worden, obwohl der Betroffene eine Wahlmöglichkeit dahin gehend hatte, ob er die Arbeit verweigert und sich damit dem Vollzug der Freiheitsstrafe unterwerfen muss oder ob er die Auflage erfüllt und die Strafaussetzung zur Bewährung erhalten bleibt. Die dahinter stehende Frage ist in beiden Fällen dieselbe: Ist Zwang gegeben, wenn dem von einer Arbeitsanordnung Betroffenen die Wahl bleibt, ob er die Arbeit verweigert und ihm daraufhin weitere Sanktionen drohen oder ob er die Pflicht erfüllt? Zu unterscheiden ist jedoch der rechtliche Rahmen in den verschiedenen Situationen. Im Falle einer strafrechtlichen Verurteilung und der Erteilung einer Bewährungsauflage führt die Weigerung zur Rücknahme der Strafaussetzung zur Bewährung.

386 SG Schleswig info also 2005, 178 (179).
387 VGH München BayVBl 2002, 214 (215).
388 So auch *Manssen* in v. Mangoldt/Klein/Starck, GG Band 1, Art. 12 Rn. 302.
389 NJW 1969, 1780, siehe dazu S. 69 f.

Der darauf folgende Vollzug der Freiheitsstrafe ist mit Zwangsmitteln durchsetzbar. Der Zwang wirkt nicht direkt, jedoch psychisch auf den Betroffenen ein. Eine freie Wahlmöglichkeit besteht nicht. Die Aufnahme einer gemeinnützigen Tätigkeit im Sinne des § 16 Abs. 3 S. 2 SGB II ist demgegenüber nicht mit Zwangsmitteln vollstreckbar. Es stellt sich insoweit die Frage, ob lediglich die Tatsache, dass eine Sanktion zwangsweise durchsetzbar ist, dazu führen kann, dass Arbeitszwang oder Zwangsarbeit zu bejahen sind.

Der Wortlaut der Vorschrift des Art. 12 GG veranlasst nicht dazu, diesen Schluss zu ziehen. Unter Einbeziehung allgemeiner Grundrechtsdogmatik ist dies ebenfalls zweifelhaft. Nach dem klassischen Eingriffsbegriff ist ein Eingriff jede finale, unmittelbare, mittels Rechtsakt durchgeführte und mit Befehl und Zwang durchsetzbare Verkürzung des Schutzbereichs[390]. Finalität bedeutet, dass die Beeinträchtigung des grundrechtlichen Schutzbereichs gerade durch das staatliche Handeln bezweckt sein muss[391]. Die Beeinträchtigung darf nicht lediglich die unbeabsichtigte Nebenfolge eines auf andere Ziele gerichteten Staatshandelns sein[392]. Ein Handeln ist unmittelbar im Sinne der oben genannten Definition, wenn die Grundrechtsbeeinträchtigung dem staatlichen Akt ohne Zwischenschritte folgt[393]. Der moderne Eingriffsbegriff[394] dehnt die einzelnen Tatbestandsmerkmale des klassischen Eingriffs aus[395], indem auch faktische[396] und unmittelbare Auswirkungen Eingriffsqualität haben können. In der modernen Grundrechtslehre wird der Eingriff definiert als jedes staatliche Handeln, das dem Einzelnen ein Verhalten, dass in den Schutzbereich eines Grundrechts fällt, ganz oder teilweise unmöglich macht, gleichgültig, ob diese Wirkung final oder unbeabsichtigt, unmittelbar oder mittelbar, rechtlich oder tatsächlich (faktisch) mit oder ohne Befehl und Zwang erfolgt[397]. Voraussetzung ist jedoch, dass die Beeinträchtigung aus einem zurechenbaren staatlichen Handeln resultiert[398].

Der Entzug von Mitteln zur Finanzierung des Lebensunterhaltes ist eine derart schwere Sanktion, dass dem Betroffenen faktisch keine Wahlmöglichkeit bleibt. Es ist hier völlig unerheblich, ob er zur Vornahme der Tätigkeit seitens der Be-

---

390 BVerfGE 105, 279 (300); *Dreier* in: Dreier, GG Band I, Vorb. Rn.124; *Pieroth/Schlink*, Rn. 251; *von Münch* in v. Münch/Kunig, GG Band 1, Vorb. Art. 1–19, Rn. 51a.

391 *Epping*, Rn. 378.

392 *Epping*, Rn. 378.

393 *Epping*, Rn. 378.

394 Durch das Bundesverfassungsgericht auch häufig als Beeinträchtigung bezeichnet, BVerfGE 105, 279 (299 f.).

395 *Pieroth/Schlink*, Rn. 252.

396 BVerwGE 71, 183 (199 f.).

397 *Pieroth/Schlink*, Rn. 253.

398 BVerfGE 66, 39 (60).

hörde, etwa durch Vollstreckungsmaßnahmen, gezwungen werden kann[399]; die mögliche Sanktion allein bewirkt den Zwang, allerdings auf der psychischen Ebene. Dies gilt umso mehr, als dass die Leistungen des Arbeitslosengeldes II am unteren Rand des Existenzminimums liegen und dem Empfänger keinerlei finanziellen Handlungsspielraum lassen. Darauf ist die gesetzliche Regelung wohl auch ausgerichtet, denn der „Anreiz" zur Aufnahme einer unter Umständen unter der Qualifikation des Betroffenen liegenden Tätigkeit soll durch die Leistungskürzung oder den völligen Entzug erhöht werden. Innerhalb der letzten Jahre wurde der Druck auf Erwerbslose stetig erhöht, um eine Wiedereingliederung zu erreichen, ein Abdriften auf den Schwarzarbeitsmarkt unter Weiterbezug der Leistungen zu verhindern und den öffentlichen Haushalt zu entlasten. Dies ist ein wünschenswertes Ziel und nicht zuletzt auch Notwendigkeit. Dies mag ein Rechtfertigungsgrund für die Sanktion sein; ein Grund, die Eingriffsqualität zu verneinen, ist es indes nicht. Insofern ist festzuhalten, dass der Schutzbereich der Gewährleistungen des Art. 12 Abs. 2 und Abs. 3 GG durch die Heranziehung von Arbeitslosengeld-II-Empfängern zu zumutbarer oder gemeinnütziger Arbeit betroffen ist.

Es stellt sich also die Frage nach der verfassungsrechtlichen Rechtfertigung der Heranziehung von Arbeitslosen und Sozialhilfeempfängern zu zumutbarer und gemeinnütziger Arbeit. Bei der Heranziehung zur Arbeit handelt es sich weder um eine herkömmliche allgemeine und gleiche öffentliche Dienstpflicht, noch leisten die Betroffenen eine Freiheitsstrafe ab, so dass die Schrankenregelungen des Art. 12 Abs. 2 und Abs. 3 GG nicht greifen. Eine Rechtfertigung der Heranziehung von Arbeitslosen und Sozialhilfeempfängern zu zumutbarer und gemeinnütziger Arbeit kommt somit nur durch kollidierendes Verfassungsrecht in Betracht[400]; kollidierende Grundrechte Dritter und Werte mit Verfassungsrang vermögen eine Einschränkung zu rechtfertigen[401].

---

399 Die Möglichkeit zur zwangsweisen Durchsetzung der Verpflichtung zur Verrichtung einer gemeinnützigen und zusätzlichen Tätigkeit gemäß § 19 Abs. 2 BSHG lehnte etwa auch das VG Hamburg in seinem Beschluss vom 14.02.2003 – Az. 16 VG 624/200, info also 2003, 270 – ab und verneinte dementsprechend auch die Möglichkeit zum Sofortvollzug.

400 *Manssen* in v. Mangoldt/Klein/Starck, GG Band 1, Art. 12 Rn. 309.

401 BVerfGE 28, 243 (260 ff.); 30, 173 (193); 57, 70 (98); 69, 1 (55); 84, 212 (228). Diese Entscheidungen ergingen in Bezug auf die Möglichkeit zur Beschränkung schrankenlos gewährleisteter Grundrechte; soweit die Beschränkung aufgrund kollidierenden Verfassungsrechts sogar für vorbehaltlos gewährleistete Grundrechte gilt, muss dies umso mehr für Grundrechte gelten, die mit einem Gesetzesvorbehalt ausgestattet sind. Die Ausdehnung der verfassungsunmittelbaren Schranken auf Grundrechte mit Gesetzesvorbehalt bejaht auch *Lerche* in Isensee/Kirchhof, HStR V, § 122 Rn. 14 f., 23 f. Dies wird damit begründet, dass der Gesetzgeber bei der Ausarbeitung des Grundgesetzes bestimmte Probleme nicht vorhersehen konnte und in einigen Fällen der vorhandene Gesetzesvorbehalt nicht ausreicht, um zwingenden Erfordernissen grundrechtlicher Eingrenzung Rechnung zu tragen. Auch das BVerwG bejaht in seiner Entscheidung vom 18.10.1990 (E 87, 37

Als Rechtfertigung zur Heranziehung der Arbeitslosengeld-II-Empfänger kann zunächst die Grundüberlegung der genannten Regelungen angeführt werden. Sowohl die Eingliederungsvereinbarung als auch der Leistungsentzug bei Ablehnung zumutbarer oder gemeinnütziger Arbeit dienen dazu, den Leistungsempfänger zu eigenen Bemühungen bei der Arbeitssuche zu bewegen[402]; der Staat macht die Gewährung einer Leistung von zumutbaren Eigenbemühungen zur Sicherung des eigenen Lebensunterhaltes abhängig. Dies soll, im besten Fall, dazu führen, dass der Leistungsempfänger wieder in den ersten Arbeitsmarkt eingegliedert wird und hierdurch die Sozialversicherungssysteme entlastet und deren Funktionsfähigkeit aufrecht erhalten werden können.

Der Gesetzgeber hat bei der Einführung von Maßnahmen zur Sicherung der Funktionsfähigkeit der Sozialsysteme einen weiten Gestaltungsspielraum. Er kann Regelungen einführen, die die Leistungen im Interesse aller Betroffenen an den wirtschaftlichen Verhältnissen ausrichten[403]. Die Gewährleistung sozialer Sicherheit und Gerechtigkeit durch die Einrichtung der Sozialversicherung ist eine Ausprägung des Sozialstaatsprinzips[404].

Die Zahlung des Arbeitslosengelds II und des Sozialgelds erfüllt die sozialstaatliche Aufgabe der Existenzsicherung, die Sozialversicherung hat die Funktion, eine Mindest- und Grundsicherung zu gewährleisten[405]. Dies muss für alle Bürger gewährleistet sein, die arbeitslos und bedürftig werden. Um die Funktionsfähigkeit aufrechtzuerhalten, bedarf es daher eines Anreizes der Bürger zur Aufnahme von Tätigkeiten, die möglicherweise unterhalb ihrer Qualifikation liegen. Zum anderen soll die Sanktionsregelung dazu beitragen, die Schwarzarbeit unter Weiterzahlung der Sozialleistungen zu verhindern und arbeitsunwillige Personen zur Aufnahme einer Tätigkeit zu bewegen. Damit soll arbeitslosen Personen nicht pauschal unterstellt werden, dass sie nicht arbeiten wollen; viele Menschen geraten unverschuldet in diese Situation und möchten sich aus ihr befreien. Aber die Sanktion betrifft die letztgenannten Personen ja auch gerade nicht, da bei Nachweis ernsthafter Bemühungen um einen Arbeitsplatz die Leistungen nicht gekürzt werden.

Zudem muss berücksichtigt werden, dass die Arbeitslosen eine staatliche Leistung in Empfang nehmen. Es ist der Regelfall, dass für den Erhalt einer Leistung eine Gegenleistung verlangt werden kann. Auch wenn der Sozialstaat die Verpflichtung hat, ein Existenzminimum für jeden bedürftigen Bürger zu gewähr-

---

(45)) die Möglichkeit der Rechtfertigung eines Eingriffs durch Rechte Dritter und Werte von Verfassungsrang, jedoch ohne weitergehende Begründung; a.A. *Pieroth/Schlink*, Rn. 339 ff.

402 SG Schleswig info also 2005, 178.

403 BVerfGE 58, 81 (110).

404 *Beer/Klahn*, SGb 2004, 13 (17).

405 *Merten*, NZS 1998, 545 (550).

leisten, kann der Bürger demgegenüber nicht in einer Anspruchshaltung erstarren und lediglich Leistungen in Anspruch nehmen, ohne seinerseits Bemühungen zur Beendigung der Situation in Angriff zu nehmen. Mit dem Erhalt staatlicher Leistungen geht eine Pflicht zum verantwortungsvollen Verhalten einher[406]. Dies mündet in der Rücksichtnahme auf die Solidargemeinschaft und die Rechte der Gesamtheit der Steuerpflichtigen aus Art. 12 Abs. 1 GG und Art. 14 Abs. 1 GG und rechtfertigt eine Sanktionierung von zwangsweiser Verpflichtung zur Arbeit ebenso wie Verpflichtung zur Arbeit selbst.

(7) Zusammenfassung

Im Rahmen der sozialrechtlichen Diskussion zu Art. 12 Abs. 2 und Abs. 3 wird vor allem die Frage behandelt, ob unter den Begriff des Zwangs im Sinne der genannten Vorschriften nur unmittelbare oder auch mittelbare, also psychische Beeinträchtigungen fallen. Nach hier vertretener Auffassung muss der Begriff des Zwangs weit verstanden und auch die psychische Zwangslage als Beeinträchtigung erfasst werden. Anderenfalls ist ein effektiver Schutz der Gewährleistungen des Art. 12 Abs. 2 und Abs. 3 nicht zu erreichen. Zudem muss berücksichtigt werden, dass sich die mittelbare Zwangsanwendung, etwa in Form des Entzugs von Vergünstigungen, in ihrer Intensität und Wirkung nicht von der einer unmittelbaren Beeinträchtigung unterscheidet.

g) Charakterisierung der Zwangsarbeit – Zusammenfassung und eigener Ansatz

(1) Zusammenfassung

Festzuhalten ist nach den bisherigen Ausführungen, dass unter Arbeit jede körperliche oder geistige, selbstständige oder unselbstständige Tätigkeit verstanden wird, die nicht lediglich als Nebenwirkung einer anderen Handlungspflicht einzuordnen und von einigem Gewicht ist. Zudem ist das Merkmal Zwang sowohl für den Begriff Zwang zu einer bestimmten Arbeit als auch bei Zwangsarbeit konstituierend, wobei Zwang in diesem Sinne gleichermaßen bei unmittelbarer wie bei psychischer Einwirkung auf die Willensbetätigung vorliegt[407]. Dabei ist es nach hier vertretener Ansicht für den Begriff des Zwangs auch unbeachtlich, ob der Betroffene zwischen der Erfüllung und der Weigerung und der damit einhergehenden Sanktion die

---

406 *Manssen* in v. Mangoldt/Klein/Starck, GG Band 1, Art. 12 Rn. 309; a.A. *Jacksch*, 135, der ein „Abarbeiten" der finanziellen Zuwendungen in Form der Sozialhilfe durch gemeinnütziges Arbeit nicht als Rechtfertigungsgrund anerkennt.

407 So auch *Manssen* in v. Mangoldt/Klein/Starck, GG Band 1, Art. 12 Rn. 302; *Breuer* in Isensee/Kirchhof, HStR VI, § 147 Rn. 92; *Mann* in Sachs, GG, Art. 12 Rn. 182.

Wahl hat, ob er eine Arbeit annimmt oder nicht. Maßgeblich ist allein, dass der Zweck von Leistungskürzungen oder etwa der Entziehung von Vergünstigungen darin liegt, den Adressaten zur Aufnahme einer Tätigkeit zu bewegen, und dass ihm anderenfalls derart empfindliche Folgen drohen, dass er dazu bereit ist, die Tätigkeit aufzunehmen. Des Weiteren muss der Zwang staatlich angeordnet sein[408].

Weiterhin hat die Auswertung des Wortlauts, der Entstehungsgeschichte und der Systematik des Art. 12 GG gezeigt, dass Zwang zu einer bestimmten Arbeit und Zwangsarbeit unterschiedliche Begriffe sind, die verschiedene Phänomene beschreiben. Dies folgt zunächst aus dem unterschiedlichen Wortlaut; dem Wort „bestimmt" in Abs. 2 und dem Fehlen dieses Wortes in Abs. 3 keine Bedeutung zuzumessen, überzeugt nicht. So geht, wie gesehen, auch aus den Materialien zur Entstehung des Grundgesetzes hervor, dass mit den beiden Regelungen eine unterschiedliche Zielrichtung bezweckt war. Abs. 2 sollte die beschränkte Inanspruchnahme von Bürgern in Notsituationen ermöglichen, dabei aber die Einführung einer allgemeinen Arbeitspflicht unterbinden; Abs. 3 soll demgegenüber die Heranziehung zur Arbeit unter besonders harten Bedingungen verhindern und damit die Abkehr von den Vorkommnissen des Nationalsozialismus verdeutlichen. Auch die Systematik streitet für eine Differenzierung der Begriffe. Zum einen sind die Abs. 2 und 3 getrennt, zum anderen enthalten beide Regelungen ihre eigene Beschränkung.

Einigkeit besteht auch darüber, dass die Freiheit von Arbeitszwang und Zwangsarbeit eine Ausprägung des Menschenwürdegrundsatzes darstellt[409]. Das Bundesverfassungsgericht macht im Rahmen zulässiger Arbeit nach Art. 12 Abs. 2 und Abs. 3 GG die Vorgabe, dass eine Verpflichtung zur Arbeit, welche „ungerecht" oder „bedrückend" ist oder deren Durchführung „eine vermeidbare Härte" darstellt, verboten ist[410]. Nun stellt sich die Frage, was „ungerecht", „bedrückend" und „vermeidbar hart" ist.

(2) Eigener Ansatz zum Begriff „Zwangsarbeit" – unfreiwillige Arbeit zu „schlechten" Bedingungen

i) Zwangsarbeit = Arbeit zu Bedingungen, die von dem in einer Gesellschaft gegebenen Rechtsrahmen abweichen

Das deutsche Arbeitsrecht formuliert eine Vielzahl von Vorgaben zur Gestaltung von Arbeitsverhältnissen, die sowohl den Pflichtenkreis der Arbeitnehmer als auch der Arbeitgeber betreffen. So gibt es etwa Bestimmungen zur Regelung der

408 *Sterzel* in Festschrift für Ridder, 271.
409 BVerfGE 74, 102 (120); 98, 169 (200).
410 BVerfGE 74, 102 (121).

täglichen Arbeitszeit, der Urlaubstage, des Kündigungsschutzes und des Arbeitsschutzes. Elementar für das Arbeitsrecht ist zudem das in Art. 9 GG enthaltene Streikrecht. Daneben finden sich tarifliche Regelungen für viele verschiedene Berufsgruppen, die unter anderem ein einheitliches Lohnniveau festlegen. Zusätzlich werden Arbeitnehmer durch die verschiedenen Bereiche der Sozialversicherung bei Eintritt spezieller Risiken geschützt. Durch die genannten Regelungen wird das Arbeitsumfeld in Deutschland geprägt; vergleichbare Regelungen gibt es natürlich auch in einer Vielzahl anderer Staaten. Nicht zuletzt durch das Völkerrecht wird auch auf internationaler Ebene versucht, einen arbeits- und sozialrechtlichen Mindeststandard zu erreichen und zu sichern.

Aufgrund der Bedeutung der fundamentalen Arbeits- und Sozialrechtsnormen kann nach hier vertretener Ansicht eine Arbeit dann als Zwangsarbeit eingestuft werden, wenn in der zwangsweisen Verpflichtung eine deutliche Unterschreitung der in der jeweiligen Gesellschaft geltenden fundamentalen Normen des Arbeits- oder Sozialrechts gegeben ist. Denn diese prägen die Arbeit und legen einheitliche Standards fest. Sie stellen zudem einen Entwicklungsstand der Gesellschaft dar, in dem die Parteien eines Arbeitsverhältnisses gleichwertig sind; es geht nicht lediglich um die Ware „Arbeitskraft“, sondern auch um die dahinter stehende Person. Für diese wird durch die arbeitsrechtlichen Regelungen Sorge getragen. Dies gilt etwa für die soziale Absicherung, die Arbeitsbedingungen, die Arbeitszeit oder die Urlaubsregelung; außer Acht gelassen werden darf jedoch ebenso wenig der Gesichtspunkt der Entlohnung. Für die meisten Menschen besteht der Anlass zu arbeiten darin, Geld zu verdienen; dabei sollte der Lohn im Verhältnis zur Arbeit angemessen sein. Eine ungerechte Arbeit ist in diesem Sinne anzunehmen, wenn die Entlohnung in keinem angemessenen Verhältnis mehr zur geleisteten Arbeit steht.

Zwangsarbeit im Sinne des Art. 12 Abs. 3 GG liegt dementsprechend vor, wenn die Freiheit, eine Arbeit nicht ausüben zu müssen, in besonders schwerer Weise missachtet wird, d.h. jemand zur Arbeitsleistung, sei es durch unmittelbaren oder psychischen Zwang, in einem unbeschränkten Umfang verpflichtet wird und die Arbeit und die Arbeitsbedingungen hinter den jeweils geltenden gesellschaftlichen und sozialen Verhältnissen zurückbleiben.

ii) Widerlegt durch „vergoldete“ Zwangsarbeit?

Fraglich ist, ob die hier herausgearbeiteten Merkmale von Zwangsarbeit auch dann greifen, wenn eine Arbeit gegen den Willen des Betroffenen erfolgt, ihm jedoch beste Arbeits- und Lebensbedingungen geschaffen werden. Beispielhaft sei hier auf die nach dem Zweiten Weltkrieg durch die Alliierten und Russland vorgenommene „Anwerbung“ deutscher Wissenschaftler für eigene Zwecke genannt. Damit wollten die jeweiligen Staaten sich gegenseitig an der Gewinnung von Wettbewerbsvorteilen hindern und die von den deutschen Wissenschaftlern erzielten Forschungsergebnisse für sich nutzen[411].

α) Vorgehen der West-Alliierten

Die Amerikaner entwickelten bereits während des laufenden Krieges das Projekt „Operation Overcast“[412]. Die USA wollten sich das deutsche technische Know-how sichern, es sollte vor allem nicht in russische[413], aber auch nicht in französische Hände fallen[414]. Unter der Bezeichnung „Project Paperclip“ liefen verschiedene Programme zur Anwerbung deutscher Wissenschaftler[415]. Begehrt waren insbesondere Spezialisten aus dem Bereich der Rüstungs- und Raketentechnik, so etwa Wernher von Braun. Ihm wurde das Angebot gemacht, gemeinsam mit einem Teil seiner Mitarbeiter in den USA weiter an seinen Projekten zu forschen[416]. Dieses Angebot wurde später auf eine große Zahl von Wissenschaftlern ausgedehnt[417]. Mit den Spezialisten wurden Arbeitsverträge abgeschlossen, aufgrund derer sie in die USA immigrierten[418], ihre Familien blieben jedoch in Deutschland zurück. Bereits im Jahre 1945 wurde die erste Gruppe von Forschern in die Vereinigten Staaten gebracht[419]. Nach Beendigung des Krieges mit Japan änderte sich die Zielrichtung des Projekts. Nunmehr sollten Forscher langfristig angeworben werden, ihnen wurde sogar die Erlangung der amerikanischen Staatsbürgerschaft in Aussicht gestellt[420]. Trotz der Anwerbung unter Abschluss von Arbeitsverträgen standen die Wissenschaftler jedenfalls zu Beginn ihres Aufenthaltes in den USA unter strenger Bewachung, und ihre Post wurde einer Zensur unterzogen[421].

Auch Großbritannien begann während des Zweiten Weltkrieges mit der Ausarbeitung eines Projekts, um sich die Kenntnisse der deutschen Wissenschaft zu sichern. Nach Beendigung des Krieges wurden führende Wissenschaftler vorübergehend nach Großbritannien gebracht und dort verhört[422]. Zum Teil wurden ihnen auch Beraterverträge mit kurzen Laufzeiten angeboten[423]. Anschließend mussten

411 Siehe dazu ausführlich *Mick*, 28 ff.

412 Siehe dazu etwa *Lasby*, Project Paperclip; *Herrmann*, 98 ff.

413 *Bower*, 261; *Lasby*, 149 ff.; *Adams/Balfour*, 88.

414 *Bower*, 261; *Mick*, 66; *Herrmann*, 116.

415 Siehe ausführlich zu diesem Projekt *Bower*, Verschwörung Paperclip; *Lasby*, 88 f.; *Herrmann*, 127.

416 *Adams/Balfour*, 91; *Herrmann* 138.

417 *Adams/Balfour*, 91, und Bower, 283, sprechen von etwa 1.000 deutschen Wissenschaftlern, die in die Dienste der Amerikaner getreten sind.

418 *Bower*, 168; *Mick*, 66.

419 *Herrmann*, 143.

420 *Bower*, 283; *Herrmann*, 114 f., 160 ff., 428 ff.

421 *Herrmann*, 430 ff.

422 *Bower*, 190; *Mick*, 28, 76 f.; *Herrmann*, 89.

423 *Mick*, 38.

sie nach Deutschland zurückkehren, da befürchtet wurde, dass die Wissenschaftler den britischen Forschern auf dem Arbeitsmarkt Konkurrenz machen könnten[424]. Die Forscher befürchteten ihrerseits, dass die Briten lediglich auf die Abschöpfung ihrer technischen Kenntnisse aus waren, ohne eine langfristige Perspektive für die Aufnahme einer Tätigkeit zu bieten[425].

Die Franzosen traten in Konkurrenz mit den Briten und den Amerikanern und versuchten ihrerseits deutsche Wissenschaftler anzuwerben. Sie offerierten den Abschluss langfristiger Arbeitsverträge und die Umsiedlung der Forscher und ihrer Familien nach Frankreich[426].

Ausweislich der Untersuchungen zu der Forschungstätigkeit deutscher Wissenschaftler nach Beendigung des Zweiten Weltkriegs ist festzustellen, dass von den Alliierten weder unmittelbarer noch psychischer Zwang auf die Forscher ausgeübt wurde, damit diese die angebotenen Arbeitsverträge unterzeichneten und für den jeweiligen Staat tätig wurden. Die Motive der Wissenschaftler, auf die Angebote einzugehen, können darin zu suchen sein, dass die Forscher gerichtlichen Verfahren oder einer Inhaftierung entgehen wollten, die sie möglicherweise erwartet hätten, da sie für die kriegswichtige Forschung zuständig waren. Zudem bestanden für die meisten Forscher in Deutschland aufgrund der weitreichenden Zerstörungen der Industrie und des Verbots militärischer Forschung auf deutschen Gebiet gemäß dem Kontrollratsbeschluss Nr. 25 keine Möglichkeiten, in ihrem Beruf tätig zu werden[427]. Diese Motive stellen einen Anreiz zur Aufnahme einer Tätigkeit dar, begründen aber keinen psychischen Zwang, der vonseiten der Alliierten auf die Forscher ausgeübt wurde. Insoweit ist auch festzuhalten, dass die Vereinigten Staaten, Großbritannien und Frankreich im Hinblick auf die Verpflichtung deutscher Wissenschaftler konkurrierten und die Wissenschaftler sich dies zunutze machten, um für sich gute Konditionen auszuhandeln[428]. Da es bereits an der Unfreiwilligkeit der Aufnahme der Tätigkeit durch die Forscher fehlt, liegt keine Zwangsarbeit vor.

β) Vorgehen der Sowjetunion

Die Sowjetunion ging zunächst wie die Amerikaner vor und machte deutschen Wissenschaftlern das Angebot, in ihre Dienst zu treten. Dazu erklärte sich eine große Anzahl an Wissenschaftlern auch bereit, wobei sie in Deutschland bleiben wollten. Dies wurde von der Sowjetunion jedoch nicht akzeptiert. Daraufhin wurde

---

424 *Mick*, 36.

425 *Mick*, 68.

426 *Bower, 168; Mick*, 68; *Herrmann*, 361.

427 Siehe dazu etwa *Lasby*, 136 ff.; *Bower*, 174, 194.

428 *Bower*, 138 ff., 168 ff.; *Mick*, 76 f.

im Jahre 1946 eine große Anzahl an Wissenschaftlern samt ihrer Familien in Gewahrsam genommen und in die Sowjetunion verbracht[429]. Darunter waren namhafte Experten wie Gustav Hertz, Peter Adolf Thiessen, Nikolaus Riehl und Baron Manfred von Ardenne[430]. Insgesamt wurden ca. 3.000 Wissenschaftler, Ingenieure, Techniker und Facharbeiter in die Sowjetunion verschleppt. Ihre Angehörigen wurden ebenfalls inhaftiert, sodass es sich ingesamt um ca. 8.000 Personen handelte[431]. Die Wissenschaftler wurden in Lager, etwa auf der Insel Gorodomlja, untergebracht und überwacht. Alleine durften sie das Lager nicht verlassen, selbst unter Bewachung wurde ihnen diese Möglichkeit kaum gegeben[432]. Bei ihrer Arbeit unterlagen sie strengen Vorgaben. Sofern sich die Wissenschaftler nicht pünktlich zur Arbeit einfanden, wurden ihnen Geldstrafen auferlegt. Die Behandlung der Wissenschaftler erfolgte, je nach deren Status, unterschiedlich. Die führenden Forscher wurden sehr gut verpflegt und entlohnt. Einfache Facharbeiter wurden dagegen kaum entlohnt und verpflegt. Sie erhielten, von einigen Ausnahmen abgesehen, weder Arbeitsverträge, noch wurden Regelungen zu der sozialen Absicherung, zum Urlaubsanspruch oder zur Bildung ihrer Kinder getroffen[433].

Eine erhebliche Anzahl von Wissenschaftlern wurde somit gegen ihren Willen nach Russland gebracht, um dort ihrer Forschungstätigkeit nachzugehen. Die Lebens- und Arbeitsbedingungen gestalteten sich dabei unterschiedlich. Alle Forscher und ihre Angehörigen unterlagen jedoch, wie gesehen, erheblichen Einschränkungen ihrer Bewegungsfreiheit. Die Einschränkung der Bewegungsfreiheit auch in der Freizeit steht in keinem Zusammenhang mit der Arbeitserbringung an sich. Sie ist keine Ausprägung der zwangsweisen Verpflichtung zur Arbeit, wie etwa die verhängten Geldstrafen bei Arbeitsverweigerung, sondern eine zusätzliche Beschränkung der Rechte der Betroffenen. Gerade das fehlende Recht auf Freizügigkeit stellt eine eklatante Abweichung der vorgegebenen von den üblichen Arbeitsbedingungen dar. Die Verpflichtung deutscher Forscher durch die Sowjetunion erfüllt die zuvor herausgearbeiteten Kriterien für das Vorliegen von Zwangsarbeit.

iii) Bestätigung des eigenen Ansatzes unter Berücksichtigung des historischen Kontextes

Offen ist weiterhin die Frage, ob Zwangsarbeit im Sinne des Art. 12 Abs. 3 GG gegeben sein kann, wenn einer Person zwangsweise zur Arbeit verpflichtet wird,

---

429 *Bower*, 280 f.; *Lasby*, 178 ff.; *Mick*, 15 ff.

430 *Mick*, 16.

431 *Mick*, 15.

432 *Mick*, 220 ff.

433 *Mick*, 226.

ihr aber besonders gute Arbeits- und Lebensbedingungen bereitet werden. Dies hätte eine Einschränkung der zuvor herausgearbeiteten Merkmale zur Einordnung einer Tätigkeit als Zwangsarbeit zur Folge.

Diese Frage ist unter Berücksichtigung der historischen Auslegung zu beantworten. Diese bekräftigt das hier gefundene Ergebnis der Notwendigkeit des letztgenannten Elementes, also der Abweichung der erzwungenen Tätigkeit im Hinblick auf die Arbeitsbedingungen, als Wesensmerkmal des Begriffs „Zwangsarbeit". Dass diese Form der Auslegung für das Zwangsarbeitsverbot von herausragender Bedeutung ist, erschließt sich nicht zuletzt aus der untergeordneten praktischen Relevanz, die diesem Verbot seit Inkrafttreten des Grundgesetzes zukam. Im Vergleich mit anderen Gewährleistungen, gerade auch im Anwendungsbereich des Art. 12 GG, hat sich verhältnismäßig wenig Kasuistik entwickelt. Zudem wird in den Materialien, die die Entstehungsgeschichte des Grundgesetzes dokumentieren, der Einfluss der Zeit des Nationalsozialismus auf die Verfasser sehr deutlich. Sie diskutieren und argumentieren gerade über die Inhalte und Grenzen der Gewährleistungen unter Berücksichtigung des gerade Erlebten[434]. Aufgrund der Tatsache, dass die Zwangsarbeit zur damaligen Zeit von einer besonderen Härte geprägt war, muss dieses Merkmal bei der Bestimmung des Begriffs und auch in Abgrenzung zum Verbot des Zwangs zu einer bestimmten Arbeit Berücksichtigung finden. Zwangsarbeit im Sinne des Art. 12 Abs. 3 GG liegt dementsprechend vor, wenn die Freiheit, eine Arbeit nicht ausüben zu müssen, in besonders schwerer Weise missachtet wird, d.h. jemand zur Arbeitsleistung, sei es durch unmittelbaren oder psychischen Zwang, in einem unbeschränkten Umfang verpflichtet wird und die Arbeit oder die Arbeitsbedingungen hinter den jeweils geltenden gesellschaftlichen und sozialen Verhältnissen zurückbleiben.

Arbeitszwang ist demgegenüber zu beschreiben als die rechtliche oder tatsächliche Pflicht zur höchstpersönlichen Erbringung von bestimmter und begrenzter Arbeit, die für den Einzelnen zwar eine Belastung darstellt, aber im Nutzen der Allgemeinheit steht und insofern in den Grenzen des Art. 12 Abs. 2 Hs. 2 GG hinzunehmen ist.

(3) Subsumtion der Gefängnisarbeit

Fraglich ist, ob die Tätigkeit Strafgefangener die dargestellten Merkmale von Zwangsarbeit erfüllt. Zunächst findet durch die Arbeitspflicht eine unfreiwillige Inanspruchnahme der gesamten Arbeitskraft statt. Dies erfolgt auch durch staatlichen Zwang. Sofern die Strafgefangenen der Arbeitspflicht nicht nachkommen, können Disziplinarmaßnahmen gemäß der §§ 102 ff. StVollzG angeordnet wer-

434 In diesem Sinne wohl auch *Marauhn* in Konkordanzkommentar, Kap. 12 Rn. 1.

den. Danach können der Entzug des Hausgeldes oder von Vergünstigungen wie Lesestoff, Fernsehen und Hörfunk, die Isolation während der Freizeit oder sogar Arrest angeordnet werden[435]. Drohende Disziplinarmaßnahmen stellen als Strafe und Entzug von Vergünstigungen psychischen Zwang dar[436].

Die Gefängnisarbeit ist zudem üblichen arbeitsrechtlichen Maßstäben entzogen. So wird einhellig in Literatur und Rechtsprechung die Auffassung vertreten, dass das auf § 41 StVollzG beruhende Arbeitsverhältnis kein privatrechtliches Rechtsverhältnis ist, auf das die Regeln des allgemeinen Arbeitsrechts Anwendung finden[437]. Vielmehr handelt es sich um eine Arbeitstätigkeit im Rahmen eines öffentlich-rechtlichen Anstaltsverhältnisses[438]. Auch eine entsprechende Anwendung arbeitsrechtlicher Normen wurde durch die Rechtsprechung regelmäßig verneint[439].

---

435 Als Beispiel für die Folge der Verweigerung der Arbeitspflicht nach § 41 Abs. 1 StVollzG sei folgende dem Beschluss des Oberlandesgerichts Nürnberg vom 03.04.1980 – Az. Ws 815/79 = NStZ 1981, 78 – entnommene Beschreibung zitiert: „Die Gefangenen dieser [für arbeitsverweigernde Gefangene eingerichteten] Abteilung befinden sich 23 Stunden eines Tages allein in ihrem Haftraum, nur den einstündigen Hofgang machen sie zusammen. Einmal wöchentlich gehen sie zusammen zum Duschen in die Waschräume. Ansonsten sind sie von der Teilnahme an gemeinschaftlichen Veranstaltungen während der Freizeit (Fernsehen, Kinovorführungen, kulturelle Veranstaltungen, Freizeitkurse und Fortbildungskurse) sowie von der Benutzung der Sportanlagen und des Schwimmbades ausgeschlossen. Der an arbeitsfreien Tagen (jeweils 2 1/2 Stunden) und am Freitagnachmittag (3 Stunden) übliche Zellenaufschluss findet bei ihnen nicht statt. Während der Essenszeit wird ihre Zellentüre verschlossen gehalten. Bastelmaterial wird ihnen nicht ausgehändigt.“. Allerdings ist insoweit festzuhalten, dass das Oberlandesgericht Nürnberg derart weitgehende Maßnahmen nur für den Fall als gerechtfertigt ansieht, dass der sich verweigernde Strafgefangene einen schädlichen Einfluss auf Mithäftlinge hat oder die Sicherheit und Ordnung der Anstalt diese Maßnahmen erfordern.

436 Dementsprechend sehen sich zunächst die Arbeit verweigernde Strafgefangene auch dazu veranlasst, die Arbeit wieder aufzunehmen. So nahm der Beschwerdeführer in dem o.a. Beschluss des Oberlandesgerichts Nürnberg nach viermonatigem Aufenthalt in der Abteilung für arbeitsverweigernde Strafgefangene seine Arbeit wieder auf, siehe OLG Nürnberg 30.04.1980 – Az. Ws 815/79, Rn. 4.

437 BAGE 53, 336 (344 f.); KG NStZ 1989, 197; NStZ 1989, 445 (446); NStZ 1990, 607; OLG Schleswig SchlHA 2002, 21; *Däubler/Spaniol* in AK-StVollzG, vor § 37 Rn. 30 ff.; *Calliess/Müller-Dietz*, StVollzG, § 37 Rn. 1; *Lückemann* in Arloth/Lückemann, StVollzG, § 37 Rn. 37.

438 *Linck* in Schaub, Arbeitsrechtshandbuch, § 29 Rn. 11; *Lückemann* in Arloth/Lückemann, StVollzG, § 37 Rn. 6.

439 So etwa für die Anwendung von Vorschriften des Bundesurlaubsgesetzes im Zusammenhang mit § 42 StVollzG, der die Freistellung des Gefangenen von der Arbeitspflicht regelt, BGHSt 35, 95 (98 f.); dies wird damit begründet, dass mit § 42 StVollzG eine umfassende Regelung getroffen wurde, die den Urlaub der Strafgefangenen anders regelt als das Bundesurlaubsgesetz. Eine Gesetzeslücke, die Raum für eine entsprechende Anwendung anderer Vorschriften lasse, liege daher nicht vor. Eine entsprechende Anwendung etwa der Vorruhestandsregelungen auf die Gefängnisarbeit wurde vom OLG Koblenz, NStZ 1987, 429, verneint.

Im Hinblick auf den Arbeitsumfang unterscheidet sich die Arbeit im Gefängnis regelmäßig nicht von der Arbeit im öffentlichen Dienst oder in der freien Wirtschaft, in einigen Fällen kann der Arbeitsumfang sogar darunter liegen[440]. Laut Nr. 4 Abs. 1 S. 1 der bundeseinheitlichen Verwaltungsvorschrift zu § 37 StVollzG ist die Arbeitszeit der Strafgefangenen an der Arbeitszeit im öffentlichen Dienst auszurichten. Allerdings ist insoweit beachtlich, dass es über die Verwaltungsvorschrift hinaus keine einheitliche Regelung für den Strafvollzug gibt; die Festsetzung der Arbeitszeit der Strafgefangenen kann gemäß § 161 StVollzG auch durch den Leiter der Vollzugsanstalt mit Zustimmung der Aufsichtsbehörde in der Hausordnung erfolgen. Nach Ansicht des Kammergerichts[441] handelt es sich bei der Arbeitszeitregelung aufgrund des öffentlich-rechtlichen Verhältnisses zwischen dem Strafgefangenen und der Anstalt um einen belastenden Verwaltungsakt, der auch zulasten des Gefangenen unter Beachtung eines möglichen Vertrauensschutzes zurückgenommen werden könne. Eine Erhöhung der Wochenarbeitszeit sei daher möglich, es bestehe kein schutzwürdiges Interesse des Gefangenen an der Aufrechterhaltung einer für ihn möglicherweise günstigeren Arbeitszeitregelung[442]. Eine Anhebung der Arbeitszeit führt dabei nicht zur einer Erhöhung des Entgelts. Dies wird damit begründet, dass der Gesetzgeber die Eckvergütung auf 9 % der Bezugsgröße festgesetzt hat. Der Bezugsgröße liegen die Arbeitsverhältnisse von Arbeitnehmern mit durchschnittlicher Arbeitszeit zugrunde. Daher erhalte der Gefangene, dessen Arbeitszeit unter der durchschnittlichen Arbeitszeit freier Arbeitnehmer liege, eine Vergütung, die eigentlich auf die Leistung durchschnittlicher Arbeitszeit ausgerichtet sei. So sei die in § 200 StVollzG bestimmte Entgelthöhe nicht mit Rücksicht auf die kürzere Arbeitszeit der Gefangenen festgesetzt worden. Die Vollzugsbehörde mache von ihrem Ermessen in ordnungsgemäßer Weise Gebrauch, wenn sie die Arbeitszeit unter Beibehaltung des Entgelts erhöhe[443]. Dieses Argument berücksichtigt allerdings nicht, dass die geringe Entlohnung der Gefangenen zumeist mit der Marktferne der Gefängnisarbeit begründet wird. Von diesem Begriff werden die besonderen Umstände der Gefängnisarbeit erfasst, beispielsweise die schlechte Ausbildung der Gefangenen und die schlechte Produktivität, welche auch dadurch entsteht,

---

440 So etwa KG NStZ 1989, 445 (446), in der JVA Tegel galt eine Arbeitszeit von 36,1 Wochenstunden.

441 NStZ 1989, 445.

442 KG NStZ 1989, 445 (446).

443 KG NStZ 1989, 445 (446); dabei wird allerdings außer Acht gelassen, dass es auch im Rahmen der Eckvergütung von 9 % verschiedene Vergütungsstufen gibt. Auch insoweit wäre eine Erhöhung des Entgeltes möglich gewesen. Zudem begegnet es Bedenken, wenn der Vollzugsbehörde wohl bezüglich der Arbeitszeit, nicht jedoch bezüglich des mit der Arbeitsleistung grundsätzlich korrespondierenden Entgelts ein Veränderungsspielraum eingeräumt wird.

dass der Tagesablauf der Strafgefangenen nicht nur durch die Arbeit, sondern auch durch andere resozialisierende Maßnahmen bestimmt ist. Die geringe Arbeitszeit der Gefangenen etwa aufgrund gefängnisimmanenter Faktoren ist somit in die geringe Entlohnung bereits eingepreist. In Anwendung der Entscheidung des Kammergerichts wird der Vollzugsbehörde gestattet, einseitig die Arbeitszeit zu ihren Bedingungen zu verändern; eine solche Regelung wäre in einem privatrechtlichen Arbeitsverhältnis aufgrund der Regelungen der §§ 305 ff. BGB regelmäßig unzulässig.

Die Strafgefangenen haben unter bestimmten Voraussetzungen einen Anspruch auf jährlich 18 Tage Freistellung von der Arbeitspflicht, § 42 StVollzG. Die Freistellung entspricht dem bezahlten Urlaub freier Arbeitnehmer. Die Vorschrift des § 42 StVollzG ist der Regelung des § 3 Abs. 1 BUrlG zum Mindesturlaub von Arbeitnehmern nachgebildet[444]. Dies bedeutet nach Ansicht der Rechtsprechung jedoch nicht, dass der Strafgefangene dem in Freiheit arbeitenden Menschen bezüglich der Urlaubsregelung insgesamt gleichgestellt wird; vielmehr bezieht sich die Angleichung lediglich auf die Anzahl der Mindesturlaubstage[445]. Dementsprechend gelten auch insoweit einige Sonderregelungen für die Gefängnisarbeit. So wird der vollständige jährliche Urlaubsanspruch eines Arbeitnehmers bereits nach halbjährigem Bestehen des Arbeitsverhältnisses erworben, § 4 BUrlG. Dabei kommt es nur auf den rechtlichen Bestand des Arbeitsverhältnisses und nicht auf die tatsächliche Arbeitsleistung an[446]. Dagegen muss ein Strafgefangener ein Jahr ohne Unterbrechung tatsächlich tätig werden, um einen Freistellungsanspruch zu erhalten[447]. Eine anteilige Freistellung wird in der Rechtsprechung abgelehnt[448]. Das Landgericht Regensburg[449] führte zudem aus, dass eine Freistellung von der Arbeitspflicht nach § 42 StVollzG nur dann gewährt werden könne, wenn sich der Strafgefangene als arbeitswillig zeige. Dies bedeutet, dass er sich auch für die Zeit nach der Freistellung damit einverstanden erklären müsse, seiner Arbeitspflicht nachzugehen[450]. Eine Sonderregelung für die Freistellung von der Arbeitspflicht, etwa für Schwerbehinderte, gibt es im Rahmen von § 42 StVollzG nicht[451]. In die Berechnung der Freistellung können allerdings

---

444 Bt-Ds. 7/918, 63; BGHSt 35, 95 (99).

445 OLG Stuttgart NStZ 1987, 479.

446 BGHSt 35, 95 (100).

447 Nach OLG Koblenz, NStZ 1985, 573 (574), wird diese Jahresfrist jedoch nicht durch unverschuldete Fehlzeiten gehemmt; das OLG Hamm, MDR 1989, 764, qualifizierte eine krankheitsbedingte Unterbrechung der Jahresfrist als Hemmungs- nicht jedoch als Unterbrechungstatbestand, wonach die Jahresfrist bei Wiederaufnahme der Arbeit von vorne zu laufen beginnt.

448 BGHSt 35, 95 (100); OLG Stuttgart NStZ 1987, 479.

449 NStZ 1990, 303.

450 LG Regensburg NStZ 1990, 303 (303 f.); so wohl auch OLG Nürnberg NStZ 1991, 102.

451 OLG Koblenz ZfStrVo 1987, 187.

die Zeiten einbezogen werden, in denen ein Unterrichtsangebot aus von dem Strafgefangenen nicht zu vertretenden Gründen ausfällt[452].

Bezüglich Arbeitsschutz und Unfallverhütung ordnet § 149 Abs. 2 S. 2 StVollzG an, dass die einschlägigen Vorschriften zu beachten sind[453]. Als Beispiel dafür, dass sich die Arbeitsbedingungen tatsächlich wohl auch im Hinblick auf den Arbeitsschutz im Gefängnis von denen auf dem freien Arbeitsmarkt unterscheiden, sei ein Beschluss des LG Bonn aus dem Jahre 1988 dargestellt[454]:

Der Entscheidung lag folgender Sachverhalt zugrunde: Der Antragsteller wurde während seines Aufenthaltes in einer Justizvollzugsanstalt für Zellenarbeit für eine Fremdfirma eingeteilt. Er lehnte die Ausführung dieser Arbeit ab, da er nicht in der Zelle, sondern im dafür vorgesehenen Saal arbeiten wollte. Aufgrund dieser Arbeitsverweigerung wurden gegen den Antragsteller Disziplinarmaßnahmen in Form einer Freizeitsperre für drei Monate verhängt. Auch wurde der gestellte Taschengeldantrag abschlägig beschieden, da der Antragsteller aufgrund seiner Verweigerung als „schuldhaft ohne Arbeit" geführt wurde. Der Antragsteller erhob gegen die Disziplinarmaßnahme und die Ablehnung seines Taschengeldantrags Widerspruch, der jedoch seitens des Justizvollzugsamts abgewiesen wurde. Daraufhin wandte sich der Antragsteller an das Landgericht Bonn, wobei seine Anträge als unbegründet zurückgewiesen wurden. In der nachfolgenden Instanz hob das Oberlandesgericht Hamm die Abweisung auf und verwies die Sache an das Landgericht zur Entscheidung zurück.

Das Gericht stellt nunmehr fest, dass der Antragsteller zur Ausführung von Bockschweißarbeiten in seiner Zelle nicht verpflichtet war. Bei dieser Tätigkeit handelt es sich um eine sehr einfache Tätigkeit. Aufgrund der verwendeten Materialien und des Verfahrens entstehen während der Tätigkeit leichte Dämpfe, die nach Kunststoff riechen. Durch den Sachverständigen konnte nicht festgestellt werden, ob aufgrund dieser Dämpfe die Verrichtung der Tätigkeit in der Zelle gesundheitsgefährdend ist, eine potentielle Gefährlichkeit der Dämpfe wurde allerdings bejaht; gleichermaßen wurde festgestellt, dass die schlechten Belüftungsverhältnisse und die Enge der Zelle die Arbeit gefährlich machen können. Aufgrund der potenziellen Gefährlichkeit der Arbeit kam das Gericht zu dem Schluss, dass die Verrichtung auf der Zelle unzulässig war. Dies begründete es damit, dass die Arbeitsbedingungen in den Anstaltsbetrieben gemäß § 149 Abs. 2 StVollzG nach Möglichkeit den Verhältnissen in vergleichbaren Betrieben der freien Wirtschaft angeglichen werden müssten. Dieser Grundsatz solle in Grenzen auch auf Zellenarbeit Anwendung finden. Diese dürfe zwar für eine Übergangszeit angeordnet

452 OLG Nürnberg, Beschluss vom 01.02.1994, Az. Ws 1361/93.

453 Dazu auch OLG Nürnberg ZfStrVo 1990, 306.

454 LG Bonn NStZ 1988, 575.

werden und könne auch nicht in jedem Fall den Anforderungen voll entsprechen, die an einen Arbeitsplatz in einem Betrieb zu stellen sind. Daraus folge jedoch nicht, dass die Erfordernisse des Arbeitsschutzes nicht beachtet werden müssten. Daher dürfe nur solche Arbeit als Zellenarbeit verrichtet werden, die dafür auch geeignet sei. Diesen Anforderungen sei im vorliegenden Fall nicht genügt worden. Bockschweißarbeiten dürfen in einem Betrieb der freien Wirtschaft nicht ohne eine besondere Absaugeinrichtung betrieben werden. Die Arbeit hätte dementsprechend zwar im Arbeitssaal, aufgrund ihrer potenziellen Gefährlichkeit jedoch nicht innerhalb der Zelle ausgeführt werden dürfen. Dementsprechend war der Antragsteller zur Verweigerung der Arbeit berechtigt und die Anordnung von Disziplinarmaßnahmen unzulässig.

Beachtenswert sind an diesem Urteil mehrere Aspekte. Zunächst ist bereits fraglich, ob die Zellenarbeit ohne Kontakt zu anderen Mitarbeitern eine taugliche Resozialisierungsmaßnahme ist[455]. Denn durch die Arbeit soll auch die Kommunikations- und Konfliktfähigkeit verbessert werden[456]; dies kann durch Zellenarbeit nicht erreicht werden[457]. Zum anderen ist bemerkenswert, dass sich ein Strafgefangener erst vor dem Oberlandesgericht gegen Zellenarbeit durchsetzen kann, die unter Umständen gesundheitsschädlich ist, wobei diese Frage durchaus innerhalb der Haftanstalt in einem Diskurs hätte aufgelöst werden können. Des Weiteren wirft die Anordnung der Vollzugsanstalt die Frage auf, in welchem Maße Vorschriften des Arbeitsschutzes bei der Arbeitstätigkeit im Strafvollzug tatsächlich beachtet werden.

Grundsätzlich steht den Strafgefangenen das Grundrecht der Koalitionsfreiheit zu[458]. Auch in § 196 StVollzG ist eine ausdrückliche Einschränkung dieses Rechts nicht vorgesehen. Ob dieses Recht aber so weit geht, dass den Gefangenen im Rahmen der Mitverantwortung nach § 160 StVollzG das Recht der Gestaltung betriebsratsähnlicher Strukturen im Gefängnis erlaubt ist und insoweit als ein Recht auf Interessenvertretung der Gefangenen angesehen werden kann, ist fraglich[459]. Die Tätigkeit in der Gefangenenmitverantwortung während der Arbeitszeit wird vergütet, da es sich um eine sonstige Beschäftigung im Sinne des § 43 Abs. 1 Alt. 2 StVollzG handelt, soweit die Teilnahme an Sitzungen der Mitverantwortung durch den Anstaltsleiter oder eine vertretungsberechtigte Person angeordnet wird[460].

---

455 Seit dem Jahre 1989 ist Zellenarbeit nur noch in Ausnahmefällen zulässig, § 201 Nr. 2 i.V.m. § 17 Abs. 1 StVollzG, etwa wenn besondere Fluchtgefahr besteht, LG Stuttgart ZfStrVo 1990, 304.

456 *Lückemann* in Arloth/Lückemann, StVollzG, § 37 Rn. 1.

457 *Däubler/Spaniol* in AK-StVollzG, § 37 Rn. 5.

458 *Däubler/Spaniol* in AK-StVollzG, § 37 Rn. 32.

459 Siehe zur Gefangenenmitverantwortung LG Mannheim NStZ 1985, 239.

460 LG Mannheim NStZ 1985, 239 (240).

Im Hinblick auf die weitere Gestaltung des Arbeitsverhältnisses ergeben sich zusätzliche Unterschiede. So sind die Strafgefangenen nur teilweise in die gesetzlichen Sozialversicherungssysteme einbezogen; es findet keine Einbeziehung in die gesetzliche Kranken- und Rentenversicherung statt, § 198 Abs. 3 StVollzG. Daher fehlt es dem Strafgefangenen und seiner Familie bereits an der elementaren sozialen Sicherung[461], die sonst für nahezu jedes andere Arbeitsverhältnis verpflichtend ist[462]. Die Versicherungsfreiheit wird damit begründet, dass die Gefangenen durch das Strafvollzugsgesetz zur Arbeit verpflichtet seien und es damit an der für eine Einbeziehung notwendigen Freiwilligkeit der Tätigkeit fehle[463].

Für den Fall, dass der Strafgefangene unverschuldet an der Ausübung der Arbeit gehindert ist, gibt es keine dem Annahmeverzug des zivilrechtlichen Arbeitsverhältnisses vergleichbare Regelung im Strafvollzugsgesetz. Der Strafgefangene enthält auch dann keine Vergütung, wenn er zur Arbeitsleistung bereit ist und es lediglich in der Sphäre der Vollzugsbehörde liegt, dass er die Arbeit nicht antreten kann[464]; in diesem Fall erhält er lediglich ein Taschengeld gemäß § 46 StVollzG[465]. Dieses beträgt nach der Abs. 2 der Verwaltungsvorschrift zu § 46 StVollzG 14 % der Eckvergütung. Sofern der Strafgefangene Geldzuwendungen durch Außenstehende erhält, kann auch dieses Taschengeld einbehalten werden[466]. Auch die Vorschrift des § 45 StVollzG, die den Entgeltfortzahlungsregelungen des Arbeitsrechts nachempfunden ist[467] und dementsprechend bei unverschuldeter Untätigkeit wegen Arbeitsmangels oder Krankheit die Zahlung einer Ausfallentschädigung vorsieht, ist bislang nicht in Kraft getreten. Hier-

---

461 *Feest* in AK-StVollzG, vor § 196 Rn. 3.

462 Ausnahmen von der Versicherungspflicht gelten nur für Arbeitnehmer, deren Vergütung oberhalb der Beitragsbemessungsgrenze liegt. Für diese Personen wird angenommen, dass sie sich aufgrund ihres hohen Einkommens selbst versichern können. Selbst bei den so genannten Minijobs führt der Arbeitgeber 15 % des Einkommens als Beitrag zur Rentenversicherung und 13 % des Einkommens zur Krankenversicherung ab.

463 LSG Rheinland-Pfalz, Urteil vom 13.08.2008, Az. L 4 R 67/08.

464 KG NStZ 1989, 197.

465 Dieser Anspruch besteht auch für den Fall, dass der Strafgefangene seinen Arbeitsplatz schuldhaft verloren hat, ihm dann aber ohne sein Verschulden aus Arbeitsmangel kein neuer Arbeitsplatz zugewiesen werden kann, OLG Koblenz ZfStrVo 1990, 118. Allerdings wirft das Oberlandesgericht die Frage auf, ob nicht ein dauerhafter Taschengeldentzug dann zulässig ist, wenn ein Gefangener seinen Arbeitsplatz wegen unzureichender Arbeitsleistung verliert und in der Folge Arbeitsbereitschaft nur bekundet, weil er sicher sein kann, wegen eines in der Haftanstalt bestehenden Arbeitsmangels nicht zur Arbeit herangezogen zu werden, ZfStrVo 1990, 118 (119). Insoweit stellt sich allerdings die Frage, wie dies überprüft werden kann.

466 KG NStZ 1988, 477.

467 *Däubler/Spaniol* in AK-StVollzG, vor § 37 Rn. 3.

durch erfolgt eine erhebliche Schlechterstellung des Strafgefangenen im Verhältnis zu freien Arbeitnehmern[468].

Selbst für den Fall des Inkrafttretens des § 45 StVollzG bestünde weiterhin ein unterschiedlicher Standard von Gefängnisarbeit und abhängiger Beschäftigung. § 45 Abs. 1 und Abs. 2 StVollzG gestehen einem Strafgefangenen eine Ausfallentschädigung zu, sofern er wegen Arbeitsmangels oder Krankheit länger als eine Woche keine Tätigkeit ausüben kann. Die Lohnfortzahlung im Krankheitsfall für Arbeitnehmer wird hingegen bereits ab dem ersten Ausfalltag gewährt.

Bezüglich der Arbeitspflicht ist weiterhin zu beachten, dass der Erhalt von Erwerbsunfähigkeitsrente nicht von allen Justizvollzugsanstalten als Freistellungsgrund von der Arbeitspflicht anerkannt ist. So hatte das Oberlandesgericht Frankfurt am Main[469] über einen Fall zu entscheiden, in dem der Betroffene von der Vollzugsbehörde zur Arbeitsaufnahme in einem metallverarbeitenden Betrieb der Anstalt verpflichtet worden war. Gegen diese Verpflichtung setzte er sich mit der Begründung zur Wehr, dass er aufgrund einer Hirnverletzung mit nachfolgender hirnorganischer Erkrankung zu 70 % schwerbehindert sowie Frührentner sei und deshalb einem Rentner über 65 Jahre gleichstehe. Auch könne er die ihm zugewiesene Arbeit wegen des Grades seiner Behinderung körperlich nicht ausführen. Die erstinstanzlich zuständige Strafvollzugskammer hat den Antrag auf gerichtliche Entscheidung mit Bezug auf die Arbeitspflicht des § 41 StVollzG zurückgewiesen. Aufgrund der Tatsache, dass der Betroffene (nur) zu 70 % schwerbehindert sei, könne er mit der ihm verbliebenen Arbeitskraft eine Tätigkeit auszuüben. Es bestünden aufgrund der Stellungnahme des Anstaltsarztes keine Anhaltspunkte dafür, dass er für die ihm zugewiesene Arbeit nicht geeignet sei. Das Oberlandesgericht Frankfurt am Main gelangte zu einer anderen Auffassung. Zwar seien grundsätzlich nur Personen über 65 Jahre und werdende Mütter von der Arbeitspflicht befreit; daraus könne jedoch nicht der Schluss gezogen werden, dass nach dem Willen des Gesetzgebers beispielsweise frühverrentete Gefangene, die außerhalb der Anstalt einen Rentenanspruch mit der Folge erworben haben, dass sie in Freiheit am Arbeitsleben nicht mehr teilzunehmen brauchen, dennoch der Arbeitspflicht nach § 41 StVollzG unterliegen. Der Angleichungsgrundsatz des § 3 Abs. 1 StVollzG verlange vielmehr, dass derjenige, der in Freiheit als erwerbsunfähig gilt, auch in Haft nicht anders behandelt werden darf. Eine gegenteilige Auffassung könne auch den Gesetzesmaterialien nicht entnommen werden. Daher verneinte das Oberlandesgericht die Arbeitspflicht des frühverrenteten Strafgefangenen.

Des Weiteren können die arbeitenden Strafgefangenen nicht frei über ihr Gehalt verfügen. Ein Teil des Arbeitseinkommens darf als Hausgeld für den Ein-

---

468 So auch *Däubler/Spaniol* in AK-StVollzG, § 45 Rn. 1.

469 NStZ 1985, 429.

kauf verwendet werden, der übrige Teil wird als Überbrückungsgeld für die ersten Wochen nach Entlassung aus der Haft angespart, § 51 StVollzG. Dabei kann der Anstaltsleiter den Gefangenen gemäß § 53 StVollzG ausnahmsweise gestatten, das Überbrückungsgeld für Ausgaben, die der Eingliederung dienen, in Anspruch zu nehmen[470]. Diese Regelung, die eine Kontrolle der Anstalt über die finanziellen Mittel der Gefangenen ermöglicht, ist insoweit positiv, als eine Verschwendung des Geldes verhindert wird. Allerdings hat sie auch einen negativen Aspekt, da vorhandene Mittel nicht für den Unterhalt der Familie eingesetzt werden dürfen.

Besonders deutlich ist die Abweichung der Tätigkeit im Gefängnis von der Arbeit auf dem freien Arbeitsmarkt im Hinblick auf die Vergütung. Arbeitende Strafgefangene erhalten nunmehr 9 % der Bezugsgröße. Die vor Erhöhung der Eckvergütung im Jahre 2000 gezahlte Eckvergütung von 5 % wurde in der Literatur und Praxis bereits seit Einführung des Strafvollzugsgeseztes kritisiert[471]. Dabei wurde insbesondere die Frage behandelt, ob nicht die Arbeitspflicht im Zusammenhang mit der Menschenwürde die Zahlung eines angemessenen Lohns als Gegenwert der geleisteten Arbeit verlangt[472]. Auch der Wert der Erhöhung des Arbeitsentgelts auf 9 % der Bezugsgröße weicht erheblich von der Situation anderer Arbeitsverhältnisse in der Bundesrepublik ab. Die Festsetzung dieser Vergütungshöhe orientiert sich nicht an üblichen Prinzipien zur Lohnfindung[473], sondern es wird ein beliebiger Wert festgesetzt. In Anbetracht dessen, dass in der heutigen Gesellschaft Arbeit, neben der Notwendigkeit der Schaffung und Erhaltung einer Existenzgrundlage, auch der Persönlichkeitsverwirklichung dient und die Gehälter leistungsorientiert ausgerichtet sind, wiegt diese pauschale Festsetzung der Vergütung ungleich schwerer und hebt sich grundsätzlich von den Bedingungen auf dem freien Arbeitsmarkt ab.

Die unterschiedliche Behandlung der Arbeit im Gefängnis und auf dem freien Arbeitsmarkt ist auch insoweit beachtlich, als an anderer Stelle eine Gleichstellung der Tätigkeiten erfolgt. So werden die Lohnpfändungsvorschriften der §§ 850 ff. ZPO in entsprechender Weise auf das Arbeitsentgelt Strafgefangener angewendet[474], damit aber eben auch grundsätzlich eine Pfändung des Arbeitsentgelts ermöglicht. Dies hat etwa das Oberlandesgericht Celle[475], damit begründet, dass das Ziel des Strafvollzugsgesetzes, nämlich die Angleichung der Verhältnisse im

---

470 Zu dieser Vorschrift siehe etwa LG Karlsruhe, Beschluss vom 18.03.2002, Az. 2 StVK 367/00.

471 Siehe etwa *Müller-Dietz*, ZRP 1974, 249 m.w.N.

472 *Däubler/Spaniol* in AK-StVollzG, § 43 Rn. 5.

473 Dazu *Schaub* in Schaub, Arbeitsrechtshandbuch, § 62.

474 OLG Celle NStZ 1981, 78 (78 f.); NStZ 1988, 334; LG Karlsruhe ZfStrVo 1990, 55; *Däubler/Spaniol* in AK-StVollzG, § 43 Rn. 22.

475 NStZ 1981, 79.

Gefängnis an die Bedingungen außerhalb, zu einer Qualifizierung des Lohns als Arbeitseinkommen im Sinne des § 850 Abs. 2 ZPO führe[476]. Zwar werden auch grundsätzlich die Pfändungsschutzvorschriften Anwendung finden; auch ist zu beachten, dass das Arbeitsentgelt eines Strafgefangenen regelmäßig nicht ansatzweise einen Betrag erreicht, der eine Pfändung gestatten würde. Beachtenswert ist allerdings, dass bei belastenden Vorschriften durchaus die Notwendigkeit der Angleichung der Verhältnisse im Gefängnis an diejenigen außerhalb gesehen wird, bei begünstigenden, die Rechtsstellung der Strafgefangenen verbessernden Regelungen die Angleichung hingegen verweigert wird.

Auch wenn durch die vorangestellten Darstellungen nur im Überblick belegt werden kann, wie sich das Arbeitsumfeld Strafgefangener in deutschen Gefängnissen darstellt, so erschließt sich im Zusammenhang mit der gesetzlichen Regelung jedoch die Tatsache, dass sich die Arbeit im Hinblick auf viele Regelungen erheblich von den arbeits- und sozialrechtlichen Vorgaben des deutschen Rechts unterscheidet.

Dieses Ergebnis wird nicht zuletzt durch die Entscheidung des Bundesverfassungsgerichts vom 27.12.2007[477] untermauert. Dort ging es um einen Gefangenen, der Wiedereinstellung in einem Unternehmerbetrieb begehrte. Dies wurde von Seiten des Unternehmers abgelehnt, die Vollzugsbehörde führte daraufhin aus, dass sie keine Möglichkeit hätte, dem Strafgefangenen die Arbeit in dem Unternehmerbetrieb gegen den Willen des Unternehmers zuzuweisen. Eine hiergegen eingelegte Beschwerde zum Landgericht blieb ohne Erfolg. Das Bundesverfassungsgericht teilt die Auffassung der Vollzugsbehörde in seiner Entscheidung nicht. Um den Vorgaben des Resozialisierungsgebots gerecht zu werden, müsse die Verantwortung für die Gefangenen auch bei einer Tätigkeit im Unternehmerbetrieb, mindestens in Gestalt einer Leitungsgewalt, erhalten bleiben. Die Zuweisung zu einer bestimmten Arbeitsstelle sei auch bei einem Tätigwerden des Gefangenen in einem Unternehmerbetrieb originäre Aufgabe der Vollzugsbehörde. Allein sie habe unter Beachtung vollzuglicher und grundrechtlicher Belange die Entscheidung zu treffen, ob ein Gefangener in einem Unternehmerbetrieb beschäftigt würde. Dem Unternehmen stehe gemäß § 149 Abs. 4 StVollzG nur die fachlich-technische Leitungsbefugnis des Strafgefangenen zu. Es dürfe keine Situation geschaffen werden, in der der Gefangene bezüglich der Ansprüche aus dem Arbeitsverhältnis keinen verantwortlichen Ansprechpartner vorfindet. Gleichermaßen müsse ausgeschlossen werden, dass diejenigen Ansprüche, denen grundrechtliche Bedeutung zukommt, als solche verkannt werden, weil Arbeitsverhältnisse des Strafgefangenen nicht als Rechtsverhältnisse ausgestaltet worden

476 Zustimmend LG Karlsruhe ZfStrVo 1990, 55.

477 Az. 2 BvR 1061/05.

sind, die auch für den Gefangenen Rechte, entweder gegenüber dem Unternehmer oder gegenüber der Anstalt, begründen. Mit dem Resozialisierungsanspruch des Gefangenen, dem Gesetzesvorbehalt auch für Grundrechtseingriffe im Strafvollzug, dem Grundsatz, dass das Ziel der Resozialisierung Eingang in ein taugliches Konzept finden muss, und mit dem Rechtsstaatsprinzip aus Art. 20 Abs. 3 GG stehe es nicht in Einklang, wenn die Arbeitsverhältnisse der Strafgefangenen ein „rechtliches Niemandsland" darstellten. Daher müssten Ansprüche mit grundrechtlichem Bezug, deren Gewährleistung der Strafgefangene erwarten dürfe, entweder durch privatrechtliche Ansprüche im Verhältnis zum Unternehmer oder durch öffentlich-rechtliche Ansprüche gegen die Vollzugsbehörde garantiert werden.

Die Entscheidung zeigt trotz des günstigen Ausgangs für den Strafgefangenen selbst, dass die Situation der Gefängnisarbeit nicht dem gesetzgeberischen Leitbild entspricht und grundgesetzliche Vorgaben, jedenfalls teilweise, missachtet werden. Dabei sollte auch berücksichtigt werden, dass der Gang bis zum Bundesverfassungsgericht wohl nur von wenigen Strafgefangenen tatsächlich beschritten wird und damit möglicherweise längst nicht alle systematischen Unzulänglichkeiten zutage treten. Die Arbeit von Strafgefangenen erfüllt die hier als wesentlich erachteten Merkmale des Begriffs „Zwangsarbeit".

2. *Eingriff*

Zwangsarbeit ist gemäß Art. 12 Abs. 3 GG verboten, insofern liegt ein Eingriff in die Rechte der Strafgefangenen vor.

3. *Verfassungsrechtliche Rechtfertigung*

Art. 12 Abs. 3 GG schließt grundsätzlich eine Pflicht zur Arbeit aus[478], die Vorschrift erlaubt Zwangsarbeit jedoch bei einer gerichtlich angeordneten Freiheitsentziehung, das heißt im Strafvollzug[479]. Dabei soll nach der Rechtsprechung des Bundesverfassungsgerichts ein Tätigwerden der Gefangenen nach dem Grundgesetz nur in solchen Einrichtungen erlaubt sein, in denen die Vollzugsbehörden die Verantwortung für die Gefangenen behalten[480].

Auf den ersten Blick steht Art. 12 Abs. 3 GG der Arbeitspflicht der Strafgefangenen aus § 41 StVollzG damit nicht entgegen. Eine Grenze der Inanspruchnahme im Rahmen grundrechtlicher Schranken bildet jedoch stets der Grundsatz der Verhältnismäßigkeit staatlicher Maßnahmen. Es geht also um die Frage, ob

478 *Gubelt* in v. Münch/Kunig, GG Band 1, Art. 12 Rn. 77.
479 *Wieland* in Dreier, GG Band I, Art. 12 Rn. 106.
480 BVerfGE 98, 169 (205).

die Arbeitspflicht nach § 41 StVollzG einem legitimen Zweck dient, zur Erreichung dieses Zwecks geeignet, erforderlich und insbesondere verhältnismäßig im Sinne der Angemessenheit ist.

Der Gesetzgeber ist bezüglich der Frage, welche Zwecke er verfolgen will und welche Mittel er zur Zweckverfolgung einsetzen darf, durch das Grundgesetz gebunden[481]. So erlegt ihm die Verfassung vielfältige Pflichten auf; zu nennen sind etwa die Sicherung des Existenzminimums, die Aufrechterhaltung der Sozialversicherung sowie die Resozialisierung Strafgefangener. Wie bereits dargelegt, dient die Arbeitspflicht der Wiedereingliederung, sie wurde vom Gesetzgeber als maßgebliches Resozialisierungsmittel gewählt, insofern dient sie einem legitimen Zweck.

Außerdem müsste die Arbeitspflicht zur Resozialisierung geeignet sein. Die Geeignetheit ist zu bejahen, wenn das gewählte Mittel den angestrebten Zweck fördert[482]. Die Wiedereingliederung der Straftäter soll dadurch erfolgen, dass ihnen vor allem durch die Gefängnisarbeit die Perspektive eines straffreien und eigenverantwortlichen Lebens vor Augen geführt wird. Dem Gesetzgeber steht bei der Beurteilung der Frage, ob eine Maßnahme zur Erfolgserreichung geeignet ist, ein Einschätzungsspielraum zur Verfügung[483]. Fraglich ist allerdings, wie weit diese gesetzgeberische Gestaltungsfreiheit reicht und ob es nicht nach 30 Jahren Anwendung des Strafvollzugsgesetzes einer Untersuchung bedürfte, um verlässliche Ergebnisse darüber zu liefern, ob die Arbeitspflicht tatsächlich die Resozialisierung fördert. So konstatierte die Arbeiterwohlfahrt in einer Stellungnahme zur Situation des Strafvollzugs aus dem Jahre 1989, dass die Rückfallquoten nach mehr als zehnjähriger Anwendung des Strafvollzugsgesetzes nicht zurückgegangen seien[484]. Allerdings gesteht das Bundesverfassungsgericht dem Gesetzgeber einen erheblichen Einschätzungsspielraum und eine weitgehende Gestaltungsfreiheit bezüglich der gesetzlichen Regelungen zu[485]. Für die verfassungsrechtliche Beurteilung der Geeignetheit eines vom Gesetzgeber gewählten Mittels ist ausschlaggebend, ob er von seiner Warte aus davon ausgehen durfte, dass es die Zweckerreichung fördert. Das Bundesverfassungsgericht verneint die Eignung nur für den Fall, dass das Mittel „bei Ausschöpfung aller Erkenntnismöglichkeiten im Zeitpunkt des Erlasses des Gesetzes eindeutig als zweckuntauglich festgestellt werden könnte“[486]. Die Verfassungswidrigkeit einer Maßnahme wegen ihrer mangelnden Eignung wird, nicht zuletzt aufgrund der groß-

---

481 BVerfGE 4, 7 (17 f.); 50, 290 (338); *Pieroth/Schlink*, Rn. 290.

482 BVerfGE 39, 210 (229); *Pieroth/Schlink*, Rn. 293.

483 *Pieroth/Schlink*, Rn. 290, 297.

484 Arbeiterwohlfahrt, ZfStrVo 1989, 46 (47).

485 BVerfGE 7, 377 (400); 25, 1 (19 f.); 30, 292 (317, 319); 39, 210 (225 f.); 50, 290 (338).

486 BVerfGE 39, 210 (230).

zügigen Rechtsprechung des Bundesverfassungsgerichts, nur in besonders gelagerten Ausnahmefällen festgestellt werden können. Insbesondere angesichts des besonders wertvollen Zwecks der Resozialisierung ist bei der Arbeitpflicht Strafgefangener kein solcher Ausnahmefall gegeben.

Des Weiteren stellt sich die Frage, ob die Arbeitspflicht auch erforderlich ist. Die Erforderlichkeit ist zu bejahen, wenn dem Gesetzgeber kein milderes, gleich wirksames Mittel zur Zweckerreichung zur Verfügung steht[487]. Nur für den Fall, dass sich eindeutig feststellen lässt, dass andere weniger belastende Maßnahmen nicht in Betracht kommen, kann die vom Gesetzgeber getroffene Regelung als übermäßig belastend und daher verfassungswidrig eingestuft werden[488]. Als milderes Mittel käme in Betracht, die Arbeitspflicht abzuschaffen und die Arbeit auf freiwilliger Basis zuzulassen. Bei Aufnahme einer freiwilligen Tätigkeit scheinen Resozialisierungserfolge näher liegend, da sich darin schon ein erster Ansatz zur Mitwirkung an der eigenen Resozialisierung zeigt. Für eine Verneinung der Erforderlichkeit müsste allerdings evident sein, dass ein milderes Mittel gleich wirksam ist. Mangels praktischer Erfahrung und einer wissenschaftlichen Überprüfung des Zusammenhangs zwischen Arbeitspflicht und Resozialisierungserfolgen kann diese Aussage jedoch nicht getroffen werden. Von der Erforderlichkeit der Arbeitspflicht ist daher ebenfalls auszugehen.

Nunmehr steht die Angemessenheit der Maßnahme auf dem Prüfstand. Danach müssen die Beeinträchtigung der Rechte des Einzelnen und der mit der Beeinträchtigung verfolgte Zweck in einem angemessenen Verhältnis zueinander stehen[489]. Vorliegend stellt sich dementsprechend die Frage, ob die mit der Arbeitspflicht verbundenen Belastungen der Strafgefangenen im Verhältnis zum angestrebten Zweck der Resozialisierung stehen. Dabei ist insbesondere fraglich, welche Eingriffsintensität der Arbeit der Strafgefangenen zukommt. Mit in die Betrachtung sollte zudem einbezogen werden, ob sich aus der Tatsache, dass die Tauglichkeit der Arbeitspflicht für den Resozialisierungserfolg nicht überprüft und dementsprechend nicht nachgewiesen ist, Folgen ergeben. Insoweit soll nicht die Frage der Geeignetheit erneut aufgeworfen werden; allerdings ist bei der Frage der Angemessenheit auch zu berücksichtigen, wie eine Verkürzung grundrechtlicher Gewährleistungen zu rechtfertigen ist, wenn die Eignung einer Maßnahme nur aufgrund des gesetzgeberischen Gestaltungsspielraums zu bejahen ist. Daher stellt sich auch die Frage, ob nicht die umstrittene Eignung dazu führen muss, die Bedingungen der erheblich in die Rechtssphäre des Gefangenen eingreifenden Arbeitspflicht zu verbessern[490].

---

487 BVerfGE 30, 292 (316); 39, 210 (231).

488 BVerfGE 37, 1 (21); 39, 210 (231).

489 *Pieroth/Schlink*, Rn. 299.

490 So wohl auch *Däubler/Spaniol* in AK-StVollzG, vor § 37 Rn. 17.

Nach der oben getroffenen Feststellung ist Zwangsarbeit die zwangsweise Verpflichtung zu einer Arbeit zu Bedingungen, die erheblich von den in der jeweiligen Gesellschaft geltenden fundamentalen Normen des Arbeits- oder Sozialrechts abweichen. Eine unangemessene Zwangsarbeit müsste also wesentlich, das heißt in einem solchen Umfang, von den übrigen Verhältnissen abweichen, dass eine Beeinträchtigung der Menschenwürde zu befürchten steht. Dies folgt nicht zuletzt daraus, dass Art. 12 Abs. 3 GG eine Konkretisierung des Menschenwürdegrundsatzes darstellt.

Durch die Stellung zu Beginn der grundrechtlichen Gewährleistungen und des Grundgesetzes insgesamt wird verdeutlicht, dass dem Menschen im System des Grundgesetzes der erste Rang eingeräumt wird[491]. Menschenwürde meint den sozialen Wert- und Achtungsanspruch, der jedem Menschen wegen seines Menschseins zukommt[492]; dies manifestiert sich darin, dass „jeder Mensch als gleichberechtigtes Glied mit Eigenwert anerkannt werden" muss[493]. Damit einher geht die prinzipielle Gleichheit aller Menschen[494]. Die Subjektsqualität des Menschen soll durch die Menschenwürde gewahrt und staatliches Handeln, das die Subjektqualität beschränkt, verhindert werden[495]. Der Mensch wird zum bloßen Objekt degradiert, „wenn die Behandlung durch die öffentliche Gewalt die Achtung des Wertes vermissen lässt, der jedem Menschen um seiner selbst willen zukommt."[496]. Insoweit hat das Bundesverfassungsgericht allerdings auch ausgeurteilt, dass der Mensch nicht selten nicht nur Objekt der Verhältnisse und der gesellschaftlichen Entwicklung, sondern auch des Rechts sei, insofern er sich ohne Rücksicht auf seine Interessen fügen müsse. Allein darin könne eine Verletzung der Menschenwürde nicht gesehen werden[497].

Geschützt werden muss jedenfalls der Achtungsanspruch eines jeden Menschen[498]. Eine Verletzung der Menschenwürde liegt vor, wenn die staatliche Handlung Ausdruck der Verachtung des Wertes ist, der dem Menschen kraft seines Personseins zukommt[499]. Auch in der Verletzung der Gleichheit eines Menschen mit anderen Menschen kann eine Beeinträchtigung der Menschenwürde liegen, etwa wenn eine Person grundsätzlich wie ein Mensch zweiter

491 *Jarass* in Jarass/Pieroth, GG, Art. 1 Rn. 1.

492 BVerfGE 87, 209 (228); 96, 375 (399); 115, 118 (152); *Jarass* in Jarass/Pieroth, GG, Art. 1 Rn. 6.

493 BVerfGE 45, 187 (228).

494 *Jarass* in Jarass/Pieroth, GG, Art. 1 Rn. 6.

495 BVerfGE 27, 1 (6); 30, 1 (25 f., 39 ff.); 87, 209 (228); 96, 375 (399); 109, 133 (149 f.); 109, 279 (312 f.).

496 BVerfGE 109, 279 (312 f.); 115, 118 (153).

497 BVerfGE 30, 1 (25 f.).

498 BVerfGE 30, 1 (26); 109, 279 (312 f.); 115, 118 (153).

499 *Hofmann* in Schmidt-Bleibtreu/Klein, GG, Art. 1 Rn. 7.

Klasse behandelt[500] und dadurch der soziale Achtungsanspruch verletzt wird[501]. Für die Gruppe der Straftäter urteilte das Bundesverfassungsgericht aus, dass diese nicht als Objekt der Verbrechensbekämpfung und Strafvollstreckung angesehen und behandelt werden dürfen[502]. Im Umgang mit dem Gefangenen muss dieser als Subjekt angesehen werden, das in sozialer Verantwortung handelt[503].

Allerdings ist bei Anwendung des Art. 1 Abs. 1 GG zu berücksichtigen, dass dieser einen Elementarschutz vermittelt und insofern ein restriktives Verständnis des Schutzbereichs zugrunde gelegt werden muss[504]. Eine Abwägung der Rechtsverletzung zu dem mit ihr verbundenen Zweck im Sinne der Verhältnismäßigkeit verbietet sich im Rahmen des Art. 1 Abs. 1 GG[505], der lautet, „die Menschenwürde ist unantastbar“. Unantastbar in diesem Sinne meint eben absoluten Schutz[506]. Daher muss der Schutzbereich entsprechend zurückhaltend ausgelegt werden, um den Begriff der Menschenwürde nicht aufzuweichen, jegliche Beeinträchtigung darunter zu fassen und damit den Schutzgehalt zu entwerten. Dies würde der Bedeutung dieser Norm im Gefüge der Grundrechte nicht gerecht. Zur Bejahung einer Verletzung der Gewährleistungen des Art. 1 Abs. 1 GG bedarf es einer eindeutigen und zweifelsfreien Einschränkung der Menschenwürde[507].

Es wurde bereits dargestellt, dass sich die mit der Arbeitspflicht einhergehenden Modalitäten der Arbeitstätigkeit im Gefängnis erheblich von der Ausgestaltung freier Arbeitsverhältnisse unterscheiden. Umstände, die eine Beeinträchtigung der Menschenwürde befürchten lassen, sind vorrangig die geringe Entlohnung der Strafgefangenen und die nur teilweise Einbeziehung in die Sozialversicherungssysteme. Auch die Tatsache, dass die Strafgefangenen durch Arbeit zu ihrer Besserung verpflichtet werden, scheint im Hinblick auf den Schutzgehalt der Menschenwürde bedenklich. Der Strafvollzug zeigt Züge, die den Strafgefangenen als Objekt erscheinen lassen. Bereits die Bezeichnung des Vollzugs als „Behandlungsvollzug“ klingt nach einer Abwertung der inhaftierten Personen; durch Verwendung dieses Begriffes erscheint es, als seien sie Objekte des Staates, die in seiner Obhut zu integrierten Mitgliedern der Gesellschaft umgeformt werden müssten. Zwar kann dadurch nicht von einer Verachtung seitens des

500 *Jarass* in Jarass/Pieroth, GG, Art. 1 Rn. 12; in diesem Sinne ebenfalls *Höfling* in Sachs, GG, Art. 1 Rn. 33.

501 *Herdegen* in Maunz/Dürig, GG Band I, Art. 1 Abs. 1 Rn. 117.

502 BVerfGE 45, 187 (228); 71, 105 (116); 109, 133 (150); 279 (312).

503 *Müller-Dietz*, Menschenwürde und Strafvollzug, 29.

504 *Höfling* in Sachs, GG, Art. 1 Rn. 17 f.; *Herdegen* in Maunz/Dürig, GG Band I, Art. 1 Abs. 1 Rn. 44; *Jarass* in Jarass/Pieroth, GG, Art. 1 Rn. 7.

505 *Herdegen* in Maunz/Dürig, GG Band I, Art. 1 Abs. 1 Rn. 73.

506 *Herdegen* in Maunz/Dürig, GG Band I, Art. 1 Abs. 1 Rn. 73.

507 *Herdegen* in Maunz/Dürig, GG Band I, Art. 1 Abs. 1 Rn. 73.

Staates, jedenfalls aber von einer Objektivierung gesprochen werden. Dieser Eindruck wird durch die Verwendung von Mitteln wie etwa der Arbeitspflicht noch verstärkt. Es wird nicht auf die Strafgefangenen dahin gehend eingewirkt, dass sie freiwillig eine Tätigkeit aufnehmen, sondern es wird zunächst die Durchführung von Maßnahmen angeordnet, der Sinn der Tätigkeit soll sich den Strafgefangenen anschließend von alleine erschließen. Eine Gegenleistung für die geleistete Tätigkeit wird pauschal festgesetzt, eine Berücksichtigung der individuellen Leistung erfolgt nicht.

Allerdings ist zu beachten, dass für eine Beeinträchtigung der Menschenwürde die Verachtung des Staates für diese Person bzw. den Personenkreis zum Ausdruck kommen muss. Dies kann in Bezug auf die Gefängnisarbeit nicht festgestellt werden[508]. Denn die Arbeit dient letztlich nur dem Ziel, den Strafgefangenen vorrangig um seinetwillen zu resozialisieren und möglicherweise eine früher unterlassene Sozialisation nachzuholen. Der Gefangene soll zur Mitwirkung an seiner eigenen „Besserung" durch diese Tätigkeit und den damit einhergehenden Vergünstigungen bewegt werden. Die Arbeitspflicht ist lediglich der erste Schritt, um die Strafgefangenen zur Mitarbeit zu überzeugen. Etwas anderes kann durch den Staat zu Beginn der Strafhaft möglicherweise auch nicht geleistet werden.

Die Bedingungen, zu und unter denen Strafgefangene arbeiten, weichen von den in Deutschland geltenden arbeits- und sozialrechtlichen Standards ab. Die Abweichung ist jedoch nicht dermaßen erheblich, dass eine Verletzung der Menschenwürde zu befürchten steht. Insoweit ist die Arbeitspflicht angemessen und damit verhältnismäßig.

4. Ergebnis

Die Arbeitspflicht von Strafgefangenen gemäß § 41 Abs. 1 StVollzG verstößt nicht gegen das Zwangsarbeitsverbot des Art. 12 Abs. 3 GG.

III. Vereinbarkeit mit Art. 2 Abs. 1 GG i.V.m. Art. 1 Abs. 1 GG – Resozialisierungsgebot

Die Heranziehung der Strafgefangenen zur Arbeitspflicht gemäß § 41 StVollzG müsste mit dem Resozialisierungsanspruch des Strafgefangenen und dem Resozialisierungsgebot des Staates in Einklang stehen.

508 A.A. *Olbrück*, 161 ff.

1. Arbeitspflicht als Kern der Resozialisierung

Die Arbeitspflicht ist einer der Eckpfeiler des Resozialisierungskonzepts, welches dem Strafvollzugsgesetz zu Grunde liegt[509]. Mit der Schaffung des § 41 StVollzG kommt der Gesetzgeber seinem durch die Verfassung vermittelten Auftrag nach, ein taugliches Resozialisierungskonzept zu entwickeln[510]. Dabei steht ihm bezüglich der Auswahl der Mittel, die das Ziel „Resozialisierung" erreichen sollen, ein weiter Gestaltungsspielraum zu, wobei er bei seiner Entscheidung auf die ihm zur Verfügung stehenden Erkenntnisse auf den Gebieten der Anthropologie, Kriminologie, Sozialtherapie und Ökonomie zurückgreifen kann[511]. Durch die Arbeitspflicht soll die Mitwirkung des Gefangenen an seiner Resozialisierung, sofern sie nicht von Beginn des Aufenthaltes an freiwillig erfolgt, durchgesetzt werden. Dem Gefangenen sollen also durch die Arbeitsverpflichtung die positive Wirkung der Arbeit und die damit verbundenen Vorzüge, so etwa die Erhöhung der Eigenmittel, vor Augen geführt werden. Die Weigerung, eine Arbeit aufzunehmen, bleibt allerdings nicht ohne Folgen, da die Justizvollzugsanstalt von ihrem Recht zur Erteilung von Disziplinarmaßnahmen nach § 102 StVollzG Gebrauch machen kann. Es handelt sich somit nicht um ein Angebot, dessen Erfüllung allein ins Belieben der Gefangenen gestellt ist; sofern der Arbeitspflicht nicht freiwillig nachgekommen wird, kann sie durch den Entzug von Vergünstigungen erzwungen werden. Die Resozialisierung wird also regelmäßig mit Zwang durchgesetzt[512].

2. Verstoß gegen das Resozialisierungsgebot durch die Arbeitspflicht

Diese Ausgestaltung des Resozialisierungskonzepts stößt in Teilen der Literatur auf Widerstand[513]. So sieht etwa *Bemmann* in der gesetzlichen Arbeitspflicht gemäß § 41 StVollzG einen Eingriff in den Resozialisierungsanspruch des Strafgefangenen[514]. Resozialisierung sei nur dann möglich und zulässig, wenn der Strafgefangene mitwirken möchte. Es müsse sich um Angebote handeln, die der Insasse annehmen könne, aber nicht anzunehmen habe. Durch die Zwangsmaßnahme werde der Strafgefangene zum Objekt des Strafvollzugs degradiert[515] und damit seine Men-

---

509 *Dünkel/Van Zyl Smit* in Festschrift für Kaiser, 1161 (1162).

510 Zu dieser Verpflichtung BVerfGE 98, 169 (201 ff.).

511 BVerfGE 98, 187 (201).

512 *Lee*, 126 nennt diese Ausgestaltung eine aus der Sicht des Gefangenen aufgedrängte, mit Zwang durchgesetzte Fürsorge.

513 *Bemmann*, StV 1998, 604; *Lee*, 123 ff.

514 *Bemmann*, StV 1998, 604 (605); ebenso *Lee*, 125 ff.

515 *Bemmann*, Beiträge zur Strafrechtswissenschaft, 353 (355).

schenwürde verletzt[516]. Zwar sei die Aufnahme einer Tätigkeit sinnvoll und wohl auch von den meisten Strafgefangenen aufgrund des mit ihr verbundenen Zeitvertreibs erwünscht. Jedoch habe sie freiwillig zu erfolgen. Der Strafgefangene müsse also sein Einverständnis mit der Aufnahme der Arbeit erklären[517]. *Bemmanns* These lautet somit, dass Resozialisierung und Zwang nicht vereinbar sind[518]. *Lee* stellt zusätzlich in Frage, ob die Behandlung Erfolg haben kann, da ein Vertrauensverhältnis zwischen Gefangenen und Anstalt aufgrund der erzwungenen „Therapie" und der Missachtung der Privatsphäre des Gefangenen zum Scheitern verurteilt sei[519]. Vielmehr sei eine Anregung des Gefangenen durch die Vollzugsleitung dahin gehend vorzunehmen, dass er freiwillig mitarbeitet[520]. Der Gefangene müsse als eigenständige Persönlichkeit wahrgenommen werden; dazu solle sein Verantwortungsbewusstsein geweckt werden, anstatt ihn als unmündiges Wesen zu behandeln[521].

3. *Vergleich zur Schulpflicht*

Auch außerhalb des Strafvollzugs finden sich Pflichten der Bürger, die eine erhebliche Einschränkung grundrechtlicher Freiheiten bedeuten. Als Vergleichsfall sei etwa die Schulpflicht genannt. Sie beinhaltet einen schwerwiegenden Eingriff in das elterliche Erziehungsrecht aus Art. 6 Abs. 1 GG und in die private familiäre Lebensgestaltung im Sinne des Art. 6 Abs. 1 GG. Die Schulpflicht ist Teil des Erziehungsrechts des Staates, das aus dem Aufsichtsrecht des Art. 7 Abs. 1 GG hergeleitet wird[522]. Ursprünglich wurde die Einführung der Schulpflicht damit begründet, dass der Staat ein billigenswertes Interesse daran habe, seinen Bürgern ein Minimum an Lese-, Schreib- und Rechenfähigkeiten zukommen zu lassen[523]. Mittlerweile entspricht es wohl einhelliger Meinung, dass der Bildung in einem hoch entwickelten Industriestaat eine immense Bedeutung zukommt und durch den Staat ein hohes Bildungsniveau gewährleistet werden muss.

Die allgemeine Schulpflicht als Konkretisierung des staatlichen Bildungs- und Erziehungsauftrages beschränkt nach Ansicht des Bundesverfassungsgerichts in zulässiger Weise das aus Art. 6 Abs. 1 S. 1 GG folgende elterliche Bestimmungsrecht[524].

---

516 *Lee*, 126 ff.

517 *Bemmann*, StV 1998, 604 (605); *Bemmann* folgert daraus, dass es sich bei Art. 12 Abs. 3 GG um eine verfassungswidrige Verfassungsnorm handele, die somit ungültig sei.

518 Übereinstimmend *Müller-Dietz*, Menschenwürde und Strafvollzug, 29; *Calliess/Müller-Dietz*, StVollzG, § 4 Rn. 5.

519 *Lee*, 126 ff.

520 *Lee*, 128.

521 *Lee*, 130 f.

522 BVerfGE 34, 165 (181); 93, 1 (21).

523 *Lecheler* in Isensee/Kirchhof, HStR VI, § 133 Rn. 116.

524 BVerfG NJW 1987, 180; Beschluss vom 21.04.1989, Az. 1 BvR 235/89; FamRZ 2006, 1094 (1095).

Das staatliche und das elterliche Erziehungsrecht stehen in einem gleichrangigen Verhältnis, keinem der beiden Rechte gebührt Vorrang[525]; dementsprechend sind Konflikte im Wege der praktischen Konkordanz aufzulösen[526]. Die Schulpflicht diene dem Ziel der Durchsetzung des staatlichen Erziehungsauftrages und sei zur Erreichung dieses Mittels geeignet und erforderlich. Der Auftrag der Schule bestünde nicht allein darin, die dem heutigen gesellschaftlichen Leben entsprechenden Bildungsmöglichkeiten bereitzustellen, vielmehr solle sie dazu beitragen Staatsbürger heranzubilden, die gleichberechtigt und verantwortungsvoll an den demokratischen gesellschaftlichen Prozessen mitwirken[527]. Diese Fähigkeiten könnten ohne den Schulbesuch, beispielsweise durch Heimunterricht, nicht in der gleichen Weise herausgebildet werden, da insbesondere soziale Kompetenzen wie Toleranz, Durchsetzungsvermögen und das Vertreten der eigenen Meinung durch gesellschaftlichen Kontakt eingeübt werden. Sie seien Bestandteil einer mit dem regelmäßigen Schulbesuch verbundenen Alltagserfahrung[528]. Dies gelte gerade auch für die ersten Jahre in der Grundschule. Die mit der Schulpflicht verbundenen Eingriffe in das elterliche Bestimmungsrecht sieht das Bundesverfassungsgericht unter Berücksichtigung der Vorteile des Schulbesuchs für den staatlichen Erziehungsauftrag und den dahinter stehenden Gemeinwohlinteressen als verhältnismäßig an[529].

Aus dieser Argumentation des Bundesverfassungsgerichts zur Schulpflicht für Kinder wird ersichtlich, dass es aus Sicht des Staates in einigen Fällen erforderlich ist, die Bürger durch Verpflichtungen zu einem bestimmten Verhalten bzw. einer Entwicklung anzuleiten. Entscheidend für die Beantwortung der Frage, ob eine mit der Pflicht verbundene Beeinträchtigung grundrechtlicher Gewährleistungen gerechtfertigt werden kann, ist der Zweck, der mit der Pflicht erreicht werden soll. Bei der Schulpflicht geht es um Bildung und die Entwicklung sozialer Fähigkeiten. Der Zweck der Arbeitspflicht ähnelt insoweit der Schulpflicht; auch die Strafgefangenen sollen berufliche Fähigkeiten entwickeln oder sich fortbilden. Zudem sollen sie soziale Kompetenzen erwerben und sich in die Gesellschaft wieder eingliedern und gesellschaftliche Verantwortung übernehmen. Hinsichtlich der Schulpflicht sehen die meisten Eltern wohl auch die Notwendigkeit, ihre Kinder in die staatliche oder eine vergleichbare Schule gehen zu lassen; die Pflicht dient vordringlich dazu, alle Eltern zu erreichen und einen gewissen Standard der Bildung herzustellen. Dies ist insofern auch auf die Arbeitspflicht der Strafgefangenen übertragbar, als sich viele mit der Aufnahme einer Arbeit einverstanden erklären,

525 BVerfGE 41, 29 (44); 47, 46 (72); 52, 223 (236).

526 BVerfGE 59, 360 (381); 93, 1 (21); FamRZ 2006, 1094 (1096).

527 BVerfGE 34, 165 (182); BVerfG NVwZ 2003, 1113; FamRZ 2006, 1094 (1095).

528 BVerfG NVwZ 2003, 1113; FamRZ 2006, 1094 (1095).

529 BVerfG NVwZ 2003, 1113.

andere wiederum nicht. Letztere werden dann aufgrund der Verpflichtung des § 41 Abs. 1 StVollzG in Anspruch genommen.

4. Stellungnahme

Zuzugestehen ist, dass die freiwillige Aufnahme einer Tätigkeit die gewissenhafte Ausführung wohl eher begünstigt als eine ablehnende Haltung. Zu berücksichtigen ist jedoch, dass ein Anspruch zumeist mit einer Gegenleistung verbunden ist. Aus der Verfassung, insbesondere aus dem Menschenwürdegrundsatz, wird ein Anspruch des Strafgefangenen darauf abgeleitet, wieder in die Gesellschaft eingegliedert zu werden. Der Staat und die Gesellschaft machen es sich zur Aufgabe, auch Personen, die sich, zum Teil in eklatantem Ausmaß, gegen die Grundnormen des Zusammenlebens der Gesellschaft gewendet haben, nicht zurückzuweisen und zu stigmatisieren. Dieser Anspruch kann jedoch nicht in einer reinen Erwartungshaltung des Strafgefangenen erstarren. Vielmehr muss dieser an seiner Resozialisierung mitarbeiten, sie weitestmöglich fördern und vorantreiben. Grundvoraussetzung für das Funktionieren des Sozialstaates ist die Wahrnehmung einer wechselseitigen Verantwortung[530]. So können auch Maßnahmen gerechtfertigt sein, die die Grundrechte des Strafgefangenen beeinträchtigen, sofern sie erforderlich sind, um die Resozialisierung auf den Weg zu bringen und zu fördern[531]. Der Strafvollzug soll gerade auf die Resozialisierung des Gefangenen hinwirken. Insofern kann von den Strafgefangenen erwartet werden, dass sie einen ersten Schritt der Mitwirkung dahin gehend unternehmen, dass sie sich den Regeln des Zusammenlebens unterwerfen und an ihrer Entwicklung mitarbeiten. Tun sie dies nicht, so können sie durch verhältnismäßige Maßnahmen dazu angeleitet werden, für ihre Persönlichkeits- und Lebensentwicklung positive Maßnahmen, wie etwa die Gefängnisarbeit, aufzunehmen. Durch den Vollzug wird vielen Gefangenen zum ersten Mal die Verpflichtung aufgegeben, einer täglichen und geregelten Arbeit nachzugehen[532]. Durch den Zwang kann die erste Hürde zur Mitarbeit genommen und einer ansonsten möglichen Isolation und einem weiteren Rückzug des Gefangenen vorgebeugt werden[533].

Fraglich ist jedoch, ob die Arbeitspflicht nicht eine weitere, über den Freiheitsentzug an sich hinausgehende Belastung und Bestrafung des Gefangenen darstellt und damit über den gesetzgeberischen Willen bei Schaffung des Strafvoll-

---

530 *Benda* in Festschrift für Faller, 307 (313); *Müller-Dietz* bezeichnet diese Lage als Solidarität und erkennt ebenfalls eine sich aus dem Rechts- und Sozialstaatsprinzip ergebende wechselseitige Rechts- und Pflichtenstellung an, *Müller-Dietz*, Strafvollzugsgesetzgebung, 99.

531 BVerfGE 40, 276 (284 f.).

532 *Koch*, 90.

533 So auch *Koch*, 90 ff.

zugsgesetzes hinausgeht[534]. Zu berücksichtigen ist dabei jedoch, dass die Strafgefangenen für ihre Arbeit eine Gegenleistung sowohl monetärer als auch nicht monetärer Art erhalten. Dies steht einer Charakterisierung der Arbeitspflicht als Strafe entgegen. Ob die Vergütung sich im Rahmen dessen hält, was verfassungsrechtlich geboten ist, ist gesondert zu überprüfen.

Aus dem Sozialstaatsprinzip ist demzufolge eine Mitwirkungspflicht des Strafgefangenen an seiner Resozialisierung zu folgern[535]. Die Arbeitspflicht aus § 41 Abs. 1 StVollzG verletzt somit nicht den Resozialisierungsanspruch des Strafgefangenen.

IV. Vereinbarkeit mit Art. 3 Abs. 1 GG

Die Arbeitspflicht gemäß § 41 StVollzG gilt gemäß § 177 StVollzG nicht für Untersuchungsgefangene. Hierin könnte eine Verletzung des allgemeinen Gleichheitssatzes aus Art. 3 Abs. 1 GG liegen.

Der allgemeine Gleichheitssatz vermittelt ein subjektiv öffentliches Recht auf Gleichbehandlung[536] und damit einen Anspruch auf die Abwehr einer staatlichen Ungleichbehandlung[537]. Er bindet die gesetzgebende, die vollziehende und die rechtsprechende Gewalt gleichermaßen[538]. Die Bindung des Gesetzgebers an den Gleichheitssatz begründet eine Rechtsetzungsgleichheit[539], denn vor dem Gesetz sind alle Menschen im Hinblick auf ihre Persönlichkeit und Individualität gleichzustellen[540]. Damit erklärt die Norm jedoch nicht, dass prinzipiell alle Ungleichbehandlungen verboten sind. Der allgemeine Gleichheitssatz ist nicht im Sinne einer völligen Identität der Personen zu verstehen, vielmehr sollen nur vergleichbare Fälle gleich behandelt und eine Willkür verhindert werden[541]. Dies wird aus

534 Bt-Ds. 7/918, 67.

535 A.A.: *Calliess/Müller-Dietz*, StVollzG, § 4 Rn.4.

536 BVerfGE 6, 84 (91); 40, 296 (318); BVerwGE 55, 349 (351); *Gubelt* in v. Münch/Kunig, GG Band 1, Art. 3 Rn. 2; *Heun* in Dreier, GG Band I, Art. 3 Rn. 17; *Dürig* in Maunz/Dürig, GG Band I, Art. 3 Rn. 281; abweichende Ansichten umfassend dargestellt bei *Dürig* in Maunz/Dürig, GG Band I, Art. 3 Rn. 277 ff.; *Kannengießer* in Schmidt-Bleibtreu/Klein, GG, Art. 3 Rn. 4.

537 *Heun* in Dreier, GG Band I, Art. 3 Rn. 17; *Rüfner* in Bonner Kommentar, Band 1, Art.3 Rn. 5.

538 BVerfGE 34, 103 (105); *Gubelt* in v. Münch/Kunig, GG Band 1, Art. 3 Rn. 8; *Epping*, Rn. 759; die gegenteilige Ansicht von *Eyermann* in Festschrift zum 25 jährigen Bestehen des BayVerfGH, 45 f. und *Schweiger*, ebenda, 55 f. ist im Hinblick auf die umfassende Bindung und den eindeutigen Wortlaut des Art. 1 Abs. 3 GG nicht haltbar.

539 *Pieroth/Schlink*, Rn. 460.

540 *P. Kirchhof* in Isensee/Kirchhof, HStR V, § 124 Rn. 201.

541 *Epping*, Rn. 769 f.

der Zusammenschau mit Abs. 3 deutlich. Vielmehr sind nur Ungleichbehandlungen verboten, die ohne Grund erfolgen[542].

Nach Ansicht des Bundesverfassungsgerichts ordnet Art. 3 Abs. 1 GG an, dass „weder wesentlich Gleiches willkürlich ungleich, noch wesentlich Ungleiches willkürlich gleich zu behandeln“ sei[543]. Willkür sei dann zu bejahen, wenn die in Frage stehende Maßnahme jegliche Gerechtigkeitserwägungen vermissen lasse[544]. Diese ursprüngliche Sichtweise zum Regelungsgehalt des allgemeinen Gleichheitssatzes wurde durch die so genannte „neue Formel“ ergänzt[545]. Danach ist der Gleichheitssatz verletzt, „wenn eine Gruppe von Normadressaten im Vergleich zu anderen Normadressaten anders behandelt wird, obwohl zwischen beiden Gruppen keine Unterschiede von solcher Art und solchem Gewicht bestehen, dass sie die ungleiche Behandlung rechtfertigen könnten“[546].

Ein Verstoß der Legislative gegen den Maßstab des Art. 3 Abs. 1 GG ist dann anzunehmen, wenn kein Grund zu nennen ist, der zur Intensität der Ungleichbehandlung in einem angemessenen Verhältnis steht[547]. Der maßgebliche Unterschied der „neuen Formel“ im Verhältnis zur vorherigen Auslegung des allgemeinen Gleichheitssatzes ist darin zu sehen, dass bis dato jeder sachliche Grund tauglich war, eine Ungleichbehandlung zu rechtfertigen. Unter Geltung der neuen Formel wird dagegen, parallel zur Ausgestaltung der Prüfung der Freiheitsrechte, eine Verhältnismäßigkeitsprüfung vorgenommen[548]. Die Prüfung der Verhältnismäßigkeit hat umso strenger zu sein, je intensiver sich die Beeinträchtigung für die Betroffenen auswirkt[549]. Dabei ist zu beachten, ob die Unterscheidung aufgrund personenbezogener Merkmale erfolgt. Ist dies der Fall, ist der Gesetzgeber in besonderem Maße an das Übermaßverbot gebunden[550]. Diese besondere Bindung greift gleichermaßen in den Fällen, in denen eine Ungleichbehandlung von Sachverhalten mittelbar zu einer Ungleichbehandlung einer bestimmten Personengruppe führt[551]. Eine Einschränkung des gesetzgeberischen Ermessens-

542 *Pieroth/Schlink*, Rn. 460.

543 BVerfGE 4, 144 (155); 67, 186 (195); 86, 81 (87).

544 BVerfGE 3, 58 (135 f.); 9, 338 (349); 13, 225 (228); 34, 103 (105); 42, 64 (72 f.); 71, 255 (271).

545 Diese wurde jedoch in dieser Ausgestaltung zunächst nur vom ersten Senat verwendet. Erst nach und nach hat eine Annäherung des zweiten Senats an die „neue Formel“ stattgefunden, BVerfGE 75, 108 (157); 76, 256 (329 f.); 78, 249 (287).

546 BVerfGE 22, 387 (415); 52, 277 (280); 55, 72 (88); 82, 126 (146); 84, 133 (157 f.); 102, 41 (54), st. Rspr.

547 BVerfGE 99, 165 (178); 102, 68 (87).

548 *Gubelt* in v. Münch/Kunig, GG Band 1, Art. 3 Rn. 14.

549 *Kannengießer* in Schmidt-Bleibtreu/Klein, GG, Art. 3 Rn. 17.

550 *Gubelt* in v. Münch/Kunig, GG Band 1, Art. 3 Rn. 14.

551 BVerfGE 88, 87 (96).

spielraums ist auch gegeben, sofern eine Ungleichbehandlung grundrechtlich geschützte Bereiche tangiert[552].

1. Verfassungsrechtlich relevante Ungleichbehandlung

Die Ungleichbehandlung muss von verfassungsrechtlicher Relevanz sein. Dies ist der Fall, wenn vergleichbare Sachverhalte nicht der gleichen Rechtsfolge unterliegen[553]. Dabei muss die Ungleichbehandlung von demselben Rechtssetzungsorgan vorgenommen werden[554]. Um die Vergleichbarkeit zweier Sachverhalte annehmen zu können, müssen diese unter einen gemeinsamen Oberbegriff gefasst werden können[555], die von der Regelung betroffenen Personen müssen eine sogenannte Vergleichsgruppe bilden[556]. Darüber hinaus kann eine Ungleichbehandlung nur dann bejaht werden, wenn zwischen den unter den gemeinsamen Oberbegriff fallenden Personen eine Differenzierung vorgenommen wird[557].

Die Regelungen, um die es vorliegend geht, entstammen beide dem Strafvollzugsgesetz und gehen daher auf dasselbe Rechtssetzungsorgan zurück. Zunächst ist zu prüfen, ob es sich bei der Untersuchungshaft und der „normalen" Haft um vergleichbare Sachverhalte handelt. Für die Vergleichbarkeit ist es entscheidend, dass sich ein Sachverhalt unter einen gemeinsamen Bezugspunkt subsumieren lässt[558]. Der gemeinsame Bezugspunkt ist die Freiheitsentziehung und der damit verbundene Aufenthalt in einer Haftanstalt. Insofern ist eine Vergleichbarkeit zu bejahen. Innerhalb der Gruppe der Inhaftierten müsste eine Ungleichbehandlung gegeben sein. Untersuchungshäftlinge unterliegen anders als Strafgefangene nicht der Arbeitspflicht gemäß § 41 StVollzG, insofern besteht eine Ungleichbehandlung.

2. Rechtfertigung der Ungleichbehandlung

Eine Ungleichbehandlung ist gerechtfertigt, wenn zwischen den vergleichbaren Sachverhalten Unterschiede von solcher Art und solchem Gewicht liegen, dass sie die ungleiche Behandlung zu rechtfertigen vermögen[559].

Die unterschiedliche Behandlung von Straf- und Untersuchungsgefangenen knüpft an die jeweilige Zweckrichtung des Gefängnisaufenthalts an. Die Untersuchungshaft ist darauf ausgerichtet, das Strafverfahren und eine möglicherweise

---

552 BVerfGE 60, 123 (134); 82, 126 (146); 88, 87 (96); 89, 365 (376).

553 *Osterloh* in Sachs, GG, Art. 3 Rn. 83.

554 BVerfGE 10, 354 (371); 12, 139 (143); 12, 319 (324); 17, 319 (331); 33, 224 (231).

555 *Heun* in Dreier, GG Band I, Art. 3 Rn. 23.

556 *Gubelt* in v. Münch/Kunig, GG Band 1, Art. 3 Rn. 16a.

557 *Heun* in Dreier, GG Band I, Art. 3 Rn. 23.

558 *Pieroth/Schlink*, Rn. 463, 465.

559 *Gubelt* in v. Münch/Kunig, GG Band 1, Art. 3 Rn. 14.

daran anschließende Strafvollstreckung zu sichern[560]. Für die Verwirklichung dieses Zwecks ist die Arbeitsleistung eines Untersuchungsgefangenen nicht nützlich und damit nicht sinnvoll. Auch ist zu berücksichtigen, dass Untersuchungsgefangenen nur solche Beschränkungen auferlegt werden dürfen, die nach dem Zweck der Untersuchungshaft und zur Aufrechterhaltung der Ordnung in der Strafanstalt erforderlich sind, § 119 Abs. 3 StPO. Dagegen ist der Strafvollzug auf eine Resozialisierung des Gefangenen ausgerichtet[561]. Dass hierbei der Arbeit ein großer Stellenwert beigemessen wird, wurde bereits dargestellt. Die Arbeitspflicht soll die Wiedereingliederung fördern und dient insofern unmittelbar dem Strafvollzugsziel. Die Arbeitspflicht knüpft an das Ziel des Strafvollzugs an. Bei einem Untersuchungsgefangenen steht noch in Frage, ob die Resozialisierung erfolgen muss, weil noch in Frage steht, ob er sich strafbar gemacht hat. Da beide Haftformen bezüglich ihrer Zielsetzung völlig voneinander abweichen, besteht zwischen ihnen ein deutlicher Unterschied[562]. Für die ungleiche Behandlung ist ein sachlicher Grund gegeben. An der Verhältnismäßigkeit der Differenzierung besteht insoweit kein Zweifel. Die Ungleichbehandlung ist gerechtfertigt.

3. Ergebnis

Die unterschiedliche Behandlung von Untersuchungs- und Strafgefangenen im Hinblick auf die Arbeitspflicht begegnet keinen verfassungsrechtlichen Bedenken. Der allgemeine Gleichheitssatz des Art. 3 Abs. 1 GG ist nicht verletzt.

E. Vereinbarkeit der Entlohnung gemäß §§ 43 Abs. 1, 200 StVollzG mit Verfassungsrecht

Nunmehr ist zu prüfen, ob die Gefangenenentlohnung, das heißt sowohl monetärer als auch nicht monetärer Ausgleich, gemäß §§ 43 Abs. 1, 200 StVollzG mit dem Grundgesetz in Einklang steht.

I. Vereinbarkeit mit Art. 2 Abs. 1 GG i.V.m. Art. 1 Abs. 1 GG – Resozialisierungsgebot

Das Bundesverfassungsgericht selbst hat in seiner Entscheidung vom 01.07.1998 zum Ausdruck gebracht, dass ein taugliches Resozialisierungskonzept eine ange-

560 BVerfG, NStZ 2004, 514.
561 BVerfGE 98, 169 (200).
562 BVerfG NStZ 2004, 514 (514 f.); OLG Celle, Beschluss vom 25.04.2001, Az. 2 Vas 4/01.

messene Anerkennung der Arbeitsleistung voraussetzt. Es besteht eine Verpflichtung des Gesetzgebers, ein geeignetes Resozialisierungskonzept zu entwickeln. Die Erhöhung des Arbeitsentgelts von 5 % auf 9 % der Eckvergütung führt nahezu zu einer Verdoppelung des Arbeitseinkommens der Strafgefangenen und damit zu einer Verbesserung im Vergleich zur vorherigen Situation[563]. Eine Verbesserung allein führt jedoch nicht zur Verfassungsmäßigkeit der in Rede stehenden Regelung. Im Hinblick auf die Neuregelung ist auch die nicht monetäre Anerkennung der Arbeit in den Blick zu nehmen. Denn wie das Bundesverfassungsgericht in seiner die Änderung notwendig machenden Entscheidung dargelegt hat, muss die Anerkennung der Arbeit Strafgefangener nicht zwangsläufig finanzieller Art sein.

Es stellt sich die Frage, ob die Neuregelung der Entlohnung mit dem Resozialisierungsgebot des Staates aus Art. 2 Abs. 1 GG i. V. m. Art. 1 Abs. 1 GG vereinbar ist, also insbesondere, ob bei der gegenwärtig gewährten Vergütung davon auszugehen ist, dass das Ziel der Resozialisierung gefördert und den Vorgaben des Bundesverfassungsgerichts Genüge getan wird[564].

1. Verfassungsmäßigkeit der Neuregelung – obergerichtliche Rechtsprechung

Die Oberlandesgerichte Hamm[565], Frankfurt am Main[566], Saarbrücken[567], Hamburg[568] und Schleswig[569] hatten sich nach Verabschiedung des Fünften Strafvollzugsänderungsgesetzes und der damit verbundenen Neuregelung der Vergütung mit Rechtsbeschwerden von Strafgefangenen betreffend die Gefangenenentlohnung zu befassen. Alle Gerichte, die sich mit der Verfassungsmäßigkeit der Neu-

---

563 So auch *Calliess*, NJW 2001, 1692.

564 verneinend *Calliess*, NJW 2001, 1692.

565 NJW 2002, 230.

566 StV 2002, 377.

567 StV 2002, 377, der Beschwerdeführer begehrte die Verpflichtung der Justizvollzugsanstalt zur Erhöhung der Eckvergütung auf einen zweistelligen Prozentsatz und machte dabei nicht unmittelbar die Verfassungswidrigkeit der bestehenden Regelung geltend. Das Gericht kam zu dem Schluss, dass die Frage, ob die Neuregelung verfassungsgemäß oder -widrig sei, keinen Einfluss auf die vorliegende Entscheidung habe und eine Vorlage zum Bundesverfassungsgericht insoweit nicht in Betracht komme. Selbst wenn das Bundesverfassungsgericht die Neuregelung für verfassungswidrig hielte, bestünde der weite Ermessensspielraum des Gesetzgebers bezüglich der Gestaltung des Resozialisierungskonzepts nach wie vor. Es wäre dementsprechend erneut Aufgabe des Gesetzgebers, in einer angemessenen Frist eine verfassungsmäßige Regelung zu erarbeiten. Der Vollzugsbehörde bliebe bis zu diesem Zeitpunkt bzw. bis zum Ablauf der gestellten Frist nur die Anwendung der verfassungswidrigen Neuregelung, OLG Saarbrücken StV 2002, 377 (380). Daher prüfte das Gericht nicht die Verfassungsmäßigkeit der Neuregelung.

568 StV 376.

569 OLG Schleswig SchlHA 2002, 21.

regelung auseinander setzen mussten, kamen zu dem Schluss, dass diese verfassungsgemäß sei[570]. Die Begründung wurde dabei auf unterschiedliche Ansätze gestützt.

Das Oberlandesgericht Hamm erkannte, dass sich die Höhe der zu leistenden Bezahlung, ausgehend vom Begriff der angemessenen Anerkennung aus dem Urteil des Bundesverfassungsgerichts vom 01.07.1998 am Wert der geleisteten Arbeit orientieren müsse. Es führte dazu aus, dass die Produktivität der Gefängnisarbeit nicht mit der Produktivität der Arbeit in der „freien" Wirtschaft vergleichbar sei[571]. Nach einer Studie von *Neu*[572] soll die Produktivität in Unternehmerbetrieben bei ca. 20 %, in Eigenbetrieben bei unter 15 % liegen. Dies sei Folge zahlreicher Faktoren, so etwa die schlechte oder nicht vorhandene Ausbildung der Häftlinge, die hohe Fluktuation der Arbeitskräfte aufgrund eines hohen Anteils an Gefangenen, die nur kurze Haftstrafen abzuleisten haben, Arbeitsausfallzeiten, die aufgrund anderer Resozialisierungsmaßnahmen entstünden, Sprachprobleme, die aufgrund des steigenden Anteils an ausländischen Insassen entstünden, sowie organisatorische, sicherheitsbedingte Einschränkungen, die die Arbeitsabläufe erschweren. Doch nicht nur diese Aspekte führen nach Ansicht des Oberlandesgerichts Hamm zu einer Produktivitätseinbuße und rechtfertigten damit eine Eckvergütung von 9 % als angemessene Anerkennung. Sofern die Arbeitskosten erhöht würden, könnte dies zu einer weiteren Einschränkung der Wettbewerbsfähigkeit der Gefängnisarbeit führen[573]; von einem damit einhergehenden Verlust an Arbeitsplätzen sei in diesem Fall mit an Sicherheit grenzender Wahrscheinlichkeit auszugehen. Das Oberlandesgericht Frankfurt am Main spricht insoweit von der Möglichkeit der Verlagerung von Arbeitsplätzen ins Ausland[574]. Dies entspräche den Vorgaben des Verfassungsgerichts weniger als eine Kombination von monetärer und nicht monetärer Anerkennung[575]. Des

570 Eine differenzierte Begründung findet sich in den Entscheidungen der Oberlandesgerichte Hamburg und Hamm. Dagegen zitiert das Oberlandesgericht Schleswig lediglich die Vorgaben des Bundesverfassungsgerichts aus BVerfGE 98, 169 und stellt lediglich fest, dass die Gesetzesänderung diesen Vorgaben genügt.

571 Zustimmend *Landau/Kunze/Poseck*, NJW 2001, 2611 (2612).

572 *Neu*, ZfStrVo 1995, 149 (152).

573 Ebenso OLG Hamburg StV 2002, 376, und OLG Frankfurt a.M. StV 2002, 377; *Landau/Kunze/Poseck*, NJW 2001, 2611 (2612); diese führen als Beispiel die Erhöhung der Gefangenenentlohnung auf 70 % des Tarifs in Italien an. Durch die Einführung sei die Beschäftigungsquote auf 15 % zurückgegangen. Leider fehlen Informationen darüber, wie hoch die Beschäftigungsquote und die Entlohnung vor der Einführung waren, sodass der Vergleich nur schwer nachvollzogen werden kann; sogar von einer Verlagerung der Arbeitsplätze ins Ausland ist die Rede, hierzu OLG Frankfurt a.M. NStZ-RR 2002, 93.

574 OLG Frankfurt a.M. StV 2002, 377.

575 OLG Hamm NJW 2002, 230 (231).

Weiteren sei durch die Gesetzesänderung bereits eine Erhöhung der Entlohnung um immerhin 80 % erfolgt[576]. Weitere Gründe für die Verfassungsmäßigkeit der Regelung sind nach Ansicht des Oberlandesgerichts Hamm die Einführung der Zahlung eines Beitrages zur Arbeitslosenversicherung durch den Staat. Auch habe der Gesetzgeber nicht von der Möglichkeit Gebrauch gemacht, von einem arbeitenden Strafgefangenen einen Haftbeitrag zu erheben. Zwar erscheint es dem Gericht zweckmäßig, wenn der Strafgefangene mehr finanzielle Mittel erhalte, mit denen er etwa seine Schulden tilgen könne. Diese Überlegung habe jedoch insoweit Berücksichtigung gefunden, als der Hausgeldbetrag von 2/3 auf 4/7 der Bezüge herabgesetzt worden ist und damit mehr Geld auf den Entlassungszeitpunkt angespart würde[577].

Das Oberlandesgericht Hamburg äußert des Weiteren Bedenken im Hinblick auf eine stärkere Anhebung des Arbeitsentgelts. Diese könne zur Bildung einer Zwei-Klassen-Gesellschaft im Strafvollzug führen; auf der einen Seite die arbeitenden Strafgefangenen, auf der anderen Seite die Taschengeldbezieher. Die deutlichen Lohnunterschiede könnten Abhängigkeiten zwischen den beiden „Klassen" und Subkulturen im Gefängnis entstehen lassen[578].

Demgegenüber äußerte sich das Kammergericht Berlin in seinem Beschluss vom 21.06.2005[579] zurückhaltender bezüglich der Neuregelung, wobei Gegenstand der Entscheidung nicht die Rechtmäßigkeit der Regelung selbst war. Das Gericht bezeichnete die Kombination von monetärer und nicht monetärer Entlohnung als ein kompliziertes, fragiles Konstrukt, das nicht der Ausformung des Angleichungsgrundsatzes dient, sondern der kompromisshaften Umsetzung verfassungsrechtlicher Vorgaben zur Resozialisierung in einem finanziell beengten Umfeld.

2. *Verfassungsmäßigkeit der Neuregelung – Literatur*

Landau/Kunze/Poseck[580] vertreten ebenfalls die Auffassung, dass die Neuregelung verfassungskonform sei. Dazu führen sie aus, dass auch eine weitergehende Erhöhung der Gefangenenentlohnung durch das Resozialisierungsgebot hätte gerechtfertigt werden können, sofern mit der Erhöhung im Hinblick auf die Wiedereingliederung „zielfördernde Ergebnisse" verbunden seien[581], so etwa die Erfüllung

576 Dieses – vermeintliche – Argument sagt weder etwas über die Verfassungsmäßigkeit noch über die Angemessenheit der Regelung aus. Je geringer die ursprüngliche Erhöhung war, desto stärker wirkt sich prozentual eine wenn auch nur geringfügige Erhöhung aus.

577 OLG Hamm NJW 2002, 230 (231).

578 OLG Hamburg StV 2002, 376 (377).

579 NStZ 2006, 60.

580 NJW 2001, 2611.

581 *Landau/Kunze/Poseck*, NJW 2001, 2611 (2612).

bestehender Unterhaltspflichten durch den Gefangenen. Um dieses Ziel zu erreichen, müsse nach Ansicht der Autoren jedoch eine erhebliche Erhöhung der Bezüge vorgenommen werden, eine Steigerung von 20–25 %[582] würde dafür nicht ausreichen, diese hätte nur „kosmetischen" Charakter. Um die genannten Ziele der Schuldentilgung und Unterhaltszahlungen zu sichern, müsse zudem die Verwendung des Geldes reglementiert werden; die Erhöhung der Entlohnung dürfe nicht dazu führen, dass der Gefangene mehr Geld für seinen Eigenverbrauch habe[583]. Die Aufstockung der Entlohnung allein trage nach Ansicht der Autoren allerdings nicht zu einer dauerhaften Verbesserung der Resozialisierungserfolge bei[584]. In die Frage der Rechtmäßigkeit der Neuregelung müsse auch die Tatsache einbezogen werden, dass durch die Lohnsteigerung von 5 % auf 9 % der Bezugsgröße bereits eine erhebliche zusätzliche Belastung der Länderhaushalte eintreten werde. Darüber hinaus sei die Steigerung der Gefangenenentlohnung um 80 % nicht mit Lohnerhöhungen der freien Wirtschaft vergleichbar, diese fielen stets erheblich geringer aus[585]. Eine weitergehende Erhöhung der Entlohnung könne darüber hinaus in der Gesellschaft nicht vermittelt werden, insofern müsse „eine genaue Abschichtung des Wünschenswerten vom Notwendigen" vorgenommen werden[586].

3. *Bundesverfassungsgericht: Neuregelung noch verfassungsgemäß!*

Bestätigung fand diese Auffassung durch den Nichtannahmebeschluss des Bundesverfassungsgerichts vom 24.03.2002[587] zur Neuregelung der Entlohnung. Unter Darstellung der Entscheidungsgründe zur Gefangenenentlohnung aus dem Jahre 1998 kommt die erkennende Kammer zu dem Ergebnis, dass der Gesetzgeber die äußerste Grenze einer verfassungsrechtlich zulässigen Bezugsgröße noch gewahrt habe und sich seine Entscheidung als noch vertretbar erweise. Der Gesetzgeber bleibe jedoch in der Pflicht, die Gefangenenentlohnung sei in Zukunft zu überprüfen.

Aufgrund der aktuellen wirtschaftlichen Lage, gekennzeichnet durch hohe Arbeitslosigkeit und Staatsverschuldung, sei der Abwägungsspielraum des Gesetz-

---

582 Eine Entlohnung dieser Größenordnung wurde von *Dünkel*, NK 1998, 14; *Ullenbruch*, ZRP 2000, 177 (180 f.); *Wrage*, ZRP 1997, 435 (436), befürwortet; *Kamann*, StV 1999, 348 (349) ging mit einer Forderung nach einer Erhöhung der Entlohnung um 40 % noch darüber hinaus.

583 *Landau/Kunze/Poseck*, NJW 2001, 2611 (2612).

584 *Landau/Kunze/Poseck*, NJW 2001, 2611 (2613).

585 Hier kann erneut nur darauf hingewiesen werden, dass sich der hohe Prozentsatz der Steigerung nur daraus ergibt, dass die Entlohnung zuvor so gering war. Auch ist die Entlohnung in der freien Wirtschaft der Höhe nach keinesfalls vergleichbar mit der Gefangenenentlohnung. In Prozentzahlen drückt sich daher die Lohnerhöhung regelmäßig geringer aus.

586 *Landau/Kunze/Poseck*, NJW 2001, 2611 (2613).

587 NJW 2002, 2023.

gebers begrenzt. Die Länderhaushalte seien durch die Neuregelung bereits mit einem Mehraufwand von 70 bis 80 Millionen DM belastet. Dies entspreche einer Erhöhung der Ausgaben für den Ausgabenbereich des Strafvollzugs von etwa 2 %. Zudem bestehe bei einer weiteren Erhöhung der Vergütung trotz der strukturellen Defizite der Gefängnisarbeit die Gefahr, dass Gefängnisarbeitsplätze abgebaut würden. Ein solcher Effekt liefe dem Resozialisierungskonzept zuwider.

Der Gesetzgeber habe sich bei der Neuregelung für eine Verbindung von monetärer und nicht monetärer Entlohnung entschieden. Die Erhöhung des Arbeitsentgeltes von 5 % auf 9 % der Eckvergütung sei eine spürbare Verbesserung. Hinzu komme die Möglichkeit, zusätzliche Freistellungstage zu erwerben, die auf den Entlassungszeitraum angerechnet werden könnten. Auch der Umfang der gewährten Freistellungsmöglichkeiten sei noch angemessen. Dies gelte selbst für den Fall, dass die Zwei-Monatsfrist des § 43 Abs. 6 S. 3 StVollzG durch Krankheit, Ausführung, Ausgang, Urlaub aus der Haft, Freistellung von der Arbeitspflicht oder sonstigen nicht vom Strafgefangenen zu vertretenden Gründen gehemmt werde. Aufgrund der relativ eng bemessenen Zahl der Freistellungstage sei der Gesetzgeber auch hier zu einer ständigen Prüfung der Maßnahme aufgefordert.

Auch im Hinblick auf die Tatsache, dass die Anrechnung der Freistellung auf den Entlassungszeitpunkt um einige Tage bei mehrjähriger Haft unter finanziellen Gesichtspunkten von den Strafgefangenen subjektiv nur als wenig vorteilhaft empfunden werden könne, sei sie bei objektiver Betrachtung geeignet, als wirksame Anerkennung der geleisteten Arbeit zu dienen. Durch die vorzeitige Entlassung werde dem Resozialisierungsgebot auch insoweit entsprochen, als sie berufliche Entfaltungsmöglichkeiten und Verdienstaussichten in Aussicht stellte. Hinzu komme die Tatsache, dass die Freiheit für den Gefangenen von so großer Bedeutung sei, dass sie als Mittel der Entlohnung geeignet sei[588]. Für diejenigen Strafgefangenen, die nicht mehr in Freiheit gelangen können, werde der Vorteil durch die Auszahlung einer zusätzlichen Entlohnung verdeutlicht. Damit bleibe sie erlebbarer Vorteil und Ausgleich geleisteter Arbeit.

4. Stellungnahme

a) Marktferne der Gefängnisarbeit

Im Hinblick auf die mangelnde Produktivität der Gefängnisarbeit ist festzuhalten, dass sie tatsächlich durch die aus dem Vollzug resultierenden Besonderheiten

588 Für die Einführung einer Kombination aus monetärer und nicht monetärer Vergütung hatten sich vor Verabschiedung des Gesetzes durch den Bundestag bereits *Meyer/Mertin*, DRiZ 2000, 388 (389), ausgesprochen.

beeinträchtigt wird. Die Arbeit in den Haftanstalten erreicht nicht das Niveau der Arbeit, die auf dem „freien“ Arbeitsmarkt erbracht wird[589]; insofern sollte die Forderung nach tariflicher Entlohnung überdacht werden[590]. Allein mit der Marktferne der Gefängnisarbeit kann jedoch nicht begründet werden, dass 9 % Eckvergütung angemessen sind. Dies gilt umso mehr, als die gegenwärtig gezahlte Entlohnung mit etwa 200 Euro pro Monat als Durchschnittsverdienst für jede Berufsgruppe noch weit unter einer tarifgemäßen Entlohnung liegt; insofern besteht noch ein erheblicher Diskussionsspielraum. Fraglich ist zudem, ob nicht auch die schlechte Entlohnung selbst die Produktivität der Arbeit hemmt[591]. Denn finanzielle Anreize können die Arbeitsmotivation fördern[592]. Von den Leitern der Anstaltsbetriebe wird als Begründung für das geringe Leistungsniveau der Gefängnisarbeit das fehlende Leistungsinteresse der Strafgefangenen genannt; dies resultiere vor allem aus der geringen Entlohnung[593].

Es ist auch nachvollziehbar, dass die hohe Fluktuation, die mangelnde Ausbildung und die Sicherheitsmaßnahmen den Ertrag der Arbeit in Haftanstalten beeinträchtigen. Im Hinblick auf die Kollision der Arbeitszeit mit anderen Resozialisierungsmaßnahmen scheint der Mangel an Produktivität jedoch durch die Justivollzugsbehörden zumindest mitverschuldet. Die Zielsetzung des Vollzugs könnte ökonomischer ausgerichtet werden[594], ohne dabei den Gesichtspunkt der notwendigen Resozialisierung außer Acht zu lassen. Versteht man die Arbeit als das Resozialisierungsmittel schlechthin, so sollten die übrigen Resozialisierungsmaßnahmen an den üblichen Arbeitnehmertagesablauf angepasst werden. Zudem sind die Arbeitsabläufe häufig ineffizient organisiert und die Ausstattung der Betriebe mit Maschinen und anderen Arbeitsgeräten unzulänglich[595]. Auch

589 Zu Untersuchungen zu diesem Thema und Gründen für die Unwirtschaftlichkeit sogleich.

590 Dies sah etwa der Alternativentwurf zum StVollzG aus dem Jahre 1973 vor, der von deutschen und schweizerischen Professoren erarbeitet wurde; ebenso *Mett*, SchlHA 2000, 121 (122); wie hier *Laubenthal*, Rn. 441.

591 *Wohlgemuth*, ZfStrVo 2999, 219 (221), sieht die Entlohnungssysteme für Strafgefangene als wenig attraktiv und differenziert an. Dies klingt auch in der Stellungnahme der *Bundesvereinigung der Anstaltsleiter im Strafvollzug e.V.* Zur Verfassungsmäßigkeit der Arbeitsentgeltregelungen des StVollzG, ZfStrVo 1993, 180 an; zustimmend *Wrage*, ZRP 1997, 435 (436); *Dünkel/Van Zyl Smit* in Festschrift für Kaiser, 1161 (1173).

592 *Koch*, 99; *Leder*, 35; 53 f.; *Laubenthal*, Rn. 442; *Wohlgemuth*, ZfStrVo 1999, 219 (221); *Mett*, SchlHA 2000, 121 (122).

593 *Jehle*, ZfStrVo 1994, 259 (263).

594 Mit Vorschlägen zur Ausgestaltung eines ökonomisch arbeitenden Strafvollzugs *Wohlgemuth*, ZfStrVo 1999, 219; siehe auch *Dünkel/Van Zyl Smit* in Festschrift für Kaiser, 1161 (1173); *Mett*, SchlHA 2000, 121 (122); kritisch *Jehle*, ZfStrVo 1994, 259 (265); *Wrage*, NK 1997, 14 (16 f.); *Walter* in Festschrift für Müller-Dietz, 961 (968).

595 *Neu*, Arbeitsentgelte, 7.

die Sprachbarrieren sind kein durchschlagendes Argument, denn auch die seit den 60er Jahren verstärkt angeworbenen Gastarbeiter in der freien Wirtschaft waren unbestritten höchst produktiv, trotz bestehender Verständigungsprobleme. Zudem handelt es sich sowohl bei der Arbeit in Eigen- als auch in Unternehmerbetrieben vielfach um sehr einfache Tätigkeiten. Meist werden nur solche Arbeiten angeboten, die auch Personen ohne Vorbildung schnell begreifen und umsetzen können[596]. Allerdings liegt hierin möglicherweise auch ein Problem der Gefängnisarbeit. Hochwertigere Arbeit könnte sich besser „verkaufen" lassen und damit auch eine höhere Produktivität erzielen[597].

b) Keine Erhebung eines Haftkostenbeitrags

Vom Oberlandesgericht Hamm wird als weiterer Grund für die Verfassungsmäßigkeit der Neuregelung vorgebracht, dass der Gesetzgeber nicht von der Möglichkeit der Erhebung eines Haftkostenbeitrags Gebrauch gemacht hat. Dieses Argument ist insoweit nicht durchschlagend, als dieser Beitrag auch vor der Neufassung der Gefangenenentlohnung nicht erhoben wurde. Daher kann der Haftkostenbeitrag als nicht monetäre Ergänzung zur Entlohnung von 5 % betrachtet werden. Eine Verbesserung der Situation der Strafgefangenen hat sich durch die Beibehaltung der Regelung daher nicht ergeben.

c) Entstehung einer gefängnisinternen Subkultur bei höher Vergütung

Seitens des Oberlandesgerichts Hamm wurden als Gründe, die gegen eine weitergehende Erhöhung des Arbeitsentgeltes sprechen, die dadurch begünstigte Entstehung einer Zwei-Klassen-Gesellschaft zwischen arbeitenden und arbeitlosen Strafgefangenen und die daraus resultierenden Abhängigkeiten, angeführt.

Diese Vermutung kann nicht von vorne herein ausgeschlossen werden, allerdings könnte einer solchen Entwicklung frühzeitig begegnet werden. Mit einer Erhöhung der Vergütung müsste nicht zwangsläufig eine Erhöhung des auszuzahlenden Betrages an die Strafgefangenen einhergehen. Diesen sollte kein höherer Betrag zum Einkauf in der Anstalt zur Verfügung gestellt werden, es sollte vielmehr die Möglichkeit der Erfüllung von Unterhaltsverpflichtungen, von Schulden oder zur weiteren Ansparung des Überbrückungsgelds geschaffen werden. Dementsprechend würde weiterhin der aktuell gezahlte Betrag für Einkauf oder ähnliches zur Verfügung gestellt, der übrige Betrag müsste zweckgebunden verwendet werden. Der Strafgefangene könnte die „Anerkennung" für seine Tätigkeit auch

---

596 *Böhm*, Rn. 302.

597 *Wohlgemuth*, ZfStrVo 1999, 219 (221).

dann erfahren, wenn ihm kein höherer Betrag ausgezahlt würde, etwa wenn ihm in regelmäßigen Abständen eine Abrechnung seines Entgelts und der Schuldenverringerung übergeben würde. Ob mit einer Erhöhung der Vergütung die Entstehung einer gefängnisinternen Subkultur verknüpft wäre, läge allein in den Händen des Gesetzgebers.

d) Verlust von Arbeitsplätzen bei weiterer Erhöhung der Vergütung

Die Vermutung, dass eine über 9 % der Bezugsgröße hinausgehende Erhöhung des Arbeitsentgelts Strafgefangener zu einem Arbeitsplatzverlust in den Anstalts- und Unternehmerbetrieben führen könnte, ist nicht zu widerlegen[598]. Dies gilt insbesondere im Falle einer schlechten gesamtwirtschaftlichen Lage[599]. Hier wäre es Aufgabe der Vollzugsbehörden und -anstalten, Maßnahmen einzuleiten, mit denen dieser Entwicklung wirksam begegnet werden könnte. Auch insoweit besteht eine Verpflichtung aus dem Resozialisierungsgebots des Staates.

e) Weitere Erhöhung der monetären Entlohnung kein Garant für Resozialisierung

Landau/Kunze/Poseck erkennen an, dass eine weitergehende Erhöhung der Eckvergütung durchaus durch das Resozialisierungsgebot gerechtfertigt sein kann – jedoch nur, sofern das Ziel der Resozialisierung dadurch greifbarer würde. Da dies nicht garantiert sei, könne mangels Erreichung „zielfördernder Ergebnisse" eine weitergehende Erhöhung nicht durch das Resozialisierungsgebot gerechtfertigt werden.

Zu berücksichtigen ist dabei, dass sowohl in wissenschaftlichen Arbeiten zum Bereich des Strafvollzugs als auch in der Vollzugspraxis die mangelnde Möglichkeit der Gefangenen, durch die ihnen gewährte Entlohnung ihren Unterhaltsverpflichtungen nachzukommen und ihre Schulden zu tilgen, als ein wesentliches Hemmnis der Wiedereingliederung angesehen wird[600]. Bereits vor Begehung einer Straftat sind viele der später straffälligen Personen von Arbeitslosen- und Sozialhilfe oder sogar von begangenen Straftaten finanziell abhängig. Durch die Begehung einer Straftat und den sich anschließenden Gefängnisaufenthalt verschlechtert sich ihre Lage noch. Aufgrund der möglichen Wiedergutmachung und der Gerichtskosten werden sich in der Regel Schulden angesammelt haben, an deren

598 *Neu*, NK 2001, 22 (25), geht davon aus, dass sich die Zahl der arbeitenden Strafgefangenen durch eine weitergehende Erhöhung des Arbeitsentgeltes verringern würde.
599 *Neu*, NK 2001, 22 (23 f.).
600 *Leder*, 35; *Neu*, Arbeitsentgelte, 26; ders., NK 2001, 22 (25); *Arbeiterwohlfahrt*, ZfStrVo 1989, 46 (47); *Bundesvereinigung der Anstaltsleiter im Strafvollzug*, ZfStrVo 1993, 180; *Wrage*, ZRP 1997, 435 (436); *Dünkel/Van Zyl Smit* in Festschrift für Kaiser, 1161 (1167; 1171).

Tilgung aufgrund des niedrigen Entgelts im Gefängnis nicht zu denken ist. Untersuchungen haben ergeben, dass sich die Schulden bei entlassenen Strafgefangenen zwischen 5.000 und 15.000 Euro bewegen[601]. Dementsprechend droht ein Rückfall in die Situation vor der Entlassung, also vor allem in die Abhängigkeit von der Sozialhilfe, oder sogar ein Rückfall in die Straffälligkeit[602]. Überschuldung, Wohnungslosigkeit und Rückfall in die Kriminalität seien daher in den meisten Fällen auch Folge der unzureichenden Gefangenenentlohnung[603]. Hier wäre schon im Vorfeld die Vermeidung dieser Konfliktsituation etwa durch eine Schuldenregulierung angezeigt[604]. Dies ist allerdings nur dann möglich, wenn auch Mittel zur Schuldentilgung erwirtschaftet werden. Diese Chance wird Strafgefangenen allerdings nur in den engen Grenzen des § 39 Abs. 1 StVollzG gegeben. Eine Rückkehr in die Gesellschaft ist unter diesen Voraussetzungen kaum möglich.

Auch trägt die geringe Entlohnung nicht dazu bei, dass sich bei den Strafgefangenen eine Selbstachtung entwickelt, die nicht zuletzt auch für die Resozialisierung wichtig ist[605]. Eine solche Entwicklung würde vielmehr durch die finanzielle Unterstützung ihrer Familie und die Möglichkeit zur Schuldentilgung begünstigt[606]. Hinzutreten könnte seitens der Gefangenen das Gefühl, dass die Arbeit eher eine Art Beschäftigungstherapie gegen Taschengeld darstellt, als dass sie wirklich einen Nutzen hat[607]. Die von den genannten Autoren verlangten Resozialisierungserfolge können sich zudem so lange nicht einstellen, wie die Hemmnisse nicht beseitigt werden. Da die Erhöhung nicht zur Tilgung der Schuldenlast sowie zur Erfüllung der Unterhaltsansprüche ausreicht, treten die Resozialisierungserfolge nicht zu Tage. Eine Untersuchung darüber, wie sich eine höhere Gefangenenentlohnung auf die Lage der Gefangenen auswirken würde und ob sich

---

601 *Olbrück* zitiert eine Untersuchung, wonach die Schulden 35,– bis 25.000,– Euro bei Jugendlichen, 300,– bis 55.000,– Euro bei Frauen und 80,– bis 500.000,– Euro bei Männern betragen; *Entorf*, 36, gibt eine detaillierte Übersicht über die Schuldenhöhe von inhaftierten Personen.

602 *Hartmann*, SozVers 1993, 197 (198); *Dünkel/Van Zyl Smit* in Festschrift für Kaiser, 1161 (1167) belegen dies mit einer Studie des Freiburger Max-Planck-Instituts aus den 80er Jahren. Dort wurde festgestellt, dass sich sieben Belastungsmerkmale erheblich auf die Rückfallwahrscheinlichkeit entlassener Strafgefangener auswirken, darunter vier, die direkt aus dem Gefängnisaufenthalt resultierten, nämlich ein verfügbarer Geldbetrag unter 500,– DM, Schulden über 5.000,– DM, Unklarheiten über Tilgung, Stundung oder den Erlass dieser Schulden und die Arbeitslosigkeit des Betroffenen. Die Rückfallwahrscheinlichkeit lag bei den untersuchten Personen, die keines oder nur eines der Merkmale erfüllen, bei 29 %, bei denjenigen Personen, die fünf bis sieben der Merkmale erfüllen, bei bis zu 91 %.

603 *Bundesarbeitsgemeinschaft für Straffälligenhilfe*, ZfStrVo 1993, 174.

604 Dazu *Olbrück*, 59 ff.; *Hasselbusch*, Schuldnerberatung im Justizvollzug, ZfStrVo 1999, 97 ff.

605 *Leder*, 45, 53; *Laubenthal*, Rn. 442.

606 *Rosenthal*, NK 1998, 12 (13).

607 In diesem Sinne auch *Koch*, 100; *Leder*, 35; *Rosenthal*, NK 1998, 12 (13); *Shea*, 18 ff.

auch eine Entlastung der Länderhaushalte dadurch ergäbe, dass die entlassenen Gefangenen und gegebenenfalls auch ihre Angehörigen nicht von Sozialhilfe abhängig wären[608], gibt es nicht. Zu bedenken ist auch, dass eine höhere Vergütung dem Gemeinwesen zugutekommen könnte, indem Häftlinge tatsächlich Wiedergutmachung leisten oder zumindest die Gerichtskosten zurückzahlen könnten[609]. Insoweit kann nicht im Vorhinein bestritten werden, dass eine Erhöhung der Vergütung einen größeren Resozialisierungserfolg nicht herbeiführen könnte. Es ist lediglich eine Behauptung.

f) Zulässige Kombination monetärer und nicht monetärer Entlohnung

Nach den Vorgaben des Bundesverfassungsgerichts soll die Entlohnung den Strafgefangenen in die Lage versetzen, ihm den Sinn seiner Tätigkeit vor Augen zu führen[610]. Insofern ist, entgegen der Entscheidung des Bundesverfassungsgerichts aus dem Jahre 2002, die subjektive Sicht entscheidend. Die „Früchte der Arbeit" müssen für den Strafgefangenen selbst erkennbar werden, eine objektive Betrachtungsweise kann nach den vom Bundesverfassungsgericht in seiner Entscheidung aus dem Jahre 1998 selbst formulierten Maßgaben nicht entscheidend sein. Das Gericht erkennt ausdrücklich an, dass der Gefangene den Gegenwert der Arbeit insbesondere dann begreifen wird, wenn sich die Arbeit finanziell auswirkt[611]. Eine solche Auswirkung der Arbeit wäre insbesondere dann gegeben, wenn die Entlohnung es dem Gefangenen ermöglichte, seine Schulden zu begleichen und Vorsorge für die Zukunft zu treffen. Durch die gezahlte Eckvergütung von 9 % der Bezugsgröße ist der Strafgefangene nach wie vor nicht dazu in der Lage, bestehende Schulden zu begleichen oder Unterhalt zu gewähren. Damit erschließt sich der Vorteil der geleisteten Arbeit ebenso wie vor der Neuregelung nur in engen Grenzen. Eine finanzielle Vergütung dieser Größenordnung kann also nur dann verfassungsgemäß sein, wenn ein weiterer nicht monetärer Ausgleich erfolgt, der die finanziellen Aspekte aufwiegt[612].

Das Bundesverfassungsgericht hielt die Regelung, nach der dem Gefangenen als Entlohnung für zwei zusammenhängend gearbeitete Monate ein Tag Freistel-

---

608 Von einer Entlastungen bei der Sozialhilfe gehen auch *Hartmann*, SozVers 1993, 197 (198), *Pawlita*, ZFSH/SGB 1999, 67 (70), und *Mett*, SchlHA 2000, 121 (122), aus. *Hartmann* bemängelt ebenfalls, dass Untersuchungen darüber, wie die Ausgaben bei einer Anhebung der Entlohnung im Verhältnis zu möglichen Ersparnissen stehen, nicht durchgeführt worden sind. Diese Tatsache wurde bereits vor Inkrafttreten des Strafvollzugsgesetzes kritisiert, *Müller-Dietz*, ZRP 1974, 249 (250).

609 *Jehle*, ZfStrVo 1994, 259 (264).

610 BVerfGE 98, 169 (201).

611 BVerfGE 98, 169 (200 ff.).

612 In diesem Sinne auch *Kruis*, BVerfGE 98, 196, (218).

lung gewährt wird, im Jahre 2002 für ausreichend; es wies aber gleichzeitig darauf hin, dass die Regelung überprüft und angepasst werden müsse. Als Begründung für die Wichtigkeit der Freistellung wird ausgeführt, dass die Aussicht auf vorzeitige Entlassung für die Gefangenen von hoher Bedeutung sei. Gerade aus diesem Grunde wäre es angezeigt gewesen, die nicht monetäre Entlohnung in Form der Freistellung auszuweiten[613]. Wenn als Begründung der lediglich marginalen Erhöhung die Belastung der Länderhaushalte und ein möglicher Verlust der Arbeitsplätze in den Betrieben angeführt werden, so trägt diese Begründung nicht für die Einführung von höchstens sechs zusätzlichen Freistellungstagen pro Jahr. Weder entstehen durch die Freistellung bei Anrechnung auf den Entlassungszeitpunkt zusätzliche Kosten, noch wird die Produktivität der Betriebe durch den zusätzlichen Urlaub der Strafgefangenen gehemmt, da die erzielten Tage von den meisten Gefangenen, wenn möglich, zur Anrechnung auf den Entlassungszeitraum verwendet werden. Arbeitsplätze gehen durch die Gewährung von Freistellungstagen ebenfalls nicht verloren.

Will man den Strafgefangenen tatsächlich den Lohn ihrer Arbeit vor Augen führen, so entspricht die geringe Vergütung bereits nicht den in der freien Gesellschaft gegebenen Maßstäben. Die Entlohnung für ihre Arbeit drückt sich für freie Arbeitnehmer zunächst in finanzieller Hinsicht aus; daneben stehen als nahezu gleichwertige Aspekte eine bessere soziale Absicherung oder ein Freizeitausgleich. Wenn erstgenannter Aspekt aus bestimmten, zum Teil auch nachvollziehbaren Gründen im Strafvollzug nicht gewährt werden kann, so müssen die anderen Aspekte umso mehr Berücksichtigung finden[614]. Um eine konstante Arbeitsleistung der Strafgefangenen zu erreichen, hätte beispielsweise ein System eingeführt werden können, das mehr Freistellungstage für diejenigen Gefangenen gewährt, die ihrer Arbeit ununterbrochen nachgehen. Diese Regelung könnte so aussehen, dass in den ersten beiden Monaten, wie vorgesehen, ein Tag, nach vier Monaten vier Tage, nach sechs Monaten sechs Tage usw. zusätzlich gewährt werden. Mit einer solchen oder einer vergleichbaren Regelung könnte es sich lohnen, der Arbeit ohne Unterbrechungen nachzugehen, und nach nur wenigen Monaten würde sich bereits ein greifbarer Vorteil einstellen. Auch wäre darauf zu achten, dass sich ein vom Gefangenen unverschuldeter Ausfall von Arbeitstagen nicht auf diesen Anspruch auswirkt. Zu Recht wird dabei in der Literatur darauf hingewiesen, dass die nicht monetäre Vergütung darunter leide, dass objektiv nur

613 Auch *Ullenbruch*, ZRP 2000, 177 (180), sah den Vorschlag der Justizminister zur Ausdehnung der Freistellungstage um weitere sechs Tage als Anerkennung für die geleistete Arbeit als zweifelhaft an.

614 In diesem Sinne auch *Kruis*, BVerfGE 98, 169 (218).

schwer zu beantworten sei, ob ein Strafgefangener schuldhaft seiner Arbeitspflicht nicht nachkomme[615].

Es stellt sich allerdings die Frage, auf welche Weise die Freistellungstage den Gefangenen gewährt werden sollen. Der Nutzen zusätzlicher Freistellungstage zeigt sich vor allem bei der Gruppe von Strafgefangenen, die die angesammelten Tage auf den Entlassungszeitpunkt anrechnen können. Für den Fall, dass eine frühere Entlassung nicht möglich ist und die Freistellungstage nur als Urlaub im Gefängnis abgeleistet werden können, zeigt sich dies als Gegenwert der geleisteten Arbeit kaum. Eines der Grundprobleme im Gefängnis ist die Tatsache, dass die Gefangenen häufig nicht wissen, was sie mit ihrer Freizeit anfangen sollen[616]. Insofern erscheint die Gewährung zusätzlicher Freizeit nicht als taugliches Mittel zur Anerkennung der geleisteten Arbeit.

Nicht gelungen ist die Neuregelung auch im Hinblick auf die Gefangenengruppe, für die eine Anrechnung von Freistellungstagen ausgeschlossen ist. Diesen wird als Ausgleich für die Freistellungstage lediglich ein Bruchteil der Eckvergütung gewährt, sie erhalten nur 15 % der 9 % Eckvergütung. Verbüßt der arbeitende Strafgefangene eine lebenslange Freiheitsstrafe oder eine Sicherungsverwahrung, so wird ihm die Ausgleichszahlung nach Verbüßung von jeweils zehn Jahren der Strafe auf sein Eigengeld nach § 52 StVollzG gutgeschrieben. Insoweit besteht hier eine deutliche Benachteiligung dieser Gefangenen; eine Gleichbehandlung kann in dieser Regelung nicht gesehen werden[617].

Ein wesentlicher Aspekt, der in der Entscheidung des Bundesverfassungsgerichts aus dem Jahre 2002 nicht behandelt wurde, ist die weiterhin nicht vollzogene Einbeziehung der Strafgefangenen in die gesetzliche Rentenversicherung. Dies wird als in höchstem Maße kontraproduktiv für die Resozialisierung angesehen[618]. Diesbezüglich hat das Bundesverfassungsgericht dem Gesetzgeber in der Entscheidung aus dem Jahre 1998 ebenfalls einen weiten Gestaltungsspielraum zugestanden. Der Gesetzgeber sei nicht gehalten, jede in Betracht kommende Beschäftigung am Schutz der Sozialversicherung teilnehmen zu lassen[619]. Die mangelnde Einbeziehung an sich führt damit nicht zu einer verfassungswidrigen Entlohnung.

---

615 *Meyer/Mertin*, DRiZ 2000, 388 unter Bezugnahme auf eine Stellungnahme des DAV.

616 *Ullenbruch*, ZRP 2000, 177 (180).

617 A.A. BVerfG NJW 2002, 2023.

618 *Steiner*, 146.

619 Demgegenüber erachtet *Schüler-Springorum* in Festschrift für Böhm, 219 (223), eine Einbeziehung der Strafgefangenen in die gesetzliche Rentenversicherung als für die Resozialisierung besonders wertvoll; er formuliert, dass eine solche Einbeziehung als nicht monetäre Entlohnung „am resozialisierendsten“ wäre.

g) *Ergebnis*

Die Erhöhung des Arbeitsentgeltes von 5 % auf 9 % der Bezugsgröße in Kombination mit einer nicht monetären Entlohnung stellt keine angemessene Anerkennung für die geleistete Arbeit der Strafgefangenen dar[620]. Sie ist nicht geeignet, ihnen Wert und Sinn ihrer Arbeit zu verdeutlichen, vielmehr bringt die aktuelle Regelung mit sich, dass sich Arbeit nicht lohnt[621]. Das geringe Entgelt kann nach wie vor nicht dazu beitragen, Resozialisierungshemmnisse zu beseitigen. Dies kann auch nicht durch die derzeit gewährten Freistellungstage und die Befreiung von Haftkostenbeiträgen aufgefangen werden. Eine Einbeziehung der Gefangenen in die gesetzliche Rentenversicherung hätte diese Mängel aufwiegen können[622], ist aber gleichermaßen nicht erfolgt.

Zudem war es nach der Entscheidung aus dem Jahre 2002 Aufgabe des Gesetzgebers, sowohl den monetären als auch den nicht monetären Ausgleich einer ständigen Prüfung zu unterziehen. Diese Forderung des Bundesverfassungsgerichts ist die folgerichtige Antwort auf die fortgesetzte Unterlassung des Gesetzgebers. Die bei Einführung des Strafvollzugsgesetzes angestrebte Erhöhung des Arbeitsentgelts ist weder im geplanten Zeitraum bis 1980 noch in den weiteren 18 Jahren danach erfolgt. So kann es auch nicht verwundern, dass seit der Neuregelung der Gefangenenentlohnung im Jahre 2001 keine Schritte erkennbar gewesen sind, die eine weitergehende Erhöhung der monetären oder alternativ eine Ausweitung der nicht monetären Entlohnung erwarten lassen[623]. Auch insoweit kommt der Gesetzgeber seinen Pflichten nicht nach.

Aus den genannten Gründen verletzt die Neuregelung der Gefangenenentlohnung den aus Art. 2 Abs. 1 GG i.V.m. Art. 1 Abs. 1 GG resultierenden Resozialisierungsanspruch des Strafgefangenen.

II. Vereinbarkeit mit Art. 6 Abs. 1 GG

Gemäß Art. 6 Abs. 1 GG stehen Ehe und Familie unter dem besonderen Schutz der staatlichen Ordnung. Der Vorschrift kommen verschiedene Funktionen zu, so ist sie sowohl Grundrecht in der Form des klassischen Abwehrrechts als auch

---

620 Ebenso *Laubenthal*, Rn. 441 f.

621 *Laubenhtal*, Rn. 451; *Jehle*, ZfStrVo 1994, 259 (262).

622 So im Ergebnis wohl auch *Steiner*, 142.

623 Hier spielen wohl gesamtwirtschaftliche Entwicklungen und kontrovers diskutierte Reformvorhaben eine große Rolle. Zudem würde die Notwendigkeit der Einführung einer höheren Entlohnung wohl vom Großteil der Bevölkerung nicht nachvollzogen. Zu diesem Schluss kommt auch *Wrage*, ZRP 1997, 435 (436).

Institutsgarantie[624]. Zudem stellt Art. 6 Abs. 1 GG eine wertentscheidende Grundsatznorm dar[625], drückt also eine Wertentscheidung aus, die das gesamte Rechtssystem durchzieht, soweit dieser Bereich betroffen ist. Der Schutz der staatlichen Ordnungen soll die Bereiche Ehe und Familie fördern, Beeinträchtigungen abwehren, sei es, dass sie vom Staat oder von Dritten ausgehen[626].

1. Schutzbereich

Vom Schutzbereich der Norm sind Ehe und Familie erfasst. Dabei meint Ehe die Gemeinschaft, die einen Mann und eine Frau nach beiderseitiger Absicht und gegenseitigem Versprechen umfassend und grundsätzlich lebenslang verbindet[627]. Vom Begriff der Familie wird das Beziehungsverhältnis zwischen Eltern und Kindern erfasst; dabei ist es für die Qualifizierung einer derartigen Beziehungen als Familie unerheblich, ob die Eltern miteinander verheiratet sind oder nicht oder ob es sich bei den Kindern um Adoptiv-, Stief- oder Pflegekinder handelt[628].

2. Eingriff

Art. 6 Abs. 1 GG schützt gegen staatliche Maßnahmen, die Ehe und Familie schädigen, stören oder sonst beeinträchtigen[629]. Dabei sind sowohl der immateriell-persönliche Bereich als auch die wirtschaftliche Situation der Familie geschützt[630], wobei aus Art. 6 Abs. 1 GG keine staatliche Ausgleichspflicht für alle belastenden Maßnahmen folgt[631]. Zudem kann der Gesetzgeber im Rahmen seiner Gestaltungsfreiheit die Maßnahmen zum Schutz von Ehe und Familie frei auswählen[632]. Art. 6 Abs. 1 GG untersagt insbesondere Maßnahmen, die Ehe und Familie im Vergleich zu anderen Lebens- und Erziehungsgemeinschaften schlechter stellen[633]. Die Eingriffsqualität einer Benachteiligung kann ausgeschlossen sein, wenn sie unbeabsichtigte Nebenfolge einer im Übrigen verfassungsgemäßen Regelung ist[634] und sich nicht als wirtschaftlich einschneidend darstellt[635].

---

624 BVerfGE 6, 55 (71); *Pieroth/Schlink*, Rn. 687 f.

625 BVerfGE 6, 55 (71); 55, 114 (126); 76, 1 (49); 80, 81 (92 f.); 105, 313 (342).

626 BVerfGE 6, 55 (76); 24, 119 (135).

627 *Pieroth/Schlink*, Rn. 689.

628 *Pieroth/Schlink*, Rn. 695.

629 BVerfGE 6, 55 (76); 55, 114 (126 f.); 81, 1 (6).

630 BVerfGE 55, 114 (126 f.); 66, 84 (94).

631 BVerfGE 40, 121 (132); 55, 114 (127).

632 BVerfGE 21, 1 (6); 43, 108 (123 f.); 55, 114 (127).

633 *Muckel*, § 6 Rn. 9.

634 BVerfGE 6, 55 (77); 23, 74 (84).

635 BVerfGE 15, 328 (335).

Die Inhaftierung eines Elternteils wirkt sich erheblich auf die gesamte familiäre Situation aus. Dabei ist die Haft selbst natürlich auf ein Fehlverhalten des Betroffenen zurückzuführen, fraglich ist aber, ob sich die Auswirkungen des Gefängnisaufenthaltes auf die Familie durch staatliches Handeln erhöhen. Auszugehen ist vorliegend von der wohl noch vorherrschenden Situation, dass dem Vater die Rolle des Ernährers zukommt oder dass beide Elternteile gemeinsam das Einkommen erwirtschaften. Die Inhaftierung und die Beschränkung auf die Anstaltsarbeit, einhergehend mit einer geringen Entlohnung, wirkt sich auf beide Situationen erheblich aus, häufig entsteht durch die Folgen der Straftat eine wirtschaftliche Notlage der Familie[636]. Die Gefangenen sind aufgrund des geringen Arbeitsentgelts finanziell nicht dazu in der Lage, ihren Familien Unterhalt zu zahlen[637]; häufig tritt sogar der umgekehrte Fall ein und die Angehörigen müssen den Gefangenen unterstützen. Zudem sehen sie sich nicht selten den Schulden aus dem Gerichtsverfahren und der Wiedergutmachung gegenüber. Zusätzlich muss der normale Lebensunterhalt bestritten werden. Diese Umstände wirken sich auf die gesamte Familie aus und sind häufig mit einem sozialen Abstieg verbunden. Soweit nicht schon eine Abhängigkeit von staatlicher Unterstützung gegeben ist, kann eine solche durch die Inhaftierung herbeigeführt werden. Die Gefahr, dass Kinder inhaftierter Väter durch die wirtschaftliche Situation, zusätzlich durch eine Stigmatisierung[638], zu Außenseitern werden, erhöht sich enorm[639]. Diese Wirkungen könnten durch ein höheres Arbeitsentgelt der Strafgefangenen gedämpft werden. Insoweit liegt ein Eingriff in die Rechte aus Art. 6 Abs. 1 GG vor.

3. Verfassungsrechtliche Rechtfertigung

Der Eingriff in Art. 6 Abs. 1 GG könnte gerechtfertigt sein, da die Familie eines Strafgefangenen für den Fall, dass sie erwerbslos ist, unter den Voraussetzungen des SGB XII einen Anspruch auf Sozialhilfe hat. Durch diesen Anspruch wird die nach dem Grundgesetz zu gewährleistende Sicherung des Existenzminimums erfüllt. Der Staat übernimmt insoweit die Aufgabe des Inhaftierten und garantiert der Familie ein existenzsicherndes Auskommen.

Allerdings ist fraglich, wie der Umstand Beachtung findet, dass § 103 SGB XII einen Kostenersatz bei schuldhaftem Verhalten vorsieht. Gemäß § 103 Abs. 1 S. 1 SGB XII ist zum Ersatz der Kosten der Sozialhilfe verpflichtet, wer nach Vollen-

636 *Olbrück*, 62 ff.; *Rosenthal*, NK 1998, 12 (14); dabei soll nicht verschwiegen werden, dass es Fälle gibt, in denen die Inhaftierung des Vaters sich wirtschaftlich nicht negativ oder sogar positiv auswirkt, etwa weil dieser alkohol-, drogen- oder spielsüchtig ist.

637 *Hartmann*, SozVers 1993, 197 (198); *Olbrück*, 62; *Götte*, 38 ff.

638 *Busch*, ZfStrVo 1989, 131 (134).

639 *Busch*, ZfStrVo 1989, 131 (134); *Götte*, 40.

dung des 18. Lebensjahrs für sich oder andere durch vorsätzliches oder fahrlässiges Verhalten die Voraussetzungen für die Leistungen der Sozialhilfe herbeigeführt hat. Für das Entstehen des Erstattungsanspruchs muss zunächst einmal ein sozialwidriges Verhalten gegeben sein[640]. Sozialwidrig ist ein Verhalten in diesem Sinne, wenn es einem Unwerturteil unterworfen werden kann, d.h., wenn es aus Sicht der Gemeinschaft, die die Sozialhilfemittel aufbringt und insoweit eine Solidargemeinschaft bildet, zu missbilligen ist[641]. Des Weiteren setzt ein sozialwidriges Verhalten voraus, dass die Mittellosigkeit und Sozialhilfebedürftigkeit nicht nur tatsächlich eintreten, sondern schuldhaft herbeigeführt werden. Schuldhaft in diesem Sinne meint vorsätzliche oder grob fahrlässige Herbeiführung des Erfolgs im Bewusstsein der Sozialwidrigkeit des eigenen Verhaltens[642]. Grundsätzlich kann unter Berücksichtigung der Umstände des Einzelfalls auch die Ableistung einer Haftstrafe, die zur Sozialhilfebedürftigkeit von Unterhaltsberechtigten führt, ein sozialwidriges Verhalten des Unterhaltsverpflichteten darstellen[643]. In einem solchen Fall ist die Unterstützung der Familie nur vorübergehend, da die zur Verfügung gestellten Mittel zurückgefordert werden können. Allerdings ist insofern der Tatsache Rechnung zu tragen, dass innerhalb der Regelung des § 103 SGB XII eine Härtefallregelung besteht. Es liegt also im Ermessen der zuständigen Behörde, ob sie die gezahlten Mittel tatsächlich zurückfordert. Somit wird dem Einzelfall in genügender Weise Rechnung getragen. Daher geht mit der Gefangenenentlohnung keine Verletzung von Art. 6 Abs. 1 GG einher.

F. Vereinbarkeit der Regelungen der §§ 190–193 StVollzG mit Verfassungsrecht[644]

Wie bereits dargelegt sind Strafgefangene nur teilweise in die Sozialversicherungssysteme einbezogen, nicht beitragspflichtig sind sie für die Kranken- und Rentenversicherung. Eine Prüfung der Verfassungsmäßigkeit der fehlenden Einbeziehung der Strafgefangenen in die gesetzliche Krankenversicherung wird vorliegend

640 BVerwGE 51, 61 (63); 109, 331 (333); OVG Lüneburg, FEVS 43, 246.

641 BVerwGE 109, 331 (333); 118, 109 (111); OVG Lüneburg, Urteil vom 26.06.1991, Az. 4 L 183/89; FEVS 43, 246; *Schoenfeld* in Grube/Wahrendorf, SGB XII, § 103 Rn. 5.

642 BVerwGE 118, 109 (111).

643 OVG Lüneburg, Urteil vom 26.06.1991, Az. 4 L 183/89; FEVS 43, 246; *Schoenfeld* in Grube/Wahrendorf, SGB XII, § 103 Rn. 11.

644 Zur Situation Strafgefangener in der Sozialversicherung siehe auch *Steiner*, Der Strafgefangene im System der gesetzlichen Rentenversicherung.

nicht behandelt, da die Gesundheitsfürsorge der Gefängnisinsassen nach den §§ 56 ff. StVollzG gewährleistet ist [645].

I. Suspendierung der Einbeziehung in die gesetzliche Rentenversicherung, § 198 Abs. 3 StVollzG

Die mangelnde Einbeziehung in die gesetzliche Rentenversicherung folgt zunächst daraus, dass diese durch ein besonderes Bundesgesetz erfolgen soll, § 198 Abs. 3 StVollzG. Die Schaffung eines solchen Gesetzes wurde bislang jedoch nicht in Angriff genommen.

Die Versicherungspflicht wurde für arbeitende Strafgefangene in der Arbeitslosenversicherung gemäß § 26 Abs. 1 Nr. 4 SGB III und in der Unfallversicherung nach § 2 Abs. 2 S. 2 SGB VII eingeführt. Nach § 26 Abs. 1 Nr. 4 SGB II gehören zu den sonstigen Versicherungspflichtigen auf dem Gebiet der Arbeitslosenversicherung Strafgefangene, die Arbeitsentgelt, Ausbildungsbeihilfe oder Ausfallentschädigung erhalten[646]. Insoweit hat auch das Bundessozialgericht[647] bereits kurz nach Inkrafttreten des Strafvollzugsgesetzes entschieden, dass für den Bereich der Arbeitslosenversicherung keine Unterscheidung zwischen der Tätigkeit in einem freien Beschäftigungsverhältnis und der Arbeit in Eigen- oder Unternehmerbetrieben stattfinden dürfe. Die Unterscheidung zwischen diesen Tätigkeiten ergebe sich allein aus der Abwicklung des Strafvollzugs, daran könnten jedoch keine für die Zeit nach der Strafentlassung unterschiedlichen Folgerungen hinsichtlich der sozialen Sicherung des Gefangenen geknüpft werden.

Für den Bereich der Rentenversicherung hat der Gesetzgeber keine ausdrückliche Regelung zur Einbeziehung geschaffen. Daraus wird gefolgert, dass nach dem SGB VI keine Rentenversicherungspflicht für Strafgefangene besteht[648].

II. Einbeziehung in die Rentenversicherung aufgrund der Arbeitstätigkeit

Eine Einbeziehung von Strafgefangenen erfolgt auch nicht aufgrund der Tatsache, dass sie im Gefängnis einer bezahlten Tätigkeit nachgehen. Zwar erfüllt die Arbeit

645 Diese ist etwa nach Ansicht *Steiners*, 87 f. ausreichend und in verfassungsrechtlicher Hinsicht unbedenklich; umfassend zur Gesundheitsfürsorge von Strafgefangenen *von Savigny*, Die Gesundheitsfürsorge im Strafvollzug unter besonderer Berücksichtigung der Gefangenen im freien Beschäftigungsverhältnis.

646 *Brandt* in Niesel, SGB III, § 26 Rn. 16.

647 MDR 1979, 788.

648 SG Kassel, NachrLVA HE 2003, 105.

gegen Entgelt nach dem Wortlaut den Tatbestand des § 1 S. 1 Nr. 1 SGB VI. Danach sind Personen, die gegen Arbeitsentgelt beschäftigt sind, versicherungspflichtig.

Diesbezüglich wird vertreten, dass es sich bei der Arbeitstätigkeit von Strafgefangenen, mit Ausnahme des freien Beschäftigungsverhältnisses, nicht um eine versicherungspflichtige Tätigkeit in diesem Sinne handelt. Voraussetzung der Versicherungspflicht sei eine Beschäftigung in einem nicht selbstständigen[649] und freiwilligen Arbeitsverhältnis[650]. Dies werde durch die Verwendung des Begriffs „Arbeitsverhältnis" verdeutlicht, welches nur bei freiwilliger Arbeitstätigkeit gegeben sei[651]. Zudem liege kein Arbeitsverhältnis in diesem Sinne vor, wenn die gesamte Arbeitsleistung aufgrund eines öffentlich-rechtlichen Gewaltverhältnisses erbracht werde[652]. Strafgefangene gehörten aufgrund der Arbeitspflicht gemäß § 41 StVollzG nicht zu diesem Personenkreis; die Freiwilligkeit des Beschäftigungsverhältnisses sei durch die gesetzliche Arbeitspflicht ausgeschlossen[653]. Somit handele es sich bei der Gefängnisarbeit nicht um eine versicherungspflichtige Tätigkeit im Sinne des § 1 S. 1 Nr. 1 SGB VI[654].

Dieser Auffassung stehen insoweit Bedenken entgegen, als die Arbeitspflicht auch für diejenigen Strafgefangenen eine Einbeziehung in die gesetzliche Rentenversicherung verhindert, die freiwillig einer Tätigkeit nachgehen. Abgestellt wird also nicht auf die tatsächliche Situation des jeweiligen Gefangenen, sondern lediglich auf die gesetzliche Konstruktion. Der Gesetzgeber verlangt Freiwilligkeit für das Vorliegen eines versicherungspflichtigen Arbeitsverhältnisses, schafft dabei mit der Arbeitspflicht aber eine Situation, die die Freiwilligkeit der Arbeitserbringung per se ausschließt[655]. Dabei wäre es angezeigt, den Begriff der Beschäftigung gemäß § 1 S. 1 Nr. 1 SGB VI an die Verhältnisse der Gefängnisarbeit anzupassen. Hier besteht gleichermaßen die soziale Schutzbedürftigkeit, die den Begriff der Beschäftigung in diesem Sinne prägt[656]. Auch insoweit ist festzustellen, dass die Normierung einer Arbeitspflicht auf Häftlinge resozialisierungsfeindlich wirken kann, da die Freiwilligkeit einer Arbeitsaufnahme nicht honoriert wird.

---

649 SG Kassel, NachrLVA HE 2003, 105.

650 BSGE 18, 246 (251); 27, 197 (198); 38, 245 (246); *Lüdtke* in Winkler, SGB IV, § 7 Rn. 8; *Ruland* in SRH, § 17 Rn. 21; *Steiner*, 76.

651 *Lüdtke* in Winkler, SGB IV, § 7 Rn. 8;

652 BSGE 38, 245 (246).

653 *Ruland* in SRH, § 17 Rn. 21.

654 SG Kassel, NachrLVA HE 2003, 105.

655 Auch das Bundesverfassungsgericht versteht in seinem Beschluss vom 27.12.2007, Az. 2 BvR 1061/05, § 41 StVollzG dahin gehend, dass Pflichtarbeit im Sinne des § 41 StVollzG auch dann gegeben ist, wenn sich ein Strafgefangener freiwillig zur Arbeit einfindet.

656 *Mrozynski*, 146.

III. Folgen der fehlenden Einbeziehung in die Rentenversicherung

Die fehlende Einbeziehung Strafgefangener in die Rentenversicherung ist insoweit von Bedeutung, als das System dadurch geprägt ist, dass der Versicherte in seinem „Beitragsleben“ Anwartschaften aufbaut. Diese Anwartschaften variieren je nach Einzahlungsdauer und -höhe. Dementsprechend wirken sich Ausfallzeiten nachteilig auf die spätere Rentenhöhe aus oder lassen Anwartschaften sogar völlig entfallen.

Durch das Haushaltsbegleitgesetz 1984 wurde eine Regelung eingeführt, die sich ebenfalls nachteilig auf die Situation von Strafgefangenen ausgewirkt hat. So ist Voraussetzung für den Erhalt einer Rente wegen Erwerbs- bzw. Berufsunfähigkeit, dass der Versicherte in den fünf Jahren vor Eintritt der Erwerbsminderung mindestens 36 Monate lang Pflichtbeiträge geleistet hat, § 43 Abs. 1 Nr. 2 SGB VI. Sofern ein Gefangener eine Haftzeit von über zwei Jahren verbüßt, führt dies möglicherweise zum Scheitern seines Anspruchs auf Berufsunfähigkeitsrente.

Wie dargestellt, wird die Pflichtarbeit nicht als rentenversicherungspflichtige Tätigkeit angesehen, sodass der Strafgefangene während der Haft keine Beitragszeiten nachweisen kann. Darüber hinaus stellt der Gefängnisaufenthalt keinen Aufschubtatbestand dar, sodass die beitragslose Zeit auch nicht überbrückt werden kann. So kann die Anwartschaft auf eine Rente wegen verminderter Erwerbsfähigkeit oder Erwerbsunfähigkeit aufgrund der Nichterfüllung der versicherungsrechtlichen Voraussetzungen verloren gehen. Zwar besteht die Möglichkeit, die Beitragszahlung freiwillig aufrecht zu erhalten; dafür bedarf es jedoch ausreichender finanzieller Mittel.

Weitere Bedenken im Hinblick auf die Vereinbarkeit der Regelungen der §§ 190 bis 193 StVollzG mit dem Verfassungsrecht ergeben sich zudem daraus, dass die Zeit der Strafhaft in der Rentenversicherung nicht als Berücksichtigungs-, Anrechnungs- oder Zurechnungszeit gemäß den §§ 57–59 SGB VI bewertet wird, sodass die Zeit der Inhaftierung für die Alters-, Invaliditäts- und Hinterbliebenenversicherung entfällt. Dies führt zu einer Verringerung der Rentenhöhe, weil fingiert wird, dass die Lebensarbeitszeit geringer als tatsächlich ist. Unter Umständen können Ansprüche völlig entfallen, da gesetzliche Wartezeiten nicht erfüllt sind, § 50 Abs. 2 bis Abs. 5 SGB VI.

Im Zusammenhang mit der Rente wirkt sich des Weiteren die Tatsache aus, dass durch den Haftaufenthalt nicht die Vorversicherungszeit für die Krankenversicherung der Rentner nach § 5 Abs. 1 Nr. 11 SGB V erreicht wird. Die fehlende Beitragspflicht hat zudem Folgen für die Rentenhöhe; dadurch können im Todesfall des Versicherungsnehmers Angehörige ebenfalls betroffen sein.

IV. Vereinbarkeit mit Art. 14 Abs. 1 GG

Im Folgenden wird die Frage der Vereinbarkeit der Versicherungsfreiheit der Strafgefangenen in der gesetzlichen Rentenversicherung mit der Eigentumsgarantie aus Art. 14 Abs. 1 GG im Hinblick auf den Verlust von Anwartschaften zur Erwerbsunfähigkeitsrente untersucht. Diese Frage ist vor allem im Hinblick darauf von Relevanz, dass Untersuchungen ergeben haben, dass ca. 30 % der Strafgefangenen zum Zeitpunkt der Begehung einer Straftat ihr überwiegendes Einkommen aus einer beruflichen Tätigkeit erzielt haben.

1. Schutzbereich

Um die mangelnde Einbeziehung von Strafgefangenen in die gesetzliche Rentenversicherung und die sich daraus ergebenden Folgen am Maßstab von Art. 14 Abs. 1 GG zu prüfen, müssten sozialversicherungsrechtliche Anwartschaften vom Schutzbereich der Eigentumsgarantie erfasst sein. In frühen Urteilen des Bundesverfassungsgerichts wurde ein solcher Schutz zunächst verneint, da die Eigentumsfreiheit grundsätzlich keine öffentlich-rechtlich begründeten vermögenswerten Positionen umfasse[657]. In später ergangenen Entscheidungen wurde diese Rechtsprechung dahin gehend verändert, dass ein Schutz öffentlich-rechtlicher Anwartschaften zu bejahen ist, wenn dem Einzelnen eine Rechtsposition eingeräumt wird, die derjenigen des Eigentümers entspricht[658]. Dies ist für die Rentenversicherung anzuerkennen, da der Versicherte nach Begründung des Rentenversicherungsverhältnisses eine Anwartschaft erwirbt, die bei Erfüllung weiterer Voraussetzungen, wie etwa des Ablaufs der Wartezeit und des Eintritt des Versicherungsfalls, zum Vollrecht erstarken kann[659]. Die rentenversicherungsrechtlichen Positionen weisen die für den Schutz des Art. 14 GG wesentlichen Merkmale auf und erfüllen daher eine der Eigentumsfreiheit vergleichbare Position[660]. Der Eigentumsgarantie kommt im System der Grundrechte eine herausragende Position insbesondere für die persönliche Freiheit zu. Sie gewährleistet einen Freiheitsraum im vermögensrechtlichen Bereich und ermöglicht eine eigenverantwortliche und selbstbestimmte Lebensführung[661]. Die wirtschaftliche Existenzsicherung erreichen die meisten Bürger durch den Ertrag ihrer Arbeitsleistung und tragen damit durch die Leistungen zur Rentenversicherung gleichzeitig zur Existenzsicherung im Alter bei. Daher ermöglichen die Rentenanwartschaften ebenfalls eine Sicherung der vermögens-

---

657 BVerfGE 32, 129 (142).

658 BVerfGE 49, 65 (82 f.).

659 BVerfGE 53, 257 (289 f.); 69, 272 (298).

660 BVerfGE 53, 257 (290).

661 BVerfGE 40, 65 (83); 42, 263 (293); 50, 290 (339); 53, 257 (290); 68, 193 (222); 69, 272 (300).

rechtlichen Freiheit im Alter und erfüllen die konstituierenden Merkmale der Eigentumsgarantie aus Art. 14 GG[662]. Der Schutz der Rentenanwartschaft resultiert insbesondere auch daraus, dass hierin die personale Beziehung des Rechtsinhabers zum Eigentumsobjekt zum Ausdruck kommt, da der Umfang der Anwartschaft auch von der persönlichen Leistung des Versicherten abhängig ist[663]. Gerade der Zusammenhang zwischen der Berechtigung des Rechtsinhabers und seiner eigenen Leistung ist als Schutzgrund der Eigentümerposition anerkannt[664]. Zusammenfassend ist festzustellen, dass öffentlich-rechtliche Anwartschaften aus der Sozialversicherung vom Schutzbereich des Art. 14 Abs. 1 GG erfasst sind, sofern sie der Existenzsicherung dienen und aus wesentlichen Eigenleistungen resultieren[665]. Nicht erforderlich ist, dass sie vollständig auf Eigenleistung beruhen; allerdings ist der Schutz der Anwartschaften umso intensiver, je höher der dem Anspruch zugrunde liegende Anteil eigener Leistung ist[666]. Für die Beurteilung, ob eine sozialversicherungsrechtliche Position auf nicht unerheblichen Eigenleistungen des Versicherten beruht, wird auf verschiedene Kriterien zurückgegriffen. Als eigene Leistungen sind dabei nicht nur die von ihm selbst bezahlten Beiträge zu berücksichtigen. Ebenso als Eigenleistungen sind Beiträge anzusehen, die von Dritten zugunsten des Versicherten erbracht werden, wie es etwa bei den Arbeitgeberanteilen der gesetzlichen Rentenversicherung der Fall ist. Diese Zahlungen sind gleichermaßen dem Versicherten zuzurechnen[667].

Die Berufs- und Erwerbsunfähigkeitsrenten dienen der Versorgung des Betroffenen für den Fall, dass er seiner beruflichen Tätigkeit nicht mehr nachgehen kann, damit dienen sie der Existenzsicherung bei Eintritt des Versicherungsfalls. Sie sind Teil des Systems der gesetzlichen Rentenversicherung, § 33 Abs. 1 SGB VI; die Beiträge werden vom Bruttoentgelt abgezogen und durch den Arbeitgeber an den Rentenversicherer abgeführt; daher sind sie als Eigenleistung zu berücksichtigen. Bei Vorliegen der gesetzlichen Voraussetzungen gemäß § 43 SGB VI besteht ein Anspruch auf Zahlung einer Rente entsprechend den geleisteten Anwartschaften. Der Schutzbereich des Art. 14 Abs. 1 GG erstreckt sich dementsprechend auch auf die Anwartschaften zur gesetzlichen Rentenversicherung, zu denen auch die Erwerbsunfähigkeitsrente gehört.

Zu berücksichtigen ist dabei, dass nur der vorhandene Bestand des Eigentums durch Art. 14 Abs. 1 GG geschützt ist. Erwartungen und Aussichten unterfallen

662 BVerfGE 50, 290 (339); 53, 257 (290).
663 BVerfGE 53, 257 (291).
664 BVerfGE 1, 264 (277 f.); 14, 288 (293); 22, 241 (253); 24, 220 (226); 53, 257 (291).
665 BVerfGE 69, 272 (300 f.); *Hofmann* in Schmidt-Bleibtreu/Klein, GG, Art.14 Rn.27.
666 BVerfGE 53, 257 (291 f.).
667 BVerfGE 69, 272 (302).

dagegen nicht dem Schutz[668]. Insofern sind nur die bestehenden Anwartschaften, nicht jedoch die durch höhere Beitragszahlung bewirkte Erhöhung des Rentenanspruchs, vom Schutzbereich erfasst.

Den Schutz von Art. 14 Abs. 1 GG genießen auch die vermögenswerten Rechte Strafgefangener, sofern sie die genannten Voraussetzungen erfüllen[669].

2. Eingriff

Fraglich ist, ob es sich bei der Nichtumsetzung der Vorschriften zur Versicherungspflicht um eine Inhalts- und Schrankenbestimmung oder eine Enteignung handelt. Die Inhalts- und Schrankenbestimmungen können die Eigentumsfreiheit verkürzen und eine Eigentumsnutzung beschränken. Für eine Enteignung bedarf es grundsätzlich eines finalen Rechtsaktes, der auf die vollständige oder teilweise Entziehung konkreter subjektiver Rechtspositionen gerichtet ist, die durch Art. 14 Abs. 1 GG geschützt sind[670].

Die Strafhaft führt zu einer Unterbrechung der Beitragszahlung, sofern der Strafgefangene nicht in einem freien Beschäftigungsverhältnis steht. Die Gefängnisarbeit wird so behandelt, als bestünde kein Beschäftigungsverhältnis; es besteht Beitragsfreiheit, wobei den Strafgefangenen die Möglichkeit zur freiwilligen Beitragszahlung aus eigenen Mitteln eingeräumt wird. Die Versicherungsfreiheit führt wohl in den meisten Fällen mangels finanzieller Mittel der Gefangenen dazu, dass keine Beiträge zur Rentenversicherung geleistet werden. Ein Anspruch auf Versichertenrente wegen Erwerbs- bzw. Berufsunfähigkeit besteht allerdings nur dann, wenn der Versicherte in den fünf Jahren vor Eintritt der Erwerbsminderung mindestens 36 Monate Pflichtbeiträge geleistet hat. Damit unterbricht eine über zwei Jahre dauernde Strafhaft die erforderliche Beitragsdichte, da bei Pflichtarbeit des Gefangenen keine Rentenbeitragszeiten erworben werden und die Strafhaft keinen Aufschubtatbestand abgibt[671]. Sofern Strafgefangene also vorher Rentenbeitragszahlungen geleistet und damit Anwartschaften erworben haben, führt der Haftaufenthalt zu einem Entfallen der Anwartschaft. Im ungünstigsten Fall können diese Anwartschaften erst nach dreijähriger Versicherungspflicht nach der Entlassung wieder entstehen[672].

---

668 BVerfGE 68, 193 (222); 74, 129 (148).

669 BVerfGE 42, 229 (233); *Däubler/Spaniol* in AK-StVollzG, vor § 37 Rn. 28.

670 BVerfGE 52, 1 (27); 100, 226 (240).

671 *Pawlita* ZFSH/SGB 1999, 67 (70); verfassungsrechtliche Bedenken gegen diese Regelung im Zusammenhang mit der Tätigkeit der Strafgefangenen äußerte auch der 13. Senat des Bundessozialgerichts in seiner Stellungnahme zum Verfassungsbeschwerdeverfahren, das letztlich zur Entscheidung 98, 169 führte, BVerfGE 98, 169 (193).

672 Stellungnahme des 8. Senats des Bundessozialgerichts, BVerfGE 98, 169 (194).

Das Strafvollzugsgesetz ist nicht darauf gerichtet, die bestehenden Anwartschaften der Strafgefangenen zu beenden oder den Anspruch zu verkürzen, es handelt sich damit nicht um eine Enteignung im Sinne des Art. 14 Abs. 3 GG. Vielmehr ist der Verlust der Anwartschaften eine Folge der Einführung erschwerter gesetzlicher Voraussetzungen zum Erhalt von Erwerbs- und Berufsunfähigkeitsrente und der Nichtumsetzung der §§ 190 bis 193 StVollzG. Ein Eingriff in Form der Inhalts- und Schrankenbestimmung liegt vor.

3. *Verfassungsrechtliche Rechtfertigung*

Das Eigentumsrecht aus Art. 14 Abs. 1 GG wird durch Art. 14 Abs. 2 GG beschränkt. Danach kann der Gesetzgeber Inhalt und Schranken des Eigentums festsetzen, sofern dies den Interessen des Einzelnen und dem Interesse der Allgemeinheit gerecht wird[673]. Dabei sind die schutzwürdigen Interessen der Beteiligten in ein ausgewogenes Verhältnis zu bringen[674], insbesondere ist das Rechtsstaatsprinzip zu berücksichtigen. Inhalt und Schranken des Eigentums kann der Gesetzgeber im Rahmen seiner gestalterischen Freiheit bestimmen. Zu berücksichtigen sind dabei Eigenart und Funktion des Eigentumsobjekts[675], auch im Hinblick auf dessen Bedeutung für den Eigentümer[676]. Dem Verhältnismäßigkeitsprinzip entspricht es, dass die gesetzgeberische Gestaltungsfreiheit engen Beschränkungen unterliegt, soweit die Funktion des Eigentums als Sicherung der individuellen Freiheit betroffen ist. Dagegen hat der Gesetzgeber einen weiteren Spielraum, sofern das Eigentumsobjekt in einem sozialen Bezug und einer sozialen Funktion steht[677]. Bei der Beurteilung des gesetzgeberischen Gestaltungsspielraums im Rahmen von Art. 14 GG ist zudem zu berücksichtigen, inwieweit der Eigentümer eine Eigentumsposition durch eigene Leistung erworben hat[678].

Die Anwartschaften aus der Rentenversicherung weisen, wie gesehen, aufgrund der Eigenleistung des Versicherten einen hohen personalen Bezug auf. Allerdings besteht eine Wechselwirkung mit sozialen Komponenten dahin gehend, dass den Sozialversicherungssystemen, und damit auch der gesetzlichen Rentenversicherung, eine bedeutende soziale Funktion zukommt, die durch den Begriff der „Solidargemeinschaft“ gekennzeichnet ist. Die soziale Komponente der Rentenversicherung tritt auch dadurch zutage, dass sie in wesentlichen Teilen durch

---

673 BVerfGE 58, 300 (335 f.); 71, 230 (246 f.); 74, 203 (214); *Wendt* in Sachs, GG, Art.14 Rn.70.

674 *Depenheuer* in v. Mangoldt/Klein/Starck, GG Band 1, Art.14 Rn. 224.

675 BVerfGE 53, 257 (290).

676 BVerfGE 101, 54 (75).

677 BVerfGE 50, 290 (339 ff.); 53, 257 (292).

678 BVerfGE 1, 264 (277 f.); 14, 288, (293 f.); 22, 241 (253); 24, 220 (226); 58, 81 (112).

öffentliche Mittel finanziert wird[679]. Aufgrund dieser Wechselwirkung kommt dem Gesetzgeber bei der Bestimmung von Inhalt und Schranken rentenversicherungsrechtlicher Anwartschaften ein weiter Gestaltungsspielraum zu. Dies gilt umso mehr, als die Funktionsfähigkeit des Gesamtsystems in Frage steht. Daher können Rentenansprüche und -anwartschaften beschränkt werden, sofern dies dem Gemeinwohl dient und dem Grundsatz der Verhältnismäßigkeit entspricht. Dies ist nunmehr für den vorliegenden Sachverhalt zu prüfen.

a) Urteil des 5. Senates des Bundessozialgerichts vom 26.05.1988[680]

Dem Urteil des fünften Senates des Bundessozialgerichts vom 26.05.1988 lag folgender Sachverhalt zu Grunde:

Der Kläger wurde 1948 geboren, erlernte zwar keinen Beruf, war allerdings in verschiedenen Berufsfeldern tätig. Bereits im Jahre 1968 hatte er 60 Monate Pflichtversicherungsbeiträge geleistet und damit die allgemeine Wartezeit als Anspruchsvoraussetzung für den Erhalt einer Erwerbsunfähigkeitsrente gemäß §§ 43 Abs. 1 Nr. 3, 50 Abs. 1 Nr. 2 SGB VI erfüllt. In der Zeit ab 1977 war er abwechselnd erwerbstätig und arbeitslos, in der Zeit von Oktober 1978 bis Januar 1980 inhaftiert. Im Juli des Jahres 1981 stellte er einen Antrag auf Erwerbsunfähigkeitsrente, der jedoch abgelehnt wurde. Der hiergegen eingelegte Widerspruch sowie Anfechtungsklage und Berufung blieben erfolglos. Dies wurde damit begründet, dass der Kläger in den 60 Kalendermonaten vor Eintritt des Versicherungsfalls nur 36 Monate versicherungspflichtig beschäftigt war und keine gleichzusetzenden Berücksichtigungszeiten nachweisen konnte. Durch das Haushaltsbegleitgesetz 1984 war als Anspruchsvoraussetzung für den Erhalt von Erwerbsunfähigkeitsrente die Regelung eingeführt worden, dass der Versicherte in den letzten 60 Kalendermonaten vor Eintritt der Berufsunfähigkeit mindestens 36 Kalendermonate mit Beiträgen für eine versicherungspflichtige Beschäftigung oder Tätigkeit belegt hat. Im Verfahren vor dem Bundessozialgericht hatte der Kläger vorgebracht, dass die Nichtberücksichtigung der bereits erreichten Rentenanwartschaften unrechtmäßig sei. Zum einen sei von den Gerichten bislang die Arbeitstätigkeit im Gefängnis nicht als versicherungspflichtige Tätigkeit angesehen oder die Haftzeit wie eine Ausfallzeit behandelt worden. Zum anderen beeinträchtigten die Nichtumsetzung der Regelung zur Einbeziehung von Strafgefangenen in die gesetzliche Rentenversicherung und die Einführung der strengeren Anspruchsvoraussetzungen durch das Haushaltsbegleitgesetz 1984 seine Rentenanwartschaften unter Verletzung der Art. 3 Abs. 1 GG, Art. 14 Abs. 1, Abs. 3 S. 1 GG

679 BVerfGE 53, 257 (292 f.).

680 Az. 5/5b RJ 20/87= NJW 1989, 190.

und Art. 20 Abs. 1 GG. Die Suspendierung der Einbeziehung in die gesetzliche Rentenversicherung habe ihm die Möglichkeit der Aufrechterhaltung seiner Anwartschaften versperrt.

Auch das Bundessozialgericht kam zu dem Schluss, dass dem Kläger kein Anspruch auf Erwerbsunfähigkeitsrente zustehe, und wies die Revision als unbegründet zurück. Die Monate des Gefängnisaufenthaltes seien nicht als berücksichtigungsfähige Zeiten anzusehen, da sie im maßgeblichen Katalog weder als solche ausdrücklich genannt noch einer der dort aufgeführten Zeiten in Sachgehalt und versicherungsrechtlicher Wirkung gleichzusetzen seien. Des Weiteren habe das Bundesverfassungsgericht in seinem Urteil vom 08.04.1987[681] zur Erschwerung der Anspruchsvoraussetzungen für den Erhalt von Erwerbs- und Berufsunfähigkeitsrente durch das Haushaltsbegleitgesetz 1984 bereits festgestellt, dass die Regelung verfassungsgemäß sei.

In der Entscheidung des Bundesverfassungsgerichts zum Haushaltsbegleitgesetz 1984 war festgestellt worden, dass die Erschwerung von Anspruchsvoraussetzungen als ein Eingriff in die Anwartschaften der Beschwerdeführer und damit in das Recht aus Art. 14 Abs. 1 GG anzusehen sei. Es handele es sich allerdings nicht um einen Totalentzug der Anwartschaften, da deren Erhalt nur von erneuten und weiteren Beitragsleistungen abhängig gemacht worden sei. Damit liege kein ersatzloser Entzug eigentumsrechtlicher Positionen vor, vielmehr habe der Gesetzgeber von seiner Möglichkeit Gebrauch gemacht, in nach Art. 14 Abs. 1 S. 2 GG zulässiger Weise Inhalt und Schranken des Eigentums zu bestimmen. Regelungen, die in durch Art. 14 Abs. 1 GG geschützte Positionen eingreifen, seien nur dann zulässig, wenn sie durch Gründe des öffentlichen Interesses unter Berücksichtigung des Grundsatzes der Verhältnismäßigkeit gerechtfertigt[682], also zur Erreichung des angestrebten Ziels geeignet, erforderlich und für den Betroffenen nicht in übermäßiger und unzumutbarer Weise belastend sind[683].

Das Ziel der Einführung weiterer Anspruchsvoraussetzungen für den Erhalt von Berufs- und Erwerbsunfähigkeitsrente war die Aufrechterhaltung der Funktions- und Leistungsfähigkeit des gesetzlichen Rentenversicherungssystems. Dieses Ziel diene dem öffentlichen Interesse, daher habe der Gesetzgeber bei der Bestimmung des Inhalts und der Schranken der betroffenen eigentumsrechtlichen Positionen einen weiten Gestaltungsspielraum[684]. Das Bundesverfassungsgericht sah die Regelung auch als verhältnismäßig an. Zu berücksichtigen war

681 BVerfGE 75, 78.

682 BVerfGE 53, 257 (293); 64, 87 (98); 70, 101 (110).

683 BVerfGE 58, 137 (148); 72, 9 (23).

684 BVerfGE 53, 257 (293); 58, 81 (110).

dabei insbesondere, dass dem Versicherten die Möglichkeit eingeräumt worden war, die Anwartschaft durch die Bezahlung weiterer Beiträge aufrechtzuerhalten. Die Erschwerung der Anspruchsvoraussetzungen wirke sich wie eine Beitragserhöhung aus. Zwar beträfen die Folgen der Regelung Personen mit langen und Personen mit kurzen Beitragszeiten in unterschiedlichem Maße. Versicherte, die über einen langen Zeitraum Beiträge zu entrichten hatten, seien durch die Regelung empfindlich betroffen, weil sie bereits hohe Beiträge geleistet hätten. Allerdings müsse diese Gruppe der Versicherten nur noch für einen verhältnismäßig kurzen Zeitraum Beiträge leisten, weil sie in einem höheren Alter stünden. Die Versicherten mit kurzen Beitragszeiten seien gleichermaßen empfindlich betroffen, weil sie zwar nur mit geringen Beträgen, dafür aber über einen erheblich längeren Zeitraum belastet würden. Insgesamt sei die Regelung allerdings als geeignet, erforderlich und angemessen anzusehen. Die Angemessenheit sei zu bejahen, weil den Betroffenen die Möglichkeit eröffnet wird, ihre Anwartschaften durch die Leistungen monatlicher Mindestbeträge aufrechtzuerhalten. Sofern diese Option nicht eingeführt worden wäre, hätte ein für die Betroffenen unzumutbarer Entzug der durch eigene Beitragsleistungen erworbene Anwartschaften vorgelegen. Dabei sei insbesondere von Bedeutung, dass die Betroffenen auf diesen Versicherungsschutz angewiesen seien. Die Regelung sei aber noch zumutbar, weil der zu leistende Mindestbeitrag nicht unangemessen hoch ausfalle; bei Einführung des Gesetzes lag er bei 84 DM pro Monat. Außerdem erhöhe sich der Rentenbetrag durch die Zahlung regelmäßig in nicht unbeträchtlichem Maße.

Aufgrund der Einführung der Möglichkeit zur Aufrechterhaltung der Anwartschaften im Wege freiwilliger Beitragszahlung sah das Bundesverfassungsgericht auch den durch Art. 14 Abs. 1 GG vermittelten Vertrauensschutzgrundsatz als nicht verletzt an. Auch wurde ein Verstoß gegen den allgemeinen Gleichheitssatz aus Art. 3 Abs. 1 GG verneint. Ein Beschwerdeführer hatte sich gegen die Stichtagsregelung zu Wehr gesetzt. Das Bundesverfassungsgericht führte dazu aus, dass Ungleichheiten, die durch Stichtagslösungen entstehen, hingenommen werden müssen, wenn die Einführung eines Stichtags notwendig und die Wahl des Zeitpunkts, ausgerichtet auf den jeweiligen Sachverhalt, sachlich vertretbar ist[685]. Dabei sei die durch das Gesetz angestrebte Stabilisierung der gesetzlichen Rentenversicherung in näherer Zukunft nur durch die Einführung einer Stichtagsregelung erreichbar.

Nach Ansicht des Bundessozialgerichts falle der Kläger in den Kreis der vom Haushaltsbegleitgesetz betroffenen Personen. Da ihm ebenfalls die Möglichkeit offenstehe, seine Anwartschaften durch freiwillige Beitragszahlungen aufrecht zu erhalten, liege keine Verletzung der Eigentumsgarantie vor. Dabei erfordere

685 BVerfGE 24, 220 (228); 29, 283 (299); 58, 81 (127).

die Inhaftierung des Klägers keine andere Beurteilung. Die Tätigkeit des Klägers im Gefängnis sei keine versicherungspflichtige Tätigkeit; die nicht erfolgte Umsetzung der gesetzlichen Regelung zur Einbeziehung von Strafgefangenen in die Rentenversicherung stelle keinen Verstoß gegen den allgemeinen Gleichheitssatz aus Art. 3 Abs. 1 GG in der Form eines gesetzgeberischen Unterlassens dar. Bei gewährender Staatstätigkeit habe der Gesetzgeber einen weiten Gestaltungsspielraum, der umso weiter ausfällt, als er erstmalig staatliche Leistungen aus sozialpolitischen Gründen einführen wolle: „Bei derartigen ‚Innovationen', die bislang kein Vorbild in der Gesetzgebung haben, steht es dem Gesetzgeber grundsätzlich frei zu bestimmen, ob, ab wann, in welcher Höhe und gegenüber welchem Personenkreis er mit der beabsichtigten Verbesserung beginnen will." Dementsprechend könne auch die Tatsache, dass Haftstrafen nicht als Ausfallzeiten gewertet werden, nicht als planwidrige Gesetzeslücke angesehen werden. Auch sei die Strafhaft aufgrund der Verletzung der Strafrechtsordnung sozialversicherungsrechtlich nicht anerkennenswert. Die Suspendierung der Einbeziehung von Strafgefangenen in die Sozialversicherung sei eine negative, schutzverneinende Gesetzeslage, die erst in eine positive, schutzbejahende Regelung umgewandelt werden müsse, um zunächst eine Gleichstellung abhängig Beschäftigter und Strafgefangener in der Sozialversicherung zu erreichen. Solange dies nicht erfolge, müsse eine Interpretation des geltenden Rechts dahin gehend erfolgen, dass die Strafhaft nicht als Ausfallzeit anzusehen sei und hierin auch keine planwidrige Regelungslücke liege, die von der Rechtsprechung ausgefüllt werden müsse.

b) Vorlagebeschluss des Bundesverfassungsgerichts vom 14.11.2000[686]

Die Entscheidung der ersten Kammer des Bundesverfassungsgerichts über die Vorlagen zweier Sozialgerichte betraf die Frage, ob die durch das Haushaltsbegleitgesetz 1984 eingeführte Erschwerung der Anspruchsvoraussetzungen für den Erhalt einer Berufs- und Erwerbsunfähigkeitsrente im Hinblick auf die Personengruppe der Strafgefangenen verfassungsgemäß ist.

Das Sozialgericht Frankfurt hatte dazu ausgeführt, dass die Vorschriften die Eigentumsgarantie aus Art. 14 Abs. 1 GG verletzten. Die freiwilligen Beiträge zur Erhaltung der Anwartschaft könnten von Strafgefangenen nicht aufgebracht werden. Diese seien während der Strafhaft daran gehindert, einer sozialversicherungspflichtigen Tätigkeit nachzugehen und die notwendigen Mittel für die freiwillige Entrichtung des Beitrages zu erwirtschaften. Die Strafhaft verschlechtere zudem die finanzielle Situation der Strafgefangenen und ihrer Familien, sodass auch diese nicht die notwendigen Mittel zu Erhaltung der Anwartschaft zur Ver-

686 Az. 1 BvL 9/89 = SozR 3 – 2200 § 1246 Nr. 64.

fügung stellen könnten. Das Erfordernis der freiwilligen Beitragsentrichtung komme deshalb faktisch einem Entzug der Rentenanwartschaften gleich; die Erschwerung der Anspruchsvoraussetzungen sei für Strafgefangene unzumutbar. Zudem beträfe die Entscheidung des Bundesverfassungsgerichts vom 08.04.1987 nur die Stellung Selbstständiger, Beamter sowie Hausfrauen und damit nur Personengruppen, die sich dem Anwendungsbereich der gesetzlichen Rentenversicherung freiwillig entzogen hätten.

Das Bundesverfassungsgericht sah die Vorlage, nach elfjähriger Verfahrensdauer, als unzulässig an. Neben weiteren Erwägungen bezog es die Unzulässigkeit der Vorlage insbesondere darauf, dass sich das Sozialgericht nicht in ausreichendem Maße mit den Ausführungen der genannten Urteile des Bundessozial- und Bundesverfassungsgerichts auseinander gesetzt habe. Nicht ersichtlich sei auch, worauf das Sozialgericht Frankfurt seine Annahme stütze, dass das Urteil des Bundesverfassungsgerichts vom 08.04.1987 nur Personen betreffe, die den Kreis der Versicherten freiwillig verlassen hätten. Bezüglich der Feststellung, dass die Strafgefangenen finanziell nicht dazu in der Lage seien, die Mittel für die freiwillige Beitragszahlung aufzubringen, hätte seitens des Sozialgerichts erörtert werden müssen, ob die individuelle Leistungsfähigkeit der von der Gesetzesänderung betroffenen Personen überhaupt dazu geeignet sei, die Verfassungsmäßigkeit der Regelung zu überprüfen. Das Bundesverfassungsgericht habe sich im Rahmen der Prüfung der Zumutbarkeit nämlich gerade nicht mit der finanziellen Leistungsfähigkeit einzelner Versicherter auseinandergesetzt. Auch seien in dem Urteil keine Aussagen getroffen worden, die nur bestimmte Versicherungsgruppen beträfen. Es sei lediglich zwischen Versicherten mit kurzen und langen Versicherungszeiten differenziert worden. Das Bundesverfassungsgericht bemängelte an der Vorlage des Sozialgerichts Frankfurt zudem, dass keine differenzierte Prüfung dahin gehend erfolgt sei, ob der Eingriff zumutbar sei. Zwar sei geprüft worden, wie die wirtschaftliche Leistungsfähigkeit des Strafgefangenen sich zu der finanziellen Belastung durch die Erschwerung der Anspruchsvoraussetzungen verhält; dabei sei allerdings außer Acht gelassen worden, ob der Eingriff deshalb verhältnismäßig sein könnte, weil der Strafgefangene aus ihm zurechenbaren Gründen daran gehindert sei, eine versicherungspflichtige Tätigkeit auszuüben.

c) Gerichtsbescheid des Sozialgerichts Kassel vom 02.07.2003[687]

Ebenfalls über einen Antrag auf Gewährung einer Erwerbsunfähigkeitsrente hatte das Sozialgericht Kassel im Jahre 2003 zu entscheiden. Auch in diesem Fall war der Antrag im behördlichen Verfahren abgelehnt worden, da der Ant-

687 Az. S 7 (8) RJ 1383/02 = NachrLVA HE 2003, 105.

ragsteller in den letzten fünf Jahren vor der Rentenantragstellung keine drei Jahre mit den erforderlichen Pflichtbeiträgen belegt hatte. Der Kläger hatte im gerichtlichen Verfahren vorgebracht, dass ihm die Nichtumsetzung der Regelung zur Einbeziehung von Strafgefangenen in die gesetzliche Rentenversicherung nicht zum Nachteil ausgelegt werden könne. Dadurch sei ihm neben der Freiheitsentziehung ein weiteres Strafübel zugeführt worden.

Das Sozialgericht wies die Klage als unbegründet zurück. Der Kläger habe mangels Erfüllung der gesetzlichen Voraussetzungen keinen Anspruch auf Erwerbsunfähigkeitsrente. In den Urteilsgründen orientiert sich das Sozialgericht an der dargestellten Rechtsprechung des Bundessozialgerichts und kommt zu dem Schluss, dass die Nichtumsetzung der Regelung kein im Rahmen von Art. 3 Abs. 1 GG ungerechtfertigtes gesetzgeberisches Unterlassen darstellt. Auch bestehe keine Gesetzeslücke im Hinblick auf Ausfallzeiten[688]. Festzustellen sei des Weiteren, dass es sich bei Gefängnisarbeit nicht um ein sozialversicherungspflichtiges Beschäftigungsverhältnis handele.

Das Sozialgericht Kassel kam, anders als das Sozialgericht Frankfurt, nicht zu der Auffassung, dass die Regelung verfassungsrechtlich bedenklich sei und eine Vorlage erfolgen müsse. Auch setzte es sich nicht mit den in der Entscheidung des Bundesverfassungsgerichts genannten relevanten Prüfungsmaßstäben auseinander.

d) Auswertung der Urteile und Verhältnismäßigkeitsprüfung

Die soeben dargestellten Urteile kommen, soweit sie die Regelung des StVollzG betreffen, ausdrücklich oder zumindest in der Tendenz zu dem Schluss, dass die Nichtumsetzung der Regelung zur Einbeziehung von Strafgefangenen in die gesetzliche Rentenversicherung nicht gegen Art. 14 Abs. 1 GG und gleichermaßen nicht gegen andere Normen des Grundgesetzes, verstößt. Dabei legt der Vorlagebeschluss des ersten Senats dar, mit welchen Punkten sich das vorlegende Sozialgericht hätte auseinandersetzen müssen. Dies wird im Folgenden nachgeholt, und es erfolgt eine Beurteilung dahin gehend, ob die Verfassungsmäßigkeit der Regelung bei einer differenzierteren Auseinandersetzung anders zu beurteilen ist.

(1) Einschränkung des Urteils BVerfGE 75, 78 auf bestimmte Personengruppen

Zunächst ist dem Bundesverfassungsgericht insoweit zuzustimmen, als das Urteil vom 08.04.1987 keine ausdrückliche Einschränkung auf einen bestimmten Personenkreis enthält. Es weist keine Ausführungen dahin gehend auf, dass die

688 So bereits LSG Bremen, Urteil vom 14.12.1995, Az. L 2 J 24/95.

Regelung sich nur für Personen auswirkt, die den Kreis der gesetzlich Versicherten freiwillig verlassen haben. Allerdings wurden die Verfassungsbeschwerden nur von Personen erhoben, die eben nicht einer zum damaligen Zeitpunkt versicherungspflichtigen Tätigkeit nachgegangen sind, so etwa ein selbstständiger Steuerberater und ein selbstständiger Unternehmer, mehrere Beamte und Hausfrauen sowie ein selbstständiger Handwerksmeister. Zudem könnte eine Beschränkung der Entscheidung auf diese Personengruppen dadurch gegeben sein, dass nur diese von der Verschärfung der gesetzlichen Voraussetzung betroffen waren und die erforderlichen Pflichtzeiten nicht aufweisen konnten. Dazu ist das System der gesetzlichen Rentenversicherung näher in den Blick zu nehmen.

In bestimmten gesetzlich normierten Fällen besteht eine Pflicht zur Versicherung in der gesetzlichen Rentenversicherung, §§ 1 bis 3 SGB VI. Die Versicherungspflicht knüpft an die Aufnahme einer versicherungspflichtigen Tätigkeit an, ohne dass es einer Entscheidung des Rentenversicherungsträgers oder des Versicherten bezüglich der Entstehung des Versicherungsverhältnisses bedarf[689]. Neben der gesetzlichen Versicherungspflicht gibt es die Möglichkeit, auf Antrag hin in das System aufgenommen zu werden, § 4 SGB VI. Zentraler Anknüpfungspunkt der Rentenversicherung ist die Aufnahme einer Beschäftigung im Sinne des § 7 SGB IV. In den Anwendungsbereich dieser Vorschrift fallen zunächst Personen, die gegen Arbeitentgelt tätig sind oder in der Berufsausbildung stehen. Historisch gesehen konzentrierte sich die gesetzliche Rentenversicherung auch zunächst auf den Schutz dieses Personenkreises. Im Laufe der Zeit wurde der Kreis der versicherungspflichtigen Personen jedoch stetig erweitert und erfasst nunmehr auch verschiedene Gruppen von selbstständig Tätigen[690]. Einbezogen wurden Selbstständige, die ein geringes Einkommen erzielen und insofern ähnlich den abhängig Beschäftigten sozial schutzbedürftig sind[691]. Dazu gehören die in § 2 SGB VI aufgezählten Berufsgruppen, wie etwa Hebammen und Entbindungspfleger, Künstler und Publizisten nach näherer Bestimmung des Künstlersozialversicherungsgesetzes und Handwerker unter den Voraussetzungen des § 2 Nr. 8 SGB VI. § 5 SGB VI enthält eine Aufzählung der Tätigkeiten, die nicht der Rentenversicherungspflicht unterliegen. Bei diesen Beschäftigungen unterstellt der Gesetzgeber, dass eine andere ausreichende Altervorsorge existiert[692]. Daneben kann auf Antrag gemäß § 6 SGB VI eine Befreiung von der Versicherungspflicht erfolgen.

Das Problem der Nichterfüllung von Wartezeiten stellt sich naturgemäß nicht für Personen, die ihr gesamtes Erwerbsleben abhängig beschäftigt waren, son-

---

689 *Muckel*, § 11 Rn. 12.
690 *Muckel*, § 11 Rn. 16.
691 *Muckel*, § 11 Rn. 16.
692 *Muckel*, § 11 Rn. 22.

dern nur in den Fällen, in denen zunächst abhängig Beschäftige im Sinne des § 7 SGB VI von der Versicherungspflicht befreit werden; sei es durch Antrag, aus freiwilligen Motiven, weil etwa die Beitragsbemessungsgrenze überschritten wird oder sie einem anderen Versorgungswerk beitreten. Dementsprechend bezieht sich das fragliche Urteil des Bundesverfassungsgerichts tatsächlich nur auf einen bestimmten und abgrenzbaren Personenkreis. Dem Sozialgericht Frankfurt ist daher zuzustimmen, dass das Urteil des Bundesverfassungsgerichts sich nur auf Personengruppen bezieht, die den Kreis der gesetzlich Rentenversicherten freiwillig verlassen haben.

(2) Berücksichtigung individueller Verhältnisse im Rahmen der Verhältnismäßigkeit

Das Bundesverfassungsgericht führt in seinem Beschluss vom 14.11.2000 aus, dass sich das Urteil zum Haushaltsbegleitgesetz 1984 im Rahmen der Zumutbarkeit nicht an den finanziellen Verhältnissen der einzelnen Betroffenen orientiert habe; eine Differenzierung sei nur zwischen denjenigen Versicherten mit langen und kurzen Versicherungszeiten erfolgt[693]. Fraglich ist dementsprechend, ob das finanzielle Unvermögen von Strafgefangenen zur Zahlung freiwilliger Beiträge zwecks Aufrechterhaltung der Anwartschaften im Rahmen der Verhältnismäßigkeitsprüfung Beachtung zu finden hat.

In der Tat wurde in der fraglichen Entscheidung kein Bezug auf die individuelle Leistungsfähigkeit der Betroffenen genommen. Das Gericht hat im Rahmen der Zumutbarkeit allerdings dargelegt, dass die Erschwerung der Anspruchsvoraussetzungen zur Berufs- und Erwerbsunfähigkeit nur aus dem Grunde verfassungsgemäß ist, weil die Anwartschaften durch die Zahlung freiwilliger Beiträge aufrechterhalten werden können und der monatliche Mindestbeitrag „nicht unangemessen hoch" ausfällt[694]. Nun stellt sich die Frage, ob die Einschätzung einer Belastung eines Beitrags als „unangemessen hoch" unabhängig von der individuellen finanziellen Leistungsfähigkeit erfolgen kann. Dabei ist zu berücksichtigen, dass im vorliegenden Fall nicht die Leistungsfähigkeit eines einzelnen Strafgefangenen, sondern vielmehr die Leistungsfähigkeit der Gruppe der arbeitenden Strafgefangenen insgesamt in Frage steht. Die Normprüfung erfolgt insoweit nicht bezogen auf die Auswirkungen für einen konkret Betroffenen, sondern abstrakt für die Personengruppe der arbeitenden Strafgefangenen, die keiner Sozialversicherungspflicht unterliegen[695].

---

693 SozR 3 – 2200 § 1246 Nr. 64.

694 BVerfGE 75, 78 (104).

695 Dies sieht *Steiner*, 129, anders. Er nimmt die individuelle Leistungsfähigkeit des jeweiligen Strafgefangenen als Maßstab und kommt dementsprechend dazu, dass eine Unzumutbarkeit der Regelung zu verneinen ist. Zudem sieht *Steiner* keinen „den Gesetzen der Logik entspringenden Grundsatz, der besagt, dass Strafgefangene grundsätzlich mittellos sind, auch wenn dies in der Realität häufig

Nach der Rechtsprechung des Bundesverfassungsgerichts ist eine Regelung unzumutbar im Sinne des Verhältnismäßigkeitsprinzips, wenn das Maß der Belastung des Einzelnen außer Verhältnis zur Bedeutung der Sache des Einzelnen und der von ihm hinzunehmenden Einbußen ist[696]. Dem Gesetzgeber steht auch im Rahmen der Bestimmung von Inhalt und Schranken rentenversicherungsrechtlicher Positionen ein Ermessensspielraum zu. Dies gilt insbesondere dann, wenn die Erhaltung der Funktions- und Leistungsfähigkeit des Systems der gesetzlichen Rentenversicherung in Rede steht[697]. Dabei ist zu berücksichtigen, dass Rentenversicherungsansprüche und -anwartschaften in einem ausgeprägten sozialen Bezug stehen, da sie Teil eines Leistungssystems sind, dem eine besondere soziale Funktion zukommt[698]. Dabei gilt nach der Rechtsprechung des Bundesverfassungsgerichts, dass der verfassungsrechtlich wesentliche personale Bezug als tragender Grund des Eigentumsschutzes umso stärker hervortritt, je höher der einem Anspruch zugrunde liegende Anteil eigener Leistung ist[699]. Wird in den Bereich der selbst erwirtschafteten Rentenpositionen durch den Gesetzgeber eingegriffen, so bedarf dies einer besonderen verfassungsrechtlichen Rechtfertigung[700].

Die Rentenanwartschaften werden durch den jeweiligen Anwartschaftsberechtigten durch Eigenleistungen erwirtschaftet; dies gilt auch für die Erwerbsunfähigkeitsrente. Sie genießen damit einen ausgeprägten verfassungsrechtlichen Schutz. Daher kann eine Einschränkung nur durch einen besonderen Grund gerechtfertigt werden. Die Regelung zur Belegung von Pflichtarbeitszeiten diente bei ihrer Einführung der Stabilisierung der Leistungsfähigkeit der gesetzlichen Rentenversicherung. Wie bereits erläutert wurde sie aus dem Grunde als verfassungsgemäß eingestuft, weil die Möglichkeit besteht, die Anwartschaften durch freiwillige Beitragszahlung aufrecht zu erhalten und die Höhe der Beiträge als „nicht unzumutbar" qualifiziert wurde. Diese Argumentation kann im Hinblick auf die Strafgefangenen jedoch nicht greifen, weil ihre Entlohnung nicht ausreicht, um freiwillig die Mindestbeträge zur Anwartschafterhaltung aufzubringen[701]. Damit kommt die mangelnde Einbeziehung faktisch einem Entzug der Anwart-

---

so ist". Tatsache ist insoweit, dass das Einkommen Strafgefangener weit unter dem Existenzminimum liegt. Des Weiteren sind sie häufig mit den Kosten der Strafverfolgung sowie Prozess- und Wiedergutmachungskosten belastet. Allein aufgrund dieser Umstände ist davon auszugehen, dass die Leistung von freiwilligen Beiträgen zur Rentenversicherung von Strafgefangenen nicht erbracht werden kann. Unbeachtlich ist insoweit der Umstand, dass der eine oder andere Strafgefangene seinen Unterhalt nicht aus seinem Arbeitseinkommen bestreitet.

696 BVerfGE 65, 1 (54); 80, 297 (312).

697 BVerfGE 53, 257 (293).

698 BVerfGE 53, 257 (292); 80, 297 (312).

699 BVerfGE 53, 257 (292); 58, 81 (112).

700 *Papier* in SRH, § 3 Rn. 42.

701 *Pawlita*, ZFSH/SGB 1999, 67 (70).

schaften gleich[702]. Der Hinweis auf die Möglichkeit freiwilliger Beitragszahlung grenzt im Hinblick auf das gezahlte Entgelt an Zynismus[703]. Die freiwillige Beitragszahlung ist den Strafgefangenen, die keine eigenen Vermögenswerte besitzen und lediglich die Eckvergütung von 9 % der Bezugsgröße erhalten, schlichtweg nicht zumutbar[704]. Durch die gegenwärtig geltende Regelung wird dem Strafgefangenen die Erhaltung der Substanz seiner Anwartschaften unmöglich gemacht. Damit wird in den Kernbereich der Eigentumsfreiheit eingegriffen.

Die Einbeziehung Strafgefangener in die gesetzliche Rentenversicherung würde auch nicht dazu führen, dass die Leistungsfähigkeit des Systems der gesetzlichen Rentenversicherung gefährdet würde. Es handelt sich hierbei um eine im Verhältnis zur Gesamtbevölkerung relativ kleine Gruppe von Personen. Auch ist zu beachten, dass diese aufgrund der im Regelfall geringen Qualifikation ein geringes Entgelt erhalten und dementsprechend auch nur eine geringe Rente ausgezahlt bekommen werden[705].

Eine alternative Maßnahme, die die Länderhaushalte weniger belasten und damit den Kritikern einer Einbeziehung Strafgefangener in die gesetzliche Rentenversicherung Einhalt gebieten würde, wäre die Schaffung einer gesetzlichen Regelung zur Anerkennung der Zeiten der Strafhaft als eine Art Ausfallzeit. Durch eine solche Regelung wäre das Eigentumsrecht derjenigen Strafgefangenen garantiert, die bereits eine Anwartschaft zur Erwerbsunfähigkeitsrente erworben haben, und gleichermaßen würde die Verpflichtung des Gesetzgebers zum sparsamen Umgang mit den Haushaltsmitteln gewahrt.

Diesem Aspekt würde allerdings auch bei einer generellen Einbeziehung arbeitender Strafgefangener in die gesetzliche Rentenversicherung Rechnung getragen. Denn nach § 195 StVollzG können Beiträge zur gesetzlichen Rentenversicherung dem Strafgefangenen von seinem Arbeitsentgelt abgezogen werden[706]. Für die Arbeitslosenversicherung wird bereits von dieser Regelung, durch die Verwaltungsvorschrift verpflichtend, Gebrauch gemacht. Insoweit wäre eine Kostenbelastung der Länderhaushalte nicht gegeben[707].

---

702 *Rosenthal*, NK 1998, 12 (16).

703 *Hartmann*, SozVers, 1993, 197 (198) bezeichnet diese Aussage als „blanken Hohn“.

704 Zu diesem Ergebnis kommt auch *Steiner*, 130.

705 Siehe dazu auch die Stellungnahme des Verbands Deutscher Rentenversicherungsträger – VDR – in Die Sozialversicherung 1993, 44.

706 Nach einer Entscheidung des LSG Baden-Württemberg, ZfStrVo 1993, 378, kann der bereits gegenwärtig zu leistende Beitrag zur Arbeitslosenversicherung selbst dann erhoben werden, wenn die Haftentlassung nicht vor dem 65. Lebensjahr erfolgt und der betroffene Strafgefangene gar nicht mehr arbeitslos werden kann.

707 Dieser Vorschlag wird auch von *Mett*, SchlHA 2000, 121 (122), vorgetragen.

(3) *Verhältnismäßigkeit der Regelung aufgrund eigenverantworteter Versorgungslücken*

In die verfassungsrechtliche Rechtfertigung soll die Frage einbezogen werden, ob der Anwartschaftsverlust deswegen verhältnismäßig ist, weil der Strafgefangene aus ihm zurechenbaren Gründen darin gehindert war, eine versicherungspflichtige Tätigkeit aufzunehmen[708].

Das Bundesverfassungsgericht hat sich in einem Vorlagebeschluss vom 27.02.2007 (Az.1 BvL 10/0) zur Frage der Folgen eigenverantwortlich herbeigeführter Versorgungslücken im Rahmen der Prüfung der Zumutbarkeit geäußert. Dabei ging es um die Frage der unterschiedlichen Berücksichtigung von Ausbildungszeiten bei der Bemessung der gesetzlichen Rente. Seit 1957 wurden die ersten Berufsjahre in der Rentenversicherung begünstigt, da vor allem während der Berufsausbildung nur geringe Beitragszahlungen erfolgen können. Durch das Wachstums- und Beschäftigungsförderungsgesetz wurde diese Begünstigung verändert, nunmehr kam es zu einer rentenrechtlichen Neubewertung der ersten Berufsjahre. Diese führten beim Kläger des Ausgangsverfahrens zu einer erheblichen Minderung seiner Rentenanwartschaft. Das Bundesverfassungsgericht hatte auf Vorlage des Bundessozialgerichts zu klären, ob dies gegen die Eigentumsgarantie und den allgemeinen Gleichheitssatz verstößt. Das Bundesverfassungsgericht verneint diese Frage. Im Rahmen der Verhältnismäßigkeit führt es aus, dass die Verringerung der Rentenanwartschaften den Betroffenen zumutbar sei. Die Versicherungslücken seien auf einen Wechsel des Erwerbsstatus zurückzuführen und damit in der Sphäre des Betroffenen angesiedelt. Diese Personen hätten es in der Hand, freiwillig Beiträge zur gesetzlichen Rentenversicherung, gleich welcher Höhe, zu leisten, entstandene Versorgungslücken zu schließen und weiterhin am gesetzlichen Rentenversicherungssystem teilzunehmen. Sofern sie sich dafür entscheiden, geringe Beiträge zur gesetzlichen Rentenversicherung zu leisten, müsste ihnen klar sein, dass daraus ein Anspruch auf eine niedrigere gesetzliche Rente folge und eine zusätzliche private Vorsorge zur Sicherung des Lebensstandards im Alter erforderlich ist. Diese Vorsorgemaßnahmen seien ihnen jedoch zumutbar, da sie ja Beiträge zur gesetzlichen Rentenversicherung erspart hätten. Der Gesetzgeber habe bei Einführung der Regelung davon ausgehen dürfen, dass sich Versicherte mit hohen, selbstverantworteten Versicherungslücken um eine private Altersvorsorge bemühen. Daher sei die Regelung zumutbar.

Fraglich ist, ob eine Übertragung dieser Entscheidung auf die Situation Strafgefangener erfolgen kann. Die Versorgungslücken Strafgefangener sind insoweit

708 Dieser Punkt wird auch vom ersten Senat des Bundesverfassungsgerichts im Beschluss vom 14.11.2000, SozR 3 – 2200 § 1246 Nr. 64 letzter Absatz, als für die Verhältnismäßigkeitsprüfung relevant angesehen.

selbst verantwortet, als der jeweilige Häftling durch Begehung einer Straftat den Anlass für eine versicherungsfreie Zeit gesetzt hat. Hierin jedoch ein Ausschlusskriterium für den Schutz von Rentenanwartschaften zu sehen, widerspricht dem Resozialisierungsgebot. Dem Gefangenen soll die Möglichkeit gegeben werden, sich wieder in die Gesellschaft zu integrieren. Dazu ist ihm auch eine Hilfestellung nach der Haftzeit zu geben. Die Entziehung bzw. Vereitelung bereits erworbener Ansprüche konterkariert diesen Ansatz. Zudem wird hiermit eine Folge erzielt, die mit der gesetzgeberischen Intention, nämlich der Freiheitsentziehung als alleinigem Strafübel, in keiner Weise vereinbar ist[709].

Zu beachten ist überdies, dass das Bundesverfassungsgericht in seinem Vorlagebeschluss vom Februar 2007 die Unzumutbarkeit aufgrund der Tatsache verneinte, dass die Betroffenen die Versorgungslücke sehenden Auges herbeigeführt haben und die Möglichkeit hatten, ihrerseits die Versicherungslücken zu füllen. Eine vergleichbare Lage ist bei einem Straftäter nicht gegeben. Dieser wird sich regelmäßig höchstens über die mögliche Haftstrafe Gedanken machen. Ein darüber hinausgehender Verlust von Rentenversicherungsanwartschaften ist wohl nicht in seinem Blickfeld.

Aufgrund des verfassungsrechtlichen Resozialisierungsgebots ist die fehlende Einbeziehung der Strafgefangenen in die gesetzliche Rentenversicherung aufgrund der eigenverantwortlich herbeigeführten Versicherungslücken nicht gerechtfertigt.

(4) Ergebnis der Verhältnismäßigkeitsprüfung

Die Nichteinbeziehung von Strafgefangenen in die gesetzliche Rentenversicherung ist unverhältnismäßig. Der Eingriff in das Eigentum aus Art. 14 Abs. 1 GG ist daher nicht gerechtfertigt.

4. Ergebnis

Die fehlende Einbeziehung von Strafgefangenen in die gesetzliche Rentenversicherung führt zu einem Verlust von Rentenanwartschaften. Hierin liegt ein Verstoß gegen Art. 14 Abs. 1 GG.

---

709 So auch *Steiner*, 130 f.

V. Vereinbarkeit mit Art. 3 Abs. 1 GG

Der durch den Haftaufenthalt bedingte Verlust der Rentenanwartschaften als Folge der Beitragsfreiheit könnte sich als gleichheitswidrig darstellen. Dabei stellt sich zum einen die Frage der Ungleichbehandlung der Strafgefangenen im freien Beschäftigungsverhältnis und der übrigen Strafgefangenen. Zum anderen ist die Differenzierung zwischen Beschäftigungsverhältnissen in der freien Wirtschaft und im Gefängnis in den Blick zu nehmen.

1. Differenzierung zwischen Strafgefangenen im freien Beschäftigungsverhältnis und Strafgefangenen, die in Unternehmer- oder Hausbetrieben tätig werden

Wie dargestellt sind Strafgefangene, die in Eigen- oder Unternehmerbetrieben tätig sind, nicht in die gesetzliche Renten- und Krankenversicherung einbezogen. Dagegen sind diejenigen Strafgefangenen, die gemäß § 39 Abs. 1 StVollzG in einem freien Beschäftigungsverhältnis stehen, versicherungspflichtig in allen Zweigen der gesetzlichen Sozialversicherung. Fraglich ist, ob hierin eine Beeinträchtigung des Allgemeinen Gleichheitssatzes aus Art. 3 Abs. 1 GG liegt.

a) Rechtlich relevante Ungleichbehandlung

(1) Ungleichbehandlung

Die Ungleichbehandlung zwischen den Strafgefangenen, die in einem freien Beschäftigungsverhältnis stehen, und solchen, die in Unternehmer- oder Eigenbetrieben beschäftigt sind, zeigt sich darin, dass Freigänger entsprechend der gesetzlichen Regelung für abhängig Beschäftige der Versicherungspflicht unterliegen. Demgegenüber sind die übrigen Strafgefangenen nicht in die Rentenversicherung einbezogen. Dies stellt im Hinblick auf den Aufbau von Anwartschaften und die Versorgung von Angehörigen eine Ungleichbehandlung dar.

(2) Relevanz des gesetzgeberischen Unterlassens

Fraglich ist, ob diese Ungleichbehandlung von Relevanz ist, da ein Unterlassen des Gesetzgebers in Rede steht.

Gemäß Art. 1 Abs. 3 GG besteht eine umfassende Bindung der Gesetzgebung, der vollziehenden Gewalt und der Rechtsprechung an die Grundrechte als unmittelbar geltendes Recht. Dabei gilt diese Verpflichtung des Gesetzgebers nicht lediglich im Hinblick auf bereits erlassene Gesetze, vielmehr kann auch ein gesetzgeberisches Unterlassen eine Grundrechtsverletzung begründen. Würde man diese Möglichkeit nicht anerkennen, bestünde für den Gesetzgeber ein Freiraum, in welchem sein Handeln nicht überprüft werden könnte[710]. Dies stünde nicht in Einklang mit der von Art. 1 Abs. 3 GG intendierten umfassenden Bindung aller Staatsgewalt an die Grundrechte. Allerdings muss der potenziell verletzten Grundrechtsbestimmung ein Handlungs- und Schutzauftrag innewohnen[711], wobei vom Bundesverfassungsgericht insoweit zusätzlich verlangt wird, dass dieser Auftrag die Pflichten des Gesetzgebers im Wesentlichen bestimmt[712]. Da nicht allen grundrechtlichen Gewährleistungen eine Schutzpflicht entnommen werden kann, ist zu prüfen, ob im vorliegenden Kontext Schutz- und Handlungspflichten bestehen, die missachtet worden sind, und insofern ein relevantes gesetzgeberisches Unterlassen besteht.

i) Rechtlich relevante Bindung durch § 198 Abs. 3 StVollzG

Der Gesetzgeber hat bei Schaffung des Strafvollzugsgesetzes selbst die Möglichkeit zur Einbeziehung Strafgefangener in alle Zweige der Sozialversicherung gesehen und als Konsequenz Regelungen geschaffen, die eine Einbeziehung vorsehen, deren Inkrafttreten jedoch suspendiert ist. Ein Gesetz, das die Umsetzung der suspendierten Regelungen vorsieht, wurde bislang jedoch nicht geschaffen. Insoweit besteht ein Widerspruch zwischen der ursprünglichen gesetzgeberischen Intention und der Umsetzung[713]. Fraglich ist, ob dieses Vorgehen eine Verletzung von Handlungspflichten darstellt und den Vorwurf gesetzgeberischen Unterlassens begründen kann. Von Bedeutung ist dabei vor allem, dass nicht in Frage gestellt wurde, dass die Strafgefangenen in die gesetzliche Kranken- und Rentenversicherung einbezogen werden, sondern lediglich zu welchem Zeitpunkt[714]. Nur wurde dieser nicht konkret bestimmt. Aber gerade auch aus diesem Grund kann nicht von einem Fristablauf gesprochen werden, der eine Bindungswirkung entstehen ließe. Die Regelung kann daher wohl nur als rechtlich nicht bindende Absichtserklärung des Gesetzgebers verstanden werden[715].

---

710 Ebenso *Stern*, Staatsrecht, Band III/1, § 73 III 7.

711 *Stern*, Staatsrecht, Band III/1, § 73 III 7; *Höfling* in Sachs, GG, Art. 1 Rn. 98.

712 BVerfGE 11, 255 (261); BVerfG NJW 1987, 2287.

713 So auch *Hartmann*, SozVers 1993, 197 (199); *Kamann*, StV 1999, 348 (350).

714 *Kamann*, StV 1999, 348 (350).

715 *Müller-Dietz*, ZRP 1974, 249 (251); auch *Seufert*, 34 f., spricht bei einer vom Gesetzgeber angestrebten, aber nicht umgesetzten Regelung von einem rechtlich nicht relevanten Unterlassen und damit vom Fehlen einer positiven Pflicht tätig zu werden; a.A. *Rosenthal*, NK 1998, 12 (13).

ii) Verletzung grundgesetzlicher Schutzpflichten

Die Grundrechte stellen nicht lediglich subjektive Abwehrrechte des Einzelnen gegen staatliche Einschränkungen dar, sondern sind zugleich objektive Wertentscheidungen des Grundgesetzes, die dem Verhalten der gesamten Staatsgewalt Richtlinien vorgeben[716]. Aus der Bindung der Staatsgewalt an die grundsätzlichen Wertentscheidungen der Art. 1 bis Art. 20 GG resultieren verfassungsrechtliche Schutzpflichten, die Regelungen erforderlich machen, um Grundrechtsverletzungen vorzubeugen. Ob eine solche Schutzpflicht besteht und in welcher Form sie eine Grundrechtsverletzungen eindämmende Regelung erforderlich macht, hängt von der Art, der Nähe und dem Ausmaß möglicher Gefahren, der Art und dem Rang des verfassungsrechtlich geschützten Rechtsguts sowie von den schon vorhandenen Regelungen ab[717].

Die in Art. 2 Abs. 1 GG i.V.m. Art. 1 Abs. 1 GG, Art. 14 Abs. 1 GG und Art. 6 Abs. 1 GG enthaltenen objektiv-rechtlichen Schutzaufträge könnten den Gesetzgeber im vorliegenden Kontext dazu verpflichten, eine Einbeziehung Strafgefangener in das System der gesetzlichen Rentenversicherung zu normieren. Das Eigentumsrecht ist in der freiheitlich demokratischen Grundordnung von herausragender Bedeutung, da es die Freiheitssphäre des Einzelnen sichert und ihm damit ein eigenverantwortliches Leben ermöglicht[718]. Der Arbeitsertrag sichert die wirtschaftliche Existenz, die Leistungen der Rentenversicherung als Teil des Arbeitsertrags dienen (nach wie vor) zu einem großen Teil der Existenzsicherung im Alter[719]. Art. 1 Abs. 1 GG und das Sozialstaatsprinzip des Art. 20 Abs. 1 GG enthalten nach ständiger Rechtsprechung des Bundesverfassungsgerichts ein Resozialisierungsgebot des Staates[720], Art. 2 Abs. 1 GG i. V. m. Art. 1 Abs. 1 GG einen Resozialisierungsanspruch des Strafgefangenen[721]. Auch unabhängig vom Resozialisierungsgebot richtet sich die Sozialstaatsklausel des Art. 20 Abs. 1 GG auf die Nivellierung sozialer Ungleichheiten[722] und auf den Schutz der sozial und wirtschaftlich schlechter gestellten Bevölkerungsteile[723]. Zudem sieht Art. 6 Abs. 1 GG den Schutz der Familie als staatliche Aufgabe an. Dies gilt sowohl für den immateriell-persönlichen als auch für den materiell-

---

716 BVerfGE 7, 198 (205); 35, 79 (114); 39, 1 (41 f.); umfassend zur Frage der Schutzpflichten *Jaeckel*, Schutzpflichten im deutschen und europäischen Recht.

717 BVerfGE 49, 89 (141 f.)

718 BVerfGE 50, 290 (339); 53, 257 (290).

719 BVerfGE 75, 108 (148 f.).

720 BVerfGE 35, 303 (219 ff.; 235 f.); 36, 174 (188); 45, 187 (238 f.); 64, 261 (276 f.); 98, 169 (200 ff.); 109, 133 (150).

721 BVerfGE 35, 202 (235 f.); 36, 174 (188); 45, 187 (239); 96, 100 (115); 98, 169 (200).

722 BVerfGE 5, 85 (198).

723 BSGE 10, 97 (100); *Schnapp* in v. Münch/Kunig, GG Band 2, Art. 20 Rn. 37.

wirtschaftlichen Bereich des Familienlebens; dies gilt im Besonderen auch im Bereich des Sozialversicherungsrechts[724]. Art. 6 Abs. 1 GG formuliert einen Schutzauftrag des Staates, eine Störung oder Schädigung der Ehe zu unterlassen und die Ehe durch geeignete Maßnahmen zu fördern[725].

Bei einer gewährenden Staatstätigkeit im Bereich des öffentlichen Leistungsrechts, wie der Sozialversicherung, ist der gesetzgeberische Gestaltungsspielraum, im Vergleich zu Regelungen im Bereich der Eingriffsverwaltung, noch einmal erweitert[726]. Das Bundesverfassungsgericht stellt allerdings selbst in Frage, ob an diesem Grundsatz ohne Differenzierung festgehalten werden kann[727]. Das Gericht legt sich jedoch im Bereich der gewährenden Staatstätigkeit größte Zurückhaltung dahin gehend auf, den Gesetzgeber zu zusätzlichen Leistungen zu verpflichten, um zu verhindern, dass der Gleichheitssatz dazu benutzt wird, die dem Staat zur Verfügung stehenden finanziellen Mittel auszuzehren[728]. Allerdings macht das Bundesverfassungsgericht in seinen Entscheidungen zu dieser Thematik deutlich, dass sich der Gleichheitssatz nicht nur in guten Zeiten, „sondern gerade auch bei der Verwaltung von Mangel bewähren“ müsse[729].

Die Beantwortung der Frage, ob ein gesetzgeberisches Unterlassen vorliegt und ob und mit welchem Inhalt ein Gesetz zu erlassen ist, hängt von zahlreichen wirtschaftlichen, politischen und haushaltsrechtlichen Gegebenheiten ab, die sich richterlicher Nachprüfung im Allgemeinen entziehen[730]. Aufgrund der tatsächlichen Verhältnisse, der konkreten Zielsetzungen und ihrer Priorität sowie der Eignung möglicher Mittel zur Einführung einer Regelung seien verschiedene Lösungswege möglich. Die Entscheidung für einen bestimmten Lösungsweg obliegt jedoch insoweit dem Gesetzgeber, da er demokratisch legitimiert sei und ihm diese Aufgabe nach der Verfassung zukomme[731].

Für die Einführung der Versicherungspflicht auch für Strafgefangene wird eingewandt, dass auch sie zum verfassungsrechtlich gebotenen Resozialisierungsauftrag des Gesetzgebers zähle[732]. Demgegenüber wird gegen eine Einführung geltend gemacht, dass sich der Gestaltungsspielraum gerade in den Fällen zeige, in denen der Gesetzgeber über die Einführung von Innovationen zu ent-

---

724 BVerfGE 17, 1 (38); 17, 38 (62); 28, 104 (112).

725 BVerfGE 6, 55 (76); 13, 290 (298 f.); 28, 324 (356); 67, 186 (195 f.); 87, 234 (256 ff.); 99, 216 (232 f.); 105, 313 (346).

726 BVerfGE 11, 50 (60); 17, 210 (216); 22, 100 (103); 23, 258 (264); 36, 239 (235); 49, 280 (283); BSG NJW 1989, 190.

727 BVerfGE 61, 138 (147).

728 BVerfGE 78, 104 (121).

729 BVerfGE 60, 16 (42 f.); 78, 104 (121).

730 BVerfGE 1, 97 (100 f.); 11, 255 (261); 56, 54 (71).

731 BVerfGE 56, 54 (80 f.).

732 LSG Bremen, Urteil vom 14.12.1995, Az. L 2 J 24/95.

scheiden habe. Daher dürfe er auch die finanziellen Auswirkungen der Regelung auf das System der gesetzlichen Rentensicherung berücksichtigen und die Reform aufschieben[733]. Jedoch dient die Sozialversicherung, ihrer ursprünglichen Zweckrichtung entsprechend, gerade dazu, bedürftige und zu eigener Vorsorgeleistung nicht fähige Personengruppen gegen bestimmte Risiken zu versichern. Die Gewährleistung dieses sozialen Schutzes ist eine grundlegende Staatsaufgabe[734]. Dass der Gruppe der Strafgefangenen dieser Schutz nach wie vor vorenthalten wird, obwohl sie einer Arbeit nachgehen, ist verfassungsrechtlich auch nicht mit einem weiten Gestaltungsspielraum des Gesetzgebers und der gesamtwirtschaftlichen Lage zu rechtfertigen. Aus dem Resozialisierungs- und dem Sozialstaatsgebot resultiert auch und gerade die Verpflichtung des Staates, die notwendigen Mittel zur Verfügung zu stellen, um Randgruppen der Gesellschaft zu integrieren[735]. Die Lage des Strafgefangenen und seiner Angehörigen ist gekennzeichnet durch eine Häufung von Tatsachen, die zu einer weiteren Ausgliederung aus der Gesellschaft beitragen[736]. Es besteht die Schwierigkeit, wenn nicht gar Unmöglichkeit, etwas an den desolaten sozialen und finanziellen Umständen sowohl im Hinblick auf sich selbst als auch im Hinblick auf die Familie zu ändern[737]. Nunmehr liegt es in der Aufgabe des Staates, durch den gezielten Einsatz von Mitteln eine Verbesserung der Situation herbeizuführen[738]. Die mangelnde Einbeziehung in die Rentenversicherung stellt ein besonders schweres Resozialisierungshemmnis dar[739]. Trotz der geleisteten Arbeit wird eine Zukunftsvorsorge verweigert, die ansonsten als elementarer Arbeitnehmerschutz für nahezu alle Arbeitsverhältnisse bindend ist. Diese Entkoppelung von bezahlter Arbeit und Versicherungspflicht deklassiert die Gefängnisarbeit zu einer Arbeit zweiter Klasse[740] und stellt den gesellschaftlichen Status des Strafgefangenen auch nach seiner Entlassung in Frage[741]. Durch die fehlende Einbeziehung in die gesetzliche Rentenversicherung erleidet auch die Familie schwere Nachteile, ohne dass dies durch das Strafurteil gegen den jeweiligen Strafgefangenen gerechtfertigt wäre. Der Gesetzgeber setzt eine im Grundsatz vorgesehene Zukunftssicherung mit schädi-

---

733 BSG vom 23.03.1994, Az. 5 RJ 14/93; LSG Bremen, Urteil vom 14.12.1995, Az. L 2 J 24/95.

734 *Rüfner* in Isensee/Kirchhof, HStR IV, § 96 Rn. 72 ff.

735 BVerfGE 35, 202 (236); 36, 174 (188); 45, 187 (238 f.); 66, 337 (360).

736 *Müller-Dietz*, Strafvollzugsgesetzgebung, 97.

737 So auch *Steiner*, 145.

738 *Müller-Dietz*, Strafvollzugsgesetzgebung, 98.

739 *Rotthaus*, NStZ 1987, 1 (4); *Hartmann*, SozVers 1993, 197 (199); *Dünkel/Van Zyl Smit* in Festschrift für Kaiser, 1161 (1183, 1187); *Steiner*, 145.

740 *Pawlita*, ZFSH/SGB 1999, 67 (70).

741 *Hartmann*, SozVers 1993, 197 (199); *Steiner*, 145; in diesem Sinne wohl auch *Müller-Dietz*, ZRP 1974, 249 (251).

genden Folgen für Dritte außer Kraft[742]. Dies steht nicht im Einklang mit dem Schutzauftrag des Staates für die Familie.

Zwar ist es zutreffend, dass das Sozialstaatsprinzip keine konkreten Ansprüche in einem bestimmten Umfang gewährt[743], doch ist zu beachten, dass es dafür Sorge trägt, dass fundamentale sozialrechtliche Ansprüche nicht verwehrt werden[744]; auch verpflichtet es den Gesetzgeber zur Schaffung und Aufrechterhaltung einer gerechten Sozialordnung[745]. Gerade die Strafgefangenen bedürfen der Unterstützung des Staates in besonderem Maße[746]. Daher hat der Staat die aus dem Sozialstaatsprinzip resultierende Pflicht, Strafgefangenen im Rahmen des Zumutbaren die Mittel zur Verfügung zu stellen, die geeignet sind, eine Wiedereingliederung zu erreichen[747]. Insoweit hat er seine Schutzpflichten aus Art. 14 Abs. 1 GG, Art. 2 Abs. 1 i.V.m. Art. 1 Abs. 1 GG und Art. 6 Abs. 1 GG verletzt[748]. Ein relevantes gesetzgeberisches Verhalten liegt vor und begründet eine Ungleichbehandlung.

b) Rechtfertigung der Ungleichbehandlung

Die Ungleichbehandlung müsste gerechtfertigt sein.

(1) Rechtfertigung aufgrund unterschiedlicher Zweckrichtung der Arbeit

Die Ungleichbehandlung müsste durch einen sachlichen Grund gerechtfertigt sein. Dieser könnte darin liegen, dass die Arbeit in einem freien Beschäftigungsverhältnis gemäß § 39 Abs. 1 StVollzG und die Arbeit aufgrund der Arbeitspflicht nach § 41 StVollzG unterschiedlichen Zwecken dienen. Beiden Tätigkeiten ist gemein, dass sie dem in § 37 Abs. 1 StVollzG normierten Ziel dienen, Fähigkeiten für eine Erwerbstätigkeit nach der Entlassung zu vermitteln, zu erhalten oder zu fördern[749]. Im Vordergrund steht auch hier die Arbeit zur Förderung der sozialen Integration; auch die Tätigkeit im freien Beschäftigungsverhältnis gemäß § 39 Abs. 1 StVollzG dient demnach nicht vordringlich dem Erwirtschaften

---

742 *Rosenthal*, NK 1998, 12 (14).

743 So BVerfGE 18, 257 (273); 29, 221 (235); 59, 231 (263); 69, 272 (314); 82, 60 (80); 94, 241 (263).

744 *Rosenthal*, NK 1998, 12 (16).

745 BVerfGE 5, 85 (198); 22, 180 (204); 27, 253 (283); 94, 241 (263).

746 *Müller-Dietz*, ZRP 1974, 249 (251).

747 BVerfGE 40, 276 (280); *Müller-Dietz*, Strafvollzugsgesetzgebung, 98.

748 A.A. *Lohmann*, 159 f.

749 *Calliess/Müller-Dietz*, StVollzG, § 39 Rn. 2 und § 41 Rn. 1 ff.

materieller Lebensgüter[750]. Damit besteht kein Unterschied im Hinblick auf die Zweckrichtung der Arbeit.

(2) Rechtfertigung aufgrund Freiwilligkeit der Tätigkeit im Freigang

Auch die Strafgefangenen, die einer Tätigkeit im freien Beschäftigungsverhältnis nachgehen, unterliegen grundsätzlich der Arbeitspflicht gemäß § 41 Abs. 1 StVollzG[751]. Allerdings ist es insoweit von Bedeutung, dass es sich bei der Tätigkeit der so genannten Freigänger um eine Vollzugslockerung im Sinne des § 11 StVollzG handelt, die nur unter bestimmten Voraussetzungen in Betracht kommt und die nach § 11 Abs. 2 StVollzG nur mit Zustimmung des Strafgefangenen stattfinden darf. Damit erfolgt die Tätigkeit in einem freien Beschäftigungsverhältnis freiwillig, insoweit handelt es sich um ein Arbeitsverhältnis im Sinne von § 7 Abs. 1 SGB IV. Allein diese Tatsache würde jedoch nicht die Schaffung einer Regelung zur Einbeziehung aller arbeitenden Strafgefangenen in die gesetzliche Rentenversicherung ausschließen. Vielmehr bedient sich der Gesetzgeber insoweit der von ihm geschaffenen Regelung, dass eine Versicherungspflicht in der Sozialversicherung nur bei Vorliegen eines Arbeitsverhältnisses, das nach Auffassung von Rechtsprechung und Literatur durch Freiwilligkeit und Entgeltlichkeit der Leistung geprägt sein muss[752], besteht. Dies ist als Rechtfertigungsgrund untauglich.

(3) Rechtfertigung aufgrund möglicher Destabilisierung der Rentenversicherung

Die unterlassene Einbeziehung der Strafgefangenen in das System der gesetzlichen Rentenversicherung könnte gerechtfertigt sein, wenn anderenfalls eine Beeinträchtigung der Stabilität des Systems zu befürchten stünde.

Im Vorfeld der Entscheidung des Bundesverfassungsgerichts zur Gefangenenentlohnung aus dem Jahre 1998 wurde der Verband Deutscher Rentenversicherungsträger um eine Stellungnahme insbesondere zu den Fragen gebeten, welche Auswirkungen eine Einbeziehung der Strafgefangenen in die Rentenversicherung auf die Haushaltslage der jeweiligen Sozialversicherungsträger habe und ob eine solche Einbeziehung wünschenswert sei[753]. Der Verband stellt in seiner Stellungnahme fest, dass verlässliche Aussagen über die Auswirkungen einer Einbeziehung der Strafgefangenen auf die Sozialversicherungssysteme mangels

---

750 A.A. *Steiner*, 114.

751 *Mrozynski*, SGb 1990, 315 (316).

752 BSGE 80, 250 (252); 93, 214 (222); LSG Rheinland-Pfalz, Urteil vom 13.08.2008, Az. L 4 R 67/08.

753 Die Stellungnahme des Verbandes Deutscher Rentenversicherungsträger – VDR – ist abgedruckt in „Die Sozialversicherung" 1993, 44.

genauer versicherungswissenschaftlicher Untersuchungen dieses Personenkreises nicht getroffen werden können. Daher bleibe die Frage, ob eine Einbeziehung wünschenswert ist, offen. Insoweit kann nicht unterstellt werden, dass die Einbeziehung einer, im Verhältnis zur Gesamtversichertenzahl, relativ kleinen Gruppe von Strafgefangenen zu einer Destabilisierung der Sozialversicherungssysteme führen würde. Für eine dahin gehende Rechtfertigung hätten Untersuchungen über die Versicherungslage dieses Personenkreises zu erfolgen.

Bezüglich der Belastung der Sozialversicherungssysteme ist weiterhin zu bedenken, dass ein erhöhter Beitragsaufwand durchaus auf alle Beitragspflichtigen umgelegt werden kann. Nach der Rechtsprechung des Bundesverfassungsgerichts können neue Lebenssachverhalte in die Sozialversicherungssysteme einbezogen werden, „wenn die neuen Sozialleistungen in ihren wesentlichen Strukturelementen, insbesondere in der organisatorischen Durchführung und hinsichtlich der abzudeckenden Risiken, dem Bild entsprechen, das durch die ‚klassische Sozialversicherung' geprägt sind". Zur Sozialversicherung gehört jedenfalls „die gemeinsame Deckung eines möglichen in seiner Gesamtheit schätzbaren Bedarfs durch Verteilung auf eine organisierte Vielheit"[754]. Einer Ausgestaltung der Einbeziehung Strafgefangener in die Sozialversicherung entsprechend der Heranziehung „normaler" Arbeitnehmer stehen keine Hindernisse entgegen. Auch die Risiken, die durch die Versicherungspflicht abgedeckt werden sollen, entsprechen den klassischen Risiken, nämlich Alter und Krankheit. Insofern steht auch eine mögliche Belastung der Finanzlage der Sozialversicherung einer Einbeziehung Strafgefangener nicht grundsätzlich entgegen. Unbeachtlich ist insoweit auch eine Belastung anderer Versicherter mit erhöhten Beiträgen, soweit sie ein zumutbares Maß nicht überschreiten. Denn Versicherten in der Sozialversicherung können auch fremdnützige Abgaben auferlegt werden, da der Sozialversicherung eine Umverteilung immanent ist[755].

(4) Rechtfertigung aufgrund finanzieller Belastung der Länderhaushalte

Ein sachlicher Grund für die Ungleichbehandlung könnte sich des Weiteren aus einer möglichen Belastung der Länderhaushalte ergeben.

Sofern eine Regelung, die eine Begünstigung gewährt, am Maßstab des Art. 3 Abs. 1 GG überprüft wird, ist nach Auffassung des Bundesverfassungsgerichts nicht zu untersuchen, ob der Gesetzgeber die zweckmäßigste oder gerechteste Lösung gefunden hat; es sei lediglich festzustellen, ob die verfassungsrechtlichen Grenzen der grundsätzlich weiten Gestaltungsfreiheit beachtet wurden[756]. Der

754 BVerfGE 75, 108 (146).
755 BVerfGE 75, 108 (158).
756 BVerfGE 52, 277 (280 f.); 68, 287 (301); 81, 108 (118); 84, 348 (359).

Gesetzgeber dürfe keine sachwidrige Abgrenzung der Leistungsberechtigten wählen[757]. Sofern er aus bestimmten Gründen staatliche Leistungen gewährt, so hat der Zweck dieser Leistung wesentliche Bedeutung dafür, wann Ausnahmen von dieser Regelung sachlich gerechtfertigt sind[758].

Fraglich ist, ob die aus der Einbeziehung Strafgefangener resultierende Belastung der Länderhaushalte als Rechtfertigungsgrund tauglich ist. Dabei ist zunächst zu berücksichtigen, dass mit der Einbeziehung nicht zwangsläufig eine finanzielle Belastung der öffentlichen Hand einhergehen muss. Vielmehr soll der Strafgefangene nach § 195 StVollzG – nach der Verwaltungsvorschrift zu § 195 StVollzG muss er sogar – den Beitrag zur Rentenversicherung allein erbringen. Insoweit hielte sich die Belastung der für den Strafvollzug zuständigen Länder in Grenzen[759]. Allerdings müsste neben der Einbeziehung gleichzeitig eine Erhöhung des Arbeitsentgelts erfolgen, da anderenfalls die Beiträge nicht von den Strafgefangenen erbracht werden können. Gleichermaßen muss in die Überlegung die Tatsache mit einbezogen werden, dass die Länder nicht in allen Fällen zur Zahlung der Beiträge zur Rentenversicherung verpflichtet wären. Jedenfalls für den Teil der Strafgefangenen, der in Unternehmerbetrieben arbeitet, könnte die Zahlung von diesen erbracht werden.

Des Weiteren stellt sich die Frage, inwieweit der Rechtfertigungsgrund positiv nachgewiesen werden muss. Bislang ist nicht untersucht worden, ob die Einbeziehung Strafgefangener in die Sozialversicherung nur zu einer Belastung der Länderhaushalte führte oder ob sich auch Entlastungen ergeben. Der Gesetzgeber wäre insoweit in der Pflicht, den Nachweis der tatsächlichen Belastung zu erbringen[760]. Diesbezüglich wird von *Walter* überzeugend vorgetragen, dass nicht die Haushaltsmittel selbst fehlen, sondern es vielmehr an der Bereitschaft mangelt, diese zur Verfügung zu stellen[761]. Im Anschluss an eine Untersuchung über die tatsächlichen Auswirkungen, inklusive der Einsparmöglichkeiten, würde sich die Frage stellen, ob die Belastung nicht aufgrund der grundgesetzlichen Schutzpflichten, und im vorliegenden Kontext vor allem aufgrund des Sozialstaatsprinzips aus Art. 20 Abs. 1 GG, hingenommen werden muss. Gegenwärtig genügt die Darlegung des Gesetzgebers als sachlicher Grund zur Rechtfertigung trotz seines weiten Gestaltungsspielraumes nicht.

---

757 BVerfGE 29, 71 (82); 99, 165 (178).

758 BVerfGE 29, 71 (79); 110, 412 (436).

759 *Neu*, NK 2001, 22 (25), sieht aufgrund dieser Regelung ebenfalls eine Minderung der Beitragslast des Staates.

760 Ein positiver Nachweis des sachlichen Grundes wird wohl auch vom Bundesverfassungsgericht verlangt, BVerfGE 78, 249 (278); zustimmend *Heun* in Dreier, GG, Band I, Art. 3 Rn. 31.

761 *Walter* in Festschrift für Müller-Dietz, 961 (972); *Wrage*, NK 1997, 14 (18), formuliert, dass der Gesetzgeber an die Grenze des Zumutbaren gehen müsse, um das von ihm formulierte Vollzugsziel der Resozialisierung zu erreichen.

c) *Ergebnis*

Es gibt keinen sachlichen Grund, der die Ungleichbehandlung rechtfertigt. Eine Verletzung von Art. 3 Abs. 1 GG in Form des gesetzgeberischen Unterlassens liegt vor.

2. *Differenzierung zwischen Arbeitnehmern der freien Wirtschaft und Strafgefangenen*

Im Folgenden stellt sich die Frage, ob eine Ungleichbehandlung zwischen Arbeitnehmern der freien Wirtschaft und arbeitenden Strafgefangenen aufgrund der Tatsache gegeben ist, dass die Strafgefangenen nicht in die gesetzliche Rentenversicherung einbezogen werden.

a) *Rechtlich relevante Ungleichbehandlung*

Der Schutz von Art. 3 Abs. 1 GG kann dann in Anspruch genommen werden, wenn eine Ungleichbehandlung, also eine unterschiedliche Behandlung zweier vergleichbarer Sachverhalte vorgenommen wird[762]. Art. 3 Abs. 1 GG gilt auch für die ungleiche Verteilung von Begünstigungen[763]. Daher ist auch ein gleichheitswidriger Begünstigungsausschluss verboten[764], bei dem einer Personengruppe eine Begünstigung gewährt, dabei einer anderen Gruppe verwehrt wird[765]. Dies übersieht *Steiner*[766], wenn er geltend macht, dass bereits die Anwendung von Art. 3 Abs. 1 GG versperrt sei, weil die im Strafvollzug tätigen Gefangenen nicht mit freien Arbeitnehmern vergleichbar seien. Er begründet dies zum einen damit, dass die Arbeit Strafgefangener wegen der Arbeitspflicht nicht unter den Beschäftigungsbegriff des § 7 Abs. 1 SGB IV falle. Zum anderen liege keine Vergleichbarkeit vor, weil Strafgefangene im Gegensatz zu Arbeitnehmern unter den Bedingungen des Freiheitsentzugs leben und arbeiten.

Der Ausschluss aus der Sozialversicherung aufgrund der Arbeitspflicht ist jedoch allein Folge einer gesetzlichen Regelung, rein tatsächlich ergibt sich ein Unterschied zwischen der Arbeit Strafgefangener und der übrigen Arbeitnehmer nicht. Zudem mag dieser Gesichtspunkt im Rahmen der Rechtfertigung eine Rolle spielen; aus diesem Grunde das Vorliegen einer Ungleichbehandlung zu verneinen, geht fehlt und wird dem umfassenden Schutzbereich des Art. 3 Abs. 1 GG[767] nicht

762 *Jarass* in Jarass/Pieroth, GG, Art. 3 Rn. 6.
763 BVerfGE 39, 1 (17); 112, 164 (174).
764 BVerfGE 93, 386 (396); 105, 73 (110 ff., 133); 112, 164 (174).
765 BVerfGE 110, 412 (431); 112, 164 (174).
766 *Steiner*, 110.
767 *Jarass* in Jarass/Pieroth, GG, Art. 3 Rn. 6 ff.

gerecht. Gleiches gilt für die Tatsache, dass Gefangene sich in Haft befinden. Diese Tatsache könnte sich etwa für den Fall auswirken, dass eine Ungleichbehandlung aufgrund der Freiheitsentziehung selbst gerügt wird. Warum sich allein aufgrund der Haftzeit ein zwingender Ausschluss aus der Sozialversicherung ergeben soll, erschließt sich jedoch nicht.

Eine unterschiedliche Behandlung besteht bezüglich der Arbeit von Strafgefangenen im Gefängnis und Arbeitnehmern in der freien Wirtschaft, weil Erstere nicht in die Kranken- und Rentenversicherung einbezogen werden. Dadurch wird ihnen unter Umständen die Möglichkeit genommen, ihre Anwartschaften aufrecht zu erhalten. Auch eine Erhöhung bereits bestehender Rentenanwartschaften kommt trotz ihrer Tätigkeit nicht in Betracht. Auswirkungen hat die fehlende Einbeziehung auch auf die Familien der Strafgefangenen, da diese, anders als bei „normalen" Arbeitnehmern, keine Familienversicherung aufrechterhalten können. Eine Benachteiligung der Strafgefangenen liegt demnach vor, eine rechtlich relevante Ungleichbehandlung ist gegeben.

b) Rechtfertigung der Ungleichbehandlung

Eine Ungleichbehandlung ist verfassungsgemäß, wenn Gründe von solcher Art und solchem Gewicht bestehen, dass sie die Ungleichbehandlung rechtfertigen können[768].

Die Arbeit Strafgefangener und freier Arbeitnehmer unterscheidet sich im Hinblick auf das Zustandekommen des Arbeitsverhältnisses. Diese Tatsache kann die Ungleichbehandlung jedoch nicht rechtfertigen[769]. Es gilt insoweit dieselbe Argumentation wie bei der Prüfung der Ungleichbehandlung von Strafgefangenen und Freigängern. Sofern der Gesetzgeber eine Situation schafft, die zu bestimmten Folgen führt, so stellt dies keinen sachlichen Grund für die Ungleichbehandlung dar. Anstelle der rechtlichen Vergleichbarkeit stellt sich vielmehr die Frage, ob die Sachverhalte tatsächlich vergleichbar sind. Insoweit kann auf die oben dargestellte Argumentation verwiesen werden.

Die Ungleichbehandlung der Arbeitstätigkeit von „freien" Arbeitnehmern und Strafgefangenen ist nicht durch einen sachlichen Grund gerechtfertigt.

c) Ergebnis

Die unterlassene Einbeziehung von arbeitenden Strafgefangenen verletzt den Allgemeinen Gleichheitssatz aus Art. 3 Abs. 1 GG.

---

768 BVerfGE 88, 87 (97).

769 A.A. wohl BSGE 27, 197 (199).

G. Ergebnis der verfassungsrechtlichen Prüfung

Die Arbeitspflicht von Strafgefangenen gemäß § 41 Abs. 1 StVollzG ist nicht unverhältnismäßig und verstößt daher nicht gegen das Zwangsarbeitsverbot des Art. 12 Abs. 3 GG. Auch eine Verletzung des Resozialisierungsanspruchs des Strafgefangenen aus Art. 2 Abs. 1 GG i.V.m. Art. 1 Abs. 1 GG durch die Arbeitspflicht scheidet aus; Gleiches gilt im Hinblick auf die Gewährleistungen des Art. 6 Abs. 1 GG. Nach hier vertretener Auffassung wird der Resozialisierungsanspruch jedoch durch die Regelung zur Gefangenenentlohnung verletzt. Gleichermaßen steht die nicht erfolgte Einbeziehung in die Rentenversicherung nicht mit der Eigentumsfreiheit aus Art. 14 Abs. 1 GG im Einklang. Darüber hinaus liegt insoweit ein gesetzgeberisches Unterlassen und damit eine Verletzung des Allgemeinen Gleichheitssatzes aus Art. 3 Abs. 1 GG vor.

Fünfter Teil: Völkerrechtliche Überprüfung der §§ 41, 200, 190–193 StVollzG

Neben der vorweg bearbeiteten Frage, ob die Arbeitspflicht von Strafgefangenen und die damit einhergehenden Regelungen mit dem Grundgesetz vereinbar sind, stellt sich diese Frage auch in Bezug auf die völkerrechtlichen Verpflichtungen der Bundesrepublik Deutschland. Dazu werden die Regelungen der §§ 42, 200, 190 bis 193 StVollzG am Maßstab von Übereinkommen der Internationalen Arbeitsorganisation (IAO), des Internationalen Pakts über bürgerliche und politische Rechte (IPbpR), des Internationalen Pakts über wirtschaftliche, soziale und kulturelle Rechte (IPwskR), der Europäischen Menschenrechtskonvention (EMRK) und der Europäischen Sozialcharta (ESC) in zweierlei Hinsicht überprüft. Zunächst stellt sich die Frage, ob die Arbeitspflicht an sich mit den genannten Gewährleistungen vereinbar ist, soweit die Konventionen eine Aussage darüber treffen. Dabei ist zu berücksichtigen, dass auch dem Zwangsarbeitsverbot eine soziale Komponente zugesprochen wird, da es Schutz gegen ungerechtfertigte Belastungen durch die Verpflichtung zur Arbeit begründet[770]. Es handelt sich bei dem Zwangsarbeitsverbot nicht um ein reines Abwehrrecht, sondern es beinhaltet auch eine staatliche Schutzpflicht. Darauf aufbauend stellt sich die Frage, ob sich aus völkerrechtlichen Regelungen bestimmte Bedingungen herleiten lassen, die im Rahmen der (zwangsweisen) Arbeit im Strafvollzug beachtet werden müssen. Insoweit wird besonderes Augenmerk auf die Gewährleistung sozialer Rechte und inbesondere der sozialen Sicherheit im Völkerrecht gelegt werden.

Vorausgeschickt sei, dass der internationale Menschenrechtsschutz auch Strafgefangene erfasst. Die Menschenrechte in ihrer Funktion als Abwehrrechte gelten insbesondere auch für Inhaftierte, da diese der staatlichen Gewalt in besonders ungeschützter Weise ausgesetzt sind[771]. So sind auch zahlreiche Gewährleistungen und Konventionen von dem Gedanken geprägt, dass die Bestrafung eines Kriminellen allein in der Freiheitsentziehung an sich liegen soll und nicht durch zusätzliche Belastungen aufgrund und in Folge der Haft eine weitergehende Bestrafung erfolgen darf[772].

770 *Grabenwarter* in Implementierung internationaler Sozialstandards, 83 (114).

771 *Neubacher*, ZfStrVo 1999, 210 (211).

772 *Neubacher*, ZfStrVo 1999, 210 (211).

A. Vereinbarkeit der §§ 41, 200, 190–193 StVollzG mit universellem Völkerrecht

Die Arbeitspflicht gemäß § 41 Abs. 1 StVollzG und die Regelungen zur Entlohnung und Sozialversicherung werden im Folgenden auf ihre Vereinbarkeit mit den Übereinkommen der Internationalen Arbeitsorganisation (IAO), dem Internationalen Pakt über bürgerliche und politische Rechte (IPbpR) sowie dem Internationalen Pakt über wirtschaftliche, soziale und kulturelle Rechte (IPwskR) überprüft.

I. Vereinbarkeit der §§ 41, 200, 190–193 StVollzG mit dem Recht der IAO

Die Internationale Arbeitsorganisation ist eine Sonderorganisation der Vereinten Nationen im Sinne des Art. 57 UN-Charta und hat als solche eine sachlich begrenzte Aufgabenstellung für den Komplex des Sozialwesens. Sie hat gegenwärtig[773] 183 Mitglieder. Seit ihrer Gründung durch den Versailler Friedensvertrag im Jahre 1919 hat die Internationale Arbeitsorganisation erheblich zur Entwicklung von fundamentalen Menschenrechten und Sozialstandards beigetragen. Im Folgenden wird auf die Zwangsarbeitsübereinkommen Nr. 29 und Nr. 105 sowie auf die sozialrechtlichen Übereinkommen Nr. 102 und 128 eingegangen.

1. Auslegung und Rechtsnatur der IAO-Übereinkommen

Die Übereinkommen der Internationalen Arbeitsorganisation sind völkerrechtliche Verträge im Sinne des Art. 59 Abs. 2 S. 1 GG. Aufgrund der stetig wachsenden Notwendigkeit zur internationalen Zusammenarbeit wird zur Regelung länderübergreifender Sachverhalte häufig auf die Möglichkeit des Abschlusses eines völkerrechtlichen Vertrags zurückgegriffen[774]. Regelungen zum Recht der völkerrechtlichen Verträge, d.h. zum Abschluss, zur Geltung und zur Beendigung, finden sich in dem *Wiener Übereinkommen vom 23. Mai 1969 über das Recht der Verträge*[775] (WVK), in dem *Wiener Übereinkommen vom 21.03.1986 über das Recht der Verträge zwischen Staaten und internationalen Organisationen oder zwischen Internationalen Organisationen*[776] und in dem *Wiener Übereinkommen über die Staatennachfolge in Verträge vom 23.08.1978.*

---

773 Stand September 2010, die Liste der Mitgliedstaaten ist auf der Homepage der IAO veröffentlicht, http://www.ilo.org/public/english/standards/relm/country.htm, Stand 19.09.2010.

774 *Heintschel von Heinegg* in Ipsen, Völkerrecht, 114.

775 BGBl. II 1985, S. 926.

776 BGBl. II 1990, S. 1414.

a) *Auslegung völkerrechtlicher Verträge gemäß Art. 31 ff. WVK*

Für die Frage, wie völkerrechtliche Verträge auszulegen sind, spielen die Wiener Vertragsrechtskonvention (WVK) und dort vor allem die Art. 31 ff. WVK eine besondere Rolle[777]. Nach Art. 31 Abs. 1 WVK ist ein Vertrag nach Treu und Glauben in Übereinstimmung mit der gewöhnlichen, seinen Bestimmungen in ihrem Zusammenhang zukommenden Bedeutung und im Lichte seines Ziels und Zwecks auszulegen. Gemäß Abs. 2 sind neben dem Vertragswortlaut samt Präambel und Anlagen auch Urkunden, die dem Vertrag beigefügt werden, als weiterer Zusammenhang bei der Auslegung zu berücksichtigen. Des Weiteren regelt Art. 31 Abs. 3 WVK, dass auch spätere Übereinkünfte und Übungen zwischen den Parteien für die Auslegung oder Anwendung seiner Bestimmung von Relevanz sind. Damit enthält Art. 31 Abs. 3 WVK ein dynamisches Element[778], da die Auslegung völkerrechtlicher Verträge aktuellen Rechtsentwicklungen Rechnung tragen kann. Art. 32 WVK sieht vor, dass ergänzend auch auf die Umstände zum Zeitpunkt des Vertragsschlusses zurückgegriffen werden kann, und erlaubt insofern eine historische Auslegung. Zudem können bei der Vertragsinterpretation die wirtschaftlichen, politischen und sozialen Gegebenheiten der Parteien Berücksichtigung finden[779]. Zusammenfassend ist festzuhalten, dass nach der Wiener Vertragsrechtskonvention völkerrechtliche Verträge nach den auch im deutschen Recht anzuwendenden Auslegungsmethoden Wortlaut, Systematik und Sinn und Zweck des Vertrages interpretiert werden.

Zusätzlich zur allgemeinen Auslegungsregel des Art. 31 WVK haben sich im Bereich der völkerrechtlichen Menschenrechtsverträge – insbesondere durch die Praxis der für die Auslegung zuständigen oder sich berufen fühlenden Organe – weitere Formen der Auslegung entwickelt, die ebenfalls unter den Begriff der teleologischen Auslegung gefasst werden können[780]. Dazu zählen der Effektivitätsgrundsatz und der Grundsatz der *necessary implication*. Nach dem Effektivitätsgrundsatz ist ein Vertrag so auszulegen, dass das mit dem Vertrag verfolgte Ziel und sein Regelungszweck und damit eine praktische Wirksamkeit des Vertrages erreicht werden[781]. Der Grundsatz der *necessary implication* besagt, dass eine Vertragspartei zur Erfüllung des Vertrags erforderliche Rechte aus dem Vertrag herleiten kann, auch wenn diese nicht ausdrücklich im Vertragstext niedergelegt sind[782].

---

777 Siehe ausführlich zur Auslegung völkerrechtlicher Verträge *Köck*, Vertragsinterpretation und Vertragsrechtskonvention, Berlin 1976.

778 *Reindel*, 48.

779 *Reindel*, 49.

780 *Heintschel von Heinegg* in Ipsen, Völkerrecht, 144.

781 *Heintschel von Heinegg* in Ipsen, Völkerrecht, 144.

782 *Heintschel von Heinegg* in Ipsen, Völkerrecht, 144.

b) Auslegung von Übereinkommen der Internationalen Arbeitsorganisation

Bei den Übereinkommen der Internationalen Arbeitsorganisation handelt es sich um völkerrechtliche Verträge. Dementsprechend finden auf sie die soeben genannten Regelungen des Wiener Vertragsrechtskonvention Anwendung. Grundsätzlich wird die Auslegung der Verfassung und der Konventionen durch die Vertragsparteien vorgenommen. Daneben hat gemäß Art. 37 Abs. 1 IAO-Verfassung[783] die Interpretation im Streitfall durch den Internationalen Gerichtshof zu erfolgen. Das Auslegungsergebnis des Internationalen Gerichtshofs bindet die Vertragsparteien umfassend[784]. Von dieser Möglichkeit wurde seit Bestehen der Internationalen Arbeitsorganisation jedoch nur in wenigen Fällen Gebrauch gemacht[785].

Für die Auslegung der Übereinkommen kommt rein praktisch dem Internationalen Arbeitsamt[786] und vor allem dem Sachverständigenausschuss eine maßgebliche Bedeutung zu[787]. Die Resolution zur Schaffung des Expertengremiums aus dem Jahre 1926 sah lediglich vor, dass es die von den nationalen Regierungen eingereichten Berichte dahin gehend auswerten und überprüfen sollte, ob die jeweilige mitgliedstaatliche Rechtslage im Einklang mit den Übereinkommen steht[788]. Ohne dass dem Sachverständigenausschuss damit ein ausdrückliches Recht zur Interpretation der Übereinkommen zugesprochen wurde, findet jedoch tatsächlich eine Orientierung an dessen Auslegung im Sinne eines *case law* statt[789]. Auslegungshilfen sind der Wortlaut der Vorschriften sowie historische Entwicklungen[790], ver-

783 Dieser lautet:

(1) Any question or dispute relating to the interpretation of this Constitution or of any subsequent Convention concluded by the Members in pursuance of the provisions of this Constitution shall be referred for decision to the International Court of Justice.

(2) Notwithstanding the provisions of paragraph 1 of this article the Governing Body may make and submit to the Conference for approval rules providing for the appointment of a tribunal for the expeditious determination of any dispute or question relating to the interpretation of a Convention which may be referred thereto by the Governing Body or in accordance with the terms of the Convention. Any applicable judgement or advisory opinion of the International Court of Justice shall be binding upon any tribunal established in virtue of this paragraph. Any award made by such a tribunal shall be circulated to the Members of the Organization and any observations which they may make thereon shall be brought before the Conference.

784 *Nußberger*, Sozialstandards, 249, 251.

785 *Nußberger* in Festschrift für v. Maydell, 481; *dies.*, Sozialstandards, 249, 251.

786 *Nußberger*, Sozialstandards, 251 ff.

787 *Adamy/Bobke/Lörcher* in Däubler, Internationale Arbeits- und Sozialordnung, 187; *Nußberger*, Sozialstandards, 256 ff.

788 *Nußberger* in International Social Security Standards, 2.5.2.3, 47.

789 *Nußberger* in Festschrift für v. Maydell, 481 (482); Sozialstandards, 233, 257; *Weissbrodt*, 49.

790 *Nußberger* in Festschrift für v. Maydell, 481 (483 f.).

schiedentlich werden auch die Vorarbeiten zu Konventionen einbezogen. Der Sachverständigenausschuss legt sich bei der Auslegung selbst große Zurückhaltung auf. Anders als etwa der Europäische Gerichtshof für Menschenrechte nimmt er nur in äußerst seltenen Fällen eine rechtsfortbildende Auslegung vor; einen Ausnahmefall bildet insoweit die Vereinigungsfreiheit. Eine Begrenzung der dynamischen Auslegungsansätze folgt auch aus dem Umstand, dass die Konventionen sehr exakt gefasst sind und insoweit von vornherein ein geringer Spielraum für die Auslegung besteht; beispielhaft seien etwa die sozialrechtlichen Konventionen Nr. 102 und 128 genannt.

2. *Vereinbarkeit der Arbeitspflicht mit IAO-Übereinkommen Nr. 29 und Nr. 105*

Die Übereinkommen Nr. 29[791] und Nr. 105[792] sind die wesentlichen Grundlagen zur Bekämpfung der Zwangsarbeit durch die IAO. Im Folgenden wird zunächst die historische Entwicklung des Zwangsarbeitsverbots aufgezeigt. Im Anschluss daran wird dargelegt, welche Bedeutung dem Zwangsarbeitsverbot im Völkerrecht zukommt. Sodann wird die Zulässigkeit der Arbeitspflicht anhand der Gewährleistungen der IAO-Übereinkommen Nr. 29 und Nr. 105 überprüft.

a) Historische Entwicklung des Zwangsarbeitsverbots[793]

Der Ausgangspunkt für die Schaffung der völkerrechtlichen Zwangsarbeitsverbote war die Bekämpfung der Sklaverei. Dementsprechend steht dieser Punkt am Anfang der Darstellung der historischen Entwicklung.

(1) Entwicklung des Sklavereiverbots seit dem 18. Jahrhundert

Die Zwangsarbeit trat im 18. Jahrhundert vorrangig in Form der Sklaverei und der teilweise noch bestehenden Leibeigenschaft auf. Inbesondere in den zahlreichen Kolonien der europäischen Großmächte war die Versklavung der einheimischen Bevölkerung ein günstiges Mittel zur Sicherung von Arbeitskräften[794], aber auch in England selbst wurden zum Ende des 18. Jahrhunderts noch ca. 15.000 Personen in Sklaverei gehalten[795]. Die Einheimischen wurden in den

791 Die Transformation des Übereinkommens Nr. 29 ins deutsche Recht erfolgte im Jahre 1956, BGBl. II 1956, S. 640.

792 Das Übereinkommen wurde am 25.06.1957 beschlossen und im Jahre 1959 in deutsches Recht transformiert, BGBl. 1959 II, S. 441.

793 Dazu ausführlich IAO, Schluss mit Zwangsarbeit, 9 ff.

794 RCE, Forced Labour Myanmar, 55; *Miers*, 3.

795 *Gestrich* in Unfreie Lebens- und Arbeitsverhältnisse, 237 (238).

Kolonien vor allem zum Aufbau des Verkehrsnetzes, der wirtschaftlichen Infrastruktur und für die Arbeit in Bergwerken sowie auf Plantagen zwangsweise verpflichtet[796]. Zudem wurden Sklaven in zahlreiche weitere Länder verbracht, um dort ihre Arbeitskraft zu nutzen[797]. Die jeweiligen Kolonialherren profitierten in großem Umfang von dem Sklavenhandel, da dieser enorme Gewinne abwarf.

Die Praxis des Sklavenhandels wurde auf internationaler Ebene zum ersten Mal auf dem Wiener Kongress im Jahre 1815 deutlich kritisiert. Dort kam es am 08.02.1815 zur Verabschiedung der ersten internationalen Regelung zur Bekämpfung des Sklavenhandels, der *Déclaration contre la traite des nègres*, auch bezeichnet als *Declaration Relative to the Universal Abolition of the Slave Trade*. Großbritannien hatte über Jahre hinweg auf diplomatischem Wege auf die verschiedenen europäischen Großmächte eingewirkt, um den Abschluss eines solchen Dokumentes zu erreichen; bilaterale Verträge Englands mit einzelnen Staaten waren bereits geschlossen worden[798]. In der Erklärung vom 08.02.1815 vereinbarten nunmehr die Vertragsstaaten Österreich, Russland, Preußen, Großbritannien, Frankreich, Portugal, Spanien und Schweden ihre Verpflichtung, auf nationaler Ebene mit allen Mitteln für die Abschaffung des Sklavenhandels einzutreten. Zudem wurde normiert, dass auch auf andere Staaten eingewirkt werden sollte, um eine Abschaffung des Sklavenhandels zu erreichen[799].

Obwohl das Dokument die Erklärung enthält, dass der Sklavenhandel mit den Prinzipien der Humanität und der universellen Moral nicht vereinbar sei, liegt darin nicht der einzige Grund für seine Abschaffung und den Kampf gegen die Sklaverei[800]. Auch ökonomische und politische Motive führten zum Abschluss dieses Abkommens[801]. England hatte bereits im Jahre 1807 durch den *Act Abolition of the Slave Trade* den Sklavenhandel verboten[802]. Hinter diesem Vorgehen stand zum einen der verringerte Bedarf an Arbeitern auf Zuckerplantagen, da Großbritannien einige Kolonien, in denen Zucker angebaut wurde, verloren hatte und der Handel darunter litt[803]. Auch die fortschreitende Industrialisierung führte dazu, dass weniger Arbeitskräfte, die ohne oder gegen einen äußerst geringen

796 IAO, Schluss mit der Zwangsarbeit, 10 Rn. 22; *Raphael* in Unfreie Lebens- und Arbeitsverhältnisse, 258 (260 f.).

797 *Miers*, 3.

798 *Grewe*, Völkerrechtsgeschichte, 651; *Haedrich* in Unfreie Lebens- und Arbeitsverhältnisse, 281 (283).

799 *Grewe*, Völkerrechtsgeschichte, 651.

800 *Gestrich* in Unfreie Lebens- und Arbeitsverhältnisse, 237 (244 f.).

801 *Grewe*, Völkerrechtsgeschichte, 652; *Gestrich* in Unfreie Lebens- und Arbeitsverhältnisse, 237 (244 f.).

802 Zu den Motiven und Hintergründen ausführlich *Grewe*, Völkerrechtsgeschichte, 653 ff.

803 *Haedrich* in Unfreie Lebens- und Arbeitsverhältnisse, 281 (282).

Lohn arbeiteten, gebraucht wurden[804]. Zum anderen führten auch humanistische Erwägungen zu dieser Initiative[805]. So war es in England bereits in den 1780er Jahren zur Gründung der ersten Gesellschaften gekommen, die sich für die Abschaffung des Sklavenhandelns einsetzten[806]. Den Anlass für diese Bewegung gab ein Rechtsstreit im Jahre 1772. James Somerset war als Sklave nach England gebracht, dort von seinem Dienstherrn zur Arbeit gezwungen und misshandelt worden und sollte schließlich von diesem nach Jamaika verkauft werden. Er entfloh, wurde schließlich aber gefasst und vor Gericht gestellt. In diesem Verfahren wurde er von Granville Sharp, einem der ersten Vertreter der Sklavereibewegung, unterstützt[807]. Das Urteil enthielt zwar kein generelle Aussage dahin gehend, dass die Praxis der Sklaverei in Großbritannien unrechtmäßig sei. Allerdings wurde den Sklaven in England das Recht zugestanden, nicht gegen ihren Willen ins Ausland verkauft werden zu können, weil nach englischem Recht ein Mensch nicht verkauft werden könne[808]. Das Urteil wurde allerdings nicht auf die Sklaven in den Kolonien angewendet, da die Auffassung vertreten wurde, dass das englische Recht in den Kolonien von dem Kolonialrecht verdrängt wird[809]. In der Folge dieses Urteils entflohen zahlreiche englische Sklaven[810]. Eine weitere Stärkung ihrer Rechte erfuhren sie durch ein schottisches Urteil aus dem Jahre 1778. Darin wurde festgestellt, dass vor schottischen Gerichten keine Ansprüche eines Dienstherrn auf einen entlaufenen Sklaven durchgesetzt werden können[811]. Die insbesondere von *Sharp* angestoßene Bewegung trieb die im Jahre 1787 gegründete *Gesellschaft für die Abschaffung des Sklavenhandels* und, ihrem Vorbild folgend, weitere Gesellschaften[812] zum Kampf gegen den Sklavenhandel[813].

Den Anstoß zur Initiierung eines internationalen Sklavereiverbots gaben dementsprechend auch diese Motive[814]. Während die humanistische Komponente dieses Engagements offensichtlich ist, stellt sich die Frage, welche ökonomischen Gründe für das Tätigwerden Großbritanniens sprachen. Dabei ging es vor allem um die Egalisierung von Wettbewerbsbedigungen im Rahmen des weltweiten Handels. Um wirtschaftlich nicht gegenüber anderen Staaten, die weiter-

---

804 *Haedrich* in Unfreie Lebens- und Arbeitsverhältnisse, 281 (282).

805 *Miers*, 3 f.; *Davis*, 109 ff.; *Haedrich* in Unfreie Lebens- und Arbeitsverhältnisse, 281 (282); *Rodgers/Lee/Swepston/Van Daele*, 62.

806 *Temperley*, 1 ff.; *Davis*, 107 ff.; dazu noch *Davis* in The Antislavery Debate, 27 ff.

807 *Gestrich* in Unfreie Lebens- und Arbeitsverhältnisse, 237 (238).

808 *Gestrich* in Unfreie Lebens- und Arbeitsverhältnisse, 237 (238); *Miers*, 4.

809 *Temperley*, 1; *Miers*, 4.

810 *Temperley*, 1.

811 *Gestrich* in Unfreie Lebens- und Arbeitsverhältnisse, 237 (238).

812 Dazu ausführlich *Temperley*, 2 ff.

813 *Ermacora*, VII. Kapitel, Rn. 96.

814 Dazu *Miers*, 3 ff.

hin mit dem Sklavenhandel enorme Profite erwirtschafteten, ins Hintertreffen zu geraten, hatte die britische Regierung bereits nach Verabschiedung des nationalen Sklavenhandelverbots beschlossen, auf eine internationalen Vereinbarung zur Abschaffung des Sklavenhandels hinzuwirken[815]. Keinem anderen Kolonialstaat sollte die Möglichkeit erhalten bleiben, sich durch den Einsatz von Sklaven Wettbewerbsvorteile zu verschaffen.

Zu Beginn der Antisklaverei-Bewegung stand nur die Unterbindung des Sklavenhandels und nicht die Schaffung eines Sklavereiverbots insgesamt in Rede. Die Sklaverei an sich wurde etwa in britischen Kolonien erst ab dem Jahre 1834 durch den *British Emancipation Act* verboten[816]. Auf zwischenstaatlicher Ebene kam es im Jahre 1841 zum Abschluss eines bindenden Vertrags über die Abschaffung des Sklavenhandels, dem *Quintupel-Vertrag – Traité contre la traite des nègres*. In den Jahren zwischen 1839 und 1890 kam es auf zwischenstaatlicher Ebene zur Unterzeichnung von über 300 Übereinkommen gegen die Sklaverei und den Sklavenhandel[817]. Die Auseinandersetzung über die Modalitäten bzw. Ausnahmen von diesem Verbot zog sich durch das gesamte 19. Jahrhundert, eine wirksame Verhinderung des Sklavenhandels und der Sklaverei wurde zunächst weiterhin nicht erreicht[818]. Dieser Umstand folgt daraus, dass Sklaverei und Sklavenhandel zwar verboten, dafür jedoch andere Formen der zwangsweisen Inpflichtnahme insbesondere der einheimischen Bevölkerung in den verschiedenen Kolonien geschaffen wurden. Diese Arbeitspflichten wurden als notwendig angesehen, um die Kolonien zu entwickeln[819]. So wurden etwa in Französisch-Westafrika kollektive Arbeitsverpflichtungen für einzelne Verwaltungskreise, je nach Bedarf an Arbeitskräften, geschaffen[820]. In Madagaskar wurden nach Annexion des Landes durch Frankreich alle Sklaven in die Freiheit entlassen; nur kurze Zeit später wurde jedoch ein Arbeitszwang für alle arbeitsfähigen Männer im Alter von 16 bis 60 Jahren eingeführt. Zeitgleich wurde ein 50-tägiger Frondienst für alle Männer eingeführt, der meistens im Rahmen des Straßenbaus und fernab des eigentlichen Lebensmittelpunktes der Betroffenen geleistet werden musste[821]. In Deutsch-Ostafrika wurden Arbeitskarten eingeführt. Auf diesen Karten wurde die Anzahl der Tage vermerkt, an denen der Inhaber, dies waren stets männliche Einheimische, bei einem Europäer gearbeitet hatte. Sofern der Inhaber

815 *Grewe*, Völkerrechtsgeschichte, 656.

816 *Grewe*, Völkerrechtsgeschichte, 656; *Sawyer*, 217.

817 *Sawyer*, 217; *Weissbrodt*, 9.

818 Siehe dazu etwa *Ermacora*, VII. Kapitel, Rn. 98.

819 Siehe dazu *Schrader*, 19.

820 *Raphael* in Unfreie Lebens- und Arbeitsverhältnisse, 258 (261).

821 *Raphael* in Unfreie Lebens- und Arbeitsverhältnisse, 258 (262); diesen Frondienst zum Aufbau des Straßen- und Wegenetzes gab es auch in Deutsch-Ostafrika, dazu *Schrader*, 21 ff.

während der Zeitspanne von vier Monaten weniger als dreißig Arbeitstage auf der Karte eingetragen hatte, so wurde er zwangsweise zur öffentlichen Arbeit herangezogen[822]. Dieses Vorgehen wurde als gesetzlicher Zwang zum Abschluss eines Arbeitsvertrags bezeichnet[823]. Vergütet wurden diese Tätigkeiten regelmäßig nicht, ein Anspruch der Betroffenen auf Bezahlung bestand nicht[824]. Gleichermaßen fand grundsätzlich auch keine Versorgung mit Nahrungsmitteln und sonstiger Verpflegung der Zwangsverpflichteten statt. Diese sollten durch ihre Angehörigen mitversorgt werden[825]. Für den Fall, dass ein Verpflichteter seiner Pflicht nicht nachkam, konnten gegen ihn Zwangsmaßnahmen angeordnet werden. In Britisch-Ostafrika konnte gegen Arbeitsverweigerer auch eine Geld- oder Gefängnisstrafe verhängt werden[826].

Zum Teil wurden die vorgenannten, beispielhaft aufgeführten Maßnahmen in späteren Jahren wieder abgeschafft, sodann wurden jedoch andere Mechanismen zur Beschaffung von Arbeitskräften eingeführt. Einige Kolonien führten hohe Kopfsteuern ein, so etwa Kenia[827] und Deutsch-Ostafrika[828]. Um diese hohen Steuern aufbringen zu können, musste insbesondere die Landbevölkerung Arbeit bei Straßenbauprojekten oder auf Plantagen annehmen[829].

Nach dem Ersten Weltkrieg und der Gründung des Völkerbunds wurde das Problem der Sklaverei, des Sklavenhandels und der Zwangsarbeit auf völkerrechtlicher Ebene thematisiert. Es sollte eine weitere multilaterale Vereinbarung geschaffen werden, die die Sklaverei und sklavereiähnliche Praktiken endgültig beseitigten sollte. Um ein solches Übereinkommen zu erarbeiten, wurde eine Sklaverei-Kommission einberufen, die das Thema aufbereiten und Empfehlungen für das weitere Vorgehen im Kampf gegen die Sklaverei und den Sklavenhandel abgeben sollte[830]. Im Jahre 1925 schlug dieses Gremium die Ausarbeitung eines internationalen Übereinkommens vor[831]. Die Mitgliedstaaten des Völkerbundes griffen diesen Vorschlag auf und verabschiedeten im Jahre 1926 das *Übereinkommen über die Sklaverei.* Ausgerichtet war der Inhalt, entsprechend dem damals vorherrschenden Erscheinungsbild von Zwangsarbeit, primär

822 Dazu *Schrader*, 19.
823 *Schrader*, 20.
824 *Schrader*, 25.
825 *Schrader*, 25.
826 *Schrader*, 26.
827 *Raphael* in Unfreie Lebens- und Arbeitsverhältnisse, 258 (263 f.)
828 *Schrader*, 28 f.
829 *Raphael* in Unfreie Lebens- und Arbeitsverhältnisse, 258 (263).
830 *Sawyer*, 218; *Tretter* in Festschrift für Ermacora, 528 (533); *Haedrich* in Unfreie Lebens- und Arbeitsverhältnisse, 281 (284).
831 *Sawyer*, 219.

auf die Bekämpfung der Zwangsarbeit in den Kolonialstaaten[832]. Die Sklaverei-Konvention des Völkerbundes untersagte den Handel mit Sklaven in jeder Form. In Art. 1 Abs. 1 des Übereinkommens wird Sklaverei zum ersten Mal definiert. Danach handelt es sich bei Sklaverei um „Zustand oder Stellung einer Person, an der die mit dem Eigentumsrechte verbundenen Befugnisse oder einzelne davon ausgeübt werden“[833]. Die Mitgliedstaaten des Völkerbundes vereinbarten in diesem Übereinkommen zudem die Verpflichtung, die erforderlichen Maßnahmen einzuleiten, um den Sklavenhandel zu verhindern und zu unterdrücken und in zunehmenden Maße auf die vollständige Abschaffung der Sklaverei in allen ihren Formen hinzuarbeiten. Das Kontrollsystem dieses Übereinkommens war allerdings schwach ausgestaltet. So war weder eine Berichtspflicht der unterzeichnenden Staaten noch die Errichtung eines permanent tagenden Kontrollgremiums vorgesehen. Die Vertragsstaaten verplichteten sich in Art. 7 des Übereinkommens lediglich dazu, dem Generalsekretär diejenigen Gesetze und Vorschriften mitzuteilen, die sie zur Durchführung des Übereinkommens erlassen. Auch aus diesem Grunde wurde das Übereinkommen nicht als ausreichend erachtet, um die Sklaverei wirksam zu bekämpfen.

Versuche, das Übereinkommen etwa durch Einberufung eines ständigen Expertenkomitees auszuweiten bzw. diesem zu mehr Wirksamkeit zu verhelfen, wurden spätestens durch den Ausbruch des Zweiten Weltkriegs gestört. Erst nach Kriegsende trat dieser Punkt wieder auf die völkerrechtliche Agenda. So wurde ein Expertenkomitee für den Bereich der Sklaverei im Jahre 1949 geschaffen. Dieses Komitee trat dafür ein, dass die Vereinten Nationen das Übereinkommen über Sklaverei aus dem Jahre 1926 für anwendbar erklärten, und gab neue Vorschläge für ein weitergehendes Übereinkommen[834]. Das *Zusatzübereinkommen über die Abschaffung der Sklaverei, des Sklavenhandels und sklavereiähnlicher Einrichtungen und Praktiken* wurde am 03.04.1956 angenommen.

(2) Entwicklung des Zwangsarbeitsverbots bis heute

Durch die Mitglieder des Völkerbundes wurde das Sklavereiverbot allein nicht als ausreichend angesehen, um die Freiheit der Willensbetätigung im Bereich der Arbeit zu schützen. Bereits in Art. 5 des Übereinkommens über die Sklaverei wurden Bestimmungen aufgenommen, wonach auch die Zwangsarbeit oder Arbeitspflicht verboten sein sollte. Dies diente dem Zweck, die Herbeiführung von der Sklaverei

832 IAO, Forced Labour Myanmar, 56; dies., Schluss mit der Zwangsarbeit, 10 Rn. 22; RCE, Eradication Forced Labour, 4 f.; *Böhmert*, 121; *Blüthner*, 171 f.

833 Übereinkommen über die Sklaverei vom 25.09.1926.

834 *Sawyer*, 221; *Tretter* in Festschrift für Ermacora, 528 (534).

ähnlichen Zuständen zu verhindern. Durch diese Regelung sollte die Praxis, dass zwar die Sklaverei verboten, aber gleichzeitig andere Maßnahmen zur zwangsweisen Inpflichtnahme von Personen eingeführt wurden, unterbunden werden. Daher wurde im Nachgang zu den Verhandlungen über das Verbot der Sklaverei ein Expertenkomitee der Internationalen Arbeitsorganisation mit der Ausarbeitung eines weitergehenden Übereinkommens betreffend die Zwangsarbeit beauftragt. Diese Arbeiten mündeten in dem Abschluss des Übereinkommens zur Zwangsarbeit, der *Forced Labour Convention* (C 29) im Jahre 1930. Auch dieses Übereinkommen wurde vorrangig vor dem Hintergrund der Situation in den Kolonialstaaten erarbeitet[835]. Dennoch herrschte innerhalb des Expertenkomitees die Ansicht vor, dass es nicht auf spezielle Formen von Zwangsarbeit beschränkt, sondern vielmehr allgemeingültig sei[836].

In der Zeit während des Zweiten Weltkriegs und in den Nachkriegsjahren wandelte sich das Bild der Zwangsarbeit, die Praxis wurde gerade während des Krieges noch umfassend ausgeweitet und in ihrer Unmenschlichkeit verschärft[837]. Auch wurde Zwangsarbeit vermehrt als Sanktion für dem jeweiligen Regime entgegengesetzte politische Ansichten und Meinungsäußerungen eingesetzt[838]. Dies galt sowohl unter Herrschaft der Nationalsozialisten und im stalinistischen Russland[839] als auch in späteren Jahren in den Kolonialstaaten, deren Bürger verstärkt für die Selbstständigkeit und Unabhängigkeit ihres Landes eintraten. Zu diesen Umständen trat hinzu, dass einige asiatische und lateinamerikanische Staaten ihre Argrarwirtschaft umstrukturierten. Auch hier wurde eine Vielzahl von Bürgern zur Arbeit zwangsweise verpflichtet. Als gegensätzliche Entwicklung nahm eine Reihe von Staaten ein Zwangsarbeitsverbot auch in ihre nationalen Verfassungen auf, ohne dabei den Begriff der Zwangsarbeit zu definieren. Nach Ansicht der Internationalen Arbeitsorganisation soll in diesen Fällen Bezug auf ihre einschlägigen Übereinkommen und Beschlüsse genommen werden[840].

Die negativen Tendenzen der Weiterentwicklung der Zwangsarbeit führten dazu, dass eine Ergänzung des Verbots seitens der Internationalen Arbeitsorganisation für notwendig gehalten wurde[841]. Das im Jahre 1957 geschlossene Übereinkommen zur Abschaffung der Zwangsarbeit, die so genannte *Abolition of Forced Labour Convention* (C 105), ergänzt das Übereinkommen Nr. 29 und führt den Gedanken der Einstellung der Zwangsarbeit im Hinblick auf weitere Entwicklun-

---

835 *Rodgers/Lee/Swepston/Van Daele*, 63.
836 RCE, Eradication Forced Labour, 5.
837 *Raphael* in Unfreie Lebens- und Arbeitsverhältnisse, 258 (267 ff.).
838 *Raphael* in Unfreie Lebens- und Arbeitsverhältnisse, 258 (274 ff.).
839 *Rodgers/Lee/Swepston/Van Daele*, 66.
840 IAO, Forced Labour Myanmar, 57.
841 *Rodgers/Lee/Swepston/Van Daele*, 66.

gen fort. Gefordert wurde die Abschaffung der Zwangsarbeit als Mittel politischen Zwangs, als Maßnahme der Arbeitsdisziplin, als Ausdruck einer rassischen, sozialen, nationalen oder religiösen Diskriminierung, als Sanktion für die Teilnahme an Streiks sowie als Methode der Rekrutierung und Verwendung von Arbeitskräften für Zwecke der wirtschaftlichen Entwicklung.

In den Jahren des Kalten Kriegs zeigten sich weitere Formen der Zwangsarbeit, vor allem in den kommunistischen Staaten. Dies zeigt sich bereits in der Ausgestaltung der Wirtschaftsordnung, in der das Recht auf Arbeit mit einer Arbeitspflicht einherging[842]. Art. 12 der Verfassung der UdSSR von 1936 etwa lautete: „Die Arbeit ist in der UdSSR Pflicht und Ehrensache jedes arbeitsfähigen Staatsbürgers nach dem Grundsatz: ‚Wer nicht arbeitet, soll auch nicht essen.'" Die Arbeit wurde auch in der UdSSR ein wesentlicher Teil des Strafvollzugs. Zunächst stand auch hier der Gedanke der Resozialisierung der Straftäter im Vordergrund[843]. Die Gefangenen wurden in Arbeitslagern untergebracht, den so genannten GULag[844]. Unter dem Deckmantel der Resozialisierung und Besserung der Insassen durch Arbeit wurden in späteren Jahren gerade politische Gefangene in diesen Lagern inhaftiert und zur Verrichtung von Arbeiten unter unmenschlichen Bedingungen gezwungen[845]. Des Weiteren wurden Arbeits- und Umsiedlungskolonien geschaffen. Dazu wurden Familien und sogar ganze Volksstämme dazu gezwungen, in andere Regionen der Sowjetunion umzusiedeln. Dort wurden sie zur Arbeit, etwa in neu geschaffenen Fabriken, gezwungen und ihnen der Arbeitsplatzwechsel untersagt. Um die Arbeitsdisziplin aufrechtzuerhalten, wurden Regelungen geschaffen, die das Fernbleiben der Arbeit unter Strafe stellten[846]. Es wurde ebenfalls eine Strafbarkeit wegen Landstreicherei eingeführt, die als Strafe eine Arbeitspflicht vorsah. Ein weiteres Kapitel staatlicher Zwangsarbeit fand in Myanmar statt. Dort wurden Bürger zur Unterstützung des Militärs und zur Durchführung von Infrastrukturprojekten zwangsweise herangezogen[847].

Im Jahre 1998 wurden unter anderem die Übereinkommen betreffend die Abschaffung der Zwangsarbeit durch die Internationale Arbeitsorganisation in der *Declaration on fundamental principles and rights at work* als Übereinkommen benannt, die das wesentliche Wertefundament der menschlichen Gemeinschaft bilden und für das soziale und wirtschaftliche Zusammenleben von herausragen-

842 *Nußberger* in Gedächtnisschrift Tettinger, 81 (84); *Raphael* in Unfreie Lebens- und Arbeitsverhältnisse, 258 (273).

843 *Raphael* in Unfreie Lebens- und Arbeitsverhältnisse, 258 (273).

844 *Raphael* in Unfreie Lebens- und Arbeitsverhältnisse, 258 (274).

845 *Raphael* in Unfreie Lebens- und Arbeitsverhältnisse, 258 (275 f.); *Rodgers/Lee/Swepston/Van Daele*, 66.

846 *Raphael* in Unfreie Lebens- und Arbeitsverhältnisse, 258 (274).

847 Siehe dazu ausführlich IAO, Forced labour Myanmar (Burma).

der Bedeutung sind. Damit wurde durch die Internationale Arbeitsorganisation erneut betont, dass die Beseitigung aller Formen von Zwangsarbeit auch in Zukunft auf der völkerrechtlichen Ebene von hoher Priorität sein wird.

In der weiteren Entwicklung bis heute haben sich andere, neue Formen der Zwangsarbeit herausgebildet[848]. Dabei werden nicht mehr länger nur Staaten als Akteure tätig, sondern die zwangsweise Heranziehung zur Arbeitsleistung erfolgt häufig durch kriminelle Organisationen. Zunehmend werden Frauen und Kinder zwangsweise zur Arbeit herangezogen[849], wobei gerade auch die sexuelle Ausbeutung und Prostitution eine große Rolle spielt[850]. Dabei ist zu beobachten, dass vor allem illegale Einwanderer unter Androhung einer Anzeige zur Arbeit gezwungen werden[851]. Des Weiteren zeigen sich moderne Formen der Schuldknechtschaft, da Menschen in andere Länder unter Täuschung oder sogar gegen ihren Willen in andere Länder verbracht und anschließend zur Arbeit gezwungen werden[852].

(3) Zusammenfassung historische Entwicklung

Das Zwangsarbeitsverbot entwickelte sich im Anschluss an die Antisklavereibewegung, die ihren Anfang in Großbritannien nahm. Hintergrund dieser Bewegung waren ein zunehmendes humanistisches Bewusstsein, das die Praxis der Sklaverei nunmehr als unmoralisch erscheinen ließ, sowie geänderte wirtschaftliche Rahmenbedingungen. Das Verbot der Zwangsarbeit wurde erforderlich, da die Sklaverei durch andere Praktiken ersetzt wurde, die die zwangsweise Ausbeutung der Arbeitskraft der Betroffenen zum Ziel hatte. Noch heute stehen die Übereinkommen über Sklaverei und Zwangsarbeit nebeneinander, um die unfreiwillige Inanspruchnahme von Menschen zum Zwecke der Arbeit in den jeweiligen Grenzen der Übereinkommen zu verhindern. Die Verbote von Sklaverei und Zwangsarbeit sind damit die ersten menschenrechtlichen Gewährleistungen, die auf internationaler Ebene thematisiert und schließlich auch normiert wurden. Dabei sind die Grenzen zwischen Zwangsarbeit und Sklaverei fließend. Verschiedentlich wurde Zwangs-

848 Siehe zu den „neuen“ Formen von Sklaverei *Bales/Trodd/Williamson*, Modern Slavery; *Bales*, New Slavery.

849 Siehe dazu auch Council of Europe, Parliamentary Assembly, Recommendation 1523 (2001), Domestic slavery; Recommendation 1663 (2004), Domestic slavery: servitude, au pairs and “mail-order brides”.

850 RCE, Eradication Forced Labour, 1 f.; zur sexuellen Ausbeutung von Frauen und Mädchen ausführlich *Bales/Trodd/Williamson*, 65 ff.

851 RCE, Eradication Forced Labour, 2; IAO, Kosten des Zwangs, 26; Council of Europe, Parliamentary Assembly, Recommendation 1663 (2004), Domestic slavery: servitude, au pairs and “mail-order brides”.

852 Zu neuen Tendenzen und Entwicklungen im Bereich der Zwangsarbeit IAO, Kosten des Zwangs, 13 ff.

arbeit daher auch als sklaverei-ähnliche Praxis bzw. moderne Form der Sklaverei bezeichnet[853].

Mit der Wandlung des Bildes von Zwangsarbeit wandeln sich auch die Anforderungen, die an die Staaten gestellt werden. Während in Fällen, in denen Zwangsarbeit durch staatliche Stellen ausgeübt wird, diese Staaten konkret angesprochen und durch die Staatengemeinschaft in die Pflicht genommen werden können, stellt sich bei der Ausübung von Zwangsarbeit durch Private die Frage, inwieweit der Staat zum Eingreifen verpflichtet ist und welche Maßnahmen er gebenenfalls zu ergreifen hat.

b) Bedeutung der Verbote von Sklaverei und Zwangsarbeit

Wie gezeigt hat sich das Zwangsarbeitsverbot aus dem Sklavereiverbot entwickelt. Seit der Schaffung des Übereinkommens Nr. 29 bestehen die Garantien nebeneinander und bieten eine umfassende Gewährleistung gegen Maßnahmen der Sklaverei und Zwangsarbeit. Fraglich ist, welche Bedeutung den beiden Verboten auf völkerrechtlicher Ebene zukommt. Zu prüfen ist insbesondere, ob die beiden Verbote als Völkergewohnheitsrecht oder sogar als eine zwingende Norm des allgemeinen Völkerrechts zu qualifizieren sind.

(1) Voraussetzungen für die Bildung von Völkergewohnheitsrecht und zwingendem Völkerrecht (ius cogens)

Der Begriff des Völkergewohnheitsrechts wird in Art. 38 Abs. 1 lit. b) als Ausdruck einer allgemeinen, als Recht anerkannten Übung bezeichnet[854]. Die Vorschrift normiert also zwei Tatbestandsvoraussetzungen: zum einen objektiv die Notwendigkeit einer allgemeinen Übung (consuetudo), zum anderen subjektiv die Rechtsüberzeugung von der Bindung an diese Übung (opinio iuris)[855].

853 Report of the working Group on Contemporary Forms of Slavery, Sub-Commission resolution 1995/16, Rn. 35; E/CN.4/Sub.2/1994/33, Rn. 101 Nr. 12; E/CN.4/Sub.2/1995/28, Rn. 123 Nr. 7.

854 Auch das Bundesverfassungsgericht bezieht sich bei der Bestimmung des Begriffs „Völkergewohnheitsrecht" auf den Inhalt von Art. 38 Abs.1 lit. b) des Statuts des Internationalen Gerichtshofs; ebenso *Geiger*, 147 f.; *Peters*, Völkerrecht, 114 f.

855 BVerfGE 46, 342 (367); 96, 68 (86 f.); 109, 38 (53); *Peters*, Völkerrecht, 116; der Ausgangspunkt für die Begründung und die Bestimmung des Inhalts von ius-cogens-Normen im Völkerrecht sind nach wie vor umstritten. Siehe dazu weitergehend *Klein* in Festschrift für Ress, 151 ff.; *Oeter* in Festschrift für Wildhaber, 499 ff.; *Herdegen* in Festschrift für Wildhaber, 323 ff.; *Martin/Schnably/Wilson/Simon/Tushnet*, 31 ff.

Art. 53 S. 2 WVK beschreibt den Begriff des zwingenden Völkerrechts im Sinne der Wiener Vertragsrechtskonvention[856]. Danach ist eine zwingende Norm des allgemeinen Völkerrechts eine Norm, die von der internationalen Staatengemeinschaft in ihrer Gesamtheit angenommen und anerkannt wird als eine Norm, von der nicht abgewichen werden darf und die nur durch eine spätere Norm des allgemeinen Völkerrechts derselben Rechtsnatur geändert werden kann[857]. Voraussetzung einer Norm des zwingenden Völkerrechts ist also, dass sie von der Staatengemeinschaft allgemein anerkannt und akzeptiert wird[858].

(2) Völkerrechtliche Bedeutung des Sklavereiverbots

Wie bereits dargelegt, wurde bereits im Jahre 1815 damit begonnen, Regelungen zu schaffen, die zunächst nur den Sklavenhandel, später aber auch die Praxis der Sklaverei an sich verboten. Seit dem Jahre 1926 gibt es auf völkerrechtlicher Ebene ein Sklavereiverbot, dessen Gültigkeit im Jahre 1956 noch einmal bestätigt und dessen Anwendungsbereich ergänzt wurde. Neben den bereits erwähnten völkerrechtlichen Instrumenten zur Bekämpfung der Sklaverei wurde das Verbot der Sklaverei als ein wesentliches Menschenrecht auch in den Katalog der *Allgemeinen Erklärung der Menschenrechte* aus dem Jahre 1948 aufgenommen; dort Art. 4[859]. Auch Art. 8 Abs. 1 IPBPR enthält ein Verbot der Sklaverei. Zudem wurde in Art. 7 des Römischen Statuts des Internationalen Strafgerichtshofs vom 17.07.1998 die Versklavung im Rahmen eines ausgedehnten oder systematischen Angriffs gegen die Zivilbevölkerung als ein Verbrechen gegen die Menschlichkeit qualifiziert.

Auch auf regionaler Ebene wurden Sklavereiverbote normiert. So enthält Art. 4 Abs. 1 EMRK die Maßgabe, dass niemand in Sklaverei oder Leibeigenschaft gehalten werden darf. Gleiches gilt für Art. 6 Abs. 1 der Amerikanischen Menschenrechtskonvention. Art. 5 der Afrikanischen Charta der Rechte des Menschen und der Völker (so genannte *Banjul*-Charta) ordnet das Verbot der Sklaverei dem Recht auf Menschenwürde zu, indem es jede Ausbeutung und Erniedrigung verbietet und hierunter insbesondere Sklaverei und Sklavenhandel

856 Diese Begriffsbestimmung ist mittlerweile weit überwiegend als zutreffend anerkannt und hat sich durchgesetzt, *Klein* in Festschrift für Ress, 151; *Oeter* in Festschrift für Wildhaber, 499 (504 f.); *Martin/Schnably/Wilson/ Simon/Tushnet*, 32; *Hobe*, Völkerrecht, 179 f.; *Kälin/Künzli*, 80; *Cassese, 201; Peters*, Völkerrecht, 124 f.

857 Zu den mit dieser Begrifflichkeit verbundenen Problemen *Nußberger*, Völkerrecht, 19 ff.

858 *Hobe*, Völkerrecht, 180.

859 Art. 4 lautet: Niemand darf in Sklaverei oder Leibeigenschaft gehalten werden; Sklaverei und Sklavenhandel in allen ihren Formen sind verboten.

fasst[860]. In einigen Staaten wurde dennoch die Notwendigkeit gesehen, ein Sklavereiverbot ausdrücklich zu normieren, so etwa in Zypern, dort Art. 10 Abs. 1 der Verfassung.

Damit wurde die Sklaverei sowohl in speziellen völkerrechtlichen Übereinkommen als auch in zahlreichen universellen und regionalen Menschenrechtsverträgen ohne Einschränkung untersagt. Der Internationale Gerichtshof hat sich in seiner Entscheidung *Barcelona Traction Light*[861] zudem dahin gehend geäußert, dass es sich unter anderem bei dem Schutz gegen Sklaverei um ein elementares Menschenrecht handelt, das von allen Staaten zu beachten und als Verpflichtung erga omnes zu gewährleisten sei[862]. Auch der Europäische Gerichshof für Menschenrechte hat in seiner Entscheidung *Siliadin ./. Frankreich* vom 26.07.2005 festgestellt, dass es sich bei dem Verbot der Sklaverei um einen der Grundwerte der demokratischen Gesellschaft handele[863]. Dies komme auch darin zum Ausdruck, dass das Sklavereiverbot keine Einschränkungen vorsieht und es sich damit maßgeblich von den meisten der in der Konvention enthaltenen Gewährleistungen unterscheide[864].

Das Verbot der Sklaverei wird durch spezielle Übereinkommen sowie durch universelle und regionale Menschenrechtskonventionen ohne Einschränkung gewährleistet. Zudem wird es von internationalen Gerichten als eines der fundamentalen Menschenrechte, die jeder Person zustehen und von jedem Staat zu achten sind, anerkannt. Es ist damit als zwingende Norm des Völkerrechts anerkannt[865].

---

860 Art. 5 lautet: Every individual shall have the right to the respect of the dignity inherent in a human being and to the recognition of his legal status. All forms of exploitation and degradation of man particularly slavery, slave trade, torture, cruel, inhuman or degrading punishment and treatment shall be prohibited.

861 Barcelona Traction Light and Power Company Case, Belgium v. Spain, ICJ Reports 1970, p. 3.

862 Barcelona Traction Light and Power Company Case, Belgium v. Spain, ICJ Reports 1970, p. 3, S. 32 Rn. 33 f.

863 Siehe auch Rantsev ./. Zypern und Russland, Urteil vom 07.01.2010, Beschwerde-Nr. 25965/04, Z. 283.

864 EGMR, NJW 2007, 41 (44).

865 Von Arbeitsgruppen der Vereinten Nationen wurde ebenfalls dieses Ergebnis vertreten, siehe etwa Report of the Working Group on Contemporary Forms of Slavery, 19th session, E/CN.4/Sub.2/1994/33, Rn. 101 Nr. 1; E/CN.4/Sub.2/1995/28, Rn. 119; so auch *Weissbrodt*, 3; *Kälin/Künzli*, 78; *Oeter* in Festschrift für Wildhaber, 499 (506); *Haedrich* in Unfreie Lebens- und Arbeitsverhältnisse, 281 (296); *Tretter* in Festschrift für Ermacora, 529 (570 f.); *Hobe*, Völkerrecht, 181.

(3) *Völkerrechtliche Bedeutung des Zwangsarbeitsverbots*

Der bereits dargestellten tatsächlichen Entwicklung im Bereich der Zwangsarbeit und der Tatsache, dass sich stetig neue Formen der Zwangsarbeit entwickeln, steht die rechtliche Entwicklung gegenüber. So hat auch das Verbot der Zwangsarbeit Eingang in zahlreiche universelle und regionale menschenrechtliche Vertragswerke gefunden[866]. Neben den IAO-Übereinkommen Nr. 29 und Nr. 105 sind etwa Art. 4 der Allgemeinen Erklärung der Menschenrechte, Art. 8 Abs. 1, Abs. 3 IPBPR, Art. 4 EMRK, Art. 1 Abs. 2 ESC, Art. 6 Abs. 2 der Amerikanischen Menschenrechtskonvention, Art. 5 der Afrikanischen Charta der Rechte der Menschen und Völker sowie Art. 31 S. 2 der Arabischen Menschenrechtscharta zu nennen. Auch zahlreiche nationale Verfassungen normieren ein absolutes Zwangsarbeitsverbot, so beispielsweise Art. 48 Abs. 4 der bulgarischen Verfassung, § 29 Abs. 2 der estnischen Verfassung, Art. 22 Abs. 3 S. 1 der griechischen Verfassung, Art. 106 S. 2 der lettischen Verfassung, Art. 48 Abs. 3 der litauischen Verfassung, Art. 35 Abs. 1 der maltesischen Verfassung, Art. 39 Abs. 1 der rumänischen Verfassung, Art. 18 Abs. 1 der slowakischen Verfassung, Art. 10 Abs. 2 der Verfassung Zyperns, Art. 23 Abs. 2 der kroatischen Verfassung, Art. 18 Abs. 1 der türkischen Verfassung, Art. 49 Abs. 1 der afghanischen Verfassung, Art. 42 der kuwaitischen Verfassung, Art. 9 Abs. 2 der namibischen Verfassung, Art. 86 Abs. 1 der paraguayischen Verfassung, Art. 10 Abs. 2 der Verfassung Singapurs, Art. 12 Abs. 1 der Verfassung Süd-Koreas, Art. 51 der Verfassung Thailands. Zudem haben die beinahe alle Mitgliedstaaten der Internationalen Arbeitsorganisation die Übereinkommen Nr. 29 und Nr. 105 ratifiziert[867]. Die elementare Bedeutung der Zwangsarbeitsübereinkommen kommt auch darin zum Ausdruck, dass sie unter anderem in der von der Internationalen Arbeitsorganisation erarbeiteten *Declaration on fundamental principles and rights at work* als wesentliche Regelungen für das Wertefundament der menschlichen Gemeinschaft und für das soziale und wirtschaftliche Zusammenleben genannt werden.

Die ab den 1930er-Jahren parallel verlaufende Entwicklung des Sklaverei- und des Zwangsarbeitsverbots verdeutlicht, dass beide Gewährleistungen als unabdingbare menschliche Rechte angesehen werden. Es sind die ersten Verträge humanitären Charakters, die auf völkerrechtlicher Ebene normiert wurden; sie bildeten damit den Ausgangspunkt für die Entwicklung weiterer menschenrechtlicher Grundprinzipien und Regelwerke. Seit der Schaffung des Übereinkommens Nr. 29 wurde das Zwangsarbeitsverbot in zahlreiche Vertragswerke, sei es auf

---

866 Siehe dazu noch RCE, Eradication Forced Labour, 8 ff.

867 Das Übereinkommen Nr. 29 haben 174 Staaten, das Übereinkommen Nr. 105 haben 169 Staaten der 183 Mitgliedstaaten der IAO ratifiziert, Stand 09.2010.

universeller, regionaler oder nationaler Ebene, aufgenommen. Auch der Europäische Gerichtshof für Menschenrechte hat in mehreren Entscheidungen ausgeführt, dass das Verbot der Zwangsarbeit aus Art. 4 Abs. 2 EMRK eines der wesentlichen Fundamente der menschlichen Wertegemeinschaft bildet[868]. Aufgrund der umfassenden Normierung des Zwangsarbeitsverbots und seiner Anerkennung als eines der wesentlichen Menschenrechte ist es als ius cogens zu qualifizieren[869].

c) *Aktueller Begriff der Zwangsarbeit der IAO-Übereinkommen Nr. 29 und Nr. 105*

Im Folgenden erfolgt eine Klärung des Begriffs der Zwangsarbeit in den Übereinkommen Nr. 29 und Nr. 105 unter Einbeziehung der Auffassung des Sachverständigenausschusses. Im Anschluss daran wird die Begrifflichkeit auf die vorliegende Fragestellung angewendet.

Die historische Entwicklung des Zwangsarbeitsverbots verdeutlicht, dass es sehr viele unterschiedliche Formen der Zwangsarbeit gibt. Da das Verbot aller Formen von Zwangs- und Pflichtarbeit auf das Übereinkommen über die Sklaverei vom 25.09.1926 zurückgeht, stellt sich zunächst die Frage, welchen Inhalt der Begriff „Sklaverei" hat. Sodann ist zu prüfen, was den Begriff der „Zwangsarbeit" im Sinne der IAO-Übereinkommen Nr. 29 und Nr. 105 ausmacht.

(1) Begriff der Sklaverei und sklavereiähnlicher Praktiken

In Art. 1 Abs. 1 des Übereinkommens über Sklaverei vom 25.09.1926 wird Sklaverei definiert als Zustand oder Stellung einer Person, an der die mit dem Eigentumsrechte verbundenen Befugnisse oder einzelne davon ausgeübt werden. Auf diese Definition wird in Art. 1 des *Zusatzübereinkommens über die Abschaffung der Sklaverei, des Sklavenhandels und sklavereiähnlicher Einrichtungen und Praktiken* aus dem Jahre 1956[870] Bezug genommen. Ergänzend wird ausgeführt, dass unter den Begriff der Sklaverei auch

- die Schuldknechtschaft, verstanden als Rechtsstellung oder Lage eines Menschen, die dadurch entsteht, dass ein Schuldner als Sicherheit für eine Schuld

868 EGMR, NJW 2007, 41 (44); Adami ./. Malta, Urteil vom 20.06.2002, Beschwerde-Nr. 17209/02, Z. 43; zuletzt Rantsev ./. Zypern und Russland, Urteil vom 07.01.2010, Beschwerde-Nr. 25965/04, Z. 283.

869 So auch IAO, Forced Labour Myanmar, 58 Rn. 203; RCE, Eradication Forced Labour, 111; *Nußberger* in Gedächtnisschrift Tettinger, 81 (99).

870 BGBl. 1958 II, S. 203.

seine persönlichen Dienstleistungen oder diejenigen einer seiner Kontrolle unterstehenden Person verpfändet, wenn der in angemessener Weise festgesetzte Wert dieser Dienstleistungen nicht zur Tilgung der Schuld dient, oder wenn diese Dienstleistungen nicht sowohl nach ihrer Dauer wie auch nach ihrer Art begrenzt und bestimmt sind;
- die Leibeigenschaft, verstanden als Rechtsstellung oder Lage eines Pächters, der durch Gesetz, Gewohnheitsrecht oder Vereinbarung verpflichtet ist, auf einem einer anderen Person gehörigen Grundstück zu leben und zu arbeiten, und dieser Person bestimmte entgeltliche oder unentgeltliche Dienste zu leisten hat, ohne seine Rechtsstellung selbstständig ändern zu können;
- die Zwangsverheiratung, der Verkauf und die Vererbung von Frauen;
- das Verkaufen oder Verschenken eines Kindes oder eines Jugendlichen, zum Zwecke der Ausnutzung seiner Arbeitskraft fallen.

Fraglich ist nunmehr, anhand welcher Merkmale eine Abgrenzung des Begriffs der Sklaverei erfolgen kann.

i) Entrechtung des Betroffenen

Die Begriffsbestimmungen der Sklaverei-Übereinkommen von 1926 und 1956 verdeutlichen, dass mit der Versklavung eines Menschen nicht „nur" die Inanspruchnahme seiner Arbeitskraft einher geht, sondern damit eine weitergehende Entrechtung verbunden ist. Ausweislich Art. 1 des Übereinkommens über Sklaverei aus dem Jahre 1926 bedeutet der Zustand der Sklaverei einen Verlust elementarer Menschen- und Bürgerrechte, da der Betroffene wie Eigentum behandelt wird[871]. Durch die Versklavung wird der Betroffene daher als Mensch entrechtet und wie ein Objekt behandelt. Er könnte dementsprechend verkauft, verschenkt, gut oder schlecht behandelt werden, ohne dass dem Eigentümer regelmäßig Konsequenzen drohen. Die Entrechtung der Betroffenen als eine Voraussetzung der Sklaverei wird auch deutlich aus dem Zusammenspiel der beiden Übereinkommen in Bezug auf die untersagten Formen des Umgangs mit Frauen und Kindern. Der Verkauf, die Verheiratung oder die Vererbung eines Menschen missachtet die grundsätzliche Rechtsstellung, die jeder Person aufgrund ihrer Menschenwürde zukommt. Auch nach Art. 7 Abs. 2 lit. c) des Römischen Statuts des Internationalen Strafgerichtshofs umfasst die Versklavung die Ausübung aller oder einzelner mit einem Eigentumsrecht an einer Person verbundenen Befugnisse und umfasst die Ausübung dieser Befugnisse im Rahmen des Handels mit Menschen, insbesondere mit Frauen und Kindern.

---

871 Dieses Merkmal wurde auch vor der Erarbeitung des Übereinkommens als wesentliches Merkmal des Begriffs „Sklaverei" angesehen, siehe etwa *Ingram*, 178.

Die in dem Abkommen über die Sklaverei von 1926 enthaltene Begriffsbestimmung der Ausübung der Eigentumsrechte durch den Dienstherrn auf den Betroffenen entspricht dem damals vorherrschenden Bild von Sklaverei[872]. Festzustellen ist insoweit, dass der mit der Eigentumsstellung einhergehende Rechtsverlust den schlimmsten Grad der Objektivierung eines Menschen erreicht. Diesbezüglich ist allerdings fraglich, ob diese Rechtsstellung, also die Stellung eines Menschen als Eigentumsobjekt, rechtlich zulässig oder aber geduldet sein muss, damit es sich um Sklaverei im Sinne des Übereinkommens handelt. Im Hinblick auf die Weiterentwicklung des internationalen Menschenrechtsschutzes seit der Verabschiedung des Übereinkommens im Jahre 1926 erscheint es nicht mehr zeitgemäß, die Frage, ob Sklaverei gegeben ist oder nicht, allein davon abhängig zu machen, ob der Dienstherr über den Betroffenen in rechtlich zulässiger Weise Eigentumsrechte ausübt. Seit dem Ende des Zweiten Weltkriegs haben der Menschenrechtsschutz, die damit verbundene Aufwertung der Stellung des Individuums und die mit der Gewährleistung der Menschenrechte einhergehenden Schutzmechanismen auf der Ebene des Völkerrechts eine herausragende Rolle gespielt. Aus der Formulierung „Rechtsstellung oder Lage“ im Zusatzeinkommen geht ebenfalls hervor, dass es für die Beurteilung der Frage, ob Sklaverei vorliegt, nicht auf die rechtliche Stellung des Betroffenen ankommt, sondern auch die tatsächliche Situation ausschlaggebend sein kann. Der rechtlich geduldete Verlust der Menschenwürde durch die Behandlung des Betroffenen als Objekt wäre die schwerste denkbare Entrechtung[873]. Sie wird wohl in keiner nationalen Rechtsordnung mehr als zulässig erachtet werden. Eine tatsächliche Beeinträchtigung kann jedoch ebenso starke Auswirkungen haben wie eine rechtliche Beeinträchtigung. Es kommt daher für die Beurteilung von Sklaverei darauf an, ob der Dienstherr in rechtlicher oder tatsächlicher Weise Eigentumsrechte auf den Betroffenen ausübt[874].

Im Sinne einer möglichst umfassenden Schutzwirkung des Sklavereiverbots müssen zudem auch Rechtsverletzungen für das Vorliegen von Sklaverei genügen, die hinter einer völligen Entrechtung des Betroffenen zurückbleiben. Dies verdeutlicht auch der Wortlaut des Art. 1 Abs. 1 des Übereinkommens über Sklaverei von 1926, wonach „alle Eigentumsbefugnisse oder einzelne“ den Zustand der Sklaverei begründen können. Der Verlust der persönlichen Freiheit, der

---

872 *Prosecutor v. Dragoljub Kunarac, Radomir Kovac and Zoran Vukovic (Appeal Judgment)*, IT-96-23 & IT-96-23/1-A, International Criminal Tribunal for the former Yugoslavia (ICTY), 12 June 2002, para. 117; *Weissbrodt*, 7.

873 *Prosecutor v. Dragoljub Kunarac, Radomir Kovac and Zoran Vukovic (Appeal Judgment)*, IT-96-23 & IT-96-23/1-A, International Criminal Tribunal for the former Yugoslavia (ICTY), 12 June 2002, para. 117.

874 In diesem Sinne auch *Weissbrodt*, 7.

Freiheit der Willensbetätigung oder des Rechts auf Freizügigkeit sind ebenfalls elementare Menschenrechtsverletzungen, die als Indizien für das Vorliegen von Sklaverei zu werten sind[875].

ii) Unfreiwilligkeit der Rechtsstellung oder Lage

Weiteres wesentliches Charakteristikum der Sklaverei, das regelmäßig mit der Ausübung von Zwang auf den Betroffenen einhergeht, ist die Unfreiwilligkeit des Status[876].

Eine Versklavung oder eine der Sklaverei ähnliche Praxis liegt vor, wenn auf den Betroffenen Zwang ausgeübt wird und er mittels des Zwangs darin gehindert wird, der Einwirkung auf ihn zu entgehen[877]. Der Zwang kann sowohl physischer, also etwa in Form der Gewaltanwendung, oder psychischer Art, beispielsweise in Form einer Drohung mit Gewalt, sein[878]. Eine Zwangseinwirkung kann etwa in der Weise ausgeübt werden, dass einem Mädchen, das als Prostituierte arbeitet, damit gedroht wird, ihre Familie darüber zu informieren. Oder aber der Betroffene befindet sich rein tatsächlich in einer Zwangslage, da ihm etwa durch seinen Dienstherrn der Pass abgenommen wurde und er damit keine Möglichkeit hat, dieser Situation zu entkommen[879].

iii) Wirtschaftliche Ausbeutung des Betroffenen

Wie die in dem Zusatzübereinkommen konkret benannten Formen von Sklaverei zeigen, muss hinter der Versklavung einer Person die Absicht stehen, diese aufgrund der Abhängigkeit und der Zwangslage wirtschaftlich auszunutzen. Regelmäßig geschieht dies durch die Verwendung der Arbeitskraft des Betroffenen zum Nutzen des Dienstherrn. Damit geht regelmäßig einher, dass die versklavte

---

875 *Prosecutor v. Dragoljub Kunarac, Radomir Kovac and Zoran Vukovic (Appeal Judgment)*, IT-96-23 & IT-96-23/1-A, International Criminal Tribunal for the former Yugoslavia (ICTY), 12 June 2002, para. 119; *Bales/Trodd/Williamson*, 31; *Tretter* in Festschrift für Ermacora, 529 (568); *Weissbrodt*, 7; siehe auch Council of Europe, Parliamentary Assembly, Recommendation 1663 (2004), Domestic slavery: servitude, au pairs and "mail-order brides", para. 1.

876 *Prosecutor v. Dragoljub Kunarac, Radomir Kovac and Zoran Vukovic (Appeal Judgment)*, IT-96-23 & IT-96-23/1-A, International Criminal Tribunal for the former Yugoslavia (ICTY), 12 June 2002, para. 123; *Bales*, 3; *Bales/Trodd/Williamson*, 30.

877 *Weissbrodt*, 7.

878 *Tretter* in Festschrift für Ermacora, 529 (547); Council of Europe, Parliamentary Assembly, Recommendation 1663 (2004), Domestic slavery: servitude, au pairs and "mail-order brides", para. 1, 3.

879 Siehe insoweit auch Council of Europe, Parliamentary Assembly, Recommendation 1523 (2001), Domestic slavery, para. 5.

Person weder Lohn noch eine sonstige Gegenleistung für ihre Tätigkeit bekommt[880].

iv) Abhängigkeitsverhältnis?

Durch die Aufnahme der verbotenen Praktiken gegenüber Frauen und Kindern wird die Frage aufgeworfen, ob die Schaffung eines rechtlichen oder tatsächlichen Abhängigkeitsverhältnisses alleine ausreichend ist, um das Vorliegen einer der Sklaverei ähnlichen Praktik bejahen zu können. Aus dem Zusammenhang mit den in Art. 1 des Zusatzübereinkommens aufgeführten Praktiken der Schuldknechtschaft, Leibeigenschaft und Ausnutzung der Arbeitskraft von Kindern und Jugendlichen wird allerdings deutlich, dass die Schaffung eines Abhängigkeitsverhältnisses allein nicht für die Bejahung von Sklaverei oder ähnlicher Praktiken ausreichend ist, sondern noch die Absicht der wirtschaftlichen Ausbeutung dieser Abhängigkeit hinzutreten muss[881]. Die Situation der Abhängigkeit ist vor allem bei der Versklavung von Frauen, Kindern und illegalen Einwanderern regelmäßig eine Begleiterscheinung des Zustands der Versklavung[882].

v) Rassische Diskriminierung?

Fraglich ist, ob mit der Sklaverei stets auch eine Form von Rassismus einhergeht insofern, als der Sklave einer anderen Volksgruppe oder anderen Religion angehören muss als der Dienstherr. Betrachtet man das Bild der Zwangsarbeit, das zur Zeit der Schaffung des Sklavereiabkommens vorherrschte, so zeigt sich diese rassische Diskriminierung deutlich. Die Darstellung der historischen Entwicklung des Sklavereiverbots belegt jedoch, dass bei der Schaffung der Übereinkommen die Erarbeitung eines umfassendes Verbots von Sklaverei und sklavereiähnlicher Praktiken beabsichtigt war. Eine Beschränkung des Anwendungsbereichs durch das Erfordernis einer rassistischen Diskrimierung griffe daher zu kurz.

vi) Zusammenfassung

Sklaverei bezeichnet die aufgrund von physischem oder psychischem Zwang erzielte Inanspruchnahme eines Menschen, die mit dessen Entrechtung verbunden ist, zu dem Zwecke, dessen Arbeitskraft wirtschaftlich auszubeuten.

---

880 *Bales*, 3; *Bales/Trodd/Williamson*, 30; Council of Europe, Parliamentary Assembly, Recommendation 1663 (2004), Domestic slavery: servitude, au pairs and "mail-order brides", para. 1.

881 So auch *Tretter* in Festschrift für Ermacora, 529 (547).

882 Council of Europe, Parliamentary Assembly, Recommendation 1663 (2004), Domestic slavery: servitude, au pairs and "mail-order brides", para. 3.

(2) *Begriff der Zwangsarbeit im Sinne der Übereinkommen Nr. 29 und Nr. 105*

Das Übereinkommen Nr. 29 wurde seit seinem Inkrafttreten im Jahre 1930 nicht verändert; eine Ergänzung fand durch die Schaffung des Übereinkommens Nr. 105 statt. Aufgrund der allgemeinen Formulierung kann das Übereinkommen auch auf neue Sachverhalte angewendet und übertragen werden[883].

Der Begriff „Zwangsarbeit" wird maßgeblich mit den unmenschlichen Zuständen unter den Regimen Hitlers, Stalins oder Pol Pots in Verbindung gebracht[884]. Doch lässt der in den Übereinkommen definierte Begriff eine Einschränkung auf solche absolut menschenunwürdigen Maßnahmen nicht zu.

Im Übereinkommen Nr. 29 der IAO ist Zwangsarbeit in Art. 2 wie folgt definiert:

„(1) For the purposes of this Convention the term forced or compulsory labour shall mean all work or service which is exacted from any person under the menace of any penalty and for which the said person has not offered himself voluntarily."[885]

---

883 *Böhmert*, 121.

884 IAO, Globale Allianz, 5.

885 Die deutsche Übersetzung von Art. 2 lautet:

(1) Als „Zwangs- oder Pflichtarbeit" im Sinne dieses Übereinkommens gilt jede Art von Arbeit oder Dienstleistung, die von einer Person unter Androhung irgendeiner Strafe verlangt wird und für die sie sich nicht freiwillig zur Verfügung gestellt hat.

(2) Als „Zwangs- oder Pflichtarbeit" im Sinne dieses Übereinkommens gelten jedoch nicht

a) jede Arbeit oder Dienstleistung auf Grund der Gesetze über die Militärdienstpflicht, soweit diese Arbeit oder Dienstleistung rein militärischen Zwecken dient,

b) jede Arbeit oder Dienstleistung, die zu den üblichen Bürgerpflichten der Bürger eines Landes mit voller Selbstregierung gehört,

c) jede Arbeit oder Dienstleistung, die von einer Person auf Grund einer gerichtlichen Verurteilung verlangt wird, jedoch unter der Bedingung, dass diese Arbeit oder Dienstleistung unter Überwachung und Aufsicht der öffentlichen Behörden ausgeführt wird und dass der Verurteilte nicht an Einzelpersonen oder privaten Gesellschaften und Vereinigungen verdingt oder ihnen sonst zur Verfügung gestellt wird,

d) jede Arbeit oder Dienstleistung in Fällen höherer Gewalt, nämlich im Falle von Krieg oder wenn Unglücksfälle eingetreten sind oder drohen, wie Feuersbrunst, Überschwemmung, Hungersnot, Erdbeben, verheerende Menschen- und Viehseuchen, plötzliches Auftreten von wilden Tieren, Insekten- oder Pflanzenplagen, und überhaupt in allen Fällen, in denen das Leben oder die Wohlfahrt der Gesamtheit oder eines Teiles der Bevölkerung bedroht ist,

e) kleinere Gemeindearbeiten, die unmittelbar dem Wohle der Gemeinschaft dienen, durch ihre Mitglieder ausgeführt werden und daher zu den üblichen Bürgerpflichten der Mitglieder der Gemeinschaft gerechnet werden können, unter der Voraussetzung, dass die Bevölkerung oder ihre unmittelbaren Vertreter berechtigt sind, sich über die Notwendigkeit der Arbeiten zu äußern.

(2) Nevertheless, for the purposes of this Convention, the term forced or compulsory labour shall not include
   (a) any work or service exacted in virtue of compulsory military service laws for work of a purely military character;
   (b) any work or service which forms part of the normal civic obligations of the citizens of a fully self-governing country;
   (c) any work or service exacted from any person as a consequence of a conviction in a court of law, provided that the said work or service is carried out under the supervision and control of a public authority and that the said person is not hired to or placed at the disposal of private individuals, companies or associations;
   (d) any work or service exacted in cases of emergency, that is to say, in the event of war or of a calamity or threatened calamity, such as fire, flood, famine, earthquake, violent epidemic or epizootic diseases, invasion by animal, insect or vegetable pests, and in general any circumstance that would endanger the existence or the well-being of the whole or part of the population;
   (e) minor communal services of a kind which, being performed by the members of the community in the direct interest of the said community, can therefore be considered as normal civic obligations incumbent upon the members of the community, provided that the members of the community or their direct representatives shall have the right to be consulted in regard to the need for such services.

Das Übereinkommen Nr. 105 über die Abschaffung der Zwangsarbeit ergänzt diesen Begriff[886]. Nach Art. 1 IAO-Übereinkommen Nr. 105 darf Zwangsarbeit niemals für Zwecke der wirtschaftlichen Entwicklung oder als Mittel politischer Erziehung, als Maßnahme der Arbeitsdisziplin oder als Strafe für die Teilnahme an Streiks eingesetzt werden. Diese Fälle bestimmen Situationen, in denen die Anordnung von Zwangsarbeit umso verwerflicher ist, da sie in unmittelbarem Zusammenhang mit anderen grundlegenden Rechten, etwa dem Streikrecht, steht.

Der Sachverständigenausschuss hat sich in zahlreichen Untersuchungen und Berichten mit dem Inhalt des Zwangsarbeitsverbots auseinandergesetzt. Durch seine Spruchpraxis hat sich eine differenzierte Auslegung entwickelt, die im Folgenden nachgezeichnet wird.

886 IAO, Globale Allianz, 5.

i) „Arbeit"

Die in dem IAO-Übereinkommen Nr. 29 enthaltenen Begriffe „Arbeit" und „Dienstleistung" verdeutlichen, dass Zwangsarbeit nicht auf die Ausführung körperlicher Tätigkeiten, also auf Arbeit im klassischen Sinne, beschränkt ist. Daher ist der Tatbestand in dieser Hinsicht völlig offen. Nach Ansicht des Sachverständigenausschusses sind die Begriffe lediglich von sonstigen Obliegenheiten und insbesondere Ausbildungspflichten abzugrenzen[887]. So falle etwa die Schulpflicht nicht in den Anwendungsbereich des Zwangsarbeitsübereinkommens, da hierdurch nur das Recht auf Bildung gesichert und umgesetzt werden solle[888].

ii) „Androhung einer Strafe"

Auch das Merkmal „Strafe" hat im Laufe der Geltungsdauer der Übereinkommen eine Konkretisierung erfahren. So erfasst der Begriff „Strafe" bzw. „Androhung einer Strafe" nicht nur strafrechtliche Maßnahmen im klassischen Sinne. Vielmehr sind auch körperliche oder sexuelle Gewalt, Freiheitsentzug oder sonstige Inhaftierung, finanzielle Strafen, Abschiebung, Ausschluss aus dem gemeinschaftlichen und sozialen Leben, Entzug von Rechten und Privilegien[889], Versetzung an einen Arbeitsplatz mit noch schlechteren Arbeitsbedingungen und der Verlust des sozialen Status eine „Strafe" in diesem Sinne[890].

iii) „Freiwilligkeit"

Die Begriffe der „Freiwilligkeit" und „Androhung einer Strafe" überschneiden sich nach Ansicht des IAO-Sachverständigenausschusses insoweit, als es keine Freiwilligkeit bei Strafandrohung geben kann[891].

Die Unfreiwilligkeit einer Maßnahme ist jedenfalls zu bejahen, wenn der Betroffene verschleppt oder entführt, inhaftiert, mittels psychologischen Zwangs in Form eines Arbeitsbefehls, untermauert durch die Androhung einer Strafe bei Nichtbefolgung des Befehls, mittels Täuschung oder falschen Versprechungen hinsichtlich der Art und Bedingungen der Arbeit, sowie unter der Einbehaltung und Vorenthaltung des Arbeitslohns zur Aufnahme oder Fortführung einer Tätigkeit veranlasst wurde[892]. Diese Formen physischen und psychischen Zwangs erreichen einen

887 RCE, Report III (Part 4 B) 1979, 8

888 RCE, Report III (Part 4 B) 1979, 8 f.

889 RCE, Report III (Part 4 B) 1979, 9; Eradication Forced Labour, 20.

890 IAO, Globale Allianz, 6, Abb. 1.1.

891 RCE, Eradication Forced Labour, 20.

892 IAO, Globale Allianz, 6, Abb. 1.1.

hohen Grad an Intensität. Die „Wahlfreiheit“[893] zur Aufnahme einer Tätigkeit kann jedoch ebenfalls bei weniger schwerwiegenden Beeinträchtigungen verletzt sein. Dies gilt für unterschwelligere Formen von Zwang und psychologischer Einflussnahme. Beispielsweise ist es etwa auch ausreichend, wenn eine freiwillig gegebene Einwilligung nicht widerrufen werden kann. So begäben sich viele Betroffene zunächst freiwillig in eine Arbeitssituation und müssten später feststellen, dass sie nicht die Möglichkeit haben, diese Tätigkeit wieder aufzugeben. Auch in einer solchen Situation sei eine Unfreiwilligkeit und damit Zwangsarbeit zu bejahen[894].

iv) Unbeachtliche Merkmale

Nach Auffassung des Sachverständigenausschusses liege Zwangsarbeit nicht vor, wenn lediglich schlechte Arbeitsbedingungen gegeben seien oder niedrige Löhne gezahlt würden. Auch nicht erfasst seien Fälle, in denen sich ein Arbeitnehmer aufgrund wirtschaftlicher Zwänge außer Stande sehe, eine Arbeit aufzugeben. Zwangsarbeit stelle vielmehr eine eklatante Menschenrechtsverletzung und Einschränkung der persönlichen Freiheit dar, wie sie in den einschlägigen Übereinkommen definiert wird[895]. Das Vorliegen von Zwang sei eine Grundvoraussetzung für die Bejahung von Zwangsarbeit im Sinne des IAO-Übereinkommens Nr. 29.

(3) Abgrenzung zwischen Sklaverei und Zwangsarbeit

Anhand eines Vergleichs zwischen den Übereinkommen über Sklaverei und den Übereinkommen gegen Zwangsarbeit wird die grundsätzliche Unterscheidung der beiden Begriffe deutlich. Mit Sklaverei wird die Entrechtung des Betroffenen in der Weise verbunden, dass sein Dienstherr über ihn rechtlich oder tatsächlich Eigentumsbefugnisse ausübt[896]. Die Praxis der Sklaverei bedeutet einen noch stärkeren Eingriff in die Rechte des Betroffenen, sodass er sich aus der Situation nicht befreien kann. Zumeist wird eine Beeinträchtigung des Rechts auf Freizügigkeit und Freiheit der Person gegeben sein. Die Grenzen zwischen Sklaverei und Zwangsarbeit verlaufen jedoch fließend, daher wird Zwangsarbeit auch häufig als moderne Form der Sklaverei bezeichnet[897]. Dies folgt vor allem aus

893 IAO, Globale Allinaz, 6.
894 IAO, Globale Allianz, 6; RCE, Eradication Forced Labour, 21.
895 IAO, Globale Allianz, 5.
896 So auch *Weissbrodt*, 12.
897 Report of the working Group on Contemporary Forms of Slavery, Sub-Commission resolution 1995/16, Rn. 35; E/CN.4/Sub.2/1994/33, Rn. 101 Nr. 12; E/CN.4/Sub.2/1995/28, Rn. 123 Nr. 7.

dem Umstand, dass die Sklaverei möglichst umfassend verhindert und bekämpft werden soll. Daher kann Sklaverei auch dann gegeben sein, wenn der Betroffene durch die Ausübung von Eigentumsbefugnissen seitens des Dienstherrn rein tatsächlich in seinen Rechten beeinträchtigt wird. Diese Beeinträchtigungen werden durch den Betroffenen regelmäßig als vergleichbar einschneidend empfunden werden[898].

d) Besonderheit der Tätigkeit in Gefängnissen

Von dem Verbot der Zwangsarbeit ist gemäß Art. 2 Abs. 2 lit. c) IAO-Übereinkommen Nr. 29 jede Arbeit oder Dienstleistung ausgenommen, die von einer Person aufgrund einer gerichtlichen Verurteilung verlangt wird, jedoch unter der Bedingung, dass diese Arbeit oder Dienstleistung unter Überwachung und Aufsicht der öffentlichen Behörden ausgeführt wird und dass der Verurteilte nicht an Einzelpersonen oder private Gesellschaften und Vereinigungen verdingt oder ihnen sonst zur Verfügung gestellt wird.

Nach Ansicht des Sachverständigenausschusses der Internationalen Arbeitsorganisation werden bestimmte Formen der Gefängnisarbeit nicht von dem Zwangsarbeitsverbot erfasst, hingegen die Vereinbarkeit anderer Arten der Gefängnisarbeit mit dem Übereinkommen anhaltend diskutiert. Dreh- und Angelpunkt für die Frage, ob Arbeit im Gefängnis als zulässig gewertet werden könne, sei die Ausgestaltung der Gefängnisarbeit[899].

(1) Arbeit unter öffentlicher Aufsicht

Entsprechend dem Wortlaut des Übereinkommens muss eine Tätigkeit in Gefängnissen unter öffentlicher Aufsicht ausgeführt werden. Die Arbeit dort müsse auf die Resozialisierung und damit auf den Erwerb von Fähigkeiten ausgerichtet sein, die den Gefangenen in die Lage versetzen, nach seiner Entlassung seinen Lebensunterhalt selbstständig und auf ehrliche Art und Weise zu verdienen. Für diese Zwecke könne auch auf von der Industrie bereitgestellte Arbeitsmöglichkeiten zurückgegriffen werden, sofern die Kontrolle durch staatliche Behörden gewährleistet sei[900]. Das Verlangen nach staatlicher Aufsicht wird damit begründet, dass auf diesem Wege unangemessene Arbeitsbedingungen verhindert werden sollen[901]. In staatlichen Gefängnissen werde die Organisation und Überwachung

898 *Weissbrodt*, 12.

899 RCE, Eradication Forced Labour, 25.

900 RCE, Report III (Part 1 A) 2008, 195.

901 RCE, Eradication Forced Labour, 26.

der Gefängnisarbeit durch die Gefängnisverwaltung ausgeführt. Diese stehe dafür ein, dass die innerstaatlichen Vorschriften für den Strafvollzug beachtet werden.

(2) Kein Verdingen, kein Überlassen an private Individuen oder Unternehmen

Der IAO-Sachverständigenausschuss setzte sich detailliert mit der Frage auseinander, wann ein Verdingen oder Überlassen an private Individuen oder Unternehmen im Sinne des Übereinkommens Nr. 29 vorliegt. Dabei weist er zunächst darauf hin, dass bei Schaffung des Übereinkommens eine Vereinbarung, die eine Vermietung der Gefängnisarbeit an private Unternehmen zur Erfüllung öffentlicher Arbeiten vorsah, durch die Vertragstaaten ausdrücklich abgelehnt worden war[902]. Die Gefängnisarbeit sei daher weder prinzipiell zulässig, wenn es um die Erfüllung von Arbeiten gehe, die im öffentlichen Interesse liegen, da diese ebenfalls von privaten Unternehmen übernommen werden könnten. Noch sei sie grundsätzlich erlaubt, wenn ein Tätigwerden in gefängnisinternen Unternehmerbetrieben verlangt würde[903].

Die Merkmale „vermieten“ und „zur Verfügung stellen“ brächten zunächst zum Ausdruck, dass der verpflichtete Gefangene sich nicht freiwillig für diese Tätigkeiten zur Verfügung gestellt habe; bei einer Einwilligung des Gefangenen schieden die Tatbestände aus. Eine Vermietung im Sinne der Vorschrift liege bei verschiedenen Systemen von Gefängnisarbeit vor. Zu nennen sei zunächst das *lease system*, bei welchem der Staat einen Vertrag mit einem Unternehmer schließe, der eine Vermietung der Strafgefangenen vorsehe. Der Unternehmer stellt die Unterkunft, die Kleidung und die Überwachung der Gefangenen zu einem bestimmten Tarif. Dafür erhält er das Recht, die Gefangenen für die Vertragsdauer anzustellen. Des Weiteren komme eine Vermietung in der Form des *general contract system* in Betracht. Hier schließe der Staat ebenfalls mit nur einem Unternehmer einen Vertrag, sei jedoch weiterhin dazu verpflichtet, die Gebäude und notwendigen Mittel für die Unterbringung der Gefangenen sowie deren Überwachung zur Verfügung zu stellen. Der Vertragspartner sorgt für die Verpflegung der Gefangenen und stellt Arbeitsmaterial zur Verfügung. Als Gegenleistung der ihm zur Verfügung gestellten Arbeitskraft bezahlt der Unternehmer einen vereinbarten Betrag an den Staat. Als dritte Form der Ausgestaltung der Vermietung sei das *special contract system* zu nennen. Ähnlich dem *general contract system* sorge der Staat für die Unterbringung der Gefangenen, behalte jedoch die volle Verwaltung des Gefängnisses in seiner Obhut. Die Verwaltung wählt die Gefangenen für die jeweiligen Arbeiten aus. Auch in dieser Ausgestal-

902 ILC, 14th Session, Geneva, 1930, Record of Proceedings, pp. 305–308, zitiert nach RCE, Eradication Forced Labour, 26.

903 RCE, Eradication Forced Labour, 27.

tung stellt der Unternehmer das Material und beaufsichtigt mittels seiner Angestellten die Tätigkeit der Gefangenen. Der Unternehmer bezahlt die Arbeit der Gefangenen nach Tagen oder Stückzahl. In allen drei Systemen verbleibt der Gewinn bei dem Unternehmer[904]. Der Begriff „zur Verfügung gestellt“ umfasse demgegenüber die Systeme, in denen die Gefängnisverwaltung nicht als ein Arbeitsvermittler der Gefangenen auftrete und dafür finanzielle Mittel des Staates erhalte, sondern in denen die Gefängnisverwaltung an sich privatisiert und der Unternehmer für den Betrieb entlohnt werde. Das Sachverständigenkomitee führt weiter aus, dass zwischen diesen Systemen kein grundsätzlicher Unterschied bestehe und die Privatisierung von Gefängnissen vom Begriff „zur Verfügung stellen“ erfasst werde. Bezüglich dieses Merkmals weist der Sachverständigenausschuss zudem darauf hin, dass es eingeführt wurde, um einen begrenzten Anwendungsbereich des Ausnahmetatbestandes zu schaffen[905].

Sofern sich ein Gefangener freiwillig zur Übernahme einer Tätigkeit bereit erkläre, sei es jedoch möglich, die Tätigkeit in einem privaten Betrieb oder unter privater Aufsicht auszuführen; die Freiwilligkeit und die Abgabe einer formalen Einwilligung schließe einen Verstoß gegen das Übereinkommen Nr. 29 aus. Das Vorliegen einer solchen formalen Einwilligung lasse jedoch nicht per se den Schluss zu, dass deren Abgabe nicht aufgrund der Androhung des Verlusts eines Rechts oder eines Privilegs abgegeben worden, mithin unter Androhung einer Strafe erfolgt sei. Der Strafgefangene habe im Gefängnis keine andere Möglichkeit als die Arbeit zu den angebotenen Bedingungen anzunehmen. Daher kommt der Sachverständigenausschuss zu der Auffassung, dass das Fehlen eines Arbeitsvertrags und die Stellung des Gefangenen außerhalb der geltenden arbeitsrechtlichen Bedingungen es als schwierig oder gar unmöglich erscheinen ließen, die Bedingungen des freien Arbeitsmarktes herzustellen. Dennoch sei das Vorliegen von Bedingungen, die einem „freien“ Arbeitsverhältnis annähernd vergleichbar seien, das wichtigste Anzeichen, um wirklich von einer freiwilligen Arbeitsaufnahme ausgehen zu können.

(3) Kumulatives Vorliegen der Merkmale „staatliche Aufsicht“ und „kein Verdingen“

Der Sachverständigenausschuss macht in seinen Berichten sehr deutlich, dass der Umstand, dass ein Strafgefangener unter der Aufsicht staatlicher Stellen stehe, alleine nicht die Zulässigkeit der Zwangsarbeit mit sich bringe. Auch bei Vorliegen einer staatlichen Aufsicht müsse gewährleistet sein, dass die Strafgefangenen nicht

904 Zum Ganzen RCE, Eradication Forced Labour, 28.

905 RCE, Eradication Forced Labour, 29.

an private Unternehmen oder Privatpersonen verdingt werden[906]. Diese Voraussetzungen müssten dementsprechend kumulativ vorliegen[907]. Sobald eines der beiden Merkmale nicht erfüllt sei und der Strafgefangene dennoch zur Arbeit verpflichtet werde, liege nach der Konvention verbotene Zwangsarbeit vor[908].

e) Prüfung der Tätigkeit in Unternehmerbetrieben an den Merkmalen der IAO

Wird die Tätigkeit von Strafgefangenen in Unternehmerbetrieben anhand des Begriffs der Zwangsarbeit im Sinne der Auslegung der Internationalen Arbeitsorganisation, insbesondere anhand der konstituierenden Merkmale, überprüft, so ergibt sich folgendes Bild:

Die Strafgefangenen werden gemäß § 41 StVollzG zur Arbeit in den Unternehmerbetrieben verpflichtet. Ihrer Einwilligung bedarf es nicht. Verweigert ein Strafgefangener die Erfüllung der Arbeitspflicht, so können Vergünstigungen entzogen und Disziplinarmaßnahmen angeordnet werden. Bezüglich des Arbeitssystems ist festzustellen, dass die vollzugliche Leitung der Arbeit in staatlicher Hand verbleibt und die technische und fachliche Leitung der Tätigkeit von Mitarbeitern des Unternehmerbetriebs ausgeführt wird. Der Unternehmer stellt zudem die Arbeitsmittel zur Verfügung und zahlt einen vereinbarten Betrag an die Justizverwaltung. Der Gewinn aus der Tätigkeit der Strafgefangenen verbleibt bei ihm. Diese Ausgestaltung der Tätigkeit in Unternehmerbetrieben entspricht dem oben dargestellten *special contract system*. Damit liegt nach der Spruchpraxis des Sachverständigenausschusses ein „Vermieten" im Sinne des Zwangsarbeitsverbots vor. Sofern der Gefangene keine Einwilligung für die Aufnahme seiner Tätigkeit gibt, ist die Verpflichtung zu der Arbeit unvereinbar mit Art. 2 Abs. 1 IAO-Übereinkommen Nr. 29.

So wurde auch bereits im Zusammenhang mit der Schaffung des Strafvollzugsgesetzes die Frage der Vereinbarkeit der Regelung zur Arbeitspflicht mit dem IAO-Übereinkommen Nr. 29 diskutiert. Die damalige Bundesregierung verneinte das Vorliegen unzulässiger Zwangsarbeit bei einem Tätigwerden von Strafgefangenen in Unternehmerbetrieben, weil zwar die technische und fachliche Leitung, jedoch nicht die Verfügungsgewalt Mitarbeitern des Unternehmers übertragen würde. Dies folge daraus, dass zwischen dem Gefangenen und dem Unternehmer kein Rechtsverhältnis bestehe; daher könne der Gefangene vom Unternehmer kein Entgelt und dieser wiederum vom Strafgefangenen keine Arbeitsleistung verlangen[909].

906 RCE, Eradication Forced Labour, 27.

907 RCE, Eradication Forced Labour, 27; Report III (Part 1 A) 2008, 195.

908 RCE, Eradication Forced Labour, 28.

909 Bt-Ds. 7/918, 64.

Der Sachverständigenausschuss der Internationalen Arbeitsorganisation teilte die Ansicht der Bundesregierung nicht. In seiner Stellungnahme zum Entwurf des Strafvollzugsgesetzes führte er aus, dass die Arbeit der Gefangenen in Privatunternehmen nur dann zulässig und mit dem IAO-Übereinkommen Nr. 29 vereinbar sei, wenn der Gefangene der Tätigkeit zustimme, ihm ein normaler Lohn gezahlt sowie die gesetzlichen Sozialversicherungsbeiträge durch den Unternehmer entrichtet würden[910]. Dabei erklärte sich das Expertengremium mit einer schrittweisen Einführung der genannten Voraussetzungen einverstanden. Aufgrund der Intervention des Sachverständigenausschusses wurde die Regelung des § 41 Abs. 3 StVollzG in den Gesetzesentwurf aufgenommen. Bereits in dem Entwurf wurde jedoch vom zuständigen Sonderausschuss für die Strafrechtsreform offen gelassen, ob er die Auffassung des Sachverständigenausschusses teile, und deutlich gemacht, dass die Tätigkeit der Strafgefangenen in einem Unternehmerbetrieb auch ohne dessen Einverständnis keineswegs als Zwangsarbeit anzusehen sei[911].

Aufgrund der Tatsache, dass seine Intervention Erfolg zeigte, wurde in dem Bericht des Sachverständigenausschusses aus dem Jahre 1979 positiv vermerkt, dass die Bundesrepublik Deutschland mit § 41 Abs. 3 StVollzG die Vorgaben des IAO-Übereinkommens Nr. 29 umsetze; von einem Inkrafttreten der Regelung wurde für das Jahr 1982 ausgegangen[912]. Auch die Regelung, die eine Einbeziehung von Freigängern in alle Systeme der Sozialversicherung vorsieht, wurde von dem Sachverständigenausschuss als positiv gewertet. Kritisiert wurde in dem Bericht jedoch die Regelung, dass Strafgefangene, die in Unternehmerbetrieben arbeiten, weiterhin lediglich 5 % der Bezugsgröße verdienten und nicht in die gesetzliche Kranken- und Rentenversicherung einbezogen worden seien[913].

Angesichts der Tatsache, dass die Regelung des § 41 Abs. 3 StVollzG nach Inkrafttreten des Strafvollzugsgesetzes, und sogar bis heute, suspendiert ist, war es aufgrund der in den Beratungen erfolgten Intervention nur folgerichtig, dass der Sachverständigenausschuss der Internationalen Arbeitsorganisation tätig wurde. Er rügte die Bundesrepublik Deutschland wiederholt wegen der Tatsache, dass Strafgefangene zur Arbeit in privaten Unternehmen ohne ihr Einverständnis verpflichtet werden. Infolge der fehlenden Umsetzung wird in den Berichten des Sachverständigenausschusses fortlaufend die Nichteinhaltung des IAO-Übereinkommens Nr. 29 durch die Bundesrepublik Deutschland im Hinblick auf die Tätigkeit von Strafgefangenen in Unternehmerbetrieben kritisiert. Die Argumente, die diesbezüglich unter den Parteien ausgetauscht werden, wiederholen sich von

---

910 Bt-Ds. 7/3998, 21.

911 Bt-Ds. 7/3998, 21.

912 RCE, Report III (Part 4 B) 1979, 50 Fn. 3.

913 RCE, Report III (Part 4 B) 1979, 50 Fn. 3.

Jahr zu Jahr. Als Begründung für die Rüge wurde und wird vorrangig angeführt, dass die Arbeit der Gefangenen in Privatunternehmen nicht betrieben werden darf, um den Bedürfnissen des Arbeitsmarkts Rechnung zu tragen[914]. Beispielsweise stellte der Ausschuss im Jahre 1987 erneut fest, dass Strafgefangene nicht zur Arbeit in Unternehmerbetrieben verpflichtet werden dürften, ohne dass sie ihre Einwilligung dazu gegeben haben. Diese Praxis und inbesondere die Nichtumsetzung des § 41 Abs. 3 StVollzG stünden nach wie vor nicht im Einklang mit den Gewährleistungen des Übereinkommens Nr. 29[915]. Dabei bringt der Sachverständigenausschuss zum Ausdruck, dass der deutsche Gesetzgeber weiterhin in der Pflicht ist, die konventionswidrige Rechtslage bezüglich der Arbeit von Strafgefangenen zu überarbeiten. So sei insbesondere darauf Wert zu legen, dass die Vermietung von Gefängnisarbeit gestoppt oder aber unter der Voraussetzung weiter ausgeübt wird, dass die Strafgefangenen die gleichen Bedingungen und Sicherheiten wie Arbeitnehmer in der freien Wirtschaft erhalten. Dies gelte insbesondere im Hinblick auf die Löhne und die Sozialversicherung[916]. Die deutsche Bundesregierung hatte in ihrer Stellungnahme zu dieser Frage geltend gemacht, dass die Finanzlage der öffentlichen Haushalte weiterhin angespannt sei und ein Inkrafttreten dieser Regelungen zu erheblichen Belastungen führen würde. Daher käme eine Umsetzung der bislang suspendierten Vorschriften nicht in Betracht.

In den Berichten der nachfolgenden Jahre griff der Sachverständigenausschuss die Verletzung des Zwangsarbeitsverbots regelmäßig erneut auf[917]. In den Berichten wurde und wird festgestellt, dass die Regelung des § 41 Abs. 3 StVollzG suspendiert und damit ein konventionsgemäßer Zustand nicht hergestellt worden ist[918]. Die Bundesregierung wiederholt neben dem Problem der finanziellen Belastung ihr Argument, dass die Strafgefangenen unter der Aufsicht staatlicher Justizvollzugsangestellter stünden und dem Unternehmer allein die technische und arbeitsbezogene Anleitung und Überwachung der arbeitenden Strafgefangenen obliege. Die Situation der Strafgefangenen, die in Unternehmerbetrieben arbeiten, unterscheide sich daher in keiner Weise von denjenigen Strafgefangenen, die in Eigenbetrieben tätig sind[919]. Diesbezüglich führt der Sachverständigenausschuss aus, dass die Tatsache, dass die Gefangenen permanent unter der Überwachung und Kontrolle der staatlichen Justizvollzugsangestellten stehen, nicht ausschließt, dass die Gefangenen an ein privates Unternehmen vermietet werden[920].

914 RCE, Forced Labour, 190.

915 RCE, Report III (Part 4 A) 1987, 93; zuletzt RCE, Report III (Part 1 A) 2009, 214.

916 RCE, Report III (Part 4 A) 1987, 93; zuletzt RCE, Report III (Part 1 A) 2009, 214.

917 RCE, Report III (Part 4 A) 1991, 80 ff.; zuletzt RCE, Report III (Part 1 A) 2009, 214 f.

918 Zuletzt RCE, Report III (Part 1 A) 2009, 214.

919 RCE, Report III (Part 4 A) 1991, 81.

920 RCE, Report III (Part 1 A) 2009, 215

Der Sachverständigenausschuss nimmt die Argumente der Bundesregierung zur Kenntnis, jedoch nicht ohne seine Mahnung von Jahr zu Jahr eindringlicher und schärfer zu formulieren. Dabei hält er an seiner Auslegung des Zwangsarbeitsverbots im Hinblick auf Art. 2 Abs. 2 lit. c) fest und macht in seinen Berichten sein Verständnis des Zwangsarbeitsverbots deutlich. So weist er darin nochmals darauf hin, dass die Arbeit in Unternehmerbetrieben nur dann mit den Gewährleistungen des Übereinkommens Nr. 29 in Einklang steht, wenn es sich um Arbeit unter Bedingungen vergleichbar einem „freien" Arbeitsverhältnis handelt[921]. Dies setze zunächst zwingend die freiwillige Abgabe einer formalen Einwilligung der arbeitenden Person voraus, d.h. diese Person dürfe nicht durch das Inaussichtstellen einer Strafe zur Abgabe dieser Erklärung veranlasst werden[922]. Darüber hinaus müssten die Garantien und Sicherungen im Hinblick auf den gezahlten Lohn und die soziale Sicherung so ausgestaltet sein, dass sie einem „freien" Arbeitsverhältnis gleichstehen[923]. Zusätzlich führt der Sachverständigenausschuss aus, dass bei Anpassung der Löhne und Einführung der Sozialversicherung mit einer freiwilligen Arbeitsaufnahme durch die Strafgefangenen zu rechnen sei[924].

Auch während des Verfahrens betreffend die Gefangenenentlohnung vor dem Bundesverfassungsgericht nahm die Internationale Arbeitsorganisation Stellung. Nach Auffassung des Sachverständigenausschusses ist die unfreiwillige Tätigkeit von Strafgefangenen in Unternehmerbetrieben unvereinbar mit den Gewährleistungen des Übereinkommens Nr. 29[925]. Art. 2 Abs. 2 lit. c) IAO-Übereinkommen Nr. 29 lasse Zwangsarbeit von Gefangenen eben nur zu den soeben dargestellten Bedingungen eines freien Arbeitsverhältnisses zu. Dabei wurde durch den Sachverständigenausschuss zum Ausdruck gebracht, dass die Vorschriften über die geringe Entlohnung der Gefangenen, ihre teilweise fehlende soziale Absicherung und der Verzicht darauf, dass der Gefangene seiner Beschäftigung in einem

921 RCE, Report III (Part 4 A) 1991, 81.

922 RCE, Report III (Part 1 A) 2009, 214 f.

923 RCE, Report III (Part 1 A) 2009, 215.

924 RCE, Report III (Part 4 A) 1991, 82; für die Internationale Arbeitsorganisation ist die Ausgestaltung der Gefangenenarbeit in Frankreich beispielhaft. Die Gefängnisverwaltungen haben mit privaten Unternehmern die Tätigkeit von Gefangenen entsprechend dem gesetzlichen Mindestlohn ausgehandelt. Dadurch habe sich das Produktiosniveau erhöht; Frankreich erreiche in der Gefangenenarbeit die höchste Produktivität in Europa. Zudem zahlen sowohl die Unternehmer als auch die Gefangenen in die Sozialversicherungssysteme, etwa in die Renten- und die Krankenversicherung, ein, siehe IAO, Globale Allianz, 32.

925 IAO, Globale Allianz, 31; RCE, Eradication Forced Labour, xi; RCE, Report III (Part 1 A) 2009, 214.

Unternehmerbetrieb förmlich zustimmt, eben nicht dem geforderten Standard entsprechen[926].

Die seit Jahren kritisierte Praxis der Bundesrepublik dauert weiter an, der Sachverständigenausschuss kritisiert die Ausgestaltung auch in seinen neuesten Berichten[927].

f) Kollision zwischen deutschem Recht und Völkerrecht

Die Ausgestaltung der Arbeit Strafgefangener in Unternehmerbetrieben entspricht dem *special contract system*, das von der IAO als „Vermietung" im Sinne des Übereinkommens Nr. 29 qualifiziert wurde. Die Tätigkeit der Strafgefangenen erfolgt ohne ihre formale Einwilligung, da dieses auf Drängen der Internationalen Arbeitsorganisation in § 41 Abs. 3 StVollzG eingebrachte Erfordernis weiter suspendiert ist. Diese Rechtslage könnte einen Völkerrechtsverstoß der Bundesrepublik Deutschland begründen. Im Folgenden wird dies anhand der Rechtsprechung und Literatur unter Berücksichtigung der völkerrechtlichen Verpflichtungen der Bundesrepublik Deutschland überprüft.

(1) Kein Verstoß gegen IAO-Übereinkommen Nr. 29

Nationale Gerichte verneinen eine Verletzung des Zwangsarbeitsverbots durch die Regelungen zur Arbeitspflicht aufgrund folgender Erwägungen:

Das Oberlandesgericht Hamm setzte sich bereits vor Inkrafttreten des Strafvollzugsgesetzes mit der Zulässigkeit der Tätigkeit Strafgefangener in privaten Unternehmerbetrieben gemäß Art. 2 Abs. 1 IAO-Übereinkommen Nr. 29 auseinander[928]. Der betroffene Strafgefangene hatte die Bezahlung für seine Tätigkeit in einem Unternehmerbetrieb entsprechend einem freien Arbeitnehmer und die nachträgliche Zahlung von Beiträgen zur Sozialversicherung verlangt. Dabei berief er sich auch auf die Gewährleistung des IAO-Übereinkommens Nr. 29. Das Gericht prüfte in seiner Entscheidung umfassend die Vereinbarkeit der damals geltenden Regelungen mit dem Zwangsarbeitsverbot. Es verneinte eine Verletzung von Art. 2 Abs. 1 IAO-Übereinkommen Nr. 29, da die Arbeitsbedingungen des Gefangenen eingehend und umfassend geregelt worden seien. Dementsprechend liege weder eine Verletzung der anstaltlichen Aufsichtspflicht noch eine Verdingung im Sinne des Übereinkommens vor[929]. Die Anstalt habe sich ihr Aufsichts-

926 BVerfGE 98, 169 (192).

927 RCE, Eradication Forced Labour, 31; RCE, Report III (Part 1 A) 2009, 214.

928 OLG Hamm, Beschluss vom 23.07.1973, Az. 1 VAs 4/72 = NJW 1973, 2168.

929 OLG Hamm NJW 1973, 2168 (2170).

recht gegenüber dem privaten Unternehmer umfassend gesichert; auch die Beschäftigten des Betriebes hätten sich den Anweisungen des Anstaltspersonals unterzuordnen. Anderenfalls könne die Zulassung zum Tätigwerden in der Anstalt widerrufen werden. Aufgrund der umfassenden Sicherung des Aufsichtsrechts sei auch ein „Verdingen“ ausgeschlossen.

Mit Beschluss vom 23.09.1991[930] verneinte auch das Hanseatische Oberlandesgericht Hamburg die Frage, ob die Anordnung von Disziplinarmaßnahmen gegen einen Strafgefangenen wegen der Verpflichtung zur Verrichtung von Arbeit in einem privaten Unternehmerbetrieb rechtswidrig war. Dabei bezog der entscheidende Senat auch den suspendierten § 41 Abs. 3 StVollzG und dessen Entstehungsgeschichte sowie das Übereinkommen Nr. 29 in seine Prüfung und Entscheidungsgründe ein. Das Oberlandesgericht Hamburg erkennt an, dass durch die Schaffung dieser Regelung den Bedenken der IAO Rechnung getragen werden sollte[931]. Allerdings sei auch nach (damals) 30-jährigem Bestehen des Strafvollzugsgesetzes keine Umsetzung des § 41 Abs. 3 StVollzG erfolgt; dieser sei insoweit nicht anwendbar. Das Oberlandesgericht Hamburg kam zu dem Schluss, dass ein dieser suspendierten Vorschrift innewohnender Grundgedanke nicht zur Unzulässigkeit der Arbeitspflicht in einem Unternehmerbetrieb führe. Vom Übereinkommen Nr. 29 sei die Unterbindung des Handels mit menschlicher Arbeitskraft, d.h. eine Verdingung, bezweckt. Eine solche Situation sei bei einer Tätigkeit in einem Unternehmerbetrieb jedoch nicht gegeben, da der Gefangene weder dem Unternehmer noch dem Werkbeamten zur freien Verfügung unterworfen werden. Auf den Gefangenen finde auch bei Verrichtung von Arbeit in einem Unternehmerbetrieb das Strafvollzugsgesetz Anwendung. Die Anstaltsleitung sei dadurch nicht von ihrer Fürsorgeverpflichtung entbunden. Daher könne auch dahingestellt bleiben, ob die Suspendierung der Vorschrift zu einer Verletzung des Übereinkommens Nr. 29 führe, für die sich die Bundesrepublik Deutschland verantworten müsse. Diese Tatsache müsse auch nicht von der Strafvollzugsbehörde bei ihrer Ermessensentscheidung im Rahmen von § 37 Abs. 2 StVollzG Berücksichtigung finden, soweit sich ein Gefangener nicht freiwillig zur Arbeitsaufnahme in einem Unternehmerbetrieb bereit erklärt. Eine sachgerechte Ausübung des behördlichen Ermessens läge bereits vor, wenn die Ziele des IAO-Übereinkommens geprüft und berücksichtigt würden.

In einer Anmerkung zu dem Urteil des Oberlandesgericht Hamburg stimmt *Krahl*[932] dem Gericht vollumfänglich zu und verneint ebenfalls eine Verletzung des Übereinkommens Nr. 29. Der Schutzzweck des Übereinkommens liege darin

930 NStZ 1992, 53.
931 OLG Hamburg NStZ 1992, 53 (54).
932 NStZ 1992, 207 f.

zu verhindern, dass ein kommerzieller Handel mit der Arbeitskraft eines Strafgefangenen betrieben werde. Ein solcher Handel sei jedoch bei der Arbeit in Unternehmerbetrieben nicht gegeben. Ein privatrechtliches Arbeitsverhältnis werde zwischen den Gefangenen und dem Privatunternehmer nicht begründet. Vielmehr bleibe der Status des Strafgefangenen als Sonderrechtsbeziehung mit dem Staat erhalten. Dementsprechend dürfe die Tätigkeit in einem Unternehmerbetrieb auch nur unter Überwachung, Aufsicht und nach Weisung durch das Vollzugspersonal ausgeübt werden. Dies entspreche der Regelung des § 149 Abs. 4 StVollzG, wonach Vertreter der Unternehmerbetriebe nur die technische und fachliche Aufsicht der Gefangenen übernehmen. Daneben gewährleiste eine Verwaltungsvorschrift zu § 149 StVollzG, dass der Einfluss der Strafvollzugsbehörden auf die Arbeitstätigkeit der Gefangenen erhalten bleibe. Dementsprechend läge eine Verdingung nicht vor. Zudem müsse berücksichtigt werden, dass die Umsetzung des IAO-Übereinkommens nicht zu einer Verbesserung der Arbeitsbedingungen der Strafgefangenen führen würde. Mangels anderer attraktiver Beschäftigungsalternativen würden die Gefangenen häufig ihre Zustimmung erteilen.

Die soeben dargestellten Auffassungen begegnen Zweifeln. Für die Frage, ob ein Verdingen vorliegt, kann nicht allein entscheidend sein, wer die Verfügungsgewalt über die Gefangenen ausübt. Ein wesentlicher Gesichtspunkt für das Vorliegen unzulässiger Zwangsarbeit ist der mit der Arbeit verbundene Zweck[933]. Wenn mit der Gefangenenarbeit nicht das Ziel der Resozialisierung, sondern in erster Linie kommerzielle Zwecke verfolgt werden, so wird der Gefangene mit seiner Arbeitskraft möglicherweise verdingt. Dass die Arbeit in Unternehmerbetrieben dieses Merkmal erfüllt und insoweit in Zweifel steht, ob diese Art der Tätigkeit zulässig ist, folgt daraus, dass der Strafgefangene nur einen Bruchteil des Lohns erhält, den die Justizvollzugsanstalt vom Unternehmer für die Tätigkeit erhält. Im Vordergrund stehen insoweit nicht Aus- und Weiterbildung, sondern der Einsatz des Gefangenen zumindest auch aus monetären Gründen. Eine normale Entlohnung würde den Anschein des Verdingens zumindest minimieren[934]. Ebenfalls nicht nachvollziehbar ist die Behauptung *Krahls*, dass die Umsetzung des Übereinkommens nicht zu einer Verbesserung der Bedingungen der Strafgefangenen führen würde. Nach Ansicht des Sachverständigenausschusses müsste zur adäquaten Umsetzung des Übereinkommens eine Anpassung der Vergütung und der Regelung zur Sozialversicherung an den freien Markt erfolgen sowie das Einverständniss des Strafgefangenen als Grundvoraussetzung für ein Tätigwerden vorliegen. Sofern dies erfolgte, wäre eine wesentliche Verbesserung der Situation der Strafgefangenen gegeben. Auch lässt die Auffassung

933 *Klotz,* BArbBl 1973, 499 (501).
934 *Klotz*, BArbBl 1973, 499 (502).

Krahls den Blick auf den Kern der Frage, ob das Zustimmungserfordernis gemäß § 41 Abs. 3 StVollzG umgesetzt wurde, vermissen. Die mangelnde Umsetzung des Übereinkommens und ein Verstoß gegen das Zwangsarbeitsverbot können nicht dadurch gerechtfertigt werden, dass die Gefangenen für den Fall, dass sie ihre Zustimmung erteilen müssten, dies auch täten. Tatsächlich wird ihnen das Recht auf Verweigerung der Zustimmung eben nicht zugestanden. Sofern die Notwendigkeit der Zustimmung eingeführt würde und sich die Gefangenen für die Arbeit entschieden, sei es, dass Langeweile, monetäre Interessen oder aber das Bemühen um eine Änderung der Lebensweise im Vordergrund stünden, wäre ein wesentliches Ziel des Strafvollzugs, nämlich die Mitwirkung der Gefangenen und ein Interesse an ihrer eigenen Resozialisierung, erreicht. Gegen ihren Willen in einem nicht staatlichen Betrieb tätig zu werden kommt dagegen einer Entmündigung der Gefangenen sehr nahe. Zu berücksichtigen ist gleichermaßen, dass eine Ausrichtung der Tätigkeit der Vollzugsbehörden an den Interessen der Unternehmerbetriebe erfolgt. Dabei kann sich auch unter Umständen eine Abhängigkeit ergeben, wenn die Behörden verhindern wollen, dass die Unternehmerbetriebe ihre Tätigkeit einstellen[935].

Krahl lehnt ebenfalls die Anwendung des § 41 Abs. 3 StVollzG ohne Umsetzung durch ein weiteres Bundesgesetz ab. Zwar sei der Kritik der Literatur an der fehlenden Umsetzung zuzustimmen, jedoch lasse sich daraus keine Rechtsposition zur Verweigerung der Arbeit in einem Unternehmerbetrieb bzw. zur Notwendigkeit der Zustimmung des Gefangenen herleiten.

(2) Keine Bezugnahme des BVerfG auf Auslegung des Sachverständigenausschusses

Das Bundesverfassungsgericht hat in seiner Entscheidung aus dem Jahre 1998 zur Gefangenenentlohnung[936] ausgeführt, dass das IAO-Übereinkommen Nr. 29 bei der Auslegung des Grundgesetzes zu berücksichtigen sei. Ausführungen dazu, ob die Pflichtarbeit und die Bedingungen der Gefängnisarbeit mit diesem Abkommen vereinbar sind, finden sich in der Entscheidung jedoch nicht. Das Bundesverfassungsgericht bezieht die Auslegung des Sachverständigenausschusses zu Art. 2 Abs. 2 lit. c) IAO-Übereinkommen Nr. 29 nicht in seine Prüfung ein. In den Ausführungen des Gerichts heißt es lediglich, dass nach Art. 2 Abs. 2 lit. c)

935 *Böhm*, Rn. 301; dieser nennt a.a.O. als Beispiel, dass Bildungsmaßnahmen für Gefangene nicht eingerichtet wurden, weil Unternehmerbetriebe für den Fall einer Einstellung der Tätigkeit der am Fließband eingearbeiteten und ihre Arbeit zuverlässig verrichtenden Gefangenen mit der Aufkündigung ihrer Einrichtung gedroht haben.

936 BVerfGE 98, 169.

IAO-Übereinkommen Nr. 29 Zwangs- oder Pflichtarbeit von einem grundsätzlichen Verbot nur unter der Bedingung ausgenommen sei, dass die Arbeit unter staatlicher Aufsicht ausgeführt werde[937]. In der Prüfung wird damit nicht die in Art. 2 Abs. 2 lit. c) enthaltene Maßgabe beachtet, dass der Verurteilte nicht an Einzelpersonen oder private Gesellschaften und Vereinigungen verdingt oder ihnen sonst zur Verfügung gestellt werden darf.

Das Bundesverfassungsgericht verkennt oder ignoriert bewusst die Auslegung des IAO-Sachverständigenausschusses zu Art. 2 Abs. 2 lit. c) Übereinkommen Nr. 29. Wie gesehen müssen danach die Voraussetzungen „Arbeit unter staatlicher Aufsicht“ und „kein Verdingen an Privatpersonen oder -unternehmen“ kumulativ vorliegen[938]. Insoweit stellt sich die Frage, ob die Prüfung der Vereinbarkeit der Regelung des Strafvollzugsgesetzes zu Arbeitspflicht, Entlohnung und Sozialversicherung im Hinblick auf die völkerrechtlichen Verpflichtungen Deutschlands vollständig ist.

(3) Bestätigung eines Völkerrechtsverstoßes – Anmerkung Klesczewski[939]

Anders als die Oberlandesgerichte Hamm und Hamburg und das Bundesverfassungsgericht verneint *Klesczewski* die Rechtmäßigkeit der Anordnung von Disziplinarmaßnahmen und bejaht einen Völkerrechtsverstoß der Bundesrepublik Deutschland. Seiner Ansicht nach komme § 41 Abs. 3 StVollzG trotz der Suspendierung zur Anwendung und lasse die Arbeitspflicht aus § 41 Abs. 1 StVollzG entfallen. Zwar habe sich der Gesetzgeber eine Umsetzung des § 41 Abs. 3 StVollzG durch besonderes Bundesgesetz vorbehalten. Allerdings habe das OLG Hamburg nicht geprüft, ob die Vorschrift Geltung erlangt, da § 198 Abs. 3, Abs. 4 StVollzG gegen das IAO-Übereinkommen Nr. 29 verstoße. Die Tätigkeit von Strafgefangenen in Unternehmerbetrieben ohne ihr Einverständnis erfülle die Definition von Zwangsarbeit im Sinne des Übereinkommens Nr. 29. In der englischen Fassung laute Art. 2 Abs. 2 “to hire someone to somebody else”, verbiete also ein „Verleihen“ von Strafgefangenen an freie Unternehmer. Genau dieser Tatbestand werde durch die unfreiwillige Tätigkeit in Unternehmerbetrieben erfüllt, da die Vollzugsanstalt den Gefangenen einem Unternehmer zuweist und dafür eine Vergütung erhält. Diese Vergütung liegt über dem Ertrag der Eigenbetriebe; an den Gefangenen abgeführt werde jedoch nur das übliche Entgelt von 9 % der Eckvergütung. Der Gefangene werde daher gegen seinen Willen für private Zwecke eingesetzt. Unerheblich sei, dass der Gefangene dabei

937 BVerfGE 98, 169 (206).

938 RCE, Eradication Forced Labour, 27; Report III (Part 1 A) 2008, 195; Report III (Part 1 A) 2009, 214.

939 NStZ 1992, 351.

nicht in einem privatrechtlichen Dienstverhältnis stehe, da allein der öffentlich-rechtliche Status des Beschäftigungsverhältnisses ein „Verdingen“ im Sinne des Übereinkommens Nr. 29 nicht ausschließe. Es komme darauf an, dass der Strafgefangene in den Betrieb eines Dritten derart eingegliedert sei, dass diesem ein Weisungsrecht zustehe. Dies sei der Fall, da § 149 Abs. 4 StVollzG das Weisungsrecht beim Unternehmer belasse.

Zudem bestehe ein Anwendungsvorrang des Übereinkommens Nr. 29 gegenüber § 198 Abs. 3, Abs. 4 StVollzG. Letzteres sei zwar das spätere Gesetz, berücksichtigt werden müsse allerdings, dass völkerrechtliche Verträge im Rang über einfachen Gesetzen stehen. Dies folge nicht unmittelbar aus Art. 59 Abs. 2 S. 1 GG, sondern vielmehr aus Art. 25 GG, wonach die allgemeinen Regeln des Völkerrechts den einfachen Gesetzen vorgehen. Zu den allgemeinen Regeln des Völkerrechts gehöre ohne Zweifel der Grundsatz „pacta sunt servanda“. Sofern der Gesetzgeber eine gesetzliche Regelung schaffe, die gegen ein ratifiziertes Übereinkommen verstoße, finde die einfachgesetzliche Regelung keine Anwendung. Genau dieser Fall liege hier vor; die Suspendierung des § 41 Abs. 3 StVollzG falle damit weg. Neben dem Gesetzgeber wäre auch das Gericht zur Einhaltung des Übereinkommens verpflichtet gewesen.

(4) Stellungnahme – Feststellung eines Völkerrechtsverstoßes

Die vorgenannten beispielhaft dargestellten Ansichten in Rechtsprechung und Literatur sowie die Auffassung des IAO-Sachverständigenausschusses verdeutlichen die Konfliktlage, die durch die suspendierten Vorschriften des Strafvollzugsgesetzes hervorgerufen wurde. Daher stellt sich zunächst die Frage, inwieweit Deutschland durch die Übereinkommen der Internationalen Arbeitsorganisation gebunden ist.

i) Art. 59 Abs. 2 S. 1 GG – Bindung der Bundesrepublik Deutschland an völkerrechtliche Verträge

Wie gesehen handelt es sich bei den Übereinkommen der Internationalen Arbeitsorganisation um völkerrechtliche Verträge. Das Grundgesetz trifft in Art. 59 Abs. 2 GG eine Aussage zu deren Wirkung im deutschen Recht. Gemäß Art. 59 Abs. 2 S. 1 GG bedürfen Verträge, welche die politischen Beziehungen des Bundes regeln oder sich auf Gegenstände der Bundesgesetzgebung beziehen, der Zustimmung oder der Mitwirkung der jeweils für die Bundesgesetzgebung zuständigen Körperschaften in der Form des Bundesgesetzes. Zustimmungsbedürftig sind danach Verträge, durch die die politischen Beziehungen des Bundes betroffen sind, und Verträge, die sich auf Gegenstände der Bundesgesetzgebung beziehen.

Das Zustimmungsgesetz zu einem völkerrechtlichen Vertrag verleiht dem Vertrag im innerstaatlichen Recht Geltung[940]. Die Umsetzung des völkerrechtlichen Vertrags durch Transformationsgesetz gemäß Art. 59 Abs. 2 S. 1 GG führt dazu, dass die umgesetzten Verträge den Rang des Zustimmungsgesetzes einnehmen und damit den Rang einfachen Bundesrechts haben[941]. Für die Bürger entfalten sie regelmäßig nur dann unmittelbar Rechte und Pflichten, wenn der völkerrechtliche Vertrag darauf abzielt, solche Rechte zu verschaffen[942], und eine ausreichend präzise inhaltliche Aussage enthält[943]. Sofern eine Vorschrift nach Wortlaut, Zweck und Inhalt geeignet und hinreichend bestimmt ist, wie eine innerstaatliche Vorschrift rechtliche Wirkung zu entfalten, und es keiner normativen Ausfüllung bedarf, ist eine unmittelbare Anwendbarkeit zu bejahen[944]; in diesem Fall handelt es sich um eine sogenannte *self-executing-norm*.

Die völkerrechtlichen Verträge wirken jedoch auch dann auf die nationale Rechtsordnung ein, wenn sie keine unmittelbaren subjektiven Rechte und Pflichten der Bürger begründen, da sie bei der Auslegung und Anwendung des innerstaatlichen Rechts berücksichtigt werden müssen[945]. Die nationalen Rechtsnormen – dies gilt nicht nur für einfaches, sondern gleichermaßen für Verfassungsrecht – werden durch die völkerrechtlichen Bindungen, denen sich die Bundesrepublik Deutschland unterworfen hat, beeinflusst[946]. Völkerrechtliche Verträge können daher auch auf der verfassungsrechtlichen Ebene Hilfen zur Auslegung der im Grundgesetz enthaltenen Grundrechte und rechtsstaatlichen Gewährleistungen sein, sofern dies nicht zu einer Beschränkung oder einer Minderung des Grundrechtsschutzes führt[947].

Dieser Einfluss völkerrechtlicher Verträge fußt auf der im Grundgesetz angelegten Völkerrechtsfreundlichkeit der deutschen Rechtsordnung[948]. Das Grund-

940 BVerfGE 1, 396 (410 f.).

941 *Kempen* in v. Mangoldt/Klein/Starck, GG Band 2, Art. 59 Rn. 92; *Pernice* in Dreier, GG Band II, Art. 59 Rn. 48; *Jarass* in Jarass/Pieroth, GG, Art. 59 Rn. 19; *Lambert Abdelgawad/Weber*, 107 (118); *Däubler* in Festschrift 25 Jahre Arbeitsgemeinschaft Arbeitsrecht im DAV, 1183 (1185).

942 BSGE 60, 230 (234); *Jarass* in Jarass/Pieroth, GG Art. 59 Rn. 18; *Däubler* in Festschrift 25 Jahre Arbeitsgemeinschaft für Arbeitsrecht im DAV, 1183 (1185).

943 *Däubler* in Festschrift 25 Jahre Arbeitsgemeinschaft Arbeitsrecht im DAV, 1183 (1185); *Schneider*, 10.

944 BVerwG, NVwZ 1992, 177 (178); Urteil vom 03.12.2003 - Az. 6 C 13/03, Buchholz 421.2 Hochschulrecht Nr. 160.

945 BVerfGE 111, 307 (317); *Bleckmann*, DÖV 1979, 309 (312); *Däubler* in Festschrift 25 Jahre Arbeitsgemeinschaft Arbeitsrecht im DAV, 1183 (1186).

946 BVerfGE 111, 307 (317).

947 BVerfGE 111, 307 (317).

948 BVerfGE 111, 307 (318).

gesetz verlangt aufgrund seiner Konzeption die Einbindung der Bundesrepublik Deutschland in die internationale Staatengemeinschaft[949]. Ein erstes Indiz für die Öffnung des Grundgesetzes hin zu der internationalen Staatengemeinschaft ist bereits in der Präambel enthalten[950]. Dort heißt es, dass das deutsche Volk dem Weltfrieden zu dienen gewillt ist. Dies wird in Art. 1 Abs. 2 GG aufgegriffen, der das Bekenntnis zu den „Menschenrechten als Grundlage jeder menschlichen Gemeinschaft, des Friedens und der Gerechtigkeit in der Welt" enthält. Doch bleibt es nicht bei diesen unbestimmten Programmsätzen. Vielmehr enthält Art. 26 GG mit dem Verbot von „Handlungen, die geeignet sind und in der Absicht vorgenommen werden, das friedliche Zusammenleben der Völker zu stören, insbesondere die Führung eines Angriffskrieges vorzubereiten" das deutliche Bekenntnis zu völkerrechtlichen Werten und dem Weltfrieden[951]. Dies wird durch die Regelung des Art. 26 Abs. 1 S. 2 GG noch verstärkt, indem die in S. 1 genannten Verhaltensweisen unter Strafe gestellt werden. Durch Art. 26 GG wird zudem deutlich, dass eine Ausrichtung Deutschlands allein auf das Souveränitätsprinzip, wie es während der Herrschaft des NS-Regimes der Fall war, verhindert werden soll[952]. Des Weiteren zeigt sich die Ausrichtung des Grundgesetzes auf die internationale Zusammenarbeit und die europäische Integration durch die Regelungen der Art. 23 und Art. 24 GG[953] sowie durch Art. 25 GG[954]. Art. 24 GG verdeutlicht die Entscheidung des Gesetzgebers für die Einordnung der Bundesrepublik Deutschland in die Völkergemeinschaft[955]. Auch die Regelung des Art. 25 GG setzt voraus, dass das Völkerrecht eine Rechtsordnung darstellt, und begründet eine Bindung Deutschlands an diese Rechtsordnung[956].

Das Bundesverfassungsgericht vertritt dabei die Ansicht, dass die Völkerrechtsfreundlichkeit ihre Wirkung nur im Rahmen des demokratischen und rechtsstaatlichen Systems des Grundgesetzes entfalte. Das Grundgesetz erhalte die Souveränität der deutschen Verfassung aufrecht, indem es die Notwendigkeit der Transformation völkerrechtlicher Regelungen in das deutsche Recht normiere und diesen Regelungen keinen Verfassungsrang zubillige. Dies habe zur Folge, dass der Gesetzgeber ausnahmsweise Völkervertragsrecht nicht zu beachten habe,

---

949 BVerfGE 6, 309 (362 f.); 31, 58 (75 f.); 111, 307 (317 f.); *Jarass* in Jarass/Pieroth, GG, Art. 25 Rn. 4; *Rojahn* in v. Münch/Kunig, GG Band 2, Art. 25 Rn. 1; *Bleckmann*, DÖV 1979, 30; *Sommermann*, AöR 114 (1998), 391 (415); *Vogel*, 42 spricht von einer Verfassungsentscheidung für eine „offene" Staatlichkeit.

950 BVerfGE 111, 307 (318); *Vogel*, 41 f.; *Kunig* in Graf Vitzthum, Völkerrecht, 2. Abschnitt Rn. 14.

951 BVerfGE 63, 343 (370); 111, 307 (318); *Kunig* in Graf Vitzthum, Völkerrecht, 2. Abschnitt Rn. 12.

952 *Bleckmann*, DÖV 1979, 309 (310).

953 BVerfGE 111, 307 (318); *Vogel*, 36.

954 *Bleckmann*, DÖV 1979, 309 (310).

955 BVerfGE 111, 307 (318); *Vogel*, 36.

956 *Vogel*, 38; *Bleckmann*, DÖV 1979, 309 (310).

soweit dies zur Vermeidung eines Verstoßes gegen tragenden Grundsätze der Verfassung erforderlich sei[957]. Völkervertragsrecht entfalte im innerstaatlichen Recht nur dann Wirkung, wenn es in formell ordnungsgemäßer Weise und im Einklang mit materiellem Verfassungsrecht in die nationale Rechtsordnung überführt worden sei[958].

ii) Bindungswirkung von Entscheidungen und Auslegungsergebnissen internationaler Gerichte – Görgülü-Beschluss[959]

Eine weitere Frage betrifft die Wirkung von Entscheidungen internationaler Gerichte im deutschen Recht und die damit einhergehende Frage zur Reichweite der Bindung solcher Entscheidungen. Das Bundesverfassungsgericht setzte sich mit dieser Fragestellung in Bezug auf die Entscheidungen des Europäischen Gerichtshofs für Menschenrechte auseinander[960]. Nach Ansicht des Bundesverfassungsgerichts lässt sich die Frage der Bindungswirkung nur in Bezug auf das konkrete Entscheidungsgremium und die Betrachtung der jeweiligen nationalen Rechtsordnung beantworten. Dies folge daraus, dass die Vertragsparteien des völkerrechtlichen Vertrags, welcher die Einrichtung des Gremiums vorsieht, es in der Hand hätten, Regelungen zu gestalten, die Inhalt und Reichweite der Bindungswirkung bestimmen[961]. So komme etwa den Entscheidungen des Europäischen Gerichtshofs für Menschenrechte eine besondere Bedeutung zu, da sich die Vertragsparteien in Art. 46 Abs. 1 EMRK dazu verpflichtet haben, den endgültigen Entscheidungen des Gerichtshofs, bei denen sie Partei sind, Folge zu leisten[962]. Sofern eine Verletzung der Europäischen Menschenrechtskonvention durch den Gerichtshof festgestellt wird, hat die betroffene Vertragspartei die Verpflichtung, diesen konventionswidrigen Zustand zu beenden[963]. Diejenigen Vertragsstaaten, die nicht Partei des Prozesses und damit nicht an die Entscheidung des Gerichts gebunden sind, können die Entscheidung zum Anlass nehmen, ihre Rechtsordnung im Hinblick auf die Vereinbarkeit mit der Rechtsprechung des Europäischen Gerichtshofs für Menschenrechte zu überprüfen. Insoweit sei zu beachten, dass diese Entscheidungen den Entwicklungsstand der Europäischen Menschenrechtskonvention und ihrer Zusatzprotokolle abbilden[964].

957 BVerfGE 111, 307 (319).
958 BVerfGE 111, 307 (318).
959 BVerfGE 111, 307; siehe dazu auch Zoellner, Das Verhältnis von Bundesverfassungsgericht und Europäischem Gerichtshof für Menschenrechte.
960 BVerfGE 111, 307 ff.
961 BVerfGE 111, 307 (319).
962 BVerfGE 111, 307 (320).
963 BVerfGE 111, 307 (320).
964 BVerfGE 111, 307 (319).

Nach Ansicht des Bundesverfassungsgerichts besteht eine Bindungswirkung der Entscheidung hingegen nicht für diejenigen Vertragsstaaten, die nicht Partei des Rechtsstreits sind[965]. Auch dürften sich weder die Verwaltungsbehörden noch die Gerichte unter Berufung auf Entscheidungen des Europäischen Gerichtshofs für Menschenrechte ihrer Bindung an Recht und Gesetz und an das Kompetenzgefüge der deutschen Rechtsordnung aus Art. 20 Abs. 3 GG begeben. Allerdings gebiete es die Bindung an Recht und Gesetz, dass sowohl die Gewährleistungen der Konvention an sich, als auch die Entscheidungen des Gerichts im Rahmen der Gesetzesauslegung Berücksichtigung finden[966]. Dazu sei es erforderlich, dass der Konventionstext und die Entscheidungen des Gerichtshofs zu Kenntnis genommen und bei der Willensbildung des Gesetzgebers, der Verwaltung und der Gerichte berücksichtigt werden[967]. Nach Möglichkeit müsse das nationale Recht unabhängig von dem Zeitpunkt seines Inkrafttretens im Einklang mit den völkerrechtlichen Verpflichtungen Deutschland ausgelegt werden[968].

Sofern sich der Europäische Gerichshof für Menschenrechte zu einer Fragestellung geäußert habe, sei dessen Argumentation bei der Entscheidungsfindung über gleichgelagerte Sachverhalte zu beachten; insoweit habe zwingend eine Auseinandersetzung mit der Auffassung des Gerichtshofs zu erfolgen[969]. Sofern ein Sachverhalt von deutschen Behörden abweichend beurteilt werde, müsse dezidiert dargelegt werden, aus welchen Gründen der Auffassung des Gerichtshofs nicht gefolgt wird. Eine solche abweichende Beurteilung könne sich aus den Besonderheiten des jeweiligen Einzelfalls ergeben, insofern verbiete sich eine schematische Übertragung der Judikatur des Europäischen Gerichshofs für Menschenrechte.

iii) Bindung der Bundesrepublik Deutschland an die Auslegung des IAO-Sachverständigenausschusses?

Aufgrund seiner Auslegung von Art. 2 Abs. 2 lit. c) IAO-Übereinkommen Nr. 29 gelangt der Sachverständigenausschuss zu der Einschätzung, dass die unfreiwillige Tätigkeit von Strafgefangenen in Unternehmerbetrieben mit den Gewährleistungen des Übereinkommens Nr. 29 unvereinbar sei und die Bundesrepublik Deutschland ihren völkerrechtlichen Verpflichtungen nicht genüge[970]. Dagegen wird von der

965 BVerfGE 111, 307 (320 ff.).
966 BVerfGE 111, 307 (323).
967 BVerfGE 111, 307 (324).
968 BVerfGE 111, 307 (324).
969 BVerfGE 111, 307 (329).
970 IAO, Globale Allianz, 31; RCE, Eradication Forced Labour, xi; RCE, Report III (Part 1 A) 2009, 214.

deutschen Regierung die Auslegung des Sachverständigenausschusses wohl zur Kenntnis genommen, ohne dass jedoch auf diese Auslegung eingegangen wird oder eine Änderung der Rechtslage erfolgt. Diejenigen Gerichte, die sich bislang mit den Gewährleistungen des Übereinkommens Nr. 29 befasst haben, legen die Auslegungsergebnisse des Sachverständigenausschusses ebenfalls nicht als Maßstab für die Prüfung von Rechtsverletzungen zu Grunde. Diese Haltung kann nur darauf zurückzuführen sein, dass der Sachverständigenausschuss keine ausdrückliche, d.h. formal beschlossene und niedergelegte Kompetenz zur (bindenden) Auslegung der Übereinkommen hat. Insoweit könnte sich eine Diskrepanz zwischen der Völkerrechtspraxis und der ihr zu Grunde liegenden Vereinbarung ergeben. Es stellt sich die Frage, ob die Auffassung der deutschen Institutionen rechtlich haltbar ist und ein völkerrechtswidriges Verhalten tatsächlich verneint werden kann.

α) Keine geschriebene Kompetenz zur Auslegung der Übereinkommen

Bei der Schaffung des Sachverständigenausschusses im Jahre 1926 wurde keine Regelung geschaffen, wonach diesem die Kompetenz zur Auslegung der Übereinkommen zukommt. Die Aufgabe des Expertengremiums sollte darin bestehen, die Einhaltung der Übereinkommen durch die Prüfung der vorgelegten Staatenberichte zu überwachen. In der Resolution, die die Schaffung des Ausschusses zum Gegenstand hatte, wurde das Komitee als *technical committee* bezeichnet. Aus dieser Bezeichnung wird abgeleitet, dass das Recht des Ausschusses zur Interpretation der Übereinkommen abgelehnt wurde[971] bzw. jedenfalls nicht vorgesehen war.

Auch nach Art. 37 IAO-Verfassung wird eine Kompetenz zur bindenden Auslegung von Übereinkommen nur dem Internationalen Gerichtshof oder aber einem eigens dazu eingerichteten Gremium zugebilligt, dem Sachverständigenausschuss hingegen wird diese Kompetenz nicht ausdrücklich eingeräumt.

β) Konkludente Kompetenz zur Auslegung des Übereinkommens?

Zur Beantwortung der Frage, ob dem Sachverständigenausschuss konkludent eine Kompetenz zur Auslegung der Übereinkommen zukommt, ist zunächst zu berücksichtigen, dass eine solche Kompetenz durch Art. 37 IAO-Verfassung jedenfalls nicht ausdrücklich ausgeschlossen ist.

Möglicherweise kann eine konkludente Kompetenz aus der Formulierung von Art. 37 Abs. 1 und Abs. 2 IAO-Verfassung hergeleitet werden. Zunächst einmal lässt der Wortlaut von Art. 37 IAO-Verfassung erkennen, dass die Vertragsparteien bei Schaffung der Verfassung durchaus den Umstand berücksichtigt haben,

971 *Nußberger* in International Social Security Standards, 2.5.2.3, 47.

dass sich Differenzen bezüglich der Auslegung eines Übereinkommens ergeben könnten. Mit *Dijkhoff* und *Pennings*[972] kann man der Regelung zudem eine gewisse Offenheit zuerkennen: Wenn ein Streit bezüglich der Auslegung der Verfassung oder von Übereinkommen vor den Internationalen Gerichtshof getragen wird und dieser eine Auslegung vornimmt, so ist diese bindend. Diese Aussage trifft Art. 37 Abs. 1 IAO-Verfassung eindeutig. Daraus könnte die Folgerung gezogen werden, dass, solange von dieser Möglichkeit kein Gebrauch gemacht wird, die Auslegung des Sachverständigenausschusses maßgeblich ist.

Für eine umfassende Auslegungskompetenz des Sachverständigenausschusses sprechen zudem praktische Erwägungen. Zum einen ist ein Verfahren vor dem Internationalen Gerichtshof nicht geeignet, die sich regelmäßig stellenden Auslegungsfragen zu beantworten. Zum anderen führt selbst eine restriktive Auslegung einer Konvention und die damit verbundene Feststellung eines völkerrechtsrechtswidrigen Verhaltens einzelner Mitgliedstaaten nicht unmittelbar zu einer anderen Konsequenz als einer Form der moralischen Verurteilung[973]. Sofern die Sachverständigen einen Verstoß gegen ein Übereinkommen feststellen, hat der Ausschuss zwei Reaktionsmöglichkeiten, die von der Schwere des Verstoßes abhängig sind. Sofern es sich lediglich um kleinere Verstöße handelt, kann der Sachverständigenausschuss eine Anfrage an die Regierung des betroffenen Mitgliedstaates richten. Sofern ein schwerer Verstoß festgestellt wird, verfasst er eine Bemerkung, die im Ausschussbericht veröffentlicht wird. Durch die damit verbundene Öffentlichkeit wird der jeweilige Staat unter Druck gesetzt[974].

Hinzu kommt, dass die Internationale Arbeitsorganisation ihre Aufgabe nur dann sachgerecht wahrnehmen kann, wenn die geltenden teilweise betagten, Konventionen an neue Sachverhalte und Entwicklungen angepasst werden. Das Zwangsarbeitsverbot liefert hierfür ein gutes Beispiel. Auslöser und Ausgangspunkt für die Schaffung dieses Verbote war der Wille zur Unterbindung des Sklavenhandels in den Kolonien. Es entwickelte sich jedoch dahin gehend weiter, dass beispielsweise Zwangsarbeit als Bestrafung für politische Tätigkeiten verhindert werden sollte. Seit einigen Jahren stellt sich die neue und zunehmende Problematik, dass Frauen zur Prostitution gezwungen oder in anderer Weise sexuell ausgebeutet werden. Auch dies wird vom Sachverständigenausschuss als Zwangsarbeit angesehen, wobei der Begriff „Arbeit oder Dienstleistung“ damit wohl weiter gefasst werden muss, als den Schaffern des Übereinkommens Nr. 29 vor Augen stand. Die mühsame bzw. nicht durchsetzbare Änderung geltender Konventionen kann im Wege einer „angepassten“ Auslegung umgangen werden[975].

---

972 *Dijkhoff/Pennings* in International Social Security Standards, 10.5, 165.

973 *Gravel/Charbonneau-Jobin*, 9.

974 *Böhmert*, 85; *Köppen* in Soziale Menschenrechte, 155 (161).

975 *Nußberger* in Implementierung internationaler Sozialstandards, 57 (70).

Des Weiteren kann nur ein unabhängiges Expertengremium einen objektiven Schutzstandard unter Berücksichtigung der jeweiligen nationalen Verhältnisse gewähren. Der Sachverständigenausschuss hat die Aufgabe, die von den Mitgliedstaaten vorgelegten Berichte im Hinblick darauf zu prüfen, ob die Übereinkommen eingehalten werden. Diese Prüfung erfolgt allein anhand objektiver Maßstäbe, das heißt ohne Ansehen der wirtschaftlichen und sozialen Verhältnisse des jeweiligen Staates[976]. Nicht in den Blick genommen wird das insgesamt gewährleistete Schutzniveau, da durch dieses Vorgehen gesichert wird, dass jeder Staat auf seinem Level eine permanente Verbesserung des sozialen Schutzniveaus anstrebt[977]. Aufgrund dieses objektiven Bewertungsmaßstabs werden auch Staaten mit ausgeprägten sozialen Sicherungssystemen weiterhin in die Pflicht genommen. Und gerade um die Gewährleistung eines objektiven Standards geht es bei der Überprüfung der Umsetzung und der Einhaltung der Übereinkommen[978]. Entscheidend ist, ob und dass die Staaten ihren einzelnen Verpflichtungen aus den Übereinkommen nachkommen; nicht ausreichend ist hingegen, dass beispielsweise die Arbeitsbedingungen in einem Staat im Hinblick auf die Zielsetzung der Internationalen Arbeitsorganisation insgesamt als akzeptabel eingestuft werden können. Das Vorgehen der Staaten ist hingegen von unterschiedlichen einzelstaatlichen Interessen sowie durch kulturelle und wirtschaftliche Unterschiede geprägt. So vergleicht sich eine hochentwickelte Industrienation wie Deutschland mit anderen Staaten und hält ihre Verpflichtungen, etwa im Strafvollzug, für erfüllt, da die Bedingungen wesentlich weniger schlecht sind als in anderen Staaten. Dass dabei die Verletzung elementarer Menschenrechte, insbesondere der Willensfreiheit, in Rede stehen, wird vor dem Hintergrund der grundsätzlich humanen Zustände in deutschen Gefängnissen relativiert.

Auch die Bedeutung elementarer Menschenrechte, zu denen das Zwangsarbeitsverbot zählt, kann die Einräumung einer Auslegungskompetenz des Sachverständigenausschusses begründen. Die Bedeutung dieses Rechts kommt nicht zuletzt durch die jährliche Berichtspflicht gegenüber dem Komitee zum Ausdruck. Dies hat zu einer Aufwertung der Bedeutung dieser Übereinkommen und damit auch zu einer Erweiterung der Kompetenzen des Sachverständigenausschusses geführt. Außerdem ist die Wahrnehmung der Aufgabe zur Überprüfung der Einhaltung der Übereinkommen durch den Ausschuss nur sachgerecht möglich, wenn dieser seine Auffassung über den Inhalt der einzelnen Regelungen darlegen[979] und damit herausarbeiten kann, worin eine Verletzung besteht. Daher ist dem Sachverständigenausschuss eine Kompetenz zur Auslegung zuzubilligen.

976 *Böhmert*, 85.

977 *Böhmert*, 85.

978 *Gravel/Charbonneau-Jobin*, 9.

979 *Gravel/Charbonneau-Jobin*, 10.

γ) *Bindung an die Auslegung des Sachverständigenausschusses?*

Es stellt sich die weitergehende Frage, ob eine Bindungswirkung der Auslegung des Sachverständigenausschusses besteht und ein Verstoß gegen Übereinkommen aufgrund einer Rechtslage, die das Auslegungsergebnis des Ausschusses unberücksichtigt lässt, gegeben sein kann.

Das Bundesverfassungsgericht hat in dem Görgülü-Beschluss festgestellt, dass eine Bindungswirkung der Urteile des Europäischen Gerichtshofs für Menschenrechte gemäß Art. 46 EMRK zunächst einmal nur für die Parteien des jeweiligen Rechtsstreites bestehe. Den Entscheidungen des Gerichtshofs komme darüber hinaus jedoch eine Orientierungsfunktion dahin gehend zu, dass dessen Auslegung den Entwicklungsstand der Konvention und ihrer Protokolle wiedergebe. Die Erwägungen des Gerichtshofs müssten bei der Entscheidungsfindung aller deutschen Gewalten im Rahmen ihrer jeweiligen Tätigkeit Beachtung finden.

Die Sachverständigenausschuss hat aufgrund seiner Auslegung von Art. 2 Abs. 2 IAO-Übereinkommen Nr. 29 die Rechtslage zur Regelung der Tätigkeit von Strafgefangenen in Unternehmerbetrieben nach dem deutschen Strafvollzugsgesetz als nicht konventionsgemäß erachtet. Aus der in seinem jährlichen Bericht veröffentlichen Stellungnahme und Einschätzung folgt keine Wirkung vergleichbar Art. 46 EMRK. Hierzu bedürfte es einer ausdrücklichen Regelung, die durch die Mitgliedstaaten der Internationalen Organisation geschaffen werden müsste.

Fraglich ist jedoch, ob der Auslegung des Sachverständigenausschusses eine Orientierungsfunktion zukommt, die von den deutschen Gewalten bei ihrer Entscheidungsfindung zwingend zu berücksichtigen ist. Auch insoweit ist zunächst auf einen Unterschied im Recht der Internationalen Arbeitsorganisation und demjenigen des Europarats hinzuweisen: Der Europäische Gerichshof für Menschenrechte ist gemäß Art. 32 Abs. 1 EMRK für alle Angelegenheiten betreffend die Auslegung und Anwendung der Konvention und ihrer Protokolle zuständig, mit denen er im Rahmen von Staaten- und Individualbeschwerden sowie Gutachten befasst wird. Eine solche ausdrückliche Kompetenz kommt dem Sachverständigenausschuss wie gesehen nicht zu. Tatsächlich nimmt der Ausschuss jedoch die Auslegung der Übereinkommen vor. Die Mitgliedstaaten haben dieser Tätigkeit nicht widersprochen. Vielmehr erfolgt eine Orientierung an der Praxis des Ausschusses vergleichbar einem Kanon gerichtlicher Entscheidungen[980]. Insoweit ist auch die Stellung des Sachverständigenausschusses zu berücksichti-

---

980 *Weissbrodt*, 49.

gen. Dieser besteht aus persönlich unabhängigen Mitgliedern und hat damit eine einem Gericht vergleichbare Stellung[981].

Für den vorliegenden Fall ist zudem zu berücksichtigen, dass auch gegen die vom Ausschuss vorgenommen Auslegung des Übereinkommens Nr. 29 kein Widerspruch erhoben wurde. Sofern sich ein Vertragsstaat nicht mit der Auslegung eines Übereinkommens einverstanden erklärt und diese nicht mittragen will, könnte er gemäß Art. 14 Abs. 1 IAO-Verfassung beantragen, dass dieses Thema auf die Tagesordnung der Internationalen Arbeitsorganisation gesetzt wird. So regelt etwa Art. 11ter der Geschäftsordnung der Internationalen Arbeitskonferenz das Verfahren für die Prüfung von Gegenständen, die zur allgemeinen Aussprache in die Tagesordnung aufgenommen werden. Im Ablauf der Internationalen Arbeitskonferenz ist insoweit die Option gegeben, Differenzen im Plenum zu beraten. Damit bleibt die originäre Auslegungskompetenz bei den Mitgliedstaaten als Vertragsparteien, zumindest im Sinne einer Letztentscheidung. Sofern es nicht zu einer Stellungnahme der Internationalen Arbeitskonferenz kommt, bleibt das Auslegungsergebnis des Sachverständigenausschusses gültig[982]. Andere Möglichkeiten, der Auslegung des Ausschusses zu widersprechen oder die Klärung einer konkreten Rechtsfrage zu erreichen, bestehen darin, dem Internationalen Gerichtshof gemäß Art. 37 Abs. 1 IAO-Verfassung das Übereinkommen zur Auslegung vorzulegen. Auch die Einrichtung eines speziellen Gremiums nach Art. 37 Abs. 2 IAO-Verfassung käme in Betracht. Die wohl einfachste Möglichkeit, die Auslegung des Sachverständigenausschusses kritisch zu hinterfragen, wäre die Auseinandersetzung mit dieser Fragestellung im Rahmen der Berichtspflicht für das konkrete Übereinkommen. Bezogen auf die vorliegende Fragestellung ist auch zu berücksichtigen, dass die Auslegung des Komitees zur Art. 2 Abs. 2 lit.c) IAO-Übereinkommen Nr. 29 zwar stetig konkretisiert wurde, die grundsätzlichen Festellungen jedoch bereits vor über 30 Jahren getroffen und seitdem beibehalten wurden. Bestünde aus Sicht Deutschlands tatsächlich das Bedürfnis, eine Klärung dieser Fragen zu erhalten, hätte längst widersprochen und auf eine Stellungnahme der Internationalen Arbeitskonferenz hingewirkt werden können. Insoweit ist zudem von Relevanz, dass der deutsche Gesetzgeber die Auslegung des Sachverständigenausschusses dadurch akzeptiert hat, dass er mit § 41 Abs. 3 StVollzG eine Regelung geschaffen hat, die den Anforderungen der Internationalen Arbeitsorganisation genügt. Mit der Ausarbeitung

981 *Däubler* in 25 Jahre Arbeitsgemeinschaft Arbeitsrecht im DAV, 1183 (1187); *Bleckmann*, DÖV 1979, 309 (314), vertritt die Auffassung, dass auch Beschlüssen oder Empfehlungen, selbst ohne eine formale Grundlage, eine Bindungswirkung zukommen kann.

982 *Nußberger* in International Social Security Standards, 2.5.2.3, 47.

dieser Regelung sollte gerade deren Bedenken Rechnung getragen werden[983]. Die Vorschrift wurde lediglich aus dem Grunde suspendiert, weil eine schrittweise Einführung der von der Internationalen Arbeitsorganisation verlangten Voraussetzungen erfolgen sollte.

Im vorliegenden Kontext ist außerdem zu berücksichtigen, dass der Ausschuss seine Auslegung in Anwendung der maßgeblichen Grundsätze gemäß der Art. 31 ff. WVK vornimmt. Nach Art. 31 Abs. 1 WVK ist ein Vertrag nach Treu und Glauben in Übereinstimmung mit der gewöhnlichen, seinen Bestimmungen in ihrem Zusammenhang zukommenden Bedeutung und im Lichte seines Ziels und Zwecks auszulegen. Sinn und Zweck des Übereinkommens Nr. 29 ist es, die Zwangsarbeit umfassend zu verbieten und nur die konkret normierten Ausnahmefälle zuzulassen[984]. Die sehr konkrete Formulierung der Ausnahmen belegt ebenfalls den umfassenden Charakter des Zwangsarbeitsverbots. Vorrangig schützt das Verbot die Freiheit der Willensbetätigung und damit die freie Entfaltung der Person. Gerade an dieses Merkmal knüpft der Sachverständigenausschuss seine Kritik hinsichtlich der deutschen Rechtslage. Es wird bemängelt, dass es keiner (formalen) Einwilligung der Strafgefangenen bedarf, um sie zur Arbeit in einem Unternehmerbetrieb zu verpflichten. Die vom Sachverständigenausschuss vorgenommene Auslegung betrifft damit den Kerngehalt des Zwangsarbeitsverbots.

Gemäß Art. 31 Abs. 2 WVK hat die Auslegung anhand des Vertragswortlauts samt Präambel und Anlagen zu erfolgen. Die Auslegung des Sachverständigenausschusses bezieht sich maßgeblich auf den Wortlaut von Art. 2 Abs. 2 lit. c) IAO-Übereinkommen Nr. 29. Zunächst ist zu beachten, dass die Formulierung von Abs. 2 lit. c) auf eine restriktive Handhabung des Ausnahmetatbestands hinweist: "For the purposes of this Convention, the term *forced or compulsory labour* shall not include any work or service exacted from any person as a consequence of a conviction in a court of law, provided that the said work or service is carried out under the supervision and control of a public authority and that the said person is not hired to or placed at the disposal of private individuals, companies or associations." Die Merkmale „Arbeit unter staatlicher Aufsicht" sowie „kein Verdingen" werden durch ein „und" verknüpft. Damit gibt die Vorschrift gibt keine Alternativen, sondern normiert einen Ausnahmetatbestand, dessen Anwendung an zwei Voraussetzungen geknüpft ist. Die Verwendung des Wortes „und" lässt keinen anderen Schluss zu. Der Begriff "hire" beinhaltet, dass über eine Person verfügt wird. Dies ist dann der Fall, wenn ein Einsatz unabhängig davon erfolgt, ob sich die Person damit einverstanden erklärt.

---

983 Bt-Ds. 7/3998, 21.

984 Zu den Motiven, die für die Schaffung des Übereinkommens ausschlaggebend waren, siehe oben, S. 202 ff.

Des Weiteren regelt Art. 31 Abs. 3 WVK, dass auch spätere Übereinkünfte und Übungen zwischen den Parteien für die Auslegung oder Anwendung seiner Bestimmung von Relevanz sind. Damit enthält Art. 31 Abs. 3 WVK ein dynamisches Element[985], da die Auslegung völkerrechtlicher Verträge aktuellen Rechtsentwicklungen Rechnung tragen kann. Wie gesehen legt der Sachverständigenausschuss die Begriffe des Art. 2 Abs. 2 lit. c) seit über 30 Jahren unwidersprochen in der gleichen Art und Weise aus. Das Fehlen eines solchen Widerspruchs bewirkt eine Übung, die die Bindung über Art. 31 Abs. 3 lit. b) WVK auslöst.

Art. 32 WVK sieht vor, dass ergänzend auch auf die Umstände zum Zeitpunkt des Vertragsschlusses zurückgegriffen werden kann, und erlaubt insofern eine historische Auslegung. Ausweislich der Aufzeichnungen, die bei Erarbeitung des Übereinkommens erstellt wurden, wurde eine Vermietung der Gefängnisarbeit an private Unternehmen zur Erfüllung öffentlicher Arbeiten durch die Vertragstaaten ausdrücklich abgelehnt[986]. Auch hier findet der Begriff „Vermietung" Anwendung. Diese Praxis kann schlichtweg nur dadurch verhindert werden, dass man die Zwangsarbeit absolut verbietet und auch die Gefängnisarbeit nicht von diesem Verbot ausnimmt oder aber ein Tätigwerden von der Einwilligung der Betroffenen abhängig macht. Bei der Erarbeitung des Inhalts des Zwangsarbeitsverbots hat sich der Ausschuss auf die Materialien zur Entstehung der Zwangsarbeitskonvention und damit auf den damals maßgeblichen Staatenwillen gestützt.

Die vorgenannten Ausführungen belegen, dass der Sachverständigenausschuss lediglich entsprechend den auch im Völkerrecht gültigen juristischen Auslegungsmethoden gearbeitet und den Tatbestand nicht ohne Anhaltspunkte in der Formulierung dynamisch erweitert hat. Dies ist bei der Beurteilung der Bindungswirkung, jedenfalls im konkreten Fall, zu berücksichtigen. Bezüglich der Auslegung des Art. 2 Abs. 2 lit. c) IAO-Übereinkommen Nr. 29 hat der Sachverständigenausschuss von seiner Kompetenz sachgerecht Gebrauch gemacht. Dies missachtet die deutsche Regierung, indem sie das Erfordernis des kumulativen Vorliegens der Voraussetzungen des Art. 2 Abs. 2 lit. c) IAO-Übereinkommen Nr. 29 negiert und keine formale Einwilligung der Strafgefangenen in die Inanspruchnahme für erforderlich hält. Demzufolge verstößt die Bundesrepublik mit der aktuellen Ausgestaltung der Arbeit von Strafgefangenen in Unternehmerbetrieben gegen das Zwangsarbeitsverbot des IAO-Übereinkommens Nr. 29. Die aktuelle Ausgestaltung des Strafvollzugsgesetzes ist völkerrechtswidrig.

985 *Reindel*, 48.

986 ILC, 14th Session, Geneva, 1930, Record of Proceedings, pp. 305–308, zitiert nach RCE, Eradication Forced Labour, 26.

(5) Folgen des festgestellten Völkerrechtsverstoßes

Aus der Feststellung der Völkerrechtswidrigkeit der Arbeitspflicht resultieren zwei Fragen: Warum erfährt Deutschland wegen der anhaltenden Verletzung keine Sanktionen, und welche Folgen zieht der Verstoß nach sich?

i) Sanktionen

Bezüglich der erstgenannten Frage ist zunächst zu beachten, dass Sanktionen im eigentlichen Sinne im Recht der Internationalen Arbeitsorganisation nicht vorgesehen sind. Es bestünde zwar die Möglichkeit, dass gegen Deutschland ein Verfahren vor dem Internationalen Gerichtshof oder eine Beschwerde eingeleitet würde, die unter Umständen eine Untersuchung nach sich zöge. Klage erheben kann jedes Mitglied, soweit es das Übereinkommen ratifiziert hat, um das sich das Klageverfahren dreht, der Verwaltungsrat sowie die Delegierten der Allgemeinen Konferenz. Zunächst findet ein Vorverfahren statt, in welchem der beklagte Mitgliedstaat die Gelegenheit zur Stellungnahme erhält. Sofern im Vorverfahren keine Einigung erzielt wird, beruft der Verwaltungsrat einen Untersuchungsausschuss ein, der sich mit den Vorwürfen befasst. Dieser kann einen Beschluss darüber fassen, welche alternativen Möglichkeiten bestehen, um von einer Klage abzusehen. Der beklagte Staat entscheidet nunmehr darüber, ob er die alternativen Wege wahrnimmt und den Forderungskatalog des Untersuchungsausschusses erfüllt oder das Verfahren vor dem IGH stattfinden soll. Solange aber weder ein anderer Mitgliedstaat noch die Organe der Internationalen Arbeitsorganisation Anlass sehen tätig zu werden, droht Deutschland kein Verfahren vor dem Internationalen Gerichtshof.

ii) Bindung über pacta sunt servanda

Im Hinblick auf die Frage nach den Folgen des Völkerrechtsverstoßes kann die von *Klesczewski*[987] vorgetragene Möglichkeit des unmittelbaren Wegfalls der Suspendierung in Betracht gezogen werden. *Klesczewski* vertritt die Auffassung, dass § 41 Abs. 3 StVollzG angewendet werden müsse, da Deutschland über Art. 25 GG an den Grundsatz *pacta sunt servanda* als allgemeine Regel des Völkerrechts gebunden sei und dadurch eine gegen Völkerrecht verstoßende einfachgesetzliche Regelung keine Anwendung finde. Obwohl vom Ergebnis her wünschenswert, überzeugt diese Argumentation nicht. Denn über diesen Weg käme jede völkerrechtliche Regelung zur unmittelbaren Anwendbarkeit, selbst wenn dies

987 NStZ 1992, 351.

von den Vertragsparteien nicht beabsichtigt war. Zudem würde außer Acht gelassen, dass die Frage, ob eine Verletzung des Zwangsarbeitsverbots vorliegt, gerade in Streit steht. Zudem mag der Grundsatz „pacta sunt servanda“ eine Bindung an das Übereinkommen an sich bewirken; eine Bindung an die Auslegung eines nicht ausdrücklich zur Auslegung ermächtigten Gremiums kann über diesen Grundsatz nicht hergestellt werden. Denn anderenfalls würde der Wille der Vertragsparteien übergangen und deren Souveränität in unzulässiger Weise beschnitten.

iii) Bindung über Art. 25 GG

Allerdings kommt eine Bindung über Art. 25 GG mit anderer Begründung in Betracht.

Gemäß Art. 25 GG sind die allgemeinen Regeln des Völkerrechts Bestandteil des Bundesrechts. Sie haben Vorrang vor den einfachen Gesetzen und erzeugen Rechte und Pflichten unmittelbar für die Bewohner des Bundesgebiets. Die Intention der Verfasser des Grundgesetzes vor dem Hintergrund des Zweiten Weltkriegs war die Wiedereinbindung Deutschlands in die völkerrechtliche Gemeinschaft. Um dieses Ziel zu erreichen, wurde die Bedeutung des Völkerrechts auch für den nationalen Bereich in Art. 25 GG normiert[988]. Dabei hat die Vorschrift mehrere Funktionen: zunächst verhilft sie den dort genannten völkerrechtlichen Regelungen, eben den allgemeinen Regeln des Völkerrechts, im innerstaatlichen Bereich zur Geltung und bindet dementsprechend alle Träger öffentlicher Gewalt[989]. Des Weiteren verdeutlicht die Vorschrift, dass eine völkerrechtsfreundliche Interpretation des nationalen Rechts, das Verfassungsrecht eingeschlossen, geboten ist[990]. Den allgemeinen Regelungen des Völkerrechts wird durch die Regelung des Art. 25 S. 2 GG Vorrang vor einfachem Bundesrecht eingeräumt[991], dennoch kommt auch diesen völkerrechtlichen Regelungen kein Verfassungsrang zu[992]. Vom Begriff der „allgemeinen Regeln des Völkerrechts“ sind die Vorschriften erfasst, die von der überwiegenden Mehrheit der Staaten als rechtsverbindlich angesehen und befolgt werden[993]. Dies sind diejenigen völkerrechtlichen Vorschriften, die zum ius cogens gehören[994].

988 *Geiger*, 144.
989 BVerfGE 112, 1 (24); *Rojahn* in v. Münch/Kunig, GG Band 2, Art. 25 Rn. 1 f.
990 BVerfGE 23, 288 (300); 75, 1 (18 f.); 111, 307 (316 f.); *Jarass* in Jarass/Pieroth, GG, Art. 25 Rn. 4.
991 BVerfGE 111, 307 (318); 112, 1 (24).
992 BVerfGE 111, 307 (318); *Rojahn* in v. Münch/Kunig, GG Band 2, Art. 25 Rn. 37.
993 BVerfGE 15, 25 (32 f.; 34 f.); 23, 288 (316 f.); *Jarass* in Jarass/Pieroth, GG, Art. 25 Rn. 5; *Rojahn* in v. Münch/Kunig, GG Band 2, Art. 25 Rn. 7; *Heintschel von Heinegg* in Ipsen, Völkerrecht, 186; *Geiger*, 146.
994 BVerfGE 112, 1 (27).

Wie bereits ausgeführt, gehört das Zwangsarbeitsverbot aufgrund seiner Umsetzung in zahlreichen nationalen Verfassungen, regionalen und universellen Menschenrechtspakten sowie aufgrund des hohen Ratifikationsstandes der Übereinkommen Nr. 29 und Nr. 105 mittlerweile anerkanntermaßen zum zwingenden Völkerrecht. Daher ist es als allgemeine Regel des Völkerrechts im Sinne von Art. 25 GG anzusehen. Auf diesem Wege könnte die Anwendung des § 41 Abs. 3 StVollzG erfolgen und ein völkerrechtsgemäßer Zustand hergestellt werden. Insoweit ist jedoch ebenfalls zu beachten, dass der Völkerrechtsverstoß nur auf den Ausnahmetatbestand des Art. 2 Abs. 2 lit. c) und die weitergehende Auslegung des Sachverständigenausschusses zurückzuführen ist. Zwar gehört das Zwangsarbeitsverbot als fundamentales Menschenrecht, wie es in Art. 2 Abs. 1 IAO-Übereinkommen Nr. 29 niedergelegt ist, zum ius cogens; dies gilt jedoch nicht für die Ausnahmetatbestände des Art. 2 Abs. 2 IAO-Übereinkommen Nr. 29 und noch weniger für die Auslegung dieser Regelung. Zwar sehen auch andere Menschenrechtspakte Ausnahmetatbestände für das Zwangsarbeitsverbot im Strafvollzug vor. Voraussetzung für diesen Ausnahmetatbestand ist regelmäßig lediglich eine gerichtliche Verurteilung, die auf einem fairen Strafverfahren beruht. Die Bedingungen, unter denen eine Arbeit im Strafvollzug erfolgen kann, sind jedoch in keinem anderen Vertragswerk so ausführlich geregelt wie in dem Übereinkommen Nr. 29. Daher können diese Ausnahme und die speziellen Differenzierungen nicht als allgemeine Regel des Völkerrechts qualifiziert werden. Eine Anwendung von § 41 Abs. 3 StVollzG trotz der Suspendierung scheidet auch auf diesem Wege aus.

iv) Zusammenfassung

Es bleibt festzuhalten, dass zwar ein Völkerrechtsverstoß der Bundesrepublik Deutschland gegeben ist, dies jedoch nicht zu rechtlichen Konsequenzen, etwa im Sinne einer unmittelbaren Anwendbarkeit der suspendierten Vorschrift, führt.

g) Vereinbarkeit der Tätigkeit Strafgefangener in Eigenbetrieben mit dem IAO-Übereinkommen Nr. 29

Der Inhalt des Zwangsarbeitsverbots wurde bereits dargelegt. Eine zwangsweise Verpflichtung zur Arbeit ist nur dann unzulässig, wenn die Tätigkeit nicht unter Überwachung und Aufsicht der öffentlichen Behörden ausgeübt und eine Person an ein Individuum oder Privatunternehmen verdingt wird. Bei der Tätigkeit in den anstaltseigenen Betrieben sind beide Merkmale nicht erfüllt. Die Pflicht zur Arbeit in Anstaltsbetrieben ist damit im Hinblick auf das IAO-Übereinkommen Nr. 29 zulässig.

3. *Vereinbarkeit der Regelungen zur Sozialversicherung mit IAO-Übereinkommen Nr. 102 und Nr. 128*

Im Folgenden wird untersucht, ob sich aus den Übereinkommen der Internationalen Arbeitsorganisation Nr. 102 und Nr. 128 die Pflicht zur Einbeziehung Strafgefangener in das System der gesetzlichen Rentenversicherung ergibt.

Nach dem Zweiten Weltkrieg wurde innerhalb der IAO die Notwendigkeit zur Schaffung weiterer Übereinkommen, betreffend die soziale Sicherheit, gesehen[995]. Dabei sollten in zwei verschiedenen Regelwerken Mindestnormen und darauf aufbauende Regelungen beschlossen werden. Mit einem solchen Vorgehen sollte den unterschiedlichen ökonomischen Standards der zahlreichen Mitgliedstaaten Rechnung getragen werden[996]. Diese Überlegungen fanden Eingang in das Übereinkommen Nr. 102 über die Mindestnormen der sozialen Sicherheit[997], welches Leistungen aus dem Bereich der Kranken-, Unfall-, Renten- und Arbeitslosenversicherung regelt. Zur Entstehung eines umfassenden Regelwerks, das höhere Standards enthält, kam es nicht. Jedoch wurden für die einzelnen Teilbereiche der Sozialversicherung weitere Übereinkommen erarbeitet[998]. Das IAO-Übereinkommen Nr. 102 ist dabei der erste völkerrechtliche Vertrag, der sich umfassend mit Fragen der sozialen Sicherheit auseinandersetzt und Mindeststandards gewährleistet[999].

a) *IAO-Übereinkommen Nr. 102*

Das IAO-Übereinkommen Nr. 102 setzt für alle Bereiche der sozialen Sicherheit Mindestvoraussetzungen fest. Wie der Name des Übereinkommens bereits erkennen lässt, handelt es sich bei den Inhalten lediglich um den absoluten Mindeststandard, dafür wird dieser jedoch in allen Zweigen der Sozialversicherung gewährleistet.

Beim Eintritt sozialer Risiken, zu denen Behandlungsbedürftigkeit, Einkommensverlust bei Krankheit oder Mutterschaft, Arbeitslosigkeit, Alter, Arbeitsunfall, Berufskrankheiten, Familienleistungen, Invalidität sowie die Stellung als Hinterbliebener gehören, fängt das Recht auf soziale Sicherheit, konkretisiert in

---

995 *Lörcher* in Däubler, Internationale Arbeits- und Sozialordnung, 454.

996 *Lörcher* in Däubler, Internationale Arbeits- und Sozialordnung, 454.

997 Vom 28.06.1952, BGBl. 1957 II, S. 1231.

998 Zu nennen sind das IAO-Übereinkommen Nr. 130 zur Krankenversicherung, das IAO-Übereinkommen Nr. 121 zur Unfallversicherung, das IAO-Übereinkommen Nr. 128 zur Rentenversicherung und das IAO-Übereinkommen Nr. 168 zur Beschäftigungsförderung und den Schutz gegen Arbeitslosigkeit.

999 *Lörcher* in Däubler, Internationale Arbeits- und Sozialordnung, 454; *Wickenhagen*, 93.

einem Sozialschutzsystem, den Betroffenen auf. In dem Übereinkommen sind Umfang und Dauer der Leistungen sowie die Wartezeit normiert. Zusätzlich enthält es Regelungen zur Berechnung regelmäßig wiederkehrender Zahlungen, zur Ausländergleichbehandlung sowie gemeinsame Bestimmungen über das Ruhen der Leistungen. Danach ruhen die Leistungsansprüche bei Betrug, Herbeiführung des Leistungsfalls durch Verbrechen, Vergehen oder sonstiges vorsätzliches Handeln, Unterlassen zumutbarer Mitwirkung, freiwilligen oder unmittelbar streikbedingten Arbeitsverlusten sowie bei Witwenrenten, soweit die Witwe in einer eheähnlichen Gemeinschaft lebt, Art. 69 IAO-Übereinkommen Nr. 102.
Das Übereinkommen verlangt die Versicherung von zumindest drei der neun genannten sozialen Risiken, nur dann sind die staatlichen Verpflichtungen aus dem Übereinkommen Nr. 102 erfüllt. Die durch das Übereinkommen gewährleisteten Rechte erfahren allerdings insoweit eine Beschränkung, als nicht die gesamte Bevölkerung, sondern nur ein prozentual zu bestimmender Teil in die Versicherungssysteme einbezogen werden muss. So müssen nach Art. 27 IAO-Übereinkommen Nr. 102 grundsätzlich nur 50 % der Arbeitnehmer oder 20 % der Bevölkerung eines Staates in die Rentenversicherung einbezogen sein. Damit wurde dem Umstand Rechnung getragen, dass es in den zahlreichen Mitgliedstaaten der Internationalen Arbeitsorganisation erhebliche soziale und wirtschaftliche Unterschiede gibt. Daher wurden keine konkreten Verpflichtungen durch das Übereinkommen begründet, sondern in allen Bereichen allgemeine Mindestvoraussetzungen vorgegeben. Über deren Umsetzung sollten die Staaten unter Berücksichtigung ihrer sozialen und kulturellen Werte, ihrer Geschichte und ihres Entwicklungsstands selbstständig entscheiden können[1000]. Auf diesem Weg versuchte die IAO einen objektiven Schutzstandard zu schaffen, in dem dennoch der jeweilige nationale Entwicklungsstand Berücksichtigung findet[1001].

Für die Frage, ob die Vorgaben des IAO-Übereinkommens Nr. 102 erfüllt sind, ist also nicht entscheidend, ob die schutzwürdigen oder bedürftigen Bevölkerungsgruppen in die Sozialversicherungssysteme eingebunden sind; allein maßgeblich ist, wie hoch der Anteil der Arbeitnehmer oder der Gesamtbevölkerung in der Versicherung ist. Dies ist also eine relativ geringe Hürde. Im Sinne einer Universalität der sozialrechtlichen Mindeststandards mag dies insbesondere vor dem Hintergrund der großen Anzahl an Entwicklungsländern wünschenswert sein[1002]. Möglicherweise kann eine Ratifikation dieser Art von Übereinkommen und damit einhergehend die Ausgestaltung eines grundlegenden Schutzes in einer großen

1000 *Kulke/López Morales* in Social Security, 91 (93).

1001 *Kulke/López Morales* in Social Security, 91 (94).

1002 Dies heben *Kulke/López Morales* in Social Security, 91 (94), hervor und begrüßen diesen Ansatz.

Anzahl von Staaten nur dann erreicht werden, wenn die gesetzten Vorgaben relativ niedrig sind. Dieser Annahme steht jedoch rein tatsächlich die Ratifikationspraxis des Übereinkommens Nr. 102 entgegen. Zwar haben 41 Staaten das Übereinkommen ratifiziert, die überwiegende Zahl dieser Staaten hat jedoch erklärt, nur einen Teil des Übereinkommens umzusetzen; lediglich sechs Staaten haben das Übereinkommen vollumfänglich ratifiziert. Darin kommt zum Ausdruck, dass trotz der relativ geringen Anforderungen und eines erheblichen Spielraums der Staaten betreffend die Umsetzung des Übereinkommens die Absicht, einen universellen Mindeststandard zu garantieren und das Recht auf soziale Sicherheit sukzessive weiterzuentwickeln, eben nicht erreicht wurde[1003]. Hinzu kommt, dass die Verpflichtung aus dem Übereinkommen bei hochentwickelten Staaten, wie etwa Deutschland, ins Leere läuft. Denn es besteht keine ausdrückliche Verpflichtung zur ständigen Weiterentwicklung des Sozialversicherungsschutzes; auch ist die Einbeziehung besonders schutzbedürftiger Personen oder Personengruppen nicht ausdrücklich vorgesehen. Eine weitere Schwäche des Übereinkommens liegt darin, dass es kein Diskriminierungsverbot enthält. Damit kann keine willkürliche Ungleichbehandlung im Hinblick auf die Einbeziehung in die Sozialversicherungssysteme gerügt werden.

Die Bundesrepublik Deutschland erfüllt die Voraussetzungen des Art. 27 IAO-Übereinkommen Nr. 102, da jedenfalls alle abhängig beschäftigen Arbeitnehmer in die Rentenversicherung einbezogen sind. Die fehlende Einbeziehung Strafgefangener als einer bestimmten Gruppe von Personen verletzt damit nicht die Gewährleistungen des Übereinkommens Nr. 102.

b) Übereinkommen Nr. 128

Aufgrund der Zielsetzung der IAO, eine stetige Verbesserung der sozialen Verhältnisse voranzutreiben, wurde das Übereinkommen Nr. 102 weiterentwickelt und Ende der 60er Jahre durch das Übereinkommen zur Krankenversicherung Nr. 130, das Übereinkommen zur Unfallversicherung Nr. 121 und das Übereinkommen zur Rentenversicherung Nr. 128 ergänzt. Allerdings determiniert auch das Übereinkommen Nr. 128 keine Ansprüche für einzelne Personengruppen, auch nicht im Hinblick auf eine mögliche Bedürftigkeit. Vielmehr wird, ebenso wie in dem allgemeineren Übereinkommen Nr. 102, festgelegt, dass ein bestimmter Anteil der Bevölkerung gegen das Risiko „Alter" versichert sein muss, Art. 9 IAO-Übereinkommen Nr. 128. Auch insoweit verstößt die Bundesrepublik Deutschland nicht gegen ihre völkerrechtlichen Verpflichtungen.

1003 *Nußberger* in Social Security, 103 (109).

c) Implementierung eines Schutzes bedürftiger Bevölkerungsgruppen

Aus der Verfassung und zahlreichen Übereinkommen sowie Resolutionen der Internationalen Arbeitsorganisation wird deutlich, dass die soziale Sicherheit als ein Menschenrecht ersten Ranges und gleichermaßen als Voraussetzung für ein friedliches und gemeinschaftliches Zusammenleben in der Gesellschaft qualifiziert wird[1004]. Die Wichtigkeit der sozialen Sicherheit und die Relevanz dieses Rechts wurden durch die *resolution concerning social security* der Internationalen Arbeitskonferenz aus dem Jahre 2001 erneut verdeutlicht. Insoweit stellt sich die Frage, ob nicht aufgrund der Bedeutung und Zweckrichtung dieses Rechts eine Auslegung der Übereinkommen Nr. 102 und Nr. 128 dahin gehend erfolgen muss, dass gerade die Einbeziehung besonders schutzbedürftiger Bevölkerungsgruppen intendiert ist.

Für eine solche Interpretation kann der Zweck der Garantie sozialer Sicherheit herangezogen werden. Gerade die Bevölkerungsteile, die ohne Erwerbstätigkeit nicht zu einer eigenständigen Versorgung in der Lage sind, sollen bei Wegfall der Erwerbsmöglichkeit, gleich aus welchem Grunde, geschützt werden. Auch die Idee zur Schaffung der Internationalen Arbeitsorganisation beruhte darauf, dass nur die Einführung und Sicherung sozialer Gerechtigkeit einen dauerhaften Weltfrieden gewähren kann. Diese Maßgabe ist auch in der Präambel der IAO-Verfassung enthalten. Nach dem Grundgedanken des Rechts auf soziale Sicherheit wäre vorrangig Sicherung der Personenkreise angezeigt, die nicht selbstständig für alle Risiken vorsorgen können und daher besonders schutzbedürftig sind.

Eine solche am Schutzzweck der Regelung und des Gesamtsystems orientierte Auslegung im Sinne eines *effet utile* ginge jedoch im Hinblick auf das IAO-Übereinkommen Nr. 102 und die speziellen Nachfolgeübereinkommen zu weit. Zunächst ist zu beachten, dass ausdrücklich kein bestimmtes System der sozialen Sicherheit vorgeschrieben wird. Auch lassen der Wortlaut und insbesondere die prozentual festgelegten Verpflichtungen keinen Auslegungsspielraum dahin gehend zu, welche Personengruppen einbezogen werden müssen. Für eine solche Auslegung fehlt es bereits an einem Anknüpfungspunkt im Wortlaut des Übereinkommens. Zudem ging die Schaffung internationaler Sozialstandards gerade auch auf die Beseitigung von Wettbewerbsvorteilen bzw. -nachteilen zurück. Durch die Schaffung der Sozialstandards sollte verhindert werden, dass einzelne Staaten, die keine soziale Sicherung gewährleisteten, Vorteile im Handel durch die Möglichkeit niedrigerer Preise wegen niedriger Lohnkosten erhielten[1005]. Damit gaben nicht lediglich humanitäre Erwägungen den Anstoß zur Schaffung von Sozialstandards,

1004 Siehe etwa IAO, social security: a new consensus, 1; *Nußberger*, Sozialstandards, 130.

1005 *Nußberger*, Sozialstandards, 177.

sondern vor allem wirtschaftliche Interessen. Daraus ist der Schluss zu ziehen, dass auch nicht die Schutzbedürftigkeit einzelner Personen im Vordergrund der Regelungen steht. Demzufolge kann ein solches Merkmal auch nicht in die maßgeblichen Übereinkommen hineininterpretiert werden. Eine Implementierung der Absicherung besonders schutzbedürftiger Personen auf Grundlage des Übereinkommens Nr. 102 scheidet damit aus.

4. Ergebnis

Die geltende Rechtslage zur Arbeitspflicht in Unternehmerbetrieben zu Bedingungen, die nicht dem freien Arbeitsmarkt entsprechen, verstößt gegen das IAO-Übereinkommen Nr. 29. Aus den Übereinkommen Nr. 102 und Nr. 128 betreffend die soziale Sicherheit kann hingegen keine Einbeziehung Strafgefangener in die gesetzlichen Sozialversicherungssysteme hergeleitet und damit kein Völkerrechtsverstoß der Bundesrepublik Deutschland festgestellt werden.

II. Vereinbarkeit der §§ 41, 200, 190–193 StVollzG mit dem IPbpR

Der Internationale Pakt über bürgerliche und politische Rechte wurde zusammen mit dem Internationalen Pakt über wirtschaftliche, soziale und kulturelle Rechte entwickelt, am 19.12.1966 verabschiedet und von der Bundesrepublik Deutschland am 17.12.1973 ratifiziert[1006].

1. Allgemeines

a) Parallele Regelungen zu weiteren völkerrechtlichen Menschenrechtsverträgen

In beiden Pakten sind eine wortgleiche Präambel und in Teil 1 Ausführungen zum Selbstbestimmungsrecht der Völker zu finden. Der Internationale Pakt über bürgerliche und politische Rechte ist im Vergleich zum Internationalen Pakt über wirtschaftliche, soziale und kulturelle Rechte die verbindlichere Regelung. Dies wird durch Art. 2 Abs. 1 IPbpR verdeutlicht, worin sich die Vertragsstaaten dazu verpflichten, die Paktrechte zu achten und zu sichern. Die Gewährleistungen des Internationalen Pakts über bürgerliche und politische Rechte sind mit denen der Europäischen Menschenrechtskonvention vergleichbar; es gibt auch hier wortgleiche Übereinstimmungen. Dies resultiert aus dem Umstand, dass bei der Erstellung des Pakts die Regelungen der Europäischen Menschenrechtskonvention weitgehend berücksichtigt wurden.

1006 BGBl. 1973 II, S. 1534.

b) Kontrollmechanismen und Individualschutz im IPbpR

Der Pakt enthält ausschließlich Abwehr- und keine Leistungsrechte des Einzelnen gegenüber dem Staat. Seine Kontrolle erfolgt durch den Ausschuss für Menschenrechte, der sich aus 18 Vertretern zusammensetzt, die von den Vertragsstaaten gewählt werden. Seine Zuständigkeit ist in den Art. 28 ff. IPbpR normiert. Dazu zählt die Überprüfung von Staatenberichten gemäß Art. 40 Abs. 1 IPbpR, die Entgegennahme und Prüfung von Staatenbeschwerden gemäß Art. 41 IPbpR und die Prüfung von Individualbeschwerden gemäß Art. 1 des Fakultativprotokolls zum Internationalen Pakt über bürgerliche und politische Rechte[1007].

Der Ausschuss kann in der Form von *views* zu den eingereichten Indivdualbeschwerden und in Form von *General Comments* oder *Concluding Observations* zu den eingereichten Staatenbeschwerden Stellung nehmen und darin die Paktrechte auslegen. Er hat eine einem internationalen Gericht angenäherte Stellung[1008].

c) Auslegung des IPbpR

Der Internationale Pakt über bürgerliche und politische Rechte ist ein völkerrechtlicher Vertrag. Für die Auslegung des Pakts gelten daher die bereits dargestellten[1009] Regelungen der Art. 31 ff. WVK.

Die Auslegung wird durch den Menschenrechtsausschuss vorgenommen, ohne dass dieser dazu durch den Text des Pakts konkret ermächtigt ist. Als Rechtsgrundlage für die Auslegung des Pakts und die Veröffentlichung allgemeiner Kommentare wird die Kompetenz zur Prüfung der Staatenberichte durch den Ausschuss gemäß Art. 40 Abs. 4 IPbpR[1010] herangezogen[1011]. Der Ausschuss schreibt sich selbst, etwa in seinem General Comment Nr. 33, die Kompetenz zur Auslegung des Pakts zu[1012]. Bezüglich des methodischen Vorgehens im Rahmen der Auslegung hat der Ausschuss in der Entscheidung *J.B. ./. Kanada*[1013] auch

1007 Das Fakultativprotokoll zum IPbpR wurde zeitgleich mit dem Pakt verabschiedet und ist am 23.03.1976 in Kraft getreten.

1008 *Reindel*, 86.

1009 Siehe dazu S. 200.

1010 Art. 40 Abs. 1 IPbpR lautet: Der Ausschuss prüft die von den Vertragsstaaten eingereichten Berichte. Er übersendet den Vertragsstaaten seine eigenen Berichte sowie ihm geeignet erscheinende allgemeine Bemerkungen. Der Ausschuss kann diese Bemerkungen zusammen mit Abschriften der von den Vertragsstaaten empfangenen Berichte auch dem Wirtschafts- und Sozialrat zuleiten.

1011 *Nußberger*, Sozialstandards, 234.

1012 CCPR, General Comment No. 33, Rn. 13.

1013 Communication No. 118/1982 (18 July 1986), U.N. Doc. Supp. No. 40 (A/41/40) at 151 (1986).

ausdrücklich auf die Regelungen der Wiener Vertragsrechtskonvention Bezug genommen[1014].

Der Menschenrechtsausschuss hat neben den Regeln der Wiener Vertragsrechtskonvention in seiner Praxis weitere Auslegungsmethoden angewendet. Zu nennen ist insoweit etwa die autonome Interpretation von Begriffen. Bei der Auslegung von im Pakt verwendeten Wendungen greift der Ausschuss nicht auf dessen Bedeutung in einer nationalen Rechtsordnung zurück. Vielmehr erfolgt die Auslegung nur anhand der Paktregelungen ohne Beachtung der regionalen, kulturellen und soziologischen Unterschiede der Vertragsparteien[1015]. Zudem nimmt der Ausschuss eine dynamische Auslegung vor. So führte er in seiner Entscheidung *Herztberg ./. Finnland*[1016] aus, dass der in Art. 17 Abs. 3 IPbpR enthaltene Begriff „öffentliche Sittlichkeit" relativ und dem Wechsel unterworfen sei.

Die Effektivität der Gewährleistung der im Pakt enthaltenen Rechte steht auch bei der Auslegung des Pakts durch den Menschenrechtsausschuss im Vordergrund. Dies kann anhand des Verfahrens *Sendic ./. Uruguay*[1017] verdeutlicht werden. Der Ausschuss verlangte dort Informationen über den Gesundheitszustand des Beschwerdeführers. Der betroffene Staat lehnte dies mit der Begründung ab, dass der Pakt nur Rechtsverhältnisse zwischen den Vertragsstaaten als Völkerrechtssubjekte regele und Individuen keine Rechte daraus geltend machen könnten. Der Menschenrechtsausschuss verwies den Staat insoweit in seine Schranken, als er ausführte, dass die Möglichkeit des Ausschusses, mit dem Beschwerdeführer in Kontakt zu treten, gewährleistet werden muss, um dem Individualverfahren zur effektiven Anwendung zu verhelfen. Wäre diese Möglichkeit nicht gegeben, würde das Verfahren leerlaufen[1018]. Demnach sieht der Ausschuss den Pakt keineswegs nur als ein zwischenstaatliches Instrumentarium an, sondern leitet sowohl für Individuen als auch für sich selbst Rechte gegenüber den Staaten her.

d) Unmittelbare Anwendbarkeit oder Staatenverpflichtung?

Fraglich ist, ob die Regelungen des Internationalen Pakts über bürgerliche und politische Rechte in Deutschland unmittelbare Anwendung finden. Gegen eine

---

1014 Communication No. 118/1982 (18 July 1986), U.N. Doc. Supp. No. 40 (A/41/40) at 151 (1986), para. 6.3.

1015 *Reindel*, 76.

1016 Communication No. 61/79 (2 April 1982), U.N. Doc. CCPR/C/OP/1 at 124 (1985) = EuGRZ 1982, 11.

1017 Violeta Setelich v. Uruguay, Communication No. 63/1979, U.N. Doc. CCPR/C/OP/1 at 101 (1985) = EuGRZ 1982, 11.

1018 Violeta Setelich v. Uruguay, Communication No. 63/1979, U.N. Doc. CCPR/C/OP/1 at 101 (1985), para. 18 = EuGRZ 1982, 11.

unmittelbare Anwendbarkeit spricht die Gestaltung des Art. 2 IPbpR. Zu Beginn jedes der drei Absätze steht die Formulierung „Jeder Vertragsstaat verpflichtet sich“. Die Vertragsstaaten gewährleisten also nicht die Paktrechte selber, sondern sie normieren die Verpflichtung, auf die Verwirklichung der im Pakt genannten Rechte hinzuarbeiten[1019]. Damit spricht der Wille der Vertragsparteien vordergründig gegen eine unmittelbare Anwendbarkeit.

Für eine unmittelbare Anwendung des Pakts sprechen jedoch zum einen die bestimmte Formulierung vieler Rechte, zum anderen der Vergleich zur Europäischen Menschenrechtskonvention, die in Deutschland unmittelbare Anwendung findet[1020]. Daher wird vertreten, dass sich der Einzelne auch unmittelbar auf die enthaltenen Rechte berufen könne[1021]. Insoweit ist zudem zu berücksichtigten, dass der Pakt die Möglichkeit zur Durchführung eines Individualbeschwerdeverfahrens enthält. Das Fakultativprotokoll, das diese Möglichkeit vorsieht, wurde bislang von 113 Vertragsstaaten ratifiziert[1022]. Aus der Regelung des Individualbeschwerdeverfahrens zieht der Menschenrechtsausschuss in seiner Entscheidung *Sendic ./. Uruguay*[1023] folgenden Schluss:

> „Die Behauptung, dass der Internationale Pakt und das Protokoll lediglich für Staaten als Völkerrechtssubjekte gelten und dass folglich diese Instrumente keine unmittelbare Anwendung auf Einzelpersonen finden, hat keine rechtliche Grundlage, soweit ein Staat die Zuständigkeit des Ausschusses zur Entgegennahme und Prüfung von Mitteilungen von Einzelpersonen nach dem Fakultativprotokoll anerkannt hat.“

In seinem General Comment No. 33 aus dem Jahre 2008 hat der Menschenrechtsausschuss weitergehende Ausführungen zu den Verpflichtungen der Staaten aus dem Pakt selbst und dem Fakltutativprotokoll getätigt. Die Vertragsstaaten hätten bei einer von dem Menschenrechtsausschuss festgestellten Verletzung der Paktrechte gegenüber einem Bürger diese Verletzung binnen 180 Tagen nach der Entscheidung abzustellen und dem Ausschuss darüber Bericht zu erstatten[1024]. Darüber hinaus würden etwaige Verletzungen der Paktrechte durch Vertragsstaaten, die auf einer Interpretation des Pakts durch den Menschenrechtsausschuss beruhten, dadurch öffentlich gemacht, dass der Ausschuss über diese Verletzungen Bericht

---

1019 Anders *Lauff*, NJW 1981, 2611, der aus Art. 2 Abs. 2 IPBPR eine unmittelbare Verpflichtung der Vertragsstaaten herleitet, es allerdings als ausreichend erachtet, wenn nicht der Pakt selbst in der nationalen Rechtsordnung unmittelbar anwendbar ist, sondern Regelungen gegeben sind, die die im Pakt enthaltenen Rechte dem Inhalt nach gewährleisten.

1020 *Goose*, NJW 1974, 1305 (1306).

1021 *Kittner* in Däubler, Internationale Arbeits- und Sozialordnung, 140.

1022 Stand Januar 2010.

1023 Violeta Setelich v. Uruguay, Communication No. 63/1979, U.N. Doc. CCPR/C/OP/1 at 101 (1985), para. 18 = EuGRZ 1982, 11.

1024 CCPR, General Comment No. 33, Rn. 14.

erstatte[1025]. Der Inhalt des General Comment No. 33 verdeutlicht nicht nur, dass nach Ansicht des Ausschusses der Pakt jedenfalls in den Staaten, die das Fakultativprotokoll ratifiziert haben, unmittelbare Anwendung findet, sondern gleichermaßen, dass der Ausschuss das zur Auslegung des Pakts berufene Organ sei und seinen Entscheidung aufgrund des Fakultativprotokolls Bindungswirkung zukomme.

Deutschland hat das Fakultativprotokoll zum Internationalen Pakt über bürgerliche und politische Rechte im Jahre 1992 ratifiziert[1026]. Es ist am 25.11.1993 in Kraft getreten[1027]. Unter Berücksichtigung der Auffassung des Menschenrechtsausschusses fände der Pakt demzufolge in Deutschland unmittelbare Anwendung. Das Bundesverfassungsgericht hat sich bislang zu dieser Fragestellung nicht äußern müssen. Da es sich bei dem Internationalen Pakt über bürgerliche und politische Rechte aber ebenso wie bei der Europäischen Menschenrechtskonvention um einen völkerrechtlichen Vertrag handelt, können die Ausführungen des Bundesverfassungsgerichts zur Wirkung der Europäischen Menschenrechtskonvention im deutschen Recht auf den Pakt übertragen werden[1028].

Der Internationale Pakt über bürgerliche und politische Rechte steht aufgrund seiner Transformation im Range eines Bundesgesetzes. Alle deutschen Gewalten sind daher an den Pakt ebenso wie an anderes Gesetzesrecht des Bundes gebunden. Auch im Rahmen der Auslegung der Grundrechte und rechtsstaatlichen Grund-

---

1025 CCPR, General Comment No. 33, Rn. 17 f.

1026 BGBl. 1992 II, S. 1247.

1027 BGBl. 1994 II, S. 311; Deutschland hat bei Hinterlegung der Ratifizierungsurkunde folgenden Vorbehalt zu dem Fakultativprotokoll erklärt:
Nach Artikel 2 Abs. 2 des Gesetzes vom 21. Dezember 1992 zu dem Fakultativprotokoll vom 19. Dezember 1966 zum Internationalen Pakt über bürgerliche und politische Rechte (BGBl.1992 II, S. 1246) wird bekannt gemacht, dass das Fakultativprotokoll nach seinem Artikel 9 Abs. 2 für Deutschland am 25. November 1993 in Kraft getreten ist; die Beitrittsurkunde ist am 25. August 1993 bei dem Generalsekretär der Vereinten Nationen hinterlegt worden. Bei Hinterlegung der Beitrittsurkunde hat Deutschland den folgenden Vorbehalt angebracht:
»Die Bundesrepublik Deutschland bringt einen Vorbehalt im Hinblick auf Artikel 5 Absatz 2 Buchstabe a dahin gehend an, dass die Zuständigkeit des Ausschusses nicht für Mitteilungen gilt,
a) die bereits in einem anderen internationalen Untersuchungs- oder Streitregelungsverfahren geprüft wurden,
b) mit denen eine Rechtsverletzung gerügt wird, die in Ereignissen vor dem Inkrafttreten des Fakultativprotokolls für die Bundesrepublik Deutschland ihren Ursprung hat, oder
c) mit denen eine Verletzung des Artikels 26 des Internationalen Paktes über bürgerliche und politische Rechte gerügt wird, wenn und soweit sich die gerügte Verletzung auf andere als im vorgenannten Pakt garantierte Rechte bezieht.«

1028 Bezug genommen wird insoweit auf die Entscheidungen BVerfGE 111, 307 und 112, 1.

sätze, die im Grundgesetz enthalten sind, hat eine Beachtung des Pakts insoweit zu erfolgen, als er als Auslegungshilfe für die Bestimmung von Inhalt und Reichweite dieser Regelung heranzuziehen ist.

2. *Vereinbarkeit der §§ 41, 200, 190–193 StVollzG mit konkreten Gewährleistungen*

a) Art. 8 Abs. 3 lit. a) IPbpR

Gemäß Art. 8 Abs. 3 lit. a) IPbpR darf niemand gezwungen werden, Zwangs- oder Pflichtarbeit zu verrichten. Nach Art. 8 Abs. 3 lit. c) i) IpbpR gilt nicht als Zwangs- oder Pflichtarbeit im Sinne dieser Regelung jede Arbeit, die normalerweise von einer Person verlangt wird, der auf Grund einer rechtmäßigen Gerichtsentscheidung die Freiheit entzogen oder die aus einem solchen Freiheitsentzug bedingt entlassen worden ist. Diese Formulierung ist weiter gefasst als diejenige des IAO-Übereinkommens Nr. 29. Eine Arbeit im Gefängnis ist bereits dann zulässig, wenn die Verurteilung in rechtmäßiger Weise erfolgt ist. Eine Einschränkung im Hinblick auf die Bedingungen, zu denen die Arbeit verrrichtet werden muss, findet sich nicht. Damit ist die Arbeitspflicht gemäß § 41 Abs. 1 StVollzG keine nach Art. 8 Abs. 3 lit. a) IPbpR unzulässige Zwangs- oder Pflichtarbeit. Ein Völkerrechtsverstoß kann in dieser Hinsicht nicht festgestellt werden.

b) Art. 10 Abs. 1, Abs. 3 S. 1 IPbpR – Menschenwürde und Wiedereingliederung

Art. 10 IPbpR normiert wesentliche Vorgaben für den Strafvollzug. Gemäß Art. 10 Abs. 1 IPbpR muss die Menschenwürde jedes Strafgefangenen absolut beachtet werden. In Art. 10 Abs. 3 IPbpR ist das ausdrückliche Bekenntnis zum Resozialisierungsgedanken enthalten. Der Strafvollzug soll so ausgestaltet sein, dass eine Besserung und gesellschaftliche Wiedereingliederung der Gefangenen erreicht wird.

(1) Konkretisierung durch General Comment No. 9 und No. 21

Der Menschenrechtsausschuss hat mittels zweier General Comments die Inhalte von Art. 10 IPbpR dargelegt und konkretisiert. So werden im General Comment No. 9 aus dem Jahre 1982 von den Staaten Maßnahmen verlangt, die die Resozialisierung fördern. Dazu gehörten Bildung bzw. Ausbildung und nützliche Arbeit[1029]. In dem General Comment No. 21 aus dem Jahre 1992 wird ausgeführt, dass die

1029 CCPR, General Comment No. 9, Rn. 3.

Inhalte von Art. 10 IPbpR weiter konkretisiert werden sollen. So sei die Regelung im Zusammenhang mit Art. 7 IPbpR zu sehen, der Folter und jede grausame, unmenschliche oder erniedrigende Behandlung oder Strafe absolut untersagt. Der Menschenrechtsausschuss legt dar, dass diese Regelung auch im Strafvollzug Anwendung finde. Die Gefangenen dürften keine andere Härte und Bestrafung erfahren als diejenige, die aus ihrem Freiheitsentzug resultiere. Die Menschenwürde müsse bei Strafgefangenen im Vergleich zu „freien" Personen unter denselben Bedingungen gewahrt werden. Auch die anderen Gewährleistungen des Pakts seien für Strafgefangene gültig. Die Strafgefangenen dürften keine Einschränkung ihrer Rechte erfahren, die nicht auf der Abgeschlossenheit des Strafvollzugs beruhten[1030]. Der Menschenrechtsausschuss verlangt von den Staaten im Rahmen der Berichtspflicht des Weiteren darzulegen, ob die *Mindestgrundsätze für die Behandlung von Gefangenen* der Vereinten Nationen Anwendung finden. Sodann wiederholt er seine Forderung, dass der Strafvollzug auf Resozialisierung ausgerichtet sein müsse. Der Bericht der Vertragsstaaten über die Einhaltung von Art. 10 IPbpR habe die Maßnahmen zu benennen, die zur Gewährleistung der Rechte aus dem Pakt veranlasst worden seien.

Der Menschenrechtsausschuss verpflichtet die Vertragsstaaten des Internationalen Pakts über bürgliche und politische Rechte somit dazu, ihre Anstrengungen zur Sicherung der Rechte der Strafgefangenen aus Art. 10 Abs. 1, Abs. 3 IPbpR offenzulegen. Eine Konkretisierung, welche Maßnahmen eine Resozialisierung erwarten lassen, findet sich ansatzweise nur in dem General Comment No. 9 aus dem Jahre 1982. Allerdings wird auch dort nur darauf hingewiesen, dass die Gefangenen in den Genuss von Bildung und Ausbildung kommen sollten. Zwar wird den Staaten zudem die Vorgabe gemacht, dass zugewiesene Arbeit nützlich sein müsse; eine detaillierte Auseinandersetzung mit der Frage, wann Maßnahmen nicht dem Resozialisierungsgebot des Art. 10 Abs. 1 IPbpR genügen, findet sich jedoch nicht. Allein die Aufforderung an die Staaten zur Darlegung ihrer Anstrengungen liefert keinen tauglichen Maßstab für die Überprüfung der Einhaltung des Pakts im Bezug auf die Arbeitspflicht von Strafgefangenen in deutschen Gefängnissen.

(2) Konkretisierung durch Mindestgrundsätze für die Behandlung Strafgefangener?

Die *Mindestgrundsätze der Vereinten Nationen für die Behandlung von Gefangenen* wurden im Jahre 1955 auf dem Ersten Kongress der Vereinten Nationen für Verbrechensverhütung und die Behandlung Straffällliger in Genf beschlossen.

1030 CCPR, General Comment No. 21, Rn. 3.

Auf regionaler Ebene findet sich das Pendant in den Europäischen Strafvollzugsgrundsätzen des Europarates; die Regelwerke entsprechen sich nahezu vollständig. Der Vorteil dieser Regelungen liegt darin, dass sie die Bedingungen für den Strafvollzug sehr detailliert vorgeben. Nachteilig ist allerdings, dass sie keine verbindlichen Vorgaben enthalten. Es handelt sich lediglich um unverbindliche Empfehlungen, die keine subjektiven Rechte begründen[1031]. Im Folgenden werden die wichtigsten Inhalte für den vorliegenden Zusammenhang wiedergegeben.

Ziffer 58:

Der Zweck und die Rechtfertigung einer Freiheitsstrafe oder einer ähnlichen freiheitsentziehenden Maßnahme ist es letztlich, die Gesellschaft vor dem Verbrechen zu schützen. Dieses Ziel kann nur erreicht werden, wenn die Freiheitsstrafe dazu genutzt wird, soweit wie möglich sicherzustellen, dass der Straftäter bei seiner Rückkehr in die Gesellschaft nicht nur gewillt, sondern auch befähigt ist, ein gesetzestreues Leben zu führen und seinen Lebensunterhalt zu bestreiten.

Ziffer 61:

Mit der Behandlung der Gefangenen soll nicht ihr Ausschluss aus der Gesellschaft, sondern ihre weitere Zugehörigkeit zu ihr betont werden. [...]. Soweit dies mit den Gesetzen und dem Strafurteil vereinbar ist, sollen Schritte unternommen werden, um die zivilrechtlichen Belange der Gefangenen, ihre Rechte aus der Sozialversicherung und andere Sozialleistungen sicherzustellen.

Ziffer 65:

Die Behandlung von Personen, die zu einer Freiheitsstrafe oder einer ähnlichen Maßnahme verurteilt worden sind, muss zum Ziel haben, soweit es die Vollzugsdauer erlaubt, in ihnen den Willen zu wecken, nach ihrer Entlassung ein gesetzestreues Leben zu führen und ihren Lebensunterhalt zu bestreiten, und sie dazu auch zu befähigen. Die Behandlung muss ihre Selbstachtung fördern und ihr Verantwortungsbewußtsein entwickeln.

Zifffer 72:

(1) Die Organisation und die Methoden der Arbeit in den Anstalten müssen soweit wie möglich denen ähnlicher Arbeit außerhalb der Anstalt gleichen, um die Gefangenen auf die Bedingungen des normalen Berufslebens vorzubereiten.

(2) Die Interessen der Gefangenen und ihrer Berufsausbildung dürfen jedoch nicht dem Zweck der Erzielung eines finanziellen Gewinns aus den Arbeitsbetrieben in der Anstalt untergeordnet werden.

Ziffer 73:

(1) Arbeitsbetriebe und landwirtschaftliche Betriebe von Anstalten sollen vorzugsweise unmittelbar durch die Verwaltung und nicht durch Privatunternehmen betrieben werden.

(2) Werden Gefangene in einer Tätigkeit beschäftigt, die nicht von der Verwaltung kontrolliert wird, müssen sie stets unter der Aufsicht des Anstaltspersonals stehen. Sofern die Arbeit nicht für andere öffentliche Dienststellen geleistet wird, haben die Auftraggeber, für welche die Arbeit erbracht wird, der Verwaltung die üblichen Löhne zu zahlen, wobei die Leistung der Gefangenen zu berücksichtigen ist.

1031 *Neubacher*, ZfStrVo 1999, 210 (214).

Ziffer 74:

(1) Die Vorkehrungen, die zum Schutz der Sicherheit und Gesundheit der Arbeitnehmer in Freiheit vorgeschrieben sind, müssen in gleicher Weise auch in den Anstalten eingehalten werden.

(2) Es sind Vorkehrungen zu treffen, Gefangene bei Arbeitsunfall und Berufskrankheit zu entschädigen, wobei die Bedingungen nicht ungünstiger sein dürfen als diejenigen, die Arbeitern in Freiheit nach dem Gesetz zustehen.

Ziffer 76:

(1) Die Gefangenenarbeit ist gerecht zu vergüten.

(2) Den Gefangenen ist zu gestatten, wenigstens einen Teil ihres Verdienstes für zugelassene und zur eigenen Verwendung bestimmte Gegenstände auszugeben sowie einen Teil ihres Verdienstes ihren Familien zu senden.

(3) Es soll auch vorgesehen werden, dass ein Teil dieses Verdienstes von der Verwaltung als Rücklage behandelt wird, die dem Gefangenen bei seiner Entlassung auszuhändigen ist.

Möglicherweise lässt die Bezugnahme des Menschenrechtsausschusses auf die Mindestgrundsätze für die Behandlung von Strafgefangenen eine genaue Prüfung zu. Der Ausschuss forderte die Vertragsstaaten in seinem General Comment No. 21 dazu auf, in ihren Berichten darzulegen, in welchem Umfang dieses Regelwerk der Vereinten Nationen Umsetzung gefunden habe. Wenn Berichte über die Umsetzung des Regelwerkes geliefert werden sollen, könnte dies den Schluss zulassen, dass diese Empfehlungen die unscharfen Vorgaben des Art. 10 Abs. 1 IpbpR und insbesondere Art. 10 Abs. 3 IPbpR konkretisieren sollen. Allerdings ist insoweit zu berücksichtigen, dass den Mindestgrundsätzen über die Behandlung Strafgefangener keine Verbindlichkeit zukommt; Es handelt sich um Empfehlungen ohne bindenden Charakter. Dies wurde auch ausdrücklich in die Vorbemerkungen zu den Mindestgrundsätzen für die Behandlung der Gefangenen aufgenommen. Ausweislich der Vorbemerkungen wurde mit der Aufstellung der Grundsätze bezweckt, „die allgemein als gut anerkannten Grundsätze und Praktiken für die Behandlung der Gefangenen und die Führung der Anstalten darzulegen". Dabei wurde einkalkuliert, dass die Umsetzung der Empfehlungen aufgrund der weltweit unterschiedlichen wirtschaftlichen und sozialen Verhältnisse nicht permanent erfolgen kann. Daher sollten die Empfehlungen als Anregung für ein ständiges Bemühen zur Umsetzung dieser Mindestbedingungen trotz der vorhandenen Schwierigkeiten dienen. Würde man über Art. 10 IPbpR diese Regelungen in den verbindlichen Anwendungsbereich des Internationalen Pakts über bürgerliche und politische Rechte einbeziehen, so würde man den ausdrücklichen Staatenwillen missachten. Den Vertragsstaaten würden viel weitergehende Verpflichtungen aufgebürdet, als ihnen bei Aushandlung des Internationalen Pakts über bürgerliche und politische Rechte sowie der Mindestgrundsätze bewusst gewesen sein dürfte. Die Möglichkeit der Bezugnahme müsste ausdrücklich in Art. 10 IPbpR enthalten sein, anderenfalls würde eine solche Ausweitung des Anwendungsbereichs an Rechtsfortbildung grenzen. Auch hat der Ausschuss durch seine Aufforderung zur Ergänzung der Berichte im Hinblick auf den Umsetzungsstand der Mindestgrundsätze eine solche Ausdehnung des Anwendungsbereichs nicht erklärt. Eine Prüfung der Arbeitspflicht an Art. 10 Abs. 1, Abs. 3 IPbpR und den Mindestgrundsätzen der Vereinten Nationen über die Behandlung von Gefangenen scheidet damit aus. Ein Völkerrechtsverstoß Deutschlands kann insoweit nicht festgestellt werden.

(3) Konkretisierung durch Art. 7 IPbpR?

Gemäß Art. 7 IPbpR darf niemand der Folter oder grausamer, unmenschlicher oder erniedrigender Behandlung oder Strafe unterworfen werden. Insbesondere darf niemand ohne seine freiwillige Zustimmung medizinischen oder wissenschaftlichen Versuchen unterworfen werden.

Der Menschenrechtsausschuss hat in seinen *General Comments* deutlich zum Ausdruck gebracht, dass das Verbot der Folter und der unmenschlichen Behandlung aus Art. 7 IPbpR gerade auch im Strafvollzug Anwendung finden soll. Die in der Regelung enthaltenen unterschiedlichen Begriffe werden jedoch weder im Pakt selbst noch durch den Menschenrechtsausschuss näher konkretisiert. Dieser stellt in seinem General Comment No. 20 ausdrücklich fest, dass er nicht die Notwendigkeit sehe, eine Liste von Verletzungen im Sinne des Art. 7 IPbpR anzufertigen. Gleichermaßen sollten keine scharfen Grenzen zwischen den unterschiedlichen Merkmalen etabliert werden[1032]. Deutliche Aussagen tätigt der Ausschuss allerdings in Bezug auf den Charakter der Regelung. Bei dem Verbot der Folter und unmenschlichen Behandlung handele es sich um ein absolutes Recht. Sofern eine Verletzung eines Tatbestandes der Regelung gegeben sei, scheide die Möglichkeit zur Rechtfertigung dieser Verletzung grundsätzlich aus[1033].

Die vorgenannte Feststellung muss zur Folge haben, dass der Schutzbereich des Verbots restriktiv auszulegen ist. Eine in Rede stehende Verletzung muss einen erheblichen Grad erreichen, um überhaupt eine Prüfung an dem Maßstab des Art. 7 IPbpR auslösen zu können. Anderenfalls würde der Schutzbereich überdehnt und die Bedeutung des Verbots ausgehöhlt und entwertet. In den Empfehlungen der Vereinten Nationen wird Arbeit als ein Mittel zur Resozialisierung der Gefangenen angesehen. Ein Resozialisierungskonzept, das die Arbeit in den Mittelpunkt stellt, trägt den Empfehlungen der Vereinten Nationen daher in angemessener Weise Rechnung. Allerdings werden die Strafgefangenen aufgrund der Regelungen des Strafvollzugsgesetzes zwangsweise zur Arbeit herangezogen. Fraglich ist,

1032 CCPR, General Comment No. 20, Rn. 4.
1033 CCPR, General Comment No. 20, Rn. 3.

ob diese Verletzung der Willensfreiheit eine Behandlung im Sinne des Art. 7 S. 1 IBbpR darstellt. Insoweit ist zunächst zu berücksichtigen, dass mit der Arbeitspflicht keine Erniedrigung der Gefangenen bezweckt wird. Vielmehr soll durch die Verpflichtung eine mögliche Abwehrhaltung der Gefangenen überwunden und ihre Mitwirkung erreicht werden. Der Ansatz, die Strafgefangenen durch die Arbeit zu einer Veränderung und Verbesserung ihrer Lebensumstände zu bewegen, verdeutlicht das Bemühen des Staates, auch die Personen, die sich gegen die Werte der Gesellschaft gewendet haben, nicht zu isolieren. Dabei entsprechen die mit der Arbeitspflicht einhergehenden Bedingungen zwar nicht den Mindestgrundsätzen der Vereinten Nationen, jedoch erreichen auch die geringe Entlohnung und die nur unterbliebene Einbeziehung von Strafgefangenen in die gesetzliche Rentenversicherung nicht die Intensität einer unmenschlichen oder erniedrigenden Behandlung. Die Arbeitspflicht ist keine unmenschliche oder erniedrigende Behandlung im Sinne des Art. 7 IPbpR.

c) Art. 23 Abs. 1 IPbpR – Schutz von Ehe und Familie

Gemäß Art. 23 Abs. 1 IPbpR ist die Familie die natürliche Kernzelle der Gesellschaft und hat Anspruch auf Schutz durch Gesellschaft und Staat. Wie weit dieser Schutzanspruch reicht, wird weder durch den Pakt selbst noch durch die Auslegung des Menschenrechtsausschusses konkretisiert[1034]. Im General Comment No. 19 wird lediglich eine familienpolitische Förderung der Familie und eine Gleichstellung verschiedener Formen von Familie gefordert[1035]. Diese Ausprägungen sind zu unkonkret, als dass daraus ein Anspruch auf angemessene Entlohnung von Strafgefangenen hergeleitet werden kann, selbst wenn dies dem Zweck dient, den Unterhalt der Familie zu erbringen. Die Regelungen zur Gefangenenarbeit verstoßen damit nicht gegen Art. 23 Abs. 1 IPbpR.

d) Art. 26 IPbpR – Diskriminierungsverbot

Art. 26 IPbpR enthält ein absolutes Diskriminierungsverbot. Er lautet:

"All persons are equal before the law and are entitled without any discrimination to the equalprotection of the law. In this respect, the law shall prohibit any discrimination and guarantee to all persons equal and effective protection against discrimination on any ground such as race, colour, sex, language, religion, political or other opinion, national or social origin, property, birth or other status."[1036]

1034 *Nußberger*, Sozialstandards, 237.

1035 CCPR, General Comment No. 19.

1036 „Alle Menschen sind vor dem Gesetz gleich und haben ohne Diskriminierung Anspruch auf gleichen Schutz durch das Gesetz. In dieser Hinsicht hat das Gesetz jede Diskriminierung zu

(1) Konkretisierung durch General Comment No. 18

Die Besonderheit dieser Regelung liegt darin begründet, dass nach Ansicht des Menschenrechtsausschusses durch sie nicht nur die im Internationalen Pakt über bürgerliche und politische Rechte enthaltenen Gewährleistungen, sondern alle Rechte geltend gemacht werden können, sofern eine Diskriminierung gegeben ist[1037]. Der Begriff der Diskriminierung hat durch den Menschenrechtsausschuss eine über den Wortlaut hinausgehende Konkretisierung erfahren. Danach erfasst er jede unterschiedliche Behandlung, jeden Ausschluss, jede Beschränkung oder Bevorzugung eines Menschen aufgrund der Rasse, der Hautfarbe, des Geschlechts, der Sprache, der Religion, der politischen oder sonstigen Anschauung, der nationalen oder sozialen Herkunft, des Vermögens, der Geburt oder des sonstigen Status, die den Zweck oder das Ergebnis haben, die Anerkennung, die Nutzung oder die gleichberechtigte Ausübung von Rechten und Freiheiten zu verhindern oder zu beschränken[1038]. Daraus folge jedoch keine absolute Gleichbehandlung ohne Rücksicht auf die konkreten Umstände. Dies werde durch den Inhalt andere Gewährleistungen des Pakts, wie etwa Art. 25 IPbpR, verdeutlicht[1039]. Der Menschenrechtsausschuss führt weiter aus, dass sich aus Art. 26 IPbpR auch die Pflicht der Vertragsstaaten ergeben könne, durch positive Maßnahmen diskriminierende und nach dem Pakt verbotene Umstände abzubauen und zu beseitigen. Dies gelte etwa für den Fall, dass in einem Staat die Lebensbedingungen für einen Bevölkerungsteil die Ausübung von Rechten verhindern oder beeinträchtigen. Hier sei der Staat in der Pflicht, diese Situation durch gezielte Maßnahmen zu verbessern. Dies könne zwar für eine gewisse Zeit eine Bevorzugung dieser Bevölkerungsgruppe im Vergleich zu anderen Bevölkerungsteilen mit sich bringen. Dies sei jedoch im Hinblick auf den gezielten Abbau einer Diskriminierung hinzunehmen; es handele sich sodann um den Fall einer nach dem Pakt zulässigen Differenzierung[1040].

Nach Ansicht des Ausschusses handelt es sich bei Art. 26 IPbpR um ein selbstständiges Recht. Er verbietet jede Form von Diskriminierung durch staatliche Stellen und bindet die Staaten auch im Hinblick auf die Gesetzgebung und deren Anwendung. Dabei sei das Verbot der Diskriminierung nicht auf die Pakt-

---

verbieten und allen Menschen gegen jede Diskriminierung, wie insbesondere wegen der Rasse, der Hautfarbe, des Geschlechts, der Sprache, der Religion, der politischen oder sonstigen Anschauung, der nationalen oder sozialen Herkunft, des Vermögens, der Geburt oder des sonstigen Status, gleichen und wirksamen Schutz zu gewährleisten."

1037 CCPR, General Comment No. 18, Rn. 12; *Nußberger*, Sozialstandards, 235.

1038 CCPR, General Comment No. 18, Rn. 7.

1039 CCPR, General Comment No. 18, Rn. 8.

1040 CCPR, General Comment No. 18, Rn. 10.

rechte beschränkt, sondern beziehe sich auf die gesamte innerstaatliche Gesetzgebung. Allerdings sei insoweit eine Einschränkung dieser Garantie zu machen, als nicht jede unterschiedliche Behandlung eine Diskriminierung darstelle. Sofern sich vernünftige und objektive Gründe für die unterschiedliche Behandlung ergäben und diese angezeigt sei, um die Rechte aus dem Pakt zu gewährleisten, scheide eine Verletzung des Diskriminierungsverbots aus[1041].

(2) Prüfung am Maßstab des Art. 26 IPbpR

Anknüpfend an das Merkmal des „sonstigen Status" könnte die unterlassene Einbeziehung von Strafgefangenen in die gesetzliche Renten- und Krankenversicherung eine Diskriminierung im Sinne von Art. 26 IPbpR sein.

i) Diskriminierung aufgrund eines „sonstigen Status"

Eine Stellungnahme des Menschenrechtsausschusses über den Inhalt des Begriffs „sonstiger Status" fehlt. Der Wortlaut der Regelung gibt nur begrenzten Aufschluss über dessen Inhalt. Der Begriff „Status" wird auch als Situation, Lage und gesellschaftlichem Stand bzw. Stellung übersetzt[1042]. Die vorübergehende Stellung und die damit verbundenen Lebensumstände einer Person oder eines bestimmten Personenkreises können mit diesem Begriff umschrieben werden[1043]. Aus Systematik und Sinn und Zweck der Norm erschließt sich, dass der Begriff einen Auffangtatbestand darstellt. Die Aufzählung der übrigen unzulässigen Differenzierungskriterien ist sehr ausführlich, alle üblichen und bekannten Merkmale, aus denen eine Ungleichbehandlung folgen kann, werden benannt. Der Sinn der Regelung und insbesondere die Verwendung eines weiteren, unspezifischen Begriffes können allein dem Zweck dienen, eine lückenlose Gewährleistung des Diskriminierungsverbots zu erreichen.

Der Anknüpfungspunkt für die fehlende Einbeziehung in die Kranken- und Rentenversicherung ist die Arbeitspflicht der Strafgefangenen aus § 41 Abs. 1 StVollzG. Aufgrund der Unfreiwilligkeit der Tätigkeit wird das Vorliegen eines Arbeitsverhältnisses und daran anschließend die vollumfängliche Sozialversicherungspflicht negiert. Diese Situation folgt allein aus der Stellung des Strafgefangenen und den daraus resultierenden Pflichten nach dem Strafvollzugsgesetz; sie hängt unmittelbar vom Status des Strafgefangenen im System des Strafvollzugs ab. Die unterschiedliche Behandlung von Arbeitnehmern der freien Wirtschaft und arbei-

---

1041 CCPR, General Comment No. 18, Rn. 13.

1042 Zitiert nach Duden, 6. Auflage 2007

1043 *Zuleeg*, RdA 1974, 321 (326).

tenden Strafgefangenen ist als eine Diskriminierung aufgrund eines sonstigen Status im Sinne von Art. 26 IPBPR anzusehen.

ii) Rechtfertigung der Diskriminierung

Eine Begrenzung des Anwendungsbereichs von Art. 26 IPbpR erfolgt auf der Rechtfertigungsebene, da der Menschenrechtsausschuss vernünftige und objektive Gründe für die unterschiedliche Behandlung ausreichen lässt, um eine Diskriminierung zu verneinen. Wie bereits im verfassungsrechtlichen Teil unter Dritter Teil, E. V. b) ausgeführt, wird die Belastung der Länderhaushalte im Falle einer Einbeziehung der Strafgefangenen in die Kranken- und Rentenversicherung als Rechtfertigungsgrund vorgebracht. Dies wäre grundsätzlich ein taugliches, weil sachliches Rechtfertigungskriterium, sofern der Nachweis der Belastung nachvollziehbar und überprüfbar dargelegt würde. Insoweit stellt sich die Frage, ob der Menschenrechtsausschuss für die Rechtfertigung allein die Behauptung eines sachlichen Grundes, dessen Vorliegen jedoch nicht erwiesen ist, ausreichen lässt oder ob ein Nachweis für den vorgebrachten sachlichen Grund gefordert wird. Eine Stellungnahme des Ausschusses findet sich hierzu nicht. Allerdings kann diese Frage im vorliegenden Zusammenhang vor dem Hintergrund des Art. 10 Abs. 3 IPBpR und der dazu ergangenen Kommentierung des Sachverständigenausschusses beantwortet werden. In seinem General Comment No. 21 formuliert der Menschenrechtsausschuss: "No penitential system should be only retributory; it should essentially seek the reformation and social rehabilitation of the prisoner. States parties are invited to specify whether they have a system to provide assistance after release and to give information as to its success."[1044] Die Verwendung der Formulierung "essentially seek" lässt den Schluss zu, dass die Vertragsstaaten erhebliche, auch finanzielle Anstrengungen einleiten müssen, um ihren Verpflichtungen aus Art. 10 Abs. 3 IPbpR gerecht zu werden. Der Wiedereingliederung der Strafgefangenen wird ein hoher Stellenwert zugemessen. Eine nicht nachvollziehbar und nachprüfbar dargelegte finanzielle Mehrbelastung eines Vertragsstaates ist dementsprechend nicht als sachlicher Rechtfertigungsgrund einer resozialisierungsfeindlichen Maßnahme tauglich. Dies gilt umso mehr aufgrund der wirtschaftlichen Leistungsfähigkeit Deutschlands.

Die unterbliebene Einbeziehung Strafgefangener in die gesetzliche Rentenversicherung verstößt gegen das Diskriminierungsverbot des Art. 26 IPbpR. Damit verletzt Deutschland seine völkerrechtlichen Verpflichtungen aus dem Internationalen Pakt über bürgerliche und politische Rechte.

1044 CCPR, General Comment No. 21, Rn. 10.

e) Ergebnis zur Prüfung des IPbpR

Die Arbeitspflicht Strafgefangener in deutschen Gefängnissen verstößt nicht gegen Verpflichtungen Deutschlands aus dem Internationalen Pakt über bürgerliche und politische Rechte. Hingegen ist die konkrete Ausprägung der Gefängnisarbeit, nämlich die Entlohnung und die Suspendierung der Einbeziehung in die gesetzliche Rentenversicherung, nicht mit dem Diskriminierungsverbot aus Art. 26 IPbpR vereinbar. Damit ist die aktuelle Rechtslage nach dem Strafvollzugsgesetz völkerrechtswidrig.

III. Vereinbarkeit der §§ 41, 200, 190–193 StVollzG mit dem IPwskR

Der Internationale Pakt über wirtschaftliche, soziale und kulturelle Rechte wurde von den Vereinten Nationen am 16.12.1966 verabschiedet. Die Ratifikation erfolgte in Deutschland im Jahre 1973[1045]. Ziel des Pakts ist die Gewährleistung von sozialen Menschenrechten auf völkerrechtlicher Ebene[1046].

1. Allgemeines

a) Überblick über die Gewährleistungen des IPwskR

Der Internationale Pakt über wirtschaftliche, soziale und kulturelle Rechte enthält neben der vorangestellten Präambel eine Untergliederung in fünf Teile. Teil I, Art. 1 des IPwskR manifestiert das Selbstbestimmungsrecht der Völker. Hierdurch kommt zum Ausdruck, dass die Gewährleistung von Menschenrechten nur auf Basis des Selbstbestimmungsrechts zu erreichen ist[1047]. In Teil II des Pakts sind allgemeine Gewährleistungen enthalten. So verdeutlicht Art. 2 Abs. 1 IPwskR die aus dem Pakt resultierenden Pflichten der Vertragsstaaten[1048]. Er lautet[1049]:

"Each State Party to the present Covenant undertakes to take steps, individually and through international assistance and cooperation, especially economic and technical, to the maximum of its available

1045 BGBl. 1973 II, S. 1569.

1046 *Echterhölter*, BB 1973, 1595.

1047 *Simma/Bennigsen* in Festschrift für Steindorff, 1477 (1486).

1048 Siehe ausführlich zu den Streitfragen um Art. 2 Abs. 1 IPwskR *Klee*, Die progressive Verwirklichung wirtschaftlicher, sozialer und kultureller Menschenrechte.

1049 Die deutsche Übersetzung ist keine amtliche Übersetzung des Pakts, insofern wird vorliegend die englische Version zitiert.

resources, with a view to achieving progressively the full realization of the rights recognized in the present Covenant by all appropriate means, including particularly the adoption of legislative measures."

Art. 2 Abs. 2 und Abs. 3 IPwskR enthalten Diskriminierungsverbote bezüglich der Ausübung der Paktrechte. Unzulässig ist eine Unterscheidung aufgrund der Rasse, der Hautfarbe, des Geschlechts, der Sprache, der Religion, der politischen oder sonstigen Anschauungen, der nationalen oder sozialen Herkunft, des Besitzstands, der Geburt oder aufgrund eines sonstigen Status.

Teil III IPwskR beinhaltet die speziellen wirtschaftlichen, sozialen und kulturellen Rechte. Dazu gehört etwa das Recht auf Arbeit in Art. 6 IPwskR, das Recht eines jeden auf gerechte und günstige Arbeitsbedingungen in Art. 7, die Gewährleistung eines Streik- und Koalitionsrechts in Art. 8 und das in Art. 9 enthaltene Anerkenntnis eines jeden auf soziale Sicherheit.

b) Völkerrechtliche Wirkung

Der Pakt räumt dem einzelnen Bürger keine einklagbaren subjektiven Rechte ein, die Normen richten sich zunächst nur als Verpflichtung an die Vertragsstaaten[1050]. Dies folgt zum einen aus dem Wortlaut des Art. 2 Abs. 1 IPwskR, der eben nur eine staatliche Verpflichtung festlegt, zum anderen aus einem Vergleich zur Parallelvorschrift des Internationalen Pakts über bürgliche und politische Rechte, die die Staaten verpflichtet, die Paktrechte zu achten und zu gewährleisten; hieraus wird eine konkrete Verpflichtetheit ersichtlich[1051]. Dass der Pakt dem Einzelnen keine gerichtlich durchsetzbare Rechtsposition verschafft, war von den Vertragsstaaten auch intendiert. Diese verpflichten sich in Art. 2 Abs. 1 IPwskR nur auf der zwischenstaatlichen Ebene dazu, die in dem Pakt genannten Ziele anzustreben und sukzessive zu verwirklichen[1052]; die Staaten, die den Pakt ratifiziert haben, haben sich nicht auf eine vollumfängliche Umsetzung der genannten Rechte innerhalb eines bestimmten Zeitraums festgelegt.

Vor diesem Hintergrund erklärt sich auch, warum der Pakt keine Möglichkeit zur Individualbeschwerde enthält. Im Jahre 2008 wurde jedoch ein Fakultativprotokoll erarbeitet und durch die Generalversammlung der Vereinten Nationen angenommen, das die Möglichkeit zur Durchführung einer Individualbeschwerde enthält[1053]. Bislang haben 31 Vertragsstaaten dieses Zusatzprotokoll ratifiziert[1054], Deutschland ist nicht darunter.

1050 *Simma* in Festschrift für Lerche, 83 (90); *Kittner* in Däubler, Internationale Arbeits- und Sozialrechtsordnung, 148.

1051 *Simma* in Festschrift für Lerche, 83 (91).

1052 Bt-Ds. IV/2117, 28; Bt-Ds. 7/658, 18; *Echterhölter*, BArbBl 1973, 496; *Zuleeg*, RdA 1974, 321 (323); *Simma/Bennigsen* in Festschrift für Steindorff, 1477 (1488).

1053 Resolution A/RES/63/117.

Die Einhaltung des Pakts wird gemäß Teil IV über ein Berichtssystem kontrolliert. Es besteht die Verpflichtung der Vertragsstaaten, in regelmäßigem Abstand dem Wirtschafts- und Sozialrat der Vereinten Nationen (ECOSOC) über die Umsetzung des Pakts Bericht zu erstatten. Geprüft wird dieser Bericht durch den seit dem Jahre 1987 bestehenden Ausschuss für wirtschaftliche, soziale und kulturelle Rechte (CESCR). Dieser Sachverständigenausschuss setzt sich aus 18 unabhängigen Experten zusammen.

c) Innerstaatliche Wirkung

Die von den Vertragsstaaten angestrebte allein zwischenstaatliche Verpflichtung hindert nicht die innerstaatliche Bindung entsprechend den völkerrechtlichen Grundsätzen. Vielmehr wird damit verdeutlicht, dass die Kontrolle der Einhaltung der völkerrechtlichen Verträge nur im Wege der dafür ausdrücklich vorgesehenen Instrumentarien und nicht durch andere zwischenstaatliche Stellen, supranationale Einrichtungen oder im nationalen Rechtsweg erfolgen soll[1055].

Der Internationale Pakt über wirtschaftliche, soziale und kulturelle Rechte ist ein völkerrechtlicher Vertrag, der im deutschen Recht aufgrund des Transformationsgesetzes im Rang von Bundesrecht steht. Entsprechend denr bereits dargestellten Grundsätzen[1056] sind alle staatlichen Stellen zur völkerrechtskonformen Auslegung und Interpretation nationaler Rechtssätze einschließlich des Grundgesetzes verpflichtet[1057]. Alle Staatsorgane haben die Pflicht, für die Erfüllung der völkerrechtlichen Verpflichtungen Deutschlands im Rahmen ihrer Befugnisse einzustehen[1058] und einfachgesetzliche Regelungen soweit möglich völkerrechtskonform auszulegen[1059].

1054 Stand Januar 2010.

1055 VG Frankfurt a.M. NVwZ-RR 1999, 325 (330); a.A. *Simma* in Festschrift für Lerche, 83 (91), der die Auffassung vertritt, dass sich jeder Bürger vor innerstaatlichen Gerichten auf den Pakt berufen kann, sofern eine Transformation in nationales Recht erfolgt sei.

1056 Siehe dazu S. 246 ff.

1057 *Simma* in Festschrift für Lerche, 83 (91); *Kittner* in Däubler, Internationale Arbeits- und Sozialordnung, 148.

1058 So ausdrücklich für den IPwskR und die ESC VG Frankfurt a.M. NVwZ-RR 1999, 325 (330).

1059 Nach Ansicht *Kittners* soll der Pakt insbesondere bei der Auslegung des Sozialstaatsprinzips berücksichtigt werden, *Kittner* in Däubler, Internationale Arbeits- und Sozialrechtsordnung, 148; AK-GG, Art. 20 Abs. 1–3 IV, Rn. 84; zustimmend *Sommermann* in v. Mangoldt/Klein/Starck, GG Band 2, Art. 20 Rn. 136 ff. Nach Ansicht *Zuleegs* besteht sogar eine Verpflichtung des Gesetzgebers zur Vornahme erforderlicher Anpassungen an den Pakt, RdA 1974, 321 (323 f.). *Zuleeg* geht des Weiteren davon aus, dass sich der Einzelne auch unmittelbar auf die Paktrechte berufen und diese vor den Gerichten einklagen kann. Dies begründet er damit, dass der Vertrag ausdrücklich die volle Verwirklichung von Rechten Einzelner zur

2. *Vereinbarkeit der Regelung zur Entlohnung mit Art. 7 a) IPwskR*

Art. 7 a) IPwskR normiert das Recht auf ein angemessenes Arbeitsentgelt und gleiche und unterschiedslose Entlohnung für gleichwertige Arbeit. Zudem muss eine Bezahlung gewährt werden, die dem Arbeitnehmer, und gegebenenfalls seiner Familie, einen angemessenen Lebensunterhalt ermöglichen soll.

Fraglich ist dabei allerdings, ob diese Vorschrift auch auf die Gefängnisarbeit Anwendung finden kann und soll[1060]. Dafür spricht zunächst, dass die Vorschrift das Recht auf eine angemessene und gleiche Entlohnung für gleiche Arbeit für alle Arbeiter vorsieht. Eine Unterscheidung nach Art des Arbeitsverhältnisses oder sonstiger Konditionen ist nicht bezweckt. Jedoch ist die Regelung im Zusammenhang mit Art. 6 IPwskR zu verstehen. Die Regelung des Art. 7 IPwskR ergänzt Art. 6 IPwskR, der das Recht eines jeden auf Arbeit garantiert[1061]. Das Recht auf Arbeit umfasst dabei das Recht eines jeden, die Möglichkeit zu erhalten, seinen Lebensunterhalt durch Arbeit zu erwirtschaften, die er freiwillig eingeht und akzeptiert. Art. 7 IPwskR stellt Voraussetzungen auf, die bei Vorliegen einer Tätigkeit im Sinne von Art. 6 IPwskR gegeben sein müssen. Damit findet die Regelung keine Anwendung für den Bereich der Zwangsarbeit. Dies ist vor dem Hintergrund, dass Zwangsarbeit verboten und abzuschaffen ist, nur sachlogisch. Damit greift die Regelung für die vorliegende Fragestellung nicht ein.

3. *Vereinbarkeit der Regelungen zur Sozialversicherung mit Art. 9 IPwskR*

Die fehlende Einbeziehung der Strafgefangenen in die gesetzliche Rentenversicherung wird im Folgenden einer Prüfung am Maßstab des Art. 9 IPwskR unterzogen; dieser ist knapp formuliert:

Zielsetzung hat und eine Verwirklichung dieser Rechte nur möglich sei, wenn auch deren gerichtliche Durchsetzung garantiert werde. *Zuleeg* verneint dann aber letztlich doch die Möglichkeit zur unmittelbaren Anwendbarkeit weiter Teile des Pakts, weil die Bestimmungen häufig nicht zur unmittelbaren Anwendung geeignet seien, weil sie keine konkreten Rechtsfolgen festlegen oder es an ihrer Bestimmtheit mangele, RdA 1974, 321 (323). Der Auffassung *Zuleegs* kann nicht gefolgt werden. Es darf nicht der Wille der Vertragsparteien außer Acht gelassen werden, dass eben keine individuell durchsetzbaren Rechte durch den Pakt vermittelt werden sollen. Zudem besteht nach dem Pakt die Verpflichtung der Staaten zu einer schrittweisen Umsetzung der Rechte. Auch muss berücksichtigt werden, dass die wirtschaftlichen, sozialen und kulturellen Rechte im Kontext der jeweiligen Gesellschaft gesehen werden müssen und keine objektive Bewertung der vermittelten Rechte erfolgen kann.

1060 Dies zieht etwa *Zuleeg*, RdA 1974, 231 (328), in Betracht, ohne eine weitergehende Prüfung vorzunehmen.

1061 CESCR, General Comment No. 18, Rn. 2.

"The States Parties to the present Covenant recognise the right of everyone to social security, including social insurance."

a) *Inhalt des Art. 9 IPwskR – General Comment No. 19*

In Art. 9 IPwskR erkennen die Vertragsstaaten das Recht eines jeden auf soziale Sicherheit an. In seinem General Comment No. 19 aus dem Jahre 2008 stellt das Komitee für wirtschaftliche, soziale und kulturelle Rechte, das auch als Sozialausschuss bezeichnet wird, dar, was nach seiner Auffassung das Recht auf soziale Sicherheit gemäß Art. 9 IPwskR genau beinhaltet.

Zunächst stellt der Ausschuss ausdrücklich fest, dass das Recht auf soziale Sicherheit wesentlich sei, um die Menschenwürde all derjenigen Personen zu gewährleisten und zu sichern, die ihre Rechte aus dem Pakt aufgrund besonderer Umstände nicht in vollem Umfang wahrnehmen können[1062]. Die Gewährleistung umfasse das Recht, Zugang zu und Unterstützung durch Leistungen zu erhalten, wenn das Arbeitseinkommen etwa wegen Krankheit, Arbeitslosigkeit oder Alters wegfalle, medizinische Versorgung nicht finanzierbar sei oder die familiäre Unterstützung nicht ausreiche. Soziale Sicherheit spiele darüber hinaus eine herausragende Rolle bei der Bekämpfung der Armut, sie verhüte soziale Ausgrenzung und fördere den sozialen Zusammenhalt[1063].

Das Recht auf soziale Sicherheit im Sinne von Art. 9 IPwskR könne durch ein Sozialversicherungssystem gewährleistet werden[1064]; dies kommt in der zweiten Satzhälfte deutlich zum Ausdruck. Nach Auffassung des Sozialausschusses können die Vertragsstaaten das Recht aber gleichermaßen durch andere, geeignete Mittel sicherstellen[1065]. Allerdings müsse das jeweilige System eine Sicherung im Falle von Krankheit, Unfall, Alter, Invalidität, Arbeitslosigkeit und Verlust des Ernährers und damit einen umfassenden Schutz vorsehen[1066]. Entscheidend sei zudem, dass das Sozialversicherungssystem allen Personen Zugang gewähre und keine Diskriminierung bestimmter Gruppen stattfinde. Der Internationale Pakt über wirtschaftliche, soziale und kulturelle Rechte verbiete jede Diskriminierung aufgrund von Rasse, Farbe, Geschlecht, Alter, Sprache, Religion, politischer oder sonstiger Meinung, nationaler oder sozialer Herkunft, Besitz, Geburt, körperlicher oder geistiger Beschränkung, Gesundheitszustand, sexueller Orientierung und

---

1062 CESCR, General Comment No. 19, Rn. 1.

1063 CESCR, General Comment No. 19, Rn. 3.

1064 CESCR, General Comment No. 19, Rn. 5; *Echterhölter*, DB 1973, 1595 (1597); *ders.*, BArbBl 1978, 551 (554).

1065 CESCR, General Comment No. 19, Rn. 4 ff.; ebenso *Echterhölter*, BArbBl 1973, 496 (498); *ders.*, BB 1973, 1595 (1597); *Zuleeg*, RdA 1974, 231 (329).

1066 CESCR, General Comment No. 18, Rn. 12; *Zuleeg*, RdA 1974, 321 (329).

bürgerlichem, politischem, sozialem oder sonstigem Status. Die gleiche Inanspruchnahme oder Ausübung des Rechts auf soziale Sicherheit dürfe nicht beschränkt oder gar verhindert werden[1067]. In seinem General Comment zu dem Diskriminierungsverbot des Pakts aus Art. 2 Abs. 2 stellt der Ausschuss zudem heraus, dass alle Formen der Diskriminierung dem Pakt zu wider laufen[1068]. Erfasst seien daher gleichermaßen rechtliche und tatsächliche, mittelbare und unmittelbare Beeinträchtigungen, die an eines der genannten Merkmale anknüpfen[1069]. Die Paktstaaten seien daher sowohl zur Beseitigung von rechtlichen Diskriminierungen als auch dazu verpflichtet, tatsächliche Hindernisse, die eine Diskriminierung bedeuten, auszuräumen[1070]. Bezogen auf das Recht der sozialen Sicherheit aus Art. 9 IPwskR haben die Staaten dafür Sorge zu tragen, dass allen Mitgliedern einer Gesellschaft der Zugang zur Sozialversicherung ermöglicht werde[1071].

Weitere notwendige Voraussetzung für eine dem Pakt entsprechende Gewährleistung des Rechts auf soziale Sicherheit sei die Finanzierbarkeit der eigenen Beiträge durch die Menschen; sie müssten in der Lage sein, die Mittel aufzubringen. Die Staaten seien dazu verpflichtet, die Möglichkeit aller Mitglieder einer Gesellschaft, ihr Recht aus Art. 9 IPwskR wahrzunehmen, umfassend zu sichern[1072].

Der Ausschuss sei sich dessen bewusst, dass die umfassende Umsetzung des Rechts auf soziale Sicherheit und dessen Sicherung erhebliche finanzielle Aufwendungen der Staaten mit sich bringe. Aufgrund der fundamentalen Bedeutung der sozialen Sicherheit für die Menschenwürde müsse der Verwirklichung dieses Rechts jedoch höchste Priorität eingeräumt werden. Die Staaten hätten dazu eine Strategie zu entwickeln und ausreichende finanzielle Mittel sowie andere Ressourcen zur Verfügung stellen[1073]. Darüber hinaus sei es von wesentlicher Bedeutung, dass die Sozialversicherung gerade die benachteiligten und damit schutzbedürftigen Personengruppen einer Gesellschaft einbeziehe[1074]. Alternative Systeme könnten vorübergehend in Anspruch genommen werden, um eine Versorgung unmittelbar gefährdeter Personen zu erreichen. Dabei sollte jedoch beachtet werden, dass auch eine Einbeziehung dieser Menschen in das übliche Sozialversicherungssystem erreicht wird[1075]. Die Verweigerung der Einbeziehung be-

1067 CESCR, General Comment No. 19, Rn. 29.

1068 CESCR, General Comment No. 20, Rn. 7 f.

1069 CESCR, General Comment No. 20, Rn. 8, 10.

1070 CESCR, General Comment No. 20, Rn. 8 f.

1071 CESCR, General Comment No. 19, Rn. 30; diese Forderung stellt auch *Langford* in Social Security, 29 (35) auf.

1072 CESCR, General Comment No. 19, Rn. 30, 40 ff.

1073 CESCR, General Comment No. 19, Rn. 41.

1074 Dies fordert auch *Riebel* in Social Security, 17 (26).

1075 CESCR, General Comment No. 19, Rn. 51.

stimmter Personen- oder Bevölkerungsgruppen in die Sozialversicherung stelle eine Verletzung des Rechts aus Art. 9 IPwskR dar[1076].

Nach Ansicht des Sozialausschusses seien Maßnahmen, die den einmal gewährten sozialversicherungsrechtlichen Schutz einschränken, nach dem Pakt grundsätzlich ausgeschlossen. Sie kämen ausnahmsweise in Betracht, wenn der betroffene Vertragsstaat darlegen und beweisen könne, dass er alle Alternativen sorgfältig abgewogen habe und keine andere Möglichkeit bestehe, als die beabsichtigte Einschränkung umzusetzen[1077]. Aus dem Pakt resultiere die staatliche Verpflichtung, das Recht auf soziale Sicherheit zu respektieren, zu schützen und die Voraussetzungen für die Verwirklichung dieses Rechts zu schaffen. Dies beinhalte die Einleitung notwendiger, auch legislativer Maßnahmen zur vollumfänglichen Umsetzung des Rechts auf soziale Sicherheit[1078].

b) Prüfung am Maßstab des Art. 9 IPwskR

Es stellt sich die Frage, ob aufgrund von Art. 9 IPwskR eine Einbeziehung von Strafgefangenen in alle gesetzlichen Sozialversicherungssysteme zu erfolgen hat.

(1) Art. 9 IPwskR als subjektives öffentliches Recht?

Entsprechend der nur zwischenstaatlichen Verpflichtung der Vertragsstaaten aus dem Internationalen Pakt über wirtschaftliche, soziale und kulturelle Rechte begründet Art. 9 IPwskR kein subjektives Recht auf Aufnahme in die sozialen Sicherungssysteme[1079]. Selbst für den Fall, dass eine unmittelbare Inanspruchnahme der Paktrechte trotz des in Art. 2 Abs. 1 IPwskR zum Ausdruck kommenden entgegenstehenden Staatenwillens bejaht wird[1080], könnten sich Bürger vor den innerstaatlichen Gerichten nicht auf diese Vorschrift berufen. Art. 9 IPwskR ist zu unkonkret formuliert, als dass dieser als *self-executing* bezeichnet werden könnte.

(2) Handlungsverpflichtung des Gesetzgebers aus Art. 9 IPwskR?

Eine unmittelbare Anwendbarkeit im Sinne eines subjektiven Rechts wird auch vom Sozialausschuss nicht in Art. 9 IPwskR gesehen. Allerdings besteht nach dessen Auffassung eine staatliche Verpflichtung, allen Personen die Wahrnehmung

1076 CESCR, General Comment No. 19, Rn. 64.
1077 CESCR, General Comment No. 19, Rn. 42.
1078 CESCR, General Comment No. 19, Rn. 47.
1079 *Echterhölter*, BArbBl 1973, 496 (498).
1080 So *Simma* in Festschrift für Lerche, 83 (91), sofern die Normen entsprechend konkret und unbedingt formuliert sind.

des Rechts auf soziale Sicherheit zu ermöglichen und die entsprechenden legislativen Maßnahmen zur Verwirklichung dieser Verpflichtung einzuleiten[1081]. Dies steht auch in Einklang mit Art. 2 Abs. 1 IPwskR, wonach die Staaten unter Ausschöpfung aller ihrer Möglichkeiten Maßnahmen zu treffen haben, um schrittweise die Umsetzung aller in dem Pakt garantierten Rechte zu erreichen.

i) Verletzung von Art. 9 IPwskR

Fraglich ist, ob die fehlende Einbeziehung von Strafgefangenen in die gesetzliche Rentenversicherung Art. 9 IPwskR verletzt und insoweit ein völkerrechtswidriges Verhalten Deutschlands vorliegt. Dabei kommt im vorliegenden Kontext in zweierlei Hinsicht eine Verletzung des Rechts auf soziale Sicherheit in Betracht:

Zunächst werden die Gefangenen trotz ihrer Arbeitstätigkeit allein aufgrund einer gesetzlichen Fiktion nicht in die Sozialversicherung einbezogen, wobei für abhängig Beschäftigte auf dem freien Arbeitsmarkt die Einbeziehung verpflichtend ist. Nach Art. 2 Abs. 2 IPwskR ist die Diskriminierung aufgrund eines „sonstigen Status" im Allgemeinen und nach dem General Comment No. 19 bezogen auf die Sozialversicherung im Besonderen verboten. Im Jahre 2009 hat der Sozialausschuss zu dem Diskriminierungsverbot aus Art. 2 Abs. 2 IPwskR einen General Comment verfasst, in dem auch ausführlich zu dem Begriff des „anderen Status" Stellung genommen wird[1082]. Darin äußert sich der Sozialausschuss dahin gehend, dass der Begriff einen Auffangtatbestand darstelle und das Diskriminierungsverbot damit an neue Entwicklungen angepasst werden könne und müsse. Durch diesen Begriff sollen Behandlungen verhindert werden, die an die in Art. 2 Abs. 2 IPwskR genannten Merkmale anknüpfen und die nicht durch vernünftige und objektive Gründe gerechtfertigt sind[1083]. Dabei seien nach Erfahrung des Ausschusses häufig besonders schutzbedürftige Personengruppen von Diskriminierungen betroffen. Als Beispiel für eine solche Behandlung nennt der Ausschuss die Verweigerung der Rechtsfähigkeit von Personen, die im Gefängnis inhaftiert sind[1084]. Die unterlassene Einbeziehung knüpft an die Situation der Inhaftierung und der Arbeitspflicht gemäß § 41 Abs. 1 StVollzG an. Damit steht die Behandlung einer konkreten Gruppe von Personen in Frage, die an eine identische Situation der Betroffenen, nämlich die Inhaftierung, anknüpft. Die grundsätzlich mit der Ausübung abhängiger Beschäftigung verbundene Einbeziehung in die gesetzliche Rentenversicherung erfolgt nicht. Hierin liegt eine Diskrimi-

1081 CESCR, General Comment No. 19, Rn. 47 ff.
1082 CESCR, General Comment No. 20, Rn. 27 ff.
1083 CESCR, General Comment No. 20, Rn. 27.
1084 CESCR, General Comment No. 20, Rn. 27.

nierung aufgrund eines „sonstigen Status“. Der eindeutige Wortlaut des Art. 9 IPwskR beschränkt den Anwendungsbereich des Rechts auf soziale Sicherheit nicht auf bestimmte Personengruppen. Auch nach Auffassung des Sozialausschusses muss das Recht allen Mitgliedern einer Gesellschaft im gleichen Umfang gewährt werden. Dies gilt gerade auch für den Zugang zu dem geltenden Sozialversicherungssystem. Der Zugang wird den Strafgefangenen aufgrund der geltenden Rechtslage trotz ihrer Arbeitstätigkeit verwehrt. Hierin liegt eine rechtliche Beschränkung der Rechte aus Art. 9 IPwskR. Außerdem besteht eine tatsächliche Beschränkung des Zugangs zum System der gesetzlichen Rentenversicherung. Die Strafgefangenen könnten ihren Versicherungsschutz durch die Bezahlung freiwilliger Beiträge aufrecht erhalten und dadurch ihre erworbenen Anwartschaften sichern. Faktisch wird ihnen die Möglichkeit jedoch verwehrt, da ihnen keine ausreichenden finanziellen Mittel für die freiwillige Beitragszahlung zur Verfügung gestellt werden. Dies gilt selbst dann, wenn sie im Gefängnis einer geregelten Tätigkeit nachgehen. Auch hat der Gesetzgeber nicht von der Möglichkeit Gebrauch gemacht, einen Tatbestand der Ruhezeit zu schaffen. Auf diesem Wege könnte immerhin ein Verlust der bereits erworbenen Anwartschaften verhindert werden. Legt man die Auffassung des Sachverständigenausschusses zu Grunde, folgt aus der aktuellen Gesetzeslage eine Verletzung von Art. 9 IPwskR.

ii) Bindung an die Auslegung des Sozialausschusses

Ebenso wie im Anwendungsbereich von Übereinkommen der Internationalen Arbeitsorganisation stellt sich auch beim Internationalen Pakt über wirtschaftliche, soziale und kulturelle Rechte die Frage, ob die Auslegung des Pakts, die durch das Expertengremium in den General Comments vorgenommen wird, zu einer Bindung der Vertragsstaaten führt.

Eine ausdrückliche Kompetenz zur Auslegung des Pakts wurde dem Sozialausschuss nicht eingeräumt. Daher wird auch vertreten, dass dessen Auslegung eben keine Bindungswirkung zukomme[1085]. Allerdings orientiert sich das Komitee bei der Erstellung seiner Staatenberichte an der eigenen Auslegung und stellt Fragen nach der Erfüllung des Pakts unter Berücksichtigung der Konkretisierung durch seine General Comments[1086]. Aus der praktischen Tätigkeit des Ausschusses folgt daher eine tatsächliche Bindung[1087]. Zu berücksichtigen ist insoweit zudem,

---

1085 *Nußberger*, Sozialstandards, 240; *Riedel* in Implementierung internationaler Sozialstandards, 21 (24).

1086 *Riedel* in Implementierung internationaler Sozialstandards, 21 (24).

1087 *Nußberger*, Sozialstandards, 240; *Riedel* in Implementierung internationaler Sozialstandards, 21 (24).

dass dem Ausschuss seitens der Vertragsstaaten das Recht eingeräumt wurde, General Comments zu entwickeln. Dadurch soll den Staaten eine Handhabe gegeben werden, wie sie ihre Verpflichtungen aus dem Pakt zu erfüllen haben[1088]. Die Kompetenz des Sozialausschusses zur Vorlage von Berichten mit Empfehlungen allgemeiner Art folgt aus Art. 21 IPwskR.

Eine Notwendigkeit zur Konkretisierung der Rechte des Pakts ergibt sich zudem aufgrund dessen unpräziser Formulierung. So enthält etwa Art. 9 IPwskR keinen Anhaltspunkt dahin gehend, in welcher Form das jedermann eingeräumte Recht auf soziale Sicherheit garantiert werden muss. Sollen die staatlichen Verpflichtungen aus dem Pakt ernsthaft umgesetzt werden, muss eine Konkretisierung der einzelnen Gewährleistungen erfolgen. Dies ist durch Verhandlungen der Paktstaaten auf internationaler Ebene nicht zu erreichen.

Eine Einschränkung der Vertragshoheit ist durch die Erarbeitung von General Comments ebenfalls nicht zu erwarten[1089]. Im Hinblick auf den Einwand, dass bei einer bindenden Auslegung durch den Sozialausschuss der Wille der Vertragsstaaten möglicherweise nicht ausreichend Beachtung findet[1090], kann erwidert werden, dass die Staaten durchaus die Möglichkeit haben, dem Inhalt eines General Comments zu widersprechen.

Im vorliegenden Zusammenhang ist zudem zu berücksichtigen, dass eine Verletzung von Art. 9 IPwskR aufgrund einer Diskriminierung in Rede steht. Soweit der Sozialausschuss ausführt, dass jedem Mitglied einer Gesellschaft der Zugang zu den Sozialversicherungssystemen gewährt und eine Diskriminierung verhindert werden muss, wendet er das in Art. 2 Abs. 2 IPwskR enthaltene Diskriminierungsverbot lediglich im Kontext von Art. 9 IPwskR an. Die Bedeutung des Diskriminierungsverbots kommt bereits darin zum Ausdruck, dass es den Regelungen über die Verpflichtungen der Paktstaaten und den speziellen Gewährleistungen des Pakts vorgeschaltet ist. Damit kommt zum Ausdruck, dass dieses Verbot die Vertragsstaaten im Hinblick auf ihre Aktivitäten bindet[1091]. Zudem hat die Umsetzung der speziellen Garantien aus dem Pakt im Lichte des Diskriminierungsverbots zu erfolgen. Der Sozialausschuss formuliert in seinem General Comment sehr deutlich die Wirkung des Diskriminierungsverbots auch im Anwendungsbereich des Art. 9 IPwskR. Dies ist vor dem Hintergrund, dass die Paktstaaten das Diskriminierungsverbot als grundlegenden Rechtssatz in Art. 2 Abs. 2 IPwskR aufgenommen

---

1088 Der Wirtschafts- und Sozialrat der Vereinten Nationen hat den CESCR dazu aufgefordert, mittels General Comments die Inhalte des Pakts herauszuarbeiten, Resolution 1990/45 vom 25.05.1990, Rn. 10.

1089 Dies gibt *Nußberger* in Globalisierung und Europäisches Sozialmodell, 295 (304), für die Ausarbeitung von *General Comments* im Allgemeinen zu bedenken.

1090 *Nußberger* in Globalisierung und Europäisches Sozialmodell, 295 (304).

1091 Dies führt auch der Sozialauschuss in seinem General Comment No. 20 aus dem Jahre 2009 ausdrücklich aus, CESCR, General Comment No. 20, 7.

haben, nur folgerichtig. Die Auslegung des Ausschusses stützt sich auf die Rechte des Internationalen Pakts über wirtschaftliche, soziale und kulturelle Rechte und ist daher als bindend anzusehen. Allerdings könnte auch unabhängig von der „Spruchpraxis" des Sozialausschusses alleine aufgrund der gemeinsamen Anwendung von Art. 9 IPwskR und Art. 2 Abs. 2 IPwskR eine Beeinträchtigung bejaht werden.

iii) Rechtfertigung oder Ausgleich der Beeinträchtigung

Nunmehr stellt sich die Frage, ob diese Beschränkung des Rechts aus soziale Sicherheit aus Art. 9 IPwskR gerechtfertigt oder ausgeglichen werden kann. Zu prüfen ist insoweit, ob die Diskriminierung der Strafgefangenen durch vernünftige und objektive Gründe gerechtfertigt ist.

Möglicherweise ist die vollumfängliche Geltendmachung des Rechts auf soziale Sicherheit nach der Präambel ausgeschlossen. Dort heißt es, dass der Einzelne gegenüber seinen Mitmenschen und der Gemeinschaft, der er angehört, Pflichten hat und gehalten ist, für die Förderung und Achtung der im Pakt anerkannten Rechte einzutreten. Daraus könnte der Schluss gezogen werden, dass derjenige, der sich in Widerspruch zu gesellschaftlichen Anforderungen setzt, eine Aufhebung des vollen Schutzanspruchs bewirkt. Um eine solche Beschränkung bzw. Verwirkung der Paktrechte annehmen zu können, müsste es sich bei der Präambel um eine eigenständige Regelung handeln. Die Formulierung ist hierfür jedoch zu unkonkret. Außerdem liefe eine solche Auffassung dem Sinn des Menschenrechtspakts und dem im Parallelpakt normierten Resozialisierungsgebot zuwider; auch sieht der Pakt selbst eine derartige Einschränkung der Rechte nicht vor. Des Weiteren hat der Sozialausschuss ausdrücklich ausgeführt, dass das Recht auf soziale Sicherheit jedem Mitglied einer Gesellschaft zukommt; eine Einschränkung des Rechts oder die Notwendigkeit zur Erfüllung bestimmter Voraussetzungen wurde gerade nicht vorgenommen. Die Straffälligkeit der Strafgefangenen führt demnach nicht zu einem Verlust des Rechts aus Art. 9 IPwskR.

Einen Ausgleich oder ein Äquivalent für die Beeinträchtigung des Rechts auf soziale Sicherheit könnte aber die Sozialhilfe darstellen. Insoweit ist fraglich, ob auch die Sozialhilfe Schutz im Sinne von Art. 9 IPwskR bietet. Dies wird für den Anspruch auf Sicherung des Existenzminimus durch die Sozialhilfe angenommen[1092]. Begründet wird diese Auffassung damit, dass auch andere völkerrechtliche Verträge die Sozialhilfe unter den Begriff der sozialen Sicherheit fassen, beispielhaft werden Art. 34 Europäische Grundrechte-Charta und die Europäische Sozialcharta genannt. Auch das IAO-Übereinkommen Nr. 102 sehe eine Mischung aus Sozialversicherung und Sozialhilfe als Mindeststandard vor[1093]. Der Sozialausschuss

1092 *Echterhölter*, BArbBl 1973, 496 (498); *Riedel* in Social Security, 17 (23 ff.).

1093 *Riedel* in Social Security, 17 (24 f.).

vertritt ebenfalls die Auffassung, dass die Gewährung von Sozialhilfe als Erfüllung der staatlichen Verpflichtungen aus dem Internationalen Pakt über wirtschaftliche, soziale und kulturelle Rechte ausreichend sein kann[1094]. Durch die Gewährung von Sozialhilfe an Strafgefangene, die aus der Haft entlassen wurden, könnte die Verletzung aus Art. 9 IPwskR daher ausgeglichen sein. Doch sollen auch diejenigen Personen, die Sozialhilfe erhalten, möglichst bald in das reguläre Sozialversicherungssystem einbezogen werden[1095]. Diese Forderung erscheint vor dem Hintergrund, dass sich die Staaten anderenfalls unter Umständen mit der Gewährung von Sozialhilfe als dem Mindeststandard zufrieden geben und eine Weiterentwicklung der Sozialversicherung womöglich nicht erfolgen würde, als sachgerecht[1096].

Darüber hinaus ist zu beachten, dass die fehlende Einbeziehung in die Sozialversicherung auf einer Diskriminerung der Strafgefangenen beruht. Es besteht keine sachlogische Begründung, warum gerade die Gruppe der arbeitenden Strafgefangenen nicht in das System einbezogen wird; die einzig vorgebrachte Argumentation sind mangelnde staatliche Mittel. Dies ist jedoch nach Ansicht des Ausschusses keine taugliche Begründung für eine dauerhafte Ausgrenzung einzelner Personengruppen[1097]; angesichts der wirtschaftlichen Leistungsfähigkeit Deutschlands und der überschaubaren Auswirkungen der Einbeziehung auf die öffentlichen Haushalte erscheint diese Rechtfertigung erst recht zweifelhaft. Die Diskriminierung liegt auch gerade in der Missachtung der Arbeit. Die Gewährung der Sozialhilfe könnte diesen Mangel nicht ausgleichen, weil sie ohne Bezug zu der geleisteten Arbeit gewährt wird. Dagegen ist die Sozialversicherungspflicht nahezu untrennbar mit der Ausübung abhängiger Beschäftigung verbunden.

Der Sozialausschuss nennt die Einbeziehung benachteiligter Bevölkerungsteile als wesentliche Verpflichtung aus Art. 9 IPwskR. Es ist durch zahlreiche Untersuchungen nachgewiesen worden, dass es sich bei Strafgefangenen überwiegend um arme und/oder ungebildete sowie sozial nicht integrierte Personen handelt[1098]. Die Gruppe der Strafgefangenen ist daher als benachteiligte Bevölkerungsgruppe anzusehen. Unter Berücksichtigung der Auffassung des Sozialausschusses sollten gerade sie in die Sozialversicherung eingebunden werden. Auch vor dem Hintergrund der sozialen Integration durch dieses System und der angestrebten Resozialisierung der Gefangenen ist die Einbeziehung geboten.

Eine Verletzung von Art. 9 IPwskR ergibt sich auch im Zusammenhang mit Art. 2 Abs. 1 IPwskR, der die Staaten auf eine schrittweise Umsetzung der Pakt-

---

1094 CESCR, General Comment No. 19, 4 (b).

1095 CESCR, General Comment No. 19, 51.

1096 So argumentieren auch einige Vertragsstaaten und siedeln die Sozialhilfe im Kontext von Art. 11 IPwskR an, *Riedel* in Social Security, 17 (24).

1097 CESCR, General Comment No. 19, 51.

1098 Siehe dazu *Entorf*, Evaluation des deutschen Strafvollzugs.

rechte verpflichtet. Diese Verpflichtung verlangt von den Staaten konkrete und gezielte gesetzgeberische Schritte zur Weiterentwicklung des Systems[1099]. Auch dies ist bezüglich der Sozialversicherung für Arbeit im Strafvollzug über Jahre hinweg nicht erfolgt.

Durch die geltende Rechtslage verletzt Deutschland seine völkerrechtlichen Verpflichtungen aus Art. 9 IPwskR i.V.m. Art. 2 Abs. 1 und Abs. 2 IPwskR.

c) Folgen des Völkerrechtsverstoßes

Der Internationale Pakt über wirtschaftliche, soziale und kulturelle Rechte sieht keine Sanktionen für den Verstoß gegen Paktrechte vor. In seinen Berichten kann der Sozialausschuss einen Verstoß feststellen und dem betreffenden Staat Empfehlungen zur Umsetzung des Pakts aufgeben. Für den Fall, dass der Mitgliedstaat diesen Empfehlungen nicht nachkommt, besteht für das Komitee die Möglichkeit, Folgemaßnahmen zu beschließen. Diese bestehen darin, dass der paktwidrig handelnde Staat bei seinem nächsten Bericht konkret nach der Umsetzung der Empfehlungen befragt wird. Sofern sich ein Mitgliedstaat den Folgemaßnahmen verschließt und dementsprechend die an ihn gerichteten Fragen nicht beantwortet, kann der Ausschuss Nachforschungen bezüglich der offenen Fragen ohne Beteiligung des Staates einleiten. Auch wenn dies manche Staaten zum Handeln bewegen mag, wird durch die Berichtspflicht und die Folgemaßnahmen eher eine moralische Zwangslage begründet.

4. Ergebnis

Die Arbeitspflicht Strafgefangener verstößt nicht gegen Garantien des Internationalen Pakts über wirtschaftliche, soziale und kulturelle Rechte. Die Rechtslage bezüglich der Sozialversicherung ist hingegen nicht mit Art. 9 IPwskR i.V.m. Art. 2 Abs. 1 und Abs. 2 IPwskR vereinbar.

B. Vereinbarkeit der §§ 41, 200, 190–193 StVollzG mit regionalem Völkerrecht

Als Instrumente des regionalen Völkerrechts werden nachfolgend die Europäische Menschenrechtskonvention und die Europäische Sozialcharta einer näheren Betrachtung unterzogen.

1099 *Simma* in Festschrift für Lerche, 83 (87).

I. Vereinbarkeit der §§ 41, 200, 190–193 StVollzG mit der EMRK

Die Europäische Menschenrechtskonvention hält Gewährleistungen bereit, an denen die Arbeitspflicht deutscher Strafgefangener sowie die Rahmenbedingungen dieser Tätigkeiten untersucht werden können. Der konkreten Prüfung vorangestellt werden Ausführungen zur Wirkung der Konvention, zu deren herausragender Besonderheit im völkerrechtlichen Menschenrechtsschutz und zur Bedeutung des Europäischen Gerichtshofs für Menschenrechte bei der Anwendung und Auslegung der Konvention.

1. Allgemeines

Die Europäische Menschenrechtskonvention gilt im Rahmen des Europarats; sie ist ein Instrument des regionalen Menschenrechtsschutzes. Die Mitgliedschaft eines europäischen Staates im Europarat ist nur dann möglich, wenn dieser die Zusage abgibt, die Europäische Menschenrechtskonvention und ihre Protokolle innerhalb einer bestimmten Frist zu ratifizieren[1100]; gegenwärtig gibt es 14 Protokolle[1101].

a) Wirkung der EMRK im innerstaatlichen Recht

Die Europäische Menschenrechtskonvention hat in den Vertragsstaaten eine unterschiedliche Wirkung. Teilweise wird ihr Verfassungsrang zugebilligt[1102], in den weitaus meisten Staaten des Europarats wird ihr ein Übergesetzesrang zugestanden, ohne jedoch Verfassungsrang zu erreichen[1103]. In Deutschland hat sie als herkömmlicher völkerrechtlicher Vertrag den Rang eines Bundesgesetzes[1104].

b) Besonderheit der EMRK – die Individualbeschwerde

Die Europäische Menschenrechtskonvention hebt sich von anderen völkerrechtlichen Verträgen insbesondere durch das im Jahre 1998 eingeführte gerichtliche Individualbeschwerdeverfahren ab. Bereits bei Schaffung der Europäischen Menschenrechtskonvention wurden Kontrollinstanzen eingeführt, die den Menschenrechtsschutz und die Einhaltung der Konvention überwachen sollten. Dies waren zum einen die Europäische Kommission für Menschenrechte sowie der Europäische Gerichtshof für Menschenrechte. Zunächst gab es allerdings für

---

1100 *Epping* in Ipsen, Völkerrecht, 520.

1101 Stand Mai 2008.

1102 So in Belgien und Österreich.

1103 Dies gilt unter anderem in Luxemburg, den Niederlanden, Frankreich, Portugal und Spanien.

1104 BVerfGE 19, 342 (347); 22, 254 (265); 25, 327 (331); 35, 311 (320); 74, 358 (370).

Individuen nicht die Möglichkeit, sich direkt an den Gerichtshof zu wenden. Eine Klage vor diesem Gremium konnte nur von den Mitgliedstaaten des Europarats und der Europäischen Menschenrechtskommission erhoben werden. Für Einzelpersonen bestand lediglich die Möglichkeit, sich mit der Beschwerde an die Menschenrechtskommission zu wenden. Diese prüfte, ob ein Ausgleich der Interessen der Parteien außergerichtlich zu erreichen war; nur wenn diese Möglichkeit ausschied, konnte ein Verfahren vor dem Gerichtshof eingeleitet werden[1105]. Zudem gab es die Möglichkeit einer Staatenbeschwerde. Allerdings tagte der Gerichtshof nicht ständig, so dass sich Verfahren, sofern sie denn bis zum Gerichtshof gelangten, über Jahre hinzogen. Dementsprechend bestanden nur geringe Erfolgsaussichten für die Geltendmachung einer Verletzung von Konventionsrechten, und der Grundrechtsschutz wurde innerhalb des Anwendungsbereichs der Europäischen Menschenrechtskonvention nur in unzureichendem Maße gewährleistet[1106].

Die erste Verbesserung des Rechtsschutzes erfolgte durch Einführung des Neunten Zusatzprotokolls zur Europäischen Menschenrechtskonvention vom 6.11.1990[1107]. Danach konnten sich erstmals auch natürliche Personen, nichtstaatliche Organisationen oder Personenvereinigungen an den Gerichtshof in Straßburg wenden, soweit sich zuvor die Menschenrechtskonvention mit der Beschwerde befasst hatte. Durch die Schaffung des Elften Zusatzprotokolls vom 11.05.1994[1108] wurde mit Wirkung zum 01.11.1998 endgültig die Möglichkeit für Individuen geschaffen, den nunmehr ständig tagenden Europäischen Gerichtshof für Menschenrechte direkt anzurufen; die vorgeschaltete Prüfung der Beschwerde durch die Menschenrechtskommission ist ersatzlos entfallen. Am Ende des Verfahrens steht eine Entscheidung des Gerichts, die die an dem Verfahren beteiligten Vertragsstaaten umfassend bindet; Art. 46 Abs. 1 EMRK bringt dies unmissverständlich zum Ausdruck[1109]. Zusätzlich kann der Gerichtshof dem Geschädigten einen Entschädigungsanspruch gegen den verletzenden Staat zusprechen, Art. 41 EMRK.

1105 *Hobe*, Völkerrecht, 445.

1106 *Neubacher*, ZfStrVo 1999, 210 (211).

1107 In Deutschland ist es im Jahre 1994 in Kraft getreten, BGBl. 1994 II, S. 491.

1108 Veröffentlicht in BGBl. 1995 II, S. 579.

1109 Art. 46 lautet:
(1) Die Hohen Vertragsparteien verpflichten sich, in allen Rechtssachen, in denen sie Partei sind, das endgültige Urteil des Gerichtshofs zu befolgen.
(2) Das endgültige Urteil des Gerichtshofs ist dem Ministerkomitee zuzuleiten; dieses überwacht seinen Vollzug.

c) Bedeutung des EGMR für die Auslegung und Anwendung der EMRK

Der Europäische Gerichtshof für Menschenrechte ist das mit den größten Kompetenzen ausgestattete Organ zur Gewährleistung eines regionalen Menschenrechtsschutzes. Er stellt gemäß Art. 19 EMRK die Einhaltung der Verpflichtung aus der Konvention und den weiteren Protokollen sicher. In Ausübung dieser Kontrollfunktion obliegt ihm auch die Auslegung des Vertrags. Dies ist in Art. 32 Abs. 1 EMRK ausdrücklich normiert. Nach dieser Regelung umfasst die Zuständigkeit des Gerichtshofs alle die Auslegung und Anwendung der EMRK und der Protokolle dazu betreffenden Angelegenheiten, mit denen er im Rahmen von Staaten- und Individualbeschwerden sowie Gutachten befasst ist. Aufgrund der Bindung der Vertragsstaaten der Europäischen Menschenrechtskonvention an die Urteile des Gerichtshofs und dessen Möglichkeit, konventionsverletzenden Staaten eine Entschädigungspflicht aufzuerlegen, kommt dem Gerichtshof eine herausragende Position zu.

Für die Europäische Menschenrechtskonvention als völkerrechtlichen Vertrag finden zunächst die Auslegungsgrundsätze der Wiener Vertragsrechtskonvention Anwendung[1110]. Allerdings gelten für die Auslegung einige Besonderheiten. So ist im Rahmen der systematischen Auslegung zu beachten, dass nicht nur die Konvention und ihre Protokolle zur Auslegung herangezogen werden; vielmehr finden auch andere völkerrechtliche Verträge der Mitgliedstaaten bei der systematischen Auslegung Berücksichtigung[1111], allen voran die Satzung des Europarats[1112]. Eine weitere Besonderheit im Bereich der systematischen Auslegung ist die so genannte autonome Auslegung. Danach müssen die Systematik der Konvention selbst und deren Zielsetzung sowie die Gemeinsamkeiten und Unterschiede aller nationalen Rechtsordnungen bei der systematischen Auslegung beachtet werden[1113]. Die Konventionsrechte sind insoweit als eine eigenständige Rechtsordnung zu begreifen, die von den Rechtsordnungen einzelner Mitgliedstaaten unabhängig ist[1114].

Der Europäische Gerichtshof für Menschenrechte geht auch im Rahmen der teleologischen Auslegung über die hergebrachten Auslegungsgrundsätze hinaus und leitet aus der Konvention, vor allem aus der Präambel und aus Art. 19 EMRK, der Regelung über die Errichtung des Gerichtshofs, ein Recht zur verstärkten teleologischen Auslegung her; dieses reicht bis an die Grenze der Rechtsfortbildung

---

1110 So ausdrücklich EGMR, Golder ./. Vereinigtes Königreich, Urteil vom 21.02.1975, Beschwerde-Nr. 4451/70, Z. 29, zu den Grundsätzen siehe oben, S. 200.

1111 *Weidmann*, 73 ff.

1112 *Grabenwarter*, EMRK, § 5 Rn. 8.

1113 *Grabenwarter*, EMRK, § 5 Rn. 9; *Reindel* 103.

1114 *Grabenwarter*, EMRK, § 5 Rn. 10.

heran[1115]. Ausweislich der Präambel der Konvention ist das Ziel des Europarats die Schaffung einer engeren Verbindung zwischen seinen Mitgliedstaaten. Dazu sollen die Menschenrechte und Grundfreiheiten gewahrt und fortentwickelt werden, da sie die Grundlage von Gerechtigkeit und Frieden in der Welt bilden. In zahlreichen Entscheidungen hat der Gerichtshof den folgenden Grundsatz geprägt:

"The convention is a living instrument, which must be interpreted in the light of present day conditions."[1116]

Der Gerichtshof betreibt also eine dynamische Interpretation, das heißt zunächst, dass die Gewährleistungen der Konvention an die aktuellen Gegebenheiten angepasst werden. Gleichzeitig entwickelt der Gerichtshof die Gewährleistungen der Konvention zur Erreichung ihrer größtmöglichen Effektivität fort; er handelt dementsprechend nach dem Grundsatz des *effet utile*[1117].

2. *Vereinbarkeit der Arbeitspflicht gemäß § 41 Abs. 1 StVollzG mit Art. 4 Abs. 2 EMRK*

Das Verbot der Sklaverei und Zwangsarbeit aus Art. 4 EMRK zählt zu den fundamentalen Gewährleistungen der Europäischen Menschenrechtskonvention[1118]. Gemäß Art. 4 Abs. 2 EMRK darf niemand gezwungen werden, Zwangs- oder Pflichtarbeit zu verrichten. Nach Art. 4 Abs. 3 lit. a) EMRK gilt nicht als Zwangs- oder Pflichtarbeit im Sinne dieses Artikels eine Arbeit, die üblicherweise von einer Person verlangt wird, der unter den Voraussetzungen des Art. 5 EMRK die Freiheit entzogen oder die bedingt entlassen worden ist.

a) Begriff der Zwangsarbeit der EMRK

Auch die Europäische Menschenrechtskonvention enthält den Begriff der Zwangsarbeit, jedoch ohne dass dieser selbst in der Konvention definiert oder konkretisiert wird. Eine Bestimmung des Schutzbereichs dieser Gewährleistung erfolgte jedoch durch die Europäische Menschenrechtskommission und den Europäischen Gerichtshof für Menschenrechte. Letzterer hatte sich in einigen Fällen mit der Frage

---

1115 *Grabenwarter*, EMRK, § 5 Rn. 12; *Reindel*, 109.

1116 Ständige Rechtsprechung EGMR, Tyrer ./. Vereinigtes Königreich, Urteil vom 25.04.1978, Beschwerde-Nr. 5856/72, Z. 31; Loizidou ./. Türkei, Urteil vom 23.03.1995, Beschwerde-Nr. 15318/89, Z. 71 mit dem Hinweis, der Interpretationsgrundsatz sei in der Rechtsprechung fest verankert.

1117 *Weidemann*, 75 ff.; *Blau*, ZEuS 2005, 399 (403).

1118 *Grabenwarter*, EMRK, § 20 Rn. 37.

zu befassen, wann eine Verletzung des Zwangsarbeitsverbots aus Art. 4 Abs. 2 EMRK gegeben ist.

(1) Van der Mussele ./. Belgien

Eine grundsätzliche Entscheidung aus diesem Bereich ist das Urteil in der Sache *Van der Mussele ./. Belgien*[1119] aus dem Jahre 1983. Dort hatte sich der belgische Anwalt *Van der Mussele* gegen die regelmäßig unbezahlte Heranziehung als Pflichtverteidiger entsprechend dem nationalen Recht zur Wehr gesetzt und geltend gemacht, dass es sich bei dieser Tätigkeit um nach Art. 4 Abs. 2 EMRK verbotene Zwangsarbeit handele.

Der Europäische Gerichtshof für Menschenrechte wies in dieser Entscheidung darauf hin, dass Art. 4 EMRK nicht definiere, welche Tätigkeit unter den Begriff „Zwangs- und Pflichtarbeit" im Sinne der Konvention falle[1120]. Auch könne den die Europäische Menschenrechtskonvention vorbereitenden Dokumenten des Europarates kein Hinweis darauf entnommen werden, was diesen Begriff ausmache. Allerdings sei erkennbar, dass dieser Konventionsartikel an dem bereits früher in Kraft getretenen IAO-Übereinkommen Nr. 9 orientiert sei. Dies komme in der vergleichbaren Formulierung des Art. 4 Abs. 2 und Abs. 3 EMRK und Art. 2 Abs. 2 IAO-Übereinkommen Nr. 29 zum Ausdruck[1121]. Nach der genannten Bestimmung des IAO-Übereinkommens sei Zwangsarbeit jede Arbeit oder Dienstleistung, die von einer Person unter Androhung irgendeiner Strafe verlangt wird und für die sie sich nicht freiwillig zur Verfügung gestellt hat. Ausgehend von dieser Definiton könne eine Auslegung der Regelung des Art. 4 Abs. 2 EMRK erfolgen. Dabei müssten die Besonderheiten der Europäischen Menschenrechtskonvention ebenso Berücksichtigung finden, wie die Tatsache, dass es sich bei der Konvention um ein der Anpassung an aktuelle Entwicklungen zugängliches Vertragswerk handele.

Der Gerichtshof äußerte sich in den weiteren Urteilsgründen zu den verschiedenen Merkmalen der Zwangsarbeitsdefinition der Internationalen Arbeitsorganisation in Art. 2 Abs. 2 IAO-Übereinkommen Nr. 29. Zunächst stellte er fest, dass nicht nur Arbeit im Sinne einer handwerklichen Tätigkeit in den Anwendungsbereich des Zwangsarbeitsverbots falle. Art. 2 Abs. 2 IAO-Übereinkommen Nr. 29

1119 Urteil vom 23.11.1983, Beschwerde-Nr. 8919/80.

1120 EGMR, Van der Mussele ./. Belgien, Urteil vom 23.11.1983, Beschwerde-Nr. 8919/80, Z. 32 = EuGRZ 1985, 477 (481); ebenso bereits EKMR, Iversen ./. Norwegen, Entscheidung vom 17.12.1963, Beschwerde-Nr. 1468/62 = EuGRZ 1975, 51.

1121 EGMR, Van der Mussele ./. Belgien, Urteil vom 23.11.1983, Beschwerde-Nr. 8919/80, Z. 32 = EuGRZ 1985, 477 (481).

beziehe unzweifelhaft auch Dienstleistungen in den Begriff der Arbeit ein[1122]. Der Begriff Zwangsarbeit umfasse alle Tätigkeiten, zu deren Aufnahme der Betroffene mittels physischen oder psychischen Drucks veranlasst würde. Um einen solchen Fall habe es sich jedoch bei der Verpflichtung des Beschwerdeführers nicht gehandelt. Der Begriff der Pflichtarbeit hingegen erfasse alle Tätigkeiten, zu deren Erfüllung der Betroffene sich nicht freiwillig bereit erklärt habe und in deren Zusammenhang ihm eine Strafe drohe für den Fall, dass er dem Verlangen des Verpflichtenden nicht nachkomme[1123]. Dabei sei „Strafe" im weitesten Sinne als Zufügen eines Nachteils zu verstehen, da die IAO-Definition die Androhung „irgendeiner" Strafe als ausreichend erachte[1124]. In dem zu entscheidenden Fall sei das Vorliegen „irgendeiner" Strafe in diesem Sinne zu bejahen, da dem Anwalt *Van der Mussele* für den Fall, dass er die Pflichtverteidigung verweigert hätte, die Ablehnung zur Eintragung als Anwalt in das Anwaltsverzeichnis gedroht hätte.

Der Gerichtshof lehnte eine Verletzung des Zwangsarbeitsverbots jedoch ab, da sich der Beschwerdeführer damit einverstanden erklärt habe, Pflichtverteidigungen im üblichen Rahmen zu übernehmen. In seinen Entscheidungsgründen nahm er die Spruchpraxis der Europäischen Menschenrechtskommission zu Art. 4 Abs. 2 EMRK auf. Diese hatte in der Beschwerde *Iversen ./. Norwegen*[1125] als Voraussetzung für eine Verletzung des Zwangsarbeitsverbots nicht nur das Vorliegen einer Tätigkeit gegen den Willen des Betroffenen gefordert, sondern ergänzend verlangt, dass es sich um eine Tätigkeit handele, die ungerecht oder unterdrückend sei oder eine vermeidbare Härte darstelle[1126]. Der Gerichtshof führt aus, dass ein solches Kriterium weder in Art. 2 Abs. 2 IAO-Übereinkommen Nr. 29 noch in Art. 4 Abs. 2 EMRK selbst enthalten sei. Im weiteren Verlauf des Urteils wies der Gerichtshof ausdrücklich darauf hin, dass er seine Entscheidung auf andere Erwägungen stütze[1127]. Es müsse anhand der konkreten Umstände des

---

1122 EGMR, Van der Mussele ./. Belgien, Urteil vom 23.11.1983, Beschwerde-Nr. 8919/80, Z. 33 = EuGRZ 1985, 477 (481).

1123 EGMR, Van der Mussele ./. Belgien, Urteil vom 23.11.1983, Beschwerde-Nr. 8919/80, Z. 34 = EuGRZ 1985, 477 (481).

1124 EGMR, Van der Mussele ./. Belgien, Urteil vom 23.11.1983, Beschwerde-Nr. 8919/80, Z. 35 = EuGRZ 1985, 477 (481).

1125 EKMR, EuGRZ 1975, 51.

1126 EKMR, Entscheidung vom 17.12.1963, Beschwerde-Nr. 1468/62 = EuGRZ 1975, 51 (52).

1127 EGMR, Van der Mussele ./. Belgien, Urteil vom 23.11.1983, Beschwerde-Nr. 8919/80, Z. 37 = EuGRZ 1985, 477 (482); a.A. wohl *Marauhn* in Konkordanzkommentar, Kap. 12 Rn. 16, der die Entscheidung dahin gehend interpretiert, dass auch der Gerichtshof ein Element der Ungerechtigkeit oder Unterdrückung für das Vorliegen von Zwangsarbeit verlangt. Nach hier vertretener Ansicht ging es bei der vorgenommen Abwägung jedoch um die Frage, ob Anhaltspunkte gegen Freiwilligkeit einer Tätigkeit sprechen, wenn mit ihr unverhältnismäßige Belastungen

Einzelfalls nachvollzogen werden, ob die Belastung durch die gesetzliche Verpflichtung im Vergleich zu den einhergehenden Vorteilen derart hoch sei, dass sie das Vorliegen einer freiwilligen Entscheidung ausschließe. Dies könne etwa bei einer Tätigkeit der Fall sein, die mit dem angestrebten oder ausgeübten Beruf in keinerlei Zusammenhang stehe. Bei der Inanspruchnahme des Beschwerdeführers müsste berücksichtigt werden, dass sich die verlangte Tätigkeit im Rahmen der üblichen Arbeit eines Anwalts bewege. Außerdem habe ihm die Tätigkeit Gelegenheit gegeben, seine Erfahrungen zu erweitern und seine Fähigkeiten zu schulen[1128]. Zusätzlich müsse beachtet werden, dass es sich bei der Inanspruchnahme von Anwälten zur Pflichtverteidigung um die Wahrnehmung einer gesellschaftlichen Verantwortlichkeit handele. Insbesondere diene sie dazu, das Recht auf ein faires Verfahren aus Art. 6 EMRK zu sichern. Außerdem sei der Umfang der Tätigkeit für den Beschwerdeführer nicht als unverhältnismäßig belastend anzusehen. Daher sei die (unbezahlte) Heranziehung als Pflichtverteidiger als eine nach Art. 4 Abs. 3 lit. d) EMRK erlaubte Arbeit zu qualifizieren, deren Erfüllung zu den üblichen Bürgerpflichten gehöre[1129].

(2) Schmidt ./. Deutschland

In der Sache *Schmidt ./. Deutschland*[1130] setzte sich der Europäische Gerichtshof für Menschenrechte mit der Frage auseinander, ob die Heranziehung von Männern eines bestimmten Alters zum Feuerwehrdienst der Gemeinde, oder alternativ zur Zahlung einer Feuerwehrabgabe, nach dem baden-württembergischen Feuerwehrgesetz gegen die Konvention verstoßen. Der Beschwerdeführer hatte insbesondere eine Verletzung des Diskriminierungsverbots aus Art. 14 EMRK i.V.m. Art. 4 Abs. 2, Abs. 3 lit. d) EMRK gerügt, da Frauen nicht zur Ableistung des Feuerwehrdienstes und ebenfalls nicht zur Zahlung der Abgabe verpflichtet würden.

In seiner Entscheidung konkretisiert der Europäische Gerichtshof für Menschenrechte den Anwendungsbereich und den Inhalt des Zwangsarbeitsverbots weiter. Art. 4 Abs. 3 EMRK schränke das Zwangsarbeitsverbot nicht ein, sondern beschreibe den Inhalt dieser Gewährleistung. Die in Art. 4 Abs. 3 lit. a) bis lit. d) EMRK aufgeführten Beispiele sollen verdeutlichen, welche Tätigkeiten nicht als

---

einhergehen. Eine ähnliche Argumentation findet sich auch bei dem IAO-Sachverständigenausschuss, Eradication Forced Labour, 29 f.

1128 EGMR, Van der Mussele ./. Belgien, Urteil vom 23.11.1983, Beschwerde-Nr. 8919/80, Z. 39 = EuGRZ 1985, 477 (482).

1129 EGMR, Van der Mussele ./. Belgien, Urteil vom 23.11.1983, Beschwerde-Nr. 8919/80, Z. 39 = EuGRZ 1985, 477 (483).

1130 Urteil vom 18.07.1994, Beschwerde-Nr. 19872/02 = NVwZ 1995, 365.

Zwangs- oder Pflichtarbeit im Sinne von Art. 4 Abs. 2 EMRK gelten; sie stellten eine Auslegungshilfe für Art. 4 Abs. 2 EMRK dar. Anlass für die Zulassung der Ausnahmen nach Art. 4 Abs. 3 EMRK seien unter anderem die Leitgedanken des allgemeinen Interesses und der sozialen Solidarität. So handele es sich bei der Inpflichtnahme für den Feuerwehrdienst um eine nach Art. 4 Abs. 3 lit. d) zulässige Dienstpflicht; diese könne auch durch die Zahlung einer Abgabe ersetzt werden[1131]. Eine Verletzung des Zwangsarbeitsverbots sah der Gerichtshof insoweit nicht als gegeben an.

(3) Sokur ./. Ukraine u.a.

In den Fällen *Sokur ./. Ukraine*[1132], *Vasilenkov ./. Ukraine*[1133], *Cherginets ./. Ukraine*[1134] und *Ananyev ./. Ukraine*[1135] klagten Arbeiter einer staatlichen Minengesellschaft gegen diese wegen einer Verletzung des Zwangsarbeitsverbots. Sie hatten über einen längeren Zeitraum hinweg keine Bezahlung für ihre Arbeit erhalten und machten vor dem Gerichtshof geltend, dass sie aufgrund der nicht erfolgten Bezahlung der Sklaverei unterworfen gewesen seien.

In seinen Entscheidungen machte der Gerichtshof geltend, dass die Arbeiter freiwillig gearbeitet hätten und der Anspruch auf Lohnzahlung nie in Frage gestellt worden sei. Damit seien zivilrechtilche Forderungen Gegenstand der Auseinandersetzung, eine Verletzung des Zwangsarbeitsverbots der Konvention sei aufgrund der Freiwilligkeit und der grundsätzlich zu leistenden Bezahlung jedoch nicht gegeben.

(4) Siliadin ./. Frankreich

Die Bezugnahme des Art. 4 EMRK auf die wesensgleiche Vorschrift des Art. 2 IAO-Übereinkommen Nr. 29 wurde im Jahre 2005 durch das Urteil in der Sache *Siliadin ./. Frankreich*[1136] erneut bestätigt. In diesem Verfahren hatte sich eine minderjährige Togolesin gegen die jahrelange Ausbeutung als Haushaltshilfe bei einer französischen Familie zur Wehr gesetzt. Dem Mädchen war nach der Einreise nach Frankreich im Jahre 1994 von der Familie, bei der sie untergebracht war, der Reisepass entzogen worden. Unter dem Vorwand, dass sich die Familie um eine Aufenthaltsgenehmigung für das Mädchen kümmern würde, arbeitete sie ohne

1131 EGMR, NVwZ 1995, 365.
1132 Entscheidung vom 26.11.2002, Beschwerde-Nr. 29439/02.
1133 Urteil vom 03.05.2005, Beschwerde-Nr. 19872/02.
1134 Urteil vom 29.11.2005, Beschwerde-Nr. 37296/03.
1135 Urteil vom 30.11.2006, Beschwerde-Nr. 32374/02.
1136 Urteil vom 26.07.2005, Beschwerde-Nr. 73316/01.

Entgelt in der Familie, kümmerte sich insbesondere um den Haushalt und die drei Kinder. Dabei schlief sie auf einer Matratze in dem Zimmer des jüngsten Kindes, um das sie sich auch nachts kümmern musste. Schließlich zeigte das Mädchen die Familie im Jahre 1998 an und klagte vor französischen Gerichten auf Entschädigung. Zunächst wurde die Klage in zweiter Instanz abgewiesen; nach Zurückverweisung an das erstinstanzliche Gericht durch die Cour de Cassation wurde der Beschwerdeführerin im Jahre 2003 eine Entschädigung zugesprochen. Parallel zu den straf- und zivilrechtlichen Verfahren vor den französischen Gerichten hatte die Beschwerdeführerin im Jahre 2001 auch vor dem Europäischen Gerichtshof für Menschenrechte eine Konventionsverletzung gerügt. Sie hatte dabei einen Verstoß gegen Art. 4 EMRK mit der Begründung geltend gemacht, dass das französische Strafrecht keinen wirksamen Schutz gegen eine solche Art von Leibeigenschaft oder Zwangs- und Pflichtarbeit gewährleiste.

Der Gerichtshof stellte in dieser Entscheidung erstmalig eine Verletzung des Zwangsarbeitsverbots fest. In den Entscheidungsgründen führte er aus, dass sich aus Art. 4 EMRK auch positive Handlungspflichten für die Mitgliedstaaten ergäben[1137]. Das Zwangsarbeitsverbot des Art. 4 EMRK sei einer der Grundwerte der demokratischen Gesellschaft[1138]. Die Auslegung des Schutzgehalts dieser Norm orientiere sich, wie bereits mehrfach in anderen Entscheidungen dargelegt, an dem Übereinkommmen Nr. 29 über Zwangs- und Pflichtarbeit der Internationalen Arbeitsorganisation aus dem Jahre 1930[1139]. Der Begriff der Zwangs- oder Pflichtarbeit erwecke nach Ansicht des Gerichtshofs die Vorstellung von physischem oder moralischem Zwang. Es müsse eine Arbeit gegeben sein, die unter Androhung irgendeiner Strafe verlangt werde und für die sich der Betroffene nicht freiwillig zur Verfügung gestellt habe[1140]. Diese Erfordernisse werden in der Entscheidung jedoch insoweit relativiert, als der Gerichtshof feststellt, dass der Beschwerdeführerin zwar keine Strafe im eigentlichen Sinne angedroht worden sei, sie sich jedoch subjektiv in einer vergleichbar bedrohlichen Situation befunden habe[1141]. Sie habe befürchten müssen, von der Polizei verhaftet zu werden; diese Befürchtung sei durch die Eheleute, bei denen sie zur Arbeit verpflichtet worden war, noch bestätigt worden. Außerdem sei ihr eine Aufenthaltsgenehmigung im Zusammenhang mit ihrer Tätigkeit angeboten worden. Daher sei eine Situation gegeben gewesen, die der einer Strafe gleich komme; dies gelte insbesondere vor dem Hintergrund der Minderjährigkeit der Beschwerdeführerin. In Bezug auf die

---

1137 EGMR, NJW 2007, 41 (43 f.).
1138 EGMR, NJW 2007, 41 (44).
1139 EGMR, NJW 2007, 41 (44).
1140 EGMR, NJW 2007, 41 (45).
1141 EGMR, NJW 2007, 41 (45).

Freiwilligkeit der Arbeitsleistung der Beschwerdeführerin stellte der Gerichtshof fest, dass sie die Arbeit nicht freiwillig geleistet, sondern schlechterdings keine andere Wahl gehabt habe[1142].

(5) Zusammenfassung der Rechtsprechung des EGMR

Es ist zusammenfassend festzuhalten, dass nach Ansicht des Europäischen Gerichtshofs für Menschenrechte das Verbot des Art. 4 Abs. 2 EMRK nicht eingreift, wenn eine Person eine Tätigkeit freiwillig aufnimmt. Im Umkehrschluss ist also die zwangweise Verpflichtung zur Arbeit Grundvoraussetzung für die Prüfung einer Maßnahme an der Garantie des Art. 4 Abs. 2 EMRK. Dabei ist es nach aktueller Rechtsprechung ausreichend, dass der verpflichteten Person keine andere Wahlmöglichkeit verbleibt. Insoweit muss zusätzlich berücksichtigt werden, dass bei einer Maßnahme, die neben einer Belastung gleichzeitig auch Vergünstigungen gewährt, von einer Unfreiwilligkeit nur bei erheblichen Beeinträchtigungen auszugehen ist. Es kann eine Abwägung zwischen den Vor- und Nachteilen einer zwangsweisen Verpflichtung stattfinden. Des Weiteren muss Anlass für die Aufnahme der Tätigkeit eine andernfalls drohende Strafe sein. Dabei ist der Begriff „Strafe" im weitesten Sinne als Zufügen eines Nachteils zu verstehen; insoweit erfolgt eine ausdrückliche Bezugnahme auf den Text des Zwangsarbeitsverbots aus Art. 2 Abs. 2 IAO-Konvention Nr. 29.

b) Vereinbarkeit der Arbeit in Unternehmerbetrieben mit Art. 4 Abs. 2 EMRK

Im Folgenden wird überprüft, ob die Tätigkeit von Strafgefangenen, gemessen an den Vorgaben des Europäischen Gerichtshofs für Menschenrechte, den Tatbestand des Zwangsarbeitsverbots erfüllt.

(1) Zwangsarbeit im Sinne von Art. 4 Abs. 2 EMRK

Die Strafgefangenen werden zur Arbeit in den Unternehmerbetrieben ohne eine formale Einwilligung und gegen ihren Willen verpflichtet. Damit ist die erforderliche Unfreiwilligkeit der Maßnahme grundsätzlich gegeben.

Bei einer Arbeitsverweigerung drohen dem Strafgefangenen Disziplinarmaßnahmen. Der Begriff der Strafe erfasst die Zufügung eines Nachteils. Ob dieser Nachteil einen bestimmten Grad erreichen muss, wurde in der Rechtsprechung des Europäischen Gerichtshofs für Menschenrechte nicht konkretisiert. Aufgrund

1142 EGMR, NJW 2007, 41 (45).

der auch vom Gerichtshof betonten[1143] immensen Bedeutung des Zwangsarbeitsverbots für jede demokratische Rechtsordnung muss diesem zu einer umfassenden Geltung verholfen werden[1144]. Dieser Bedeutung würde es nicht gerecht, wenn der Begriff der Strafe eng ausgelegt und nur Strafen im eigentlichen Sinne darunter gefasst würden. Ein solches Vorgehen würde auch die ausdrücklich weite Auslegung des Europäischen Gerichtshofs für Menschenrechte außer Acht lassen. Daher sind auch der Entzug von Vergünstigungen und sogar psychische Zwangslagen als Strafe im Sinne von Art. 4 Abs. 2 EMRK aufzufassen[1145]. Damit ist die Tätigkeit von Strafgefangenen in Unternehmerbetrieben Zwangsarbeit im Sinne von Art. 4 Abs. 2 EMRK.

(2) Ausnahmetatbestand nach Art. 4 Abs. 3 EMRK

Art. 4 Abs. 2 EMRK enthält ein absolutes Verbot[1146]. Dies bedeutet, dass eine Verletzung des Verbots unter keinen Umständen zu rechtfertigen ist[1147]. Eine Abwägung kann jedoch bei der Frage vorgenommen werden, ob eine bestimmte Maßnahme überhaupt in den Schutzbereich des Zwangsarbeitsverbots fällt[1148]. Insoweit ist zu beachten, dass Art. 4 Abs. 3 EMRK Tatbestände normiert, in denen eine zwangsweise Verpflichtung zur Arbeit ausnahmsweise zulässig ist, und die den Anwendungsbereich des Zwangsarbeitsverbots konkretisieren[1149].

i) Van Droggenbroeck ./. Belgien

Nach Art. 4 Abs. 3 lit. a) EMRK ist das Arbeiten in der Haft keine Zwangs- oder Pflichtarbeit, solange es sich um üblicherweise verlangte Arbeiten handelt. Der Europäische Gerichtshof für Menschenrechte hat lediglich in der Entscheidung *Van Droggenbroeck ./. Belgien*[1150] umrissen, welche Tätigkeiten unter den Begriff „üblicherweise verlangte Arbeiten" fallen.

Der Beschwerdeführer hatte zwei Jahre im Gefängnis verbracht und war anschließend entsprechend der belgischen Rechtslage zur Erreichung seiner Resozialisierung zu Arbeitsmaßnahmen herangezogen worden. Für diese Tätigkeit

---

1143 EGMR, NJW 2007, 41 (45).

1144 *Höfling* in Kölner Gemeinschaftskommentar, Art 5 Rn. 13; *Frenz*, NZA 2007, 734 (735).

1145 *Frenz*, NZA 2007, 734 (736).

1146 EGMR, NJW 2007, 41 (44); *Grabenwarter*, EMRK § 20 Rn. 38 f.; *Marauhn* in Konkordanzkommentar, Kap. 12 Rn. 12.

1147 *Marauhn* in Konkordanzkommentar, Kap. 12 Rn. 12; *Frenz*, NZA 2007, 734.

1148 *Marauhn* in Konkordanzkommentar, Kap. 12 Rn. 12.

1149 EGMR, NVwZ 1995, 365; *Marauhn* in Konkordanzkommentar, Kap. 12 Rn. 12, 18.

1150 Urteil vom 24.06.1982 = EuGRZ 1984, 6.

erhielt er Lohn. Der Beschwerdeführer stellte sich auf den Standpunkt, dass er in Leibeigenschaft gehalten wurde und daher unter anderem eine Verletzung von Art. 4 EMRK vorliege. Der Europäische Gerichtshof für Menschenrechte verneinte eine Verletzung des Zwangsarbeitsverbots. Zur Begründung führte er aus, dass die Tätigkeit den Ausnahmetatbestand des Art. 4 Abs. 3 lit. a) EMRK erfülle und somit keine Zwangsarbeit darstelle. Der Umfang der von dem Beschwerdeführer geleisteten Arbeiten habe nicht den Rahmen des „Normalen" überschritten, da sie dazu dienten, seine Resozialisierung zu erleichtern und ihre gesetzliche Grundlage in Bestimmungen hatten, deren Entsprechung in einigen anderen Mitgliedstaaten des Europarats zu finden ist[1151].

ii) Weitergehende Bezugnahme auf Auslegung des Sachverständigenausschusses

Bezüglich der Auslegung des Zwangsarbeitsverbots wird seitens des Europäischen Gerichtshofs für Menschenrechte auf das Übereinkommen Nr. 29 der Internationalen Arbeitsorganisation zurückgegriffen. Auf die Auslegung des Sachverständigenausschusses wurde hingegen kein Bezug genommen. Dies ist für den Inhalt des Art. 4 Abs. 3 lit. a) EMRK auch aus dem Grunde nicht in Betracht zu ziehen, da sich die Formulierung von derjenigen des Art. 2 Abs. 2 lit. c) IAO-Übereinkommen wesentlich unterscheidet.

iii) Auslegung des Ausnahmetatbestands

Insoweit stellt sich die Frage, ob eine Auslegung weitere Klärung über den Inhalt des Ausnahmetatbestands gibt.

Der Wortlaut der Vorschrift verlangt zur Zulässigkeit einer Arbeit im Gefängnis zunächst, dass die Freiheitsentziehung den Vorgaben des Art. 5 EMRK entspricht. Zudem muss die Arbeit üblich sein. Nach dem Wortlaut hat also eine Orientierung an anderen Tätigkeiten zu erfolgen. Dabei liegt nach der Systematik ein Vergleich von in Gefängnissen üblichen Arbeiten zueinander nahe. Nach der Formulierung im Fall *Van Droggenbroeck ./. Belgien* scheint dieser Schluss auch für den Europäischen Gerichtshof für Menschenrechte zwingend. Nicht in den Vergleich einbezogen werden sollen dagegen Tätigkeiten auf dem freien Arbeitsmarkt; dies erscheint nach der Formulierung der Vorschrift ausgeschlossen. Allerdings haben nach der Rechtsprechung des Gerichtshofs auch die in anderen Staaten des Europarats von den Strafgefangenen verlangten Tätigkeiten Berücksichtigung zu finden. Nach dem Wortlaut sind die Üblichkeit der Tätigkeit an sich und ebenso

1151 EuGRZ 1984, 6 (12).

die Arbeitsbedingungen zu messen. Denn die Arbeit wird gerade auch durch die Bedingungen charakterisiert, unter denen sie geleistet werden muss.

In systematischer Hinsicht ist zu beachten, dass das Verbot der Zwangsarbeit aus Art. 4 EMRK unmittelbar nach den existentiellen Garantien des Rechts auf Leben und dem Verbot der Folter angesiedelt ist. Damit steht es in einem systematischen Zusammenhang mit diesen Vorschriften[1152]. Daraus ist auf das Gewicht dieses Verbots zu schließen: Aus der elementaren Bedeutung folgt die Notwendigkeit, die Ausnahmetatbestände eng auszulegen, um das Verbot nicht zu entwerten. Dies gebieten auch Sinn und Zweck der Vorschrift. Das Zwangsarbeitsverbot schützt die freie Willensbetätigung und vor allem die Menschenwürde. Dies wird auch aus dem historischen Kontext des Zwangsarbeitsverbots deutlich. Um die Unüblichkeit einer Tätigkeit zu bejahen, muss sich diese vor dem Hintergrund des elementaren Schutzgutes „Menschenwürde" deutlich von den sonst vorherrschenden Tätigkeiten *im Gefängnis* unterscheiden. Dies kann sowohl im Hinblick auf die Art der Tätigkeit selbst als auch hinsichtlich der Bedingungen, zu denen die Arbeit geleistet wird, gelten. Eine Abweichung lässt sich daher nur für den jeweiligen Einzelfall feststellen; diese wäre etwa zu bejahen, wenn einem einzelnen Häftling eine außerordentliche Tätigkeit aufgegeben würde[1153]. Vorliegend lässt sich nur die nach dem Strafvollzugsgesetz für alle Strafgefangenen gleichermaßen bestehende Verpflichtung untersuchen. Nach der Gesetzeslage besteht insoweit kein Unterschied im Hinblick auf die Arbeit.

Auch im europäischen Vergleich kann die Arbeit nach dem Strafvollzugsgesetz durchaus als üblich qualifiziert werden. Im Hinblick auf die Tätigkeiten, zu denen die Strafgefangenen verpflichtet werden, kann keine verlässliche Aussage getroffen werden. Hinsichtlich der Bedingungen ergibt sich in Europa kein einheitliches Bild. So werden die Gefangenen in Österreich tarifgemäß entlohnt. In anderen Staaten, wie etwa England und Frankreich, gibt es eine dem deutschen Recht vergleichbare Regelung[1154]. Da sich das Bild von Arbeit in Gefängnissen im europäischen Vergleich sehr vielfältig zeigt[1155], kann eine Üblichkeit nicht herausgearbeitet werden.

Die Arbeit von Strafgefangenen in Unternehmerbetrieben ist zulässige Zwangsarbeit im Sinne von Art. 4 Abs. 3 lit. a) EMRK. Eine Verletzung des Zwangsarbeitsverbots der Europäischen Menschenrechtskonvention liegt damit nicht vor.

1152 *Marauhn* in Konkordanzkommentar, Kap. 12 Rn. 5.

1153 *Grabenwarter*, EMRK, § 20 Rn. 43.

1154 *Shea*, 19, 42 ff.

1155 *Shea* hat einen Rechtsvergleich der deutschen, englischen und französischen Rechtslage zur Gefangenenarbeit erarbeitet und stellt darin ausführlich die verschiedenen Ansätze und Bedingungen der jeweiligen nationalen Regelungen dar.

c) *Verletzung des Zwangsarbeitsverbots durch Arbeit in sonstigen Betriebsformen*

Aufgrund der vorgenannten Erwägungen scheidet eine Verletzung des Zwangsarbeitsverbots durch die Arbeit in einem Eigen- oder Regiebetrieb ebenfalls aus.

d) *Ergebnis*

Die Arbeitspflicht von Strafgefangenen verstößt nicht gegen das Zwangsarbeitsverbot aus Art. 4 Abs. 2 EMRK.

3. *Vereinbarkeit der Entlohnung mit Art. 8 Abs. 1 EMRK*

Durch die fehlende Einbeziehung Strafgefangener in die gesetzliche Rentenversicherung könnte das Recht auf Achtung des Privat- und Familienlebens aus Art. 8 Abs. 1 EMRK verletzt sein. Gemäß Art. 8 Abs. 1 EMRK hat jede Person das Recht auf Achtung ihres Familienlebens.

Aus Art. 8 Abs. 1 EMRK ist kein Anspruch auf die Gewährung konkreter finanzieller Unterstützung oder die Gewährung einer familienfördernden Sozialleistung abzuleiten[1156]. Allerdings wird aus diesem Recht eine staatliche Schutzpflicht abgeleitet; der Staat habe das Familienleben zu fördern[1157]. Daraus wird die Folgerung gezogen, dass in Art. 8 Abs. 1 EMRK auch durch Unterlassen eingegriffen werden kann, wenn sich dieses konkret auf das Familienleben auswirkt[1158].

Konkrete Auswirkungen der mangelnden Entlohnung sind nicht von der Hand zu weisen, da der Strafgefangene nicht zum Unterhalt seiner Familie beitragen kann. Dies kann zu einer erheblichen Einschränkung der Lebensverhältnisse der Familie führen. Dieser Umstand wird jedoch durch die Gewährung von Sozialhilfe an die Familie des Inhaftierten aufgefangen. Der Staat kommt insoweit seiner Schutzpflicht aus Art. 8 Abs. 1 EMRK nach. Eine Verletzung liegt damit nicht vor.

4. *Vereinbarkeit der Regelungen zur Sozialversicherung mit der EMRK*

a) *Art. 1 1. Zusatzprotokoll zur EMRK – Eigentumsschutz*

Gemäß Art. 1 Abs. 1 S. 1 des 1. Zusatzprotokolls hat jede natürliche Person das Recht auf Achtung ihres Eigentums. Nach S. 2 darf niemandem sein Eigentum

---

1156 EGMR, Petrovic ./. Österreich, Urteil vom 27.03.1998, Beschwerde-Nr. 20458/92, Z. 23; *Grabenwarter* in Implementierung internationaler Sozialstandards, 83 (91).

1157 EGMR, Petrovic ./. Österreich, Urteil vom 27.03.1998, Beschwerde-Nr. 20458/92, Z. 29.

1158 *Peters*, EMRK, 154 f.

entzogen werden, es sei denn, dass das öffentliche Interesse es verlangt, und nur unter den durch Gesetz und durch die allgemeinen Grundsätze des Völkerrechts vorgesehenen Bedingungen. Art. 1 1. ZP lautet weiter: Absatz 1 beeinträchtigt jedoch nicht das Recht des Staates, diejenigen Gesetze anzuwenden, die er für die Regelung der Benutzung des Eigentums im Einklang mit dem Allgemeininteresse oder zur Sicherung der Zahlung der Steuern oder sonstiger Abgaben oder von Geldstrafen für erforderlich hält.

Die Eigentumsgarantie verpflichtet die Konventionsstaaten sowohl dazu, nicht in das Eigentum einzugreifen, als auch dazu, es zu schützen[1159]. Eigentum im Sinne von Art. 1 1. ZP EMRK können sowohl „bestehendes Eigentum" als auch andere „Vermögenswerte", einschließlich der Forderungen sein, für die der Begünstigte zumindest eine „berechtigte Erwartung" der Realisierung geltend machen kann[1160]. Ebenso wie in der Rechtsprechung des Bundesverfassungsgerichts ist in der Rechtsprechung des Europäischen Gerichtshofs für Menschenrechte anerkannt, dass auch sozialversicherungsrechtliche Positionen von der Eigentumsfreiheit geschützt sind[1161]. So garantiert Art. 1 1. Zusatzprotokoll zur Europäischen Menschenrechtskonvention auch die Zahlung von Sozialleistungen an Personen, die Beiträge in ein Versicherungssystem eingezahlt haben. Der Europäische Gerichtshof für Menschenrechte macht allerdings deutlich, dass der Eigentumsschutz und die diese Norm konkretisierende Rechtsprechung nicht dahin gehend ausgelegt werden dürfen, dass ein Anspruch auf Auszahlung von Versicherungsleistungen in einer bestimmter Höhe zugestanden wird[1162]. Wie bereits erläutert, führt bereits eine kurze Haftstrafe zum Entfallen eines Rentenanspruchs[1163]. Rentenleistungen sind als sozialversicherungsrechtlicher Anspruch durch die Eigentumsfreiheit geschützt. Der Entzug dieser Position ist ein Verstoß gegen die Gewährleistungen des Art 1 1. ZP EMRK.

Sofern ein Eingriff gegeben ist, stellt sich auch im Anwendungsbereich der Europäischen Menschenrechtskonvention die Frage nach einer möglichen Rechtfertigung. Ein Eingriff ist dann gerechtfertigt, wenn damit ein berechtigtes Ziel verfolgt wird, insbesondere ein im Allgemeininteresse liegendes Ziel, und ein gerechter Ausgleich hergestellt worden ist[1164]. Die Prüfung, ob ein gerechter Ausgleich erfolgt ist, ähnelt der Verhältnismäßigkeitsprüfung bei Vorliegen einer

---

1159 *Meyer-Ladewig*, EMRK, Art. 1 1. ZP Rn. 4a.

1160 EGMR, NJW 2003, 2441.

1161 EGMR, NVwZ 2006, 1274; *Grabenwarter* in Implementierung internationaler Sozialstandards, 83 (85).

1162 EGMR, Kuna ./. Deutschland, Entscheidung vom 10.04.2001, Beschwerde-Nr. 52449/99; NJW 2003, 2441.

1163 Siehe oben, S. 163 ff.

1164 *Meyer-Ladewig*, EMRK, Art. 1 1. ZP, Rn. 38.

Grundrechtsverletzung im deutschen Recht. So ist nach der Rechtsprechung des Europäischen Gerichtshofs für Menschenrechte ein gerechter Ausgleich gegeben, wenn zwischen den angewendeten Mitteln und dem verfolgten Ziel ein angemessenes Verhältnis besteht, also dem Beschwerdeführer keine unverhältnismäßigen Lasten aufgebürdet werden[1165].

Ebenso wie im Anwendungsbereich des Grundgesetzes kommt auch im Rahmen der Europäischen Menschenrechtskonvention eine Rechtfertigung aufgrund der finanziellen Belastung der Länderhaushalte in Betracht, die mit der Einbeziehung Strafgefangerer in die Sozialversicherung einhergeht. Sofern diese Belastung denn gegeben ist, liegt hierin ein wirtschaftspolitisches Ziel. Dies ist als ein legitimer Zweck anzusehen. Auch die Zweck-Mittel-Relation fällt grundsätzlich zu Gunsten Deutschlands aus. Denn die Sicherung der öffentlichen Haushalte liegt im Allgemeininteresse; individuelle Ansprüche müssen dahinter zurückstehen.

Fraglich ist insoweit, welche Anforderungen der Europäische Gerichtshof für Menschenrechte an das Vorliegen des Rechtfertigungsgrundes stellt bzw. ob er konkrete Nachweise fordert oder den Konventionsstaaten einen großen Beurteilungsspielraum einräumt. Der Gerichtshof führt diesbezüglich aus, dass die staatlichen Behörden grundsätzlich besser beurteilen könnten, was im öffentlichen Interesse liegt, als der Gerichtshof. Der Gesetzgeber habe in der Wirtschafts- und Sozialpolitik einen weiten Beurteilungsspielraum. Daher lasse der Europäische Gerichtshof für Menschenrechte die Art und Weise gelten, wie der Gesetzgeber die zwingenden Erfordernisse des Allgemeininteresses verstehe. Etwas anderes gelte nur dann, wenn dessen Beurteilung offensichtlich unvernünftig sei. Zu prüfen sei insbesondere, ob dem Beschwerdeführer eine unverhältnismäßig hohe Last aufgebürdet werde[1166]. Dementsprechend billigt der Gerichtshof dem Gesetzgeber nach aktueller Rechtsprechung einen erheblichen Beurteilungsspielraum hinsichtlich des Vorliegens eines Rechtfertigungsgrundes zu.

Vor dem Hintergrund der geringen Zahl der Strafgefangenen und des geringen Verdienstes, was zu einer vergleichsweise geringen Belastung der Länder bei der Zahlung der Arbeitgeberbeiträge zur Sozialversicherung führen würde, erscheint die gesetzgeberische Beurteilung durchaus als unvernünftig; ob dies offensichtlich ist, steht jedoch in Frage. Die Frage, ob eine unverhältnismäßige Belastung des Betroffenen bei Wegfall des Rentenanspruchs besteht, ist jedoch negativ zu beantworten. Eine solche unverhältnismäßige Belastung wäre etwa zu bejahen, wenn das Existenzminimum aufgrund des Wegfalls nicht mehr gesichert wäre. Dies ist jedoch aufgrund des Anspruchs auf Sozialhilfe für bedürftige Personen gerade nicht der Fall. Damit ist der Eingriff gerechtfertigt, eine Verletzung von

---

1165 EGMR, EuGRZ 1983, 523 (525 f.).

1166 EGMR, NVwZ 2006, 1274 (1275).

Art. 1 1. ZP EMRK liegt aufgrund der unterlassenen Einbeziehung Strafgefangener in die gesetzliche Rentenversicherung nicht vor.

b) Diskriminierungsverbot, Art. 14 EMRK i.V.m. Art. 1 1. ZP EMRK

Mit Art. 14 EMRK enthält auch die Europäische Menschenrechtskonvention ein Diskriminierungsverbot. Die Vorschrift ergänzt die übrigen Gewährleistungen der Konvention und der Zusatzprotokolle und unterstützt sie, ist allein jedoch nicht anwendbar[1167]. Daher ist Art. 14 EMRK gemeinsam mit anderen Konventionsgarantien anzuwenden, vorliegend mit Art. 1 1. ZP EMRK.

Gemäß Art. 14 EMRK sind die in der Europäischen Menschenrechtskonvention anerkannten Rechte und Freiheiten ohne Diskriminierung insbesondere wegen des Geschlechts, der Rasse, der Hautfarbe, der Sprache, der Religion, der sozialen Herkunft, der Zugehörigkeit zu einer nationalen Minderheit, des Vermögens, der Geburt oder eines sonstigen Status zu gewährleisten. Nach der Rechtsprechung des Europäischen Gerichtshofs für Menschenrechte ist eine Maßnahme nach Art. 14 EMRK diskriminierend, wenn Personen, die sich in einer vergleichbaren Lage befinden, unterschiedlich behandelt werden und es dafür keine sachliche und angemessene Rechtfertigung gibt[1168]. Entscheidend ist dabei die Einzelfallbeurteilung[1169]. Vergleichbar dem deutschen Recht, gesteht auch der Europäische Gerichtshof für Menschenrechte den Mitgliedstaaten einen weiten Gestaltungsspielraum bei der Frage zu, in welchen Situationen eine differenzierte Behandlung vergleichbarer Personengruppen erfolgen kann[1170].

Es ist fraglich, ob die Nichteinbeziehung Strafgefangener in die Systeme der gesetzlichen Renten- und Krankenversicherung, in Anknüpfung an den Begriff des sonstigen Status, eine Verletzung des Eigentumsschutzes und des Diskriminierungsverbots darstellt. Insoweit ist zunächst zu überprüfen, ob die Stellung als Strafgefangener einen „sonstigen Status" begründet. Der Europäische Gerichtshof für Menschenrechte hat diesen Begriff bislang kaum konkretisiert. Es wurde lediglich ausgeführt, dass gesetzliche Unterschiede in verschiedenen Mitgliedstaaten des Europarates oder einzelnen innerstaatlichen Regionen keinen „Status" im Sinne von Art. 14 EMRK begründen[1171]. Der Begriff „sonstiger Status" findet, wie bereits dargestellt, auch in anderen Menschenrechtspakten Verwendung.

1167 EGMR, NVwZ 1995, 365; *Reid*, 194 f.

1168 EGMR, NVwZ 1995, 365; Kuna ./. Deutschland, Entscheidung vom 10.04.2001, Beschwerde-Nr. 52449/99; NVwZ 2006, 1274 (1276).

1169 *Reid*, 196.

1170 *Meyer-Ladewig*, EMRK, Art. 14 Rn. 9

1171 EGMR, Nelson ./. Vereinigtes Königreich, Entscheidung vom 13.10.1986, Beschwerde-Nr. 11077/84; *Reid*, 196.

Aufgrund der identischen Zweckrichtung insbesondere des Internationalen Pakts über bürgerliche und politische Rechte und der Europäischen Menschenrechtskonvention kann auf die Ausführungen zu diesem Begriff verwiesen werden. Die Stellung der Strafgefangenen im System des Strafvollzugsgesetzes begründet einen sonstigen Status. Dieser Status begründet die Diskriminierung, da die Strafgefangenen alleine aufgrund einer gesetzlichen Fiktion und trotz ihrer Arbeitstätigkeit nicht in die gesetzliche Rentenversicherung einbezogen werden.

Eine Diskriminierung kann ebenfalls durch sachliche und vernünftige Gründe gerechtfertigt werden. Auch im Rahmen von Art. 14 EMRK gesteht der Gerichtshof den Mitgliedstaaten einen Beurteilungsspielraum zu. Dieser differiert nach den Umständen des Einzelfalls[1172]. Die Ungleichbehandlung wird allein mit finanziellen Erwägungen begründet. Dies bezieht sich jedoch ausschließlich auf die Folgen und steht mit dem Diskriminierungsgrund an sich nicht im Zusammenhang. Betrachtet man zudem die Bedeutung der gesetzlichen Sozialversicherung und den Umstand, dass der Rentenversicherungsanspruch zu einem großen Teil durch Eigenleistungen erworben wird, so wiegt die Einschränkung schwer. In Ermangelung eines sachlichen und vernünftigen Grundes kann die Diskriminierung nicht gerechtfertigt werden. Damit ist eine Verletzung von Art. 14 EMRK i.V.m. Art. 1 1. ZP EMRK gegeben.

c) Verbot der erniedrigenden Behandlung, Art. 3 EMRK

Fraglich ist, ob die fehlende Einbeziehung von Strafgefangenen und der damit möglicherweise einhergehende Verlust von rentenversicherungsrechtlichen Anwartschaften eine erniedrigende Behandlung im Sinne des Art. 3 EMRK darstellen. Art. 3 EMRK verbietet Folter, unmenschliche und erniedrigende Strafen sowie jede unmenschliche oder erniedrigende Behandlung. Der Europäische Gerichtshof für Menschenrechte definiert diese Begriffe nicht, sondern hält sie bewusst offen[1173]. Für eine Verletzung dieser Garantie, die einer Rechtfertigung nicht zugänglich ist[1174], verlangt er jedoch einen bestimmten Grad an Ernsthaftigkeit der Verletzung[1175].

In der Entscheidung *Larioshina ./. Russische Föderation*[1176] aus dem Jahre 2002 hat der Gerichtshof die Möglichkeit angedeutet, dass auch staatliche Sozialleistungen bzw. deren Vorenthaltung als eine erniedrigende Behandlung am Maß-

---

1172 EGMR, NJW 2001, 1558 (1569); *Meyer-Ladewig*, EMRK, Art. 14 Rn. 9.

1173 *Nußberger*, ZIAS 2003, 366 (369).

1174 EGMR, NVwZ 1997, 1093 (1094); *Grabenwarter*, EMRK, § 20 Rn. 20, 35.

1175 EGMR, Larioshina ./. Russische Förderation, Urteil vom 23.04.2002, Beschwerde-Nr. 56869/00; *Grabenwarter*, EMRK, § 20 Rn. 21.

1176 EGMR, Larioshina ./. Russische Förderation, Urteil vom 23.04.2002, Beschwerde-Nr. 56869/00.

stab dieser Gewährleistungen überprüft werden können[1177]. Die Beschwerdeführerin hatte sich darauf berufen, dass die an sie in den 90er Jahren von der Russichen Föderation ausbezahlte Rente zu gering gewesen sei, um ihr einen angemessenen Lebensstandard und damit ein menschenwürdiges Dasein zu ermöglichen. Der Gerichtshof bejahte grundsätzlich die Möglichkeit, dass die Gewährung einer sehr niedrigen Pension am Maßstab des Art. 3 EMRK überprüft werden könne. Im konkreten Fall verneinte er jedoch eine Beeinträchtigung, da sich nicht feststellen lasse, dass die Höhe der Rente erhebliche Auswirkungen auf den physischen oder psychischen Gesundheitszustand der Beschwerdeführerin gehabt habe. Der für die Anwendung von Art. 3 EMRK erforderliche Schweregrad der Beeinträchtigung sei damit nicht erreicht worden[1178].

Zusätzlich ist zu beachten, dass Art. 3 EMRK auch vor einer Verletzung durch Unterlassen schützt[1179]. So kann eine unmenschliche oder erniedrigende Behandlung auch darin liegen, dass das Existenzminimum nicht durch staatliche Leistungen gesichert wird[1180]. Dafür ist zunächst Voraussetzung, dass eine Rechtspflicht zum Handeln besteht.

Während der Haftzeit ist der Staat für die Strafgefangenen verantwortlich, sowohl in sozialer als auch in wirtschaftlicher Hinsicht. Der Verlust der Anwartschaften wirkt sich jedoch regelmäßig erst nach der Entlassung aus der Haft aus. Hierin liegt eine Grenze des Anwendungsbereichs des Art. 3 EMRK. Die Europäische Menschenrechtskommission hat entschieden, dass die Fürsorgepflicht des Staates mit der Entlassung aus dem Gefängnis ende und nicht den sich anschließenden Zeitraum erfasse[1181]. Darüber hinaus birgt Art. 3 EMRK keinen Anspruch auf ein bestimmtes Leistungsniveau, sondern grundsätzlich nur auf die Gewährung des Existenzminimums. Sofern die Rente einer Person nicht zur Finanzierung des Lebensunterhalts ausreicht, greift wiederum das System der Sozialhilfe ein. Das Existenzminimum ehemaliger Strafgefangener ist auch bei einem Verlust rentenversicherungsrechticher Anwartschaften gesichert. Eine unmenschliche oder erniedrigende Behandlung ist damit nicht gegeben; Art. 3 EMRK wird durch die fehlende Einbeziehung Strafgefangener in die gesetzliche Rentenversicherung nicht verletzt.

1177 *Nußberger*, ZIAS 2003, 366 (368 f.).

1178 Larioshina ./. Russische Förderation, Urteil vom 23.04.2002, Beschwerde-Nr. 56869/00.

1179 *Nußberger*, ZIAS 2003, 366 (379); *Grabenwarter* in Implementierung internationaler Sozialstandards, 83 (107).

1180 *Grabenwarter* in Implementierung internationaler Sozialstandards, 83 (107).

1181 Entscheidung vom 16.05.1977, Verfahren Nr. 7697/76.

5. *Ergebnis*

Die Arbeitspflicht aus § 41 Abs. 1 StVollzG entspricht den Vorgaben der EMRK. Die unterbliebene Einbeziehung Strafgefangener verstößt gegen das Diskriminierungsverbot in Verbindung mit der Eigentumsfreiheit.

II. Vereinbarkeit der §§ 41, 200, 190–193 StVollzG mit der ESC

Die Europäische Sozialcharta wird auch als das „soziale Gegenstück" zu Europäischen Menschenrechtskonvention bezeichnet[1182]; wie in der Präambel zum Ausdruck kommt, war sie von den Verfassern der Europäischen Sozialcharta auch als Ergänzung zur Europäischen Menschenrechtskonvention vorgesehen[1183]. Die Europäische Sozialcharta wurde im Jahre 1961 vom Europarat beschlossen und im Jahre 1964 in deutsches Recht transformiert[1184]; am 26.02.1965 trat sie in Kraft.

1. *Allgemeines*

a) *Entstehung und Bedeutung der ESC*

Die Idee zur Schaffung zweier Regelwerke, der Europäischen Menschenrechtskonvention und der Europäischen Sozialcharta, folgte aus dem Gedanken, dass die sozialen Rechte nicht ohne Weiteres als einklagbare subjektive Rechte ausgestaltet werden können, da deren Gewährleistung von der finanziellen Leistungsfähigkeit des Staates abhängig ist[1185]. Mit den Beratungen war bereits im Jahre 1954 begonnen worden, jedoch kam die Charta erst nach zögerlichen Verhandlungen zustande. Im Zuge der Aushandlung wurde auch eine Konferenz der Internationalen Arbeitsorganisation einberufen, um eine Angleichung der Europäischen Sozialcharta an die IAO-Übereinkommen zu erreichen. Im Jahre 1996 wurde die Europäische Sozialcharta überarbeitet und trat am 01.07.1999 als revidierte Fassung in Kraft. Allerdings wurde diese bislang nur von einem Teil der Mitgliedstaaten des Europarates angenommen[1186].

1182 *Lörcher* in Däubler, Internationale Arbeits- und Sozialordnung, 604.

1183 *Öhlinger* in Festschrift für Ermarcora, 213 (214); *Birk* in Implementierung internationaler Sozialstandards, 39 (40).

1184 BGBl. 1964 II, S. 1262.

1185 *Sommermann*, 12 f.

1186 So verweigert Deutschland nach wie vor die Unterzeichnung. Daher wird vorliegend die frühere Fassung zu Grunde gelegt. Die Gewährleistungen der ersten Fassung entsprechen für

Die Bedeutung der Europäischen Sozialcharta ist im Vergleich zur Europäischen Menschenrechtskonvention sehr viel geringer[1187]. Dieser auch im geringeren Bekanntheitsgrad zum Ausdruck kommende Umstand resultiert möglicherweise zum einen daraus, dass ein neues Mitglied im Europarat die Europäische Sozialcharta, anders als die Europäische Menschenrechtskonvention, nicht zwingend unterzeichnen muss. Daher sind zahlreiche Staaten des Europarates der Europäischen Sozialcharta nicht beigetreten. Zum anderen kann die Mitgliedschaft auf Teile der Charta beschränkt werden, Art. 20 ESC[1188]. So muss ein Vertragsstaat nur 10 von 19 Artikeln oder 45 von 72 Absätzen der 19 Artikel unterzeichnen, wobei jedoch fünf von sieben Kernartikeln akzeptiert werden müssen[1189].

b) Überblick über Inhalt und Kontrollsystem der ESC

Die Europäische Sozialcharta gliedert sich in fünf Teile. In Teil I finden sich die allgemeinen Zielbestimmungen, in Teil II die konkreten Gewährleistungen als verbindliche Rechtsgrundsätze. Dazu gehören etwa das Recht auf Arbeit in Art. 1 ESC, das Recht auf gerechte, sichere und gesunde Arbeitsbedingungen in Art. 2 und Art. 3 ESC, das Recht auf ein gerechtes Arbeitsentgelt gemäß Art. 4 ESC sowie das Recht auf soziale Sicherheit in Art. 12 ESC und auf Fürsorge gemäß Art. 13 ESC. Im dritten Teil der ESC finden sich Regelungen dazu, welche der enthaltenen Gewährleistungen von den Vertragsstaaten als bindend anerkannt werden müssen.

Der vierte Teil der Europäischen Sozialcharta enthält ein Kontroll- und Berichtssystem. Die europäische Sozialcharta verpflichtet die Vertragsstaaten, ebenso wie der Internationale Pakt über wirtschaftliche, soziale und kulturelle Rechte, nur auf zwischenstaatlicher Ebene[1190]. Dies wird deutlich durch die im Anhang zu Teil III der Charta abgegebene Erklärung, wonach sich die Vertragsstaaten darüber einig sind, dass die Europäische Sozialcharta Verpflichtungen internationalen Charakters enthält, deren Durchführung ausschließlich der in ihrem Teil IV vorgesehenen Überwachung unterliegt. Damit findet sie keine unmittelbare Anwendung

---

die vorliegende Fragestellung der neuen Fassung. In dieser sind neben den bislang enthaltenen 19 sozialen Rechten weitere Rechte aus dem Zusatzprotokoll von 1988, namentlich Arbeitnehmerrechte und das Recht älterer Menschen auf sozialen Schutz, enthalten. Außerdem enthält die revidierte Fassung Regelungen zum Kündigungsschutz und das Recht auf Schutz gegen Armut und soziale Ausgrenzung sowie das Recht auf Wohnung.

1187 *Öhlinger* in Implementierung internationaler Sozialstandards, 51 (52).

1188 *Öhlinger* in Festschrift für Ermacora, 213 (214).

1189 Kernartikel sind Artikel 1, 5, 6, 12, 13, 16 und 19 ESC, siehe Art. 20 Abs. 1 lit. a).

1190 *Öhlinger* in Implementierung internationaler Sozialstandards, 51 (53); *Grabenwarter* in Implementierung internationaler Sozialstandards, 83.

in dem Sinne, dass individuelle Ansprüche begründet werden könnten[1191]; dementsprechend findet auch keine gerichtliche Überprüfung der Rechte statt[1192]. Auch das Kontrollsystem der Europäischen Sozialcharta ist im Vergleich zu demjenigen der Europäischen Menschenrechtskonvention sehr viel schwächer ausgestaltet. Dies ist insoweit bemerkenswert, da die beiden Vertragswerke zeitgleich entwickelt wurden. In den 90er Jahren wurde daher die Notwendigkeit gesehen, neben der Berichtspflicht der Vertragsstaaten ein Kollektivbeschwerdeverfahren zu schaffen. Diese Idee wurde in einem fakultativen Protokoll umgesetzt, das bislang jedoch nur von einem Teil der Mitgliedstaaten des Europarates ratifiziert wurde[1193]. Aufgrund der Regelungen des Fakultativprotokolls haben bestimmte Organisationen, wie Arbeitnehmer- und Arbeitgeberverbände sowie Nichtregierungsorganisationen mit Konsultativstatus beim Europarat, die Möglichkeit, eine Beschwerde beim Europäischen Komitee für Soziale Rechte (EKSR) einlegen, sofern sie die Auffassung vertreten, dass ein Staat die Gewährleistungen der Europäischen Sozialcharta missachtet. Sofern das Komitee ebenfalls zu dieser Auffassung gelangt, wird die Beschwerde an das Ministerkomitee weitergeleitet. Dieses hat dann die Möglichkeit dem fraglichen Staat Maßnahmen vorzuschlagen, durch welche der Missstand beseitigt werden kann[1194]. Allerdings stellt auch das Kollektivbeschwerdesystem nur ein unzureichendes Mittel zur Kontrolle der Umsetzung der Europäischen Sozialcharta dar[1195]. Zum einen haben nicht alle Staaten diese Möglichkeit zugelassen. Außerdem bedürfen Rechtsverletzungen bereits eines gewissen Grades an Erheblichkeit, um Arbeitnehmer-, Arbeitgeber- und Nichtregierungsorganisationen zu einem Tätigwerden zu bewegen. Dies gilt vor allem im Hinblick auf die Anzahl von Verletzungen, da sich die Beschwerden nicht auf individuelle Situationen beziehen dürfen[1196]. Zu guter Letzt ist noch zu erwähnen, dass das Ministerkomitee auch nach Weiterleitung einer Beschwerde durch den Ausschuss für soziale Rechte nicht verpflichtet ist, Maßnahmen gegen einen Staat zu verhängen[1197].

1191 BVerwGE 91, 327 (330); VGH Mannheim, InfAuslR 1992, 200 (203); *Sommermann*, 14.

1192 *Nußberger*, Sozialstandards, 224.

1193 Zum gegenwärtigen Zeitpunkt sind an das Protokoll elf Staaten gebunden, nämlich Bulgarien, Zypern, Finnland, Frankreich, Griechenland, Irland, Italien, Norwegen, Portugal, Schweden, Slowenien; sechs weitere Staaten haben das Protokoll bereits unterzeichnet, nämlich Österreich, Belgien, Kroatien, die Tschechische Republik, Dänemark und die Slowakei. Deutschland, Luxemburg, die Niederlande, Spanien und das Vereinigte Königreich haben das Protokoll bislang nicht unterzeichnet.

1194 Seit Inkrafttreten des Fakultativprotokolls wurde bereits ein Dutzend Mal von der Möglichkeit der Kollektivbeschwerde Gebrauch gemacht. Dabei stand auch das Thema Zwangsarbeit in Rede, gegen Griechenland wurde diesbezüglich ein Beschwerdeverfahren eingeleitet.

1195 *Hohnerlein*, ZESAR 2003, 17 (21).

1196 *Hohnerlein*, ZESAR 2003, 17 (21).

1197 *Hohnerlein*, ZESAR 2003, 17 (21).

Zur Verbesserung des Kontrollsystems wurde auch die Schaffung einer „sozialen Kammer“ beim Europäischen Gerichtshof für Menschenrechte vorgeschlagen; dieser Vorschlag fand bislang jedoch keine Umsetzung.

c) *Mittelbare Bindungswirkung der ESC*

Ungeachtet der vorgenannten Umstände besteht auch für die Europäische Sozialcharta als völkerrechtlichem Vertrag eine Bindung aller staatlichen Gewalt an diese Verpflichtung im Rahmen der dargestellten Grundsätze; dies gilt zumindest insoweit, als das Völkerrechtsvertragsrecht jedenfalls mittelbar bei der Auslegung nationaler Gesetze Berücksichtigung finden muss. Daneben besteht insbesondere auch eine Bindung des behördlichen Ermessens in dem Sinne, dass Verpflichtungen internationalen Charakters bei der Ausübung innerstaatlichen Ermessens zu berücksichtigen sind[1198]. Daraus wird gefolgert, dass generalklauselartige Verpflichtungen der Vertragsstaaten zu einer rechtlich gebundenen Betätigung staatlichen Leistungsermessens führen könnten[1199]. Staatliche Verpflichtungen werden unmittelbar zur Auslegung nationalen Rechts herangezogen. Dies kann unter Umständen sogar dazu führen, dass die Europäische Sozialcharta im Rahmen von Art. 3 Abs. 1 GG eine subjektive Rechtsposition vermitteln kann[1200].

Weitergehend wird vertreten, dass die Auslegung durch die zuständigen Kontrollorgane zu einer Konkretisierung und damit zu einer unmittelbaren Anwendbarkeit der Verträge führen könnte[1201]. So gelangt etwa der Sachverständigenausschuss zu der Auffassung, dass bestimmte Artikel innerhalb der Charta ein individuelles Recht zur Beschwerde vor innerstaatlichen Gerichten beinhalten. Diese Ansicht wird durch das Bundesverwaltungsgericht jedoch ausdrücklich abgelehnt[1202]. Dies wird damit begründet, dass nur Normen, die *self-executing* sind, eine unmittelbare Anwendung begründen können. Außerdem sei zu berücksichtigen, dass der Auslegung des Sachverständigenausschusses keine bindende Wirkung zukommt. Darüber hinaus dürfe nicht der in Teil III des Anhangs der Europäischen Sozialcharta, einbezogen durch Art. 38 ESC, niedergelegte Wille der Vertragsparteien außer Acht gelassen werden, durch das Vertragswerk eben nur eine zwischenstaatliche Verpflichtung mit den vorgesehenen Kontrollmechanismen zu begründen.

1198 BVerwGE 66, 268 (274).

1199 *Sieveking*, InfAuslR 1992, 204; a.A. *Neubeck*, 187, die eine Rechtswidrigkeit von Verwaltungshandeln allein aufgrund einer fehlenden Berücksichtigung von völkerrechtlichen Verpflichtungen verneint. Dementsprechend könnten Gerichte auch keinen Verwaltungsakt aufheben, nur weil dieser gegen die Bestimmungen der Europäischen Sozialcharta verstoße.

1200 *Sieveking*, InfAuslR 1992, 204.

1201 *Hohnerlein*, ZESAR 2003, 17 (23).

1202 BVerwGE 66, 268 (274); 65, 188 (196); 91, 327 (330).

2. *Vereinbarkeit der §§ 41, 198–200 StVollzG mit konkreten Gewährleistungen der ESC*

a) Vereinbarkeit der Arbeitspflicht mit Art. 1 Abs. 2 ESC

Gemäß Art. 1 Abs. 2 ESC verpflichten sich die Vertragsparteien, das Recht des Arbeitnehmers, seinen Lebensunterhalt durch eine frei übernommene Tätigkeit zu verdienen, wirksam zu schützen. Diese Regelung enthält ebenfalls, zumindest andeutungsweise, ein Zwangsarbeitsverbot[1203]. Diese Gewährleistung ist jedoch zu unspezifisch, als dass eine konkrete Prüfung möglich wäre. Daher ist eine Verletzung von Art. 1 Abs. 2 ESC zu verneinen.

b) Vereinbarkeit der Regelungen zur Sozialversicherung mit Art. 12 ESC

Art. 12 ESC gewährleistet das Recht auf soziale Sicherheit.

(1) Art. 12 Abs. 1 ESC

Gemäß Art. 12 Abs. 1 ESC haben die Mitgliedstaaten des Europarats ein System zur Gewährleistung sozialer Sicherheit zu errichten. Das Europäische Komitee für Soziale Rechte hat hierzu mehrere Voraussetzungen aufgestellt, bei deren Vorliegen das Bestehen eines Sozialsystems bejaht wird[1204]. So muss das jeweilige nationale System bestimmte Risiken abdecken, muss in den wichtigsten Sektoren Krankheit, Alter, Arbeitslosigkeit und Unfall effektive Leistungen im Sinne von absoluten Mindestleistungen gewähren, hat einen überwiegenden Prozentsatz der Bevölkerung zu erfassen und muss der öffentlichen Verwaltung unterstehen sowie kollektiv finanziert werden. Auch in personeller Hinsicht verlangt Art. 12 Abs. 1 ESC einen bestimmten Grad an Einbeziehung; dies gilt vor allem im Hinblick auf die Absicherung bestimmter Bevölkerungsgruppen, wie Arbeitnehmer und Selbstständige sowie deren Angehörige[1205].

Im Falle Deutschlands wird das Bestehen eines Sozialversicherungssystems im Sinne des Art. 12 ESC nicht bestritten[1206]. Insoweit ist auch zu bedenken, dass die Forderungen der Europäischen Sozialcharta einen Mindeststandard festlegen und nicht die Situation in hochentwickelten Industriestaaten als Maß-

1203 *Nussberger* in Gedächtnisschrift Tettinger, 81 (98).
1204 ECSR, Conclusions IV, 81.
1205 *Birk* in Festschrift für v. Maydell, 27 (34).
1206 Auch das Europäische Komitee für Soziale Rechte kam hinsichtlich der Umsetzung des Art. 12 ESC zu dem Schluss, dass Deutschland die geforderten Voraussetzungen erfülle.

stab zu Grunde gelegt werden kann[1207]. So sind Leistungsfähigkeit und Leistungsumfang des deutschen Sozialversicherungssystems deutlich höher als in osteuropäischen Mitgliedsstaaten des Europarats. Aufgrund des durch Art. 12 Abs. 1 ESC lediglich gewährleisteten Mindeststandards erfüllt Deutschland seine Verpflichtungen aus der Europäischen Sozialcharta.

(2) Art. 12 Abs. 2 ESC

Art. 12 Abs. 2 ESC sorgt für eine Harmonisierung der Vorschriften des universellen und des regionalen Völkerrechts im Bereich der sozialen Sicherheit. Die Vorschrift sieht vor, dass das nationale System der sozialen Sicherheit so beschaffen sein muss, dass das IAO-Übereinkommen Nr. 102 ratifiziert werden kann. Dies begründet jedoch nicht die Pflicht zur Ratifizierung des Übereinkommens Nr. 102, sondern nur die Gewährleistung des darin enthaltenen Schutzniveaus[1208]. Insoweit bestehen ebenfalls keine Zweifel an einem völkerrechtsgemäßen Verhalten Deutschlands, da die Vorgaben des IAO-Übereinkommens Nr. 102 erfüllt sind[1209].

(3) Art. 12 Abs. 3 ESC

Neben der Absicherung gegen die sozialen Risiken Krankheit, Alter und Berufsunfähigkeit enthält Art. 12 Abs. 3 ESC die Verpflichtung, dass sich die Mitgliedstaaten permanent um die Erhöhung des sozialen Standards und der sozialen Sicherheit bemühen müssen.

Im vorliegenden Fall berührt die Frage der Einbeziehung von Strafgefangenen in die gesetzliche Rentenversicherung Art. 12 Abs. 3 ESC in seinem Kernbestand. Es geht nicht um die Einschränkung zuvor gewährter Rechte, sondern vielmehr um eine personelle Beschränkung von Beginn an. Die Vertragsstaaten sind dazu verpflichtet, den Sozialversicherungsschutz schrittweise, aber doch kontinuierlich zu erweitern. In Bezug auf Strafgefangene wird die Einbeziehung trotz deren Arbeitstätigkeit ausgeklammert. Dieses Unterlassen kann auch nicht dadurch gerechtfertigt werden, dass ehemaligen Strafgefangenen im Alter Sozialhilfe gewährt wird. Zum einen ist insoweit der bereits im verfassungsrechtlichen Teil dargelegte mögliche Verlust von Anwartschaftsrechten zu berücksichtigen. Zum anderen wird eine potenzielle Erhöhung von Rentenansprüchen dadurch verhindert, dass die Tätigkeit in Gefängnissen keine Arbeit im sozialversicherungsrechtlichen Sinne darstellen soll. Fraglich ist daher, ob Deutschland durch das Unterlassen der

1207 *Birk* in Festschrift für v. Maydell, 27 (33).
1208 *Birk* in Festschrift für v. Maydell, 27 (35).
1209 Siehe oben, S. 263 ff.

Einbeziehung der Strafgefangenen in die Sozialversicherung, und hier vor allem die Rentenversicherung, ihre Verpflichtung aus Art. 12 Abs. 3 ESC verletzt.

Wie dargestellt haben sich die Vertragsparteien nach Art. 12 Abs. 3 ESC um eine fortschreitende Erhöhung des sozialen Standards und der sozialen Sicherheit zu bemühen. Dies verlangt eine Ausweitung der Sozialversicherung nicht nur in sachlicher, sondern gleichermaßen in personeller Hinsicht. Gerade die Schutzbedürftigkeit der einzubeziehenden Personen sollte aufgrund der Zweckrichtung der Sozialversicherung im Vordergrund stehen. Allein der Wortlaut verlangt also ein Tätigwerden hin zu einer weitergehenden Einbeziehung. Bezieht man die Auslegung des Europäische Komitees für Soziale Rechte zu Art. 12 Abs. 3 ESC in die Betrachtung mit ein, so zeigt sich darin seit Inkrafttreten der Europäischen Sozialcharta eine erhebliche Wandlung. In den 60er Jahren wurde die Anhebung des sozialen Standards mit einer Ausweitung des Schutzes auf weitere Risiken und einen größeren Personenkreis gleichgesetzt. Aufgrund der Tatsache, dass in den weitaus meisten Staaten des Europarates mittlerweile ein sehr hohes Schutzniveau erreicht ist, wird jedoch die Auffassung vertreten, dass die Verpflichtung zur Anhebung des Niveaus der sozialen Sicherheit auch dann gewahrt ist, wenn durch Leistungskürzungen die Stabilität von Sozialversicherungssystemem gewährleistet werden soll und kann[1210]. So erklärte das Europäische Komitee für Soziale Rechte in seinen Kontrollberichten, dass die soziale Sicherung eng mit dem Umfang des Sozialversicherungsschutzes verknüpft sei und etwaige Reformen nicht losgelöst von der dahinter stehenden volkswirtschaftlichen Lage eines Mitgliedstaates beurteilt werden könnten[1211]. Daher wurden Reformmaßnahmen mit dem Ziel, die Funktionsfähigkeit des Sozialversicherungssystems sicherzustellen, im Rahmen von Art. 12 Abs. 3 ESC als zulässig angesehen[1212]. Allerdings ist auch bei derartigen Reformen zu berücksichtigen, dass die Einschnitte nur dann gerechtfertigt werden können, wenn sie notwendig und verhältnismäßig sind[1213]. Voraussetzung dafür ist zunächst, dass die Reformen den solidarischen Charakter des Sozialversicherungssystems beibehalten. Unzulässig wäre es, wenn die Absicherung gegen die in Art. 12 Abs. 1 ESC genannten sozialen Risiken auf die Mindestsicherungssysteme verlagert werden würde[1214].

Vor dem Hintergrund dieser Auslegung ist eine Verpflichtung Deutschlands zur Einbeziehung Strafgefangener in alle gesetzlichen Sozialversicherungssysteme zu verneinen. Wenn schon die Einschnitte in bestehende Rechte, sofern sie der finanziellen Stabilisierung dienen, als mit der Gewährleistung des Art. 12 Abs. 3 ESC

1210 *Eichenhofer*, VSSR 2007, 87 (91).

1211 ECSR, General Introduction Conclusions XIII-4, 40–42.

1212 ECSR, General Introduction Conclusions XIV-1, 45–49.

1213 *Hohnerlein*, ZESAR 2003, 17 (22).

1214 ESCR, Social protection, 33 f.; Conclusions XIV-1, 706; *Hohnerlein*, ZESAR 2003, 17 (22).

vereinbar eingestuft werden, so ist eine unterlassene Ausweitung erst recht kein Verstoß gegen die Vorschrift. Der Verlust der Anwartschaften zur Rentenversicherung kann insoweit keinen Verstoß gegen Art. 12 Abs. 3 ESC begründen, als der Schutz individueller sozialversicherungsrechtlicher Anwartschaften nicht von der Vorschrift bezweckt ist. Ein Verstoß Deutschlands gegen Art. 12 Abs. 3 ESC ist nicht gegeben.

3. Ergebnis

Die Regelung zur Arbeitspflicht und Sozialversicherung nach dem Strafvollzugsgesetz entsprechen den Vorgaben der Europäischen Sozialcharta.

C. Ergebnis der völkerrechtlichen Untersuchung

I. Feststellung des Ist-Zustandes

Die Rechtslage zur Arbeitspflicht von Strafgefangenen und zu deren Einbeziehung in die gesetzliche Rentenversicherung nach dem Strafvollzugsgesetz verstößt in mehrfacher Hinsicht gegen völkerrechtliche Verpflichtungen Deutschlands.

So steht die aktuelle Praxis zur Verpflichtung von Strafgefangenen zum Tätigwerden in Unternehmerbetrieben nicht mit dem Zwangsarbeitsverbot aus Art. 2 Abs. 1 IAO-Übereinkommen Nr. 29 in Einklang. Ein Verstoß gegen andere völkerrechtliche Gewährleistungen, die ein Zwangsarbeitsverbot enthalten, ist hingegen nicht gegeben.

Bezüglich der Einbeziehung der Strafgefangenen in die gesetzliche Rentenversicherung lässt sich vorrangig aufgrund der Diskriminierungsverbote der unterschiedlichen Pakte eine Völkerrechtswidrigkeit feststellen. So verstößt die Regelung gegen Art. 26 IPbpR, Art. 9 IPwskR i.V.m. Art. 2 Abs. 2 IPwskR sowie gegen Art. 14 i.V.m. Art. 1 1. ZP EMRK. Bei der Prüfung des Internationalen Pakts über wirtschaftliche, soziale und kulturelle Rechte wurde bereits ausgeführt, dass der Einzelne sich nicht auf den Internationalen Pakt über wirtschaftliche, soziale und kulturelle Rechte berufen kann, sondern aus diesem vorrangig eine staatliche Verpflichtung zum Tätigwerden abgeleitet werden kann. Hingegen besteht sowohl im Anwendungsbereich des Internationalen Pakts über bürgerliche und politische Rechte als auch bei der Europäischen Menschenrechtskonvention die Möglichkeit zu Durchführung einer Individualbeschwerde.

Insgesamt wurde festgestellt, dass wichtige Auslegungsfragen in Streit stehen. Dies folgt aus der unklaren Rechtslage bezüglich der Kompetenz der jeweiligen Sachverständigengremien zur Auslegung der unterschiedlichen völkerrechtlichen

Verträge. Lediglich für den Europäischen Gerichtshof für Menschenrechte besteht eine ausdrückliche Kompetenz zur Auslegung der Konvention.

II. Wünschenswerte Regelung

Entsprechend den vorgenannten Erwägungen ist natürlich die Anpassung der Rechtslage zur Arbeit im Strafvollzug das vorrangige Ziel. Die Spielräume des deutschen Gesetzgebers ergeben sich aufgrund der Vorgaben des jeweils zuständigen Sachverständigengremiums.

Wünschenswert wäre zudem die Schaffung eines wirksamen Individualbeschwerdeverfahrens auch im Bereich der sozialen Menschenrechte. Dabei wird durchaus die Problematik gesehen, dass eine Vielzahl der Regelungen in diesem Bereich zu unkonkret formuliert sind. Um den Staaten konkrete und bindende Vorgaben zur Einhaltung ihrer Verpflichtungen machen zu können, sollte den Sachverständigengremiem die Möglichkeit zur verbindlichen Interpretation der Pakte und Übereinkommen ausdrücklich zugestanden werden.

Sechster Teil: Gesamtbetrachtung

Die Zielsetzung der vorliegenden Untersuchung ist die Überprüfung der Vereinbarkeit der Regelungen zu Arbeitspflicht, Entlohnung und Sozialversicherung nach dem Strafvollzugsgesetz mit deutschem Verfassungsrecht und Völkerrecht.

Die Arbeitspflicht selbst ist das Hauptmittel zur Resozialisierung der Gefangenen und das vom Gesetzgeber gewählte Mittel, um seiner Verpflichtung aus dem Resozialisierungsgebot aus Art. 1 Abs. 1 GG i.V.m. Art. 20 Abs. 1 GG nachzukommen. Wie im zweiten Teil dieser Arbeit im Rahmen der Entstehung der modernen Freiheitsstrafe dargestellt, ist dieser Ansatz über die vergangenen Jahrhunderte immer wieder aufgekommen und verfolgt worden. Die Arbeitspflicht von Strafgefangenen gemäß § 41 Abs. 1 StVollzG verstößt nicht gegen Gewährleistungen des Grundgesetzes. Zwar handelt es sich bei der Pflichtarbeit um Zwangsarbeit im Sinne des Art. 12 Abs. 3 GG. Im Rahmen der Untersuchung des Inhalts von Art. 12 Abs. 2 und Abs. 3 GG wurde herausgearbeitet, inwieweit sich die Verbote des Zwangs zu einer bestimmten Arbeit und der Zwangsarbeit inhaltlich unterscheiden. Zwangsarbeit im Sinne des Art. 12 Abs. 3 GG liegt vor, wenn die Freiheit, eine Arbeit nicht ausüben zu müssen, in besonders schwerer Weise missachtet wird, d.h. jemand zur Arbeitsleistung, sei es durch unmittelbaren oder psychischen Zwang, in einem unbeschränkten Umfang verpflichtet wird und die Arbeit oder die Arbeitsbedingungen hinter den jeweils geltenden gesellschaftlichen und sozialen Verhältnissen zurückbleiben. Arbeitszwang ist demgegenüber zu beschreiben als die rechtliche oder tatsächliche Pflicht zur höchstpersönlichen Erbringung von bestimmter und begrenzter Arbeit, die für den Einzelnen zwar eine Belastung darstellt, aber im Nutzen der Allgemeinheit steht und insofern in den Grenzen des Art. 12 Abs. 2 Hs. 2 GG hinzunehmen ist.

Nach hier vertretener Auffassung ist ein Merkmal von Zwangsarbeit, dass die Bedingungen, zu denen die Arbeit erbracht werden muss, wesentlich von den in der jeweiligen Gesellschaft geltenden sozialen und rechtlichen Verhältnissen abweichen. Die Üblichkeit dieses Merkmals ergibt sich vor allem aufgrund der historischen Auslegung des Art. 12 Abs. 3 GG. Dieser Auslegungsmethode kommt im Rahmen des Zwangsarbeitsverbots eine hervorgehobene Bedeutung zu. Die Begründung hierfür liegt zunächst in den Vorkommnissen in der Zeit des Nationalsozialismus und dem daraus resultierenden festen Willen der Verfasser des Grundgesetzes, die deutliche Abkehr von diesen Vorkommnissen in dem Verfassungstext zum Ausdruck zu bringen. Diese Absicht der Verfasser des Grundgesetzes wird in den umfangreichen Materialien der Erarbeitung von Art. 12 Abs. 2 und Abs. 3 GG sehr deutlich. Die Diskussionen um den Text der beiden genannten Gewährleistungen stehen in keinem Verhältnis zu deren praktischer Bedeutung in den 60 Jahren der Gültigkeit des Grundgesetzes. Dies verdeutlicht ebenfalls die besondere Relevanz der historischen Auslegung im vorliegenden Zusammenhang.

Es wurde dargelegt, dass die Bedingungen, zu denen die Pflichtarbeit im Gefängnis erbracht werden muss, von den arbeits- und sozialrechtlichen Standards abweichen, die durch die deutsche Gesetzgebung in diesem Bereich gesetzt werden, ohne dabei jedoch die Grenze zur Unverhältnismäßigkeit zu überschreiten. Die Arbeitspflicht gemäß § 41 Abs. 1 verstößt daher nicht gegen das Zwangsarbeitsverbot des Art. 12 Abs. 3 GG. Auch eine Verletzung des Resozialisierungsanspruchs des Strafgefangenen aus Art. 2 Abs. 1 GG i.V.m. Art. 1 Abs. 1 GG durch die Arbeitspflicht scheidet aus; eine Beeinträchtigung des Schutzes von Ehe und Familie aus Art. 6 Abs. 1 GG ist ebenfalls nicht gegeben. Nach hier vertretener Auffassung wird der Resozialisierungsanspruch jedoch durch die Regelung zur Gefangenenentlohnung verletzt. Der nicht monetäre Ausgleich, den die Gefangenen zusätzlich zu ihrem Lohn erhalten, stellt keine angemessene Anerkennung der geleisteten Arbeit dar. Zudem liegt in dem Ausschluss der Strafgefangenen aus dem System der gesetzlichen Rentenversicherung eine Verletzung von Art. 14 Abs. 1 GG und Art. 3 Abs. 1 GG durch ein gesetzgeberisches Unterlassen. Dieses Unterlassen führt unter bestimmten Umständen zu einem Wegfall der von den Gefangenen erworbenen rentenversicherungsrechtlichen Anwartschaften. Bezüglich der geringen Entlohnung und der fehlenden Einbeziehung in die Rentenversicherung ist festzustellen, dass der Gesetzgeber an seinem Resozialisierungskonzept festhält, ohne dessen Tauglichkeit zu untersuchen oder gar nachzuweisen. Dabei stellt sich die Frage, ob das gewählte Konzept aufgrund seiner Ausgestaltung in Bezug auf das angestrebte Ziel nicht sogar kontraproduktiv ist. Die geringe monetäre Entlohnung, die an die Strafgefangenen für ihre Arbeit geleistet wird, ist selbst unter Berücksichtigung der nicht monetären Komponenten nicht geeignet, den Gefangenen den Wert der Arbeit vor Augen zu führen. Die arbeitenden Gefangenen können ihre Schulden nicht abtragen und kaum Rücklagen für die Zeit nach der Entlassung bilden. Zudem erwerben sie keine, sondern verlieren unter Umständen bereits erworbene Rentenansprüche. Diese Umstände begründen wesentliche Hemmnisse für die Wiedereingliederung nach der Entlassung und erhöhen die Rückfallgefahr.

Im völkerrechtlichen Teil der Arbeit wurde dargelegt, dass sich das Zwangsarbeitsverbot aus dem Sklavereiverbot entwickelt hat und in einem engen Zusammenhang zu dieser Gewährleistung steht. Die beiden Verbote sind die ersten menschenrechtlichen Vertragswerke auf völkerrechtlicher Ebene und können mittlerweile dem ius cogens zugerechnet werden. Die Arbeitspflicht von Strafgefangenen in Unternehmerbetrieben ohne die Einholung ihrer formalen Einwilligung verstößt zudem gegen das Zwangsarbeitsverbot aus Art. 2 IAO-Übereinkommen Nr. 29. Dieses Ergebnis folgt aus der Auslegung des Übereinkommens durch den Sachverständigenausschuss der Internationalen Arbeitsorganisation, der sich insoweit streng an den Auslegungsmethoden der Wiener Vertragsrechtskonvention orientiert. Die Ausgestaltung des Strafvollzugsgesetzes in Deutschland wird von dem Sachverständigenausschuss auch deutlich kritisiert. Die jeweiligen Vertreter Deutschlands gehen jedoch seit Inkrafttreten des Strafvollzugsgesetzes nicht auf diese Kritik ein. Die Gründe, die für diese Haltung ausschlaggebend sind, mögen darin zu suchen sein, dass dem Sachverständigenausschuss keine formale Kompetenz zur Auslegung der Übereinkommen zukommt. Eine Bindung an die Auslegung kann jedoch zum einen deswegen angenommen werden, weil sich die Auslegung streng an den Auslegungsmethoden völkerrechtlicher Verträge orientiert und insbesondere den Wortlaut, Entstehungsgeschichte und Sinn und Zweck der Regelung berücksichtigt. Zum anderen hält der Sachverständigenausschuss seit über 30 Jahren an seiner Auslegung fest, ohne dass hieran bislang vonseiten Deutschlands (offen) Kritik geübt wurde.

Bezüglich der Einbeziehung der Strafgefangenen in die gesetzliche Rentenversicherung lässt sich vorrangig aufgrund der Diskriminierungsverbote der unterschiedlichen Pakte und der Europäischen Menschenrechtskonvention eine Völkerrechtswidrigkeit feststellen. So verstößt die Regelung gegen das Diskriminierungsverbot aus Art. 26 IPbpR und gegen das Recht auf soziale Sicherheit gemäß Art. 9 IPwskR i.V.m. dem Diskriminierungsverbot aus Art. 2 Abs. 2 IpwskR. Durch die unterlassene Einbeziehung verletzt Deutschland zudem Gewährleistungen der Europäischen Menschenrechtskonvention. Der Europäische Gerichtshof für Menschenrechte sieht, ebenso wie das Bundesverfassungsgericht, sozialversicherungsrechtliche Anwartschaften als von der Eigentumsfreiheit gemäß Art. 1 1. ZP EMRK geschützt an. Der Anknüpfungspunkt für die Verletzung liegt auch im Bereich der Europäischen Menschenrechtskonvention im Diskriminierungsverbot gemäß Art. 14 EMRK. Die Stellung der Strafgefangenen im System des Strafvollzugsgesetzes begründet einen sonstigen Status im Sinne von Art. 14 EMRK. Dieser Status führt zu einer Diskriminierung, da die Strafgefangenen allein aufgrund einer gesetzlichen Fiktion und trotz ihrer Arbeitstätigkeit nicht in die gesetzliche Rentenversicherung einbezogen werden.

Bezüglich der Durchsetzung der völkerrechtlichen Gewährleistung kann keine einheitliche Aussage getroffen werden. Im Anwendungsbereich des Internationalen Pakts über bürgerliche und politische Rechte und der Europäischen Menschenrechtskonvention bestünde die Möglichkeit zur Durchführung einer Individualbeschwerde. Auch zu dem Internationalen Pakt über wirtschaftliche, soziale und kulturelle Rechte wurde ein Zusatzprotokoll verabschiedet, das die Möglichkeit zur Durchführung eines Individualbeschwerdeverfahrens enthält. Dieses Zusatzprotokoll wurde vonseiten Deutschlands bislang nicht ratifiziert.

Die Problematik des Rechtsverstoßes liegt bezogen auf die völkerrechtlichen Regelungen darin, dass deren Bindungswirkung schwächer ausgestaltet ist als die grundrechtliche Bindungswirkung. Da die Rechte aus den Menschenrechtsabkommen und gleichermaßen die IAO-Übereinkommen als völkerrechtliche Verträge keinen Verfassungsrang genießen, kann eine Verfassungsbeschwerde nicht unmittelbar auf eine Verletzung dieser Regelungen gestützt werden. Wie das Bundesverfassungsgericht im Görgülü-Beschluss sowie nachfolgenden Entscheidungen festgestellt hat, besteht eine Pflicht zur Berücksichtigung der völkerrechtlichen Regelungen durch alle staatlichen Gewalten, soweit dies im Rahmen des geltenden deutschen Rechts möglich ist. Da aber die Auslegung des Übereinkommens Nr. 29 nicht akzeptiert wird, wird ein Verstoß insoweit nicht gesehen. In dem Fehlen einer ausdrücklichen Kompetenz des jeweiligen Sachverständigenausschusses zur Auslegung der Regelungen liegt ein wesentliches Hemmnis der Umsetzung von völkerrechtlichen Gewährleistungen in den nationalen Rechtsordnungen. Dies gilt sowohl im Hinblick auf die Übereinkommen der Internationalen Arbeitsorganisation als auch im Hinblick auf die menschrechtlichen Pakte.

Ungeachtet der Tatsache, dass ein Verstoß gegen verfassungs- und völkerrechtliche Gewährleistungen nicht rechtsverbindlich festgestellt wurde, sollte der Gesetzgeber mit der Erarbeitung eines verfassungs- und völkerrechtskonformen Resozialisierungssystems beginnen. Bereits nach der Entscheidung des Bundesverfassungsgerichts zur Gefangenenentlohnung aus dem Jahre 1998 wurde vorgetragen, dass diese die Gelegenheit gegeben habe, das geltende Konzept des Strafvollzugs zu überdenken[1215]. Von dieser Möglichkeit hat der Gesetzgeber keinen Gebrauch gemacht, sondern sich mit der Umsetzung der Mindestvoraussetzung zufrieden gegeben. Dies erscheint vor dem Hintergrund wenig sachgerecht, dass der Vollzug seine Tauglichkeit bislang nicht nachgewiesen hat. Nach nunmehr 30 Jahren Gültigkeit des Strafvollzugsgesetzes sollte das Konzept, das sich bislang nicht nachweisbar bewährt hat, überdacht und reformiert werden. Als Rechtfertigungsgründe, insbesondere für diskriminierende Maßnahmen, wurde immer wieder die Belastung der Länderhaushalte angeführt, die durch eine Einbeziehung der Strafgefangenen in die gesetzliche Kranken- und Rentenversicherung sowie eine höhere Entlohnung provoziert würde; nachvollziebar dargelegt wurde die potentielle Destabilisierung jedoch nicht. Daraus resultiert die Frage, inwieweit sich der Bund als völkerrechtlicher Partner mit Hinweis auf die Belastung der Län-

---

1215 Mit Ideen für eine profitablere Gestaltung des Strafvollzugs *Wohlgemuth*, ZfStrVo 1999, 219.

derhaushalte aus den internationalen Verpflichtungen zurückziehen kann. Der Föderalismus findet hier vielleicht seine Grenze. Des Weiteren stellt sich die Frage, wie weit der Beurteilungsspielraum des Gesetzgebers reicht. Sollte der Gesetzgeber nicht gerade bei derartigen Einschränkungen, wie der unterlassenen Einbeziehung in die gesetzliche Rentenversicherung, die Pflicht auferlegt bekommen, seine Einschätzung zu belegen? Im vorliegenden Kontext könnte eine Untersuchung dahin gehend erfolgen, welche Kosten durch eine erhöhte Entlohnung und Einbeziehung in die Sozialversicherung entstehen würden. Sodann könnte ein Vergleich mit denjenigen Ausgaben, die durch die Inanspruchnahme von Sozialhilfe seitens der Entlassenen entstehen, vorgenommen werden. Dabei müssten auch die Umstände berücksichtigt werden, die zu einer Verringerung der Staatsausgaben führen könnten. Zu denken wäre insoweit an die Begleichung der Verfahrenskosten durch den Strafgefangenen oder die Möglichkeit, dass er seinen Unterhaltspflichten nachkommen könnte. Die Absicht des Gesetzgebers bei Schaffung des Strafvollzugsgesetzes die Wiedereingliederung der Strafgefangenen zu erreichen, sollte nunmehr mit Mitteln verfolgt werden, die mit den verfassungs- und völkerrechtlichen Verpflichtungen Deutschlands in Einklang stehen.

Literaturverzeichnis

Ackermann, Barbara	Zumutbare Arbeit nach dem Sozialgesetzbuch (SGB) III und dem Bundessozialhilfegesetz (BSHG) Berlin 2003, zitiert: *Ackermann*, Seite
Adams, Guy B./ Balfour, Danny L.	Unmasking Administrative Evil Thousand Oaks 1998, zitiert: *Adams/Balfour*, Seite
Alternativkommentar	Kommentar zum Grundgesetz für die Bundesrepublik Deutschland Band 1, Art. 1–20, Neuwied 1984, zitiert: *Bearbeiter* in AK-GG, Band 1, Art. Rn.
Arbeiterwohlfahrt	Stellungnahme zur Situation des Strafvollzugs ZfStrVo 1989, 46-48
Arloth, Frank/ Lückemann, Clemens	Strafvollzugsgesetz Gesetz über den Vollzug der Freiheitsstrafe und der freiheitsentziehenden Maßregeln der Besserung und Sicherung mit ergänzenden Bestimmungen – Kommentar München 2004, zitiert: *Bearbeiter* in Arloth/Lückemann, StVollzG, § Rn.
Bales, Kevin	New Slavery Santa Barbara 2000, zitiert: *Bales*, Seite

Bales, Kevin/ Trodd, Zoe/ Kent Williamson, Alex — Modern Slavery
Oxford 2009,
zitiert: *Bales/Trodd/Williamson*, Seite

Becker, Ulrich/ v. Maydell, Bernd/ Nußberger, Angelika — Die Implementierung internationaler Sozialstandards
Zur Durchsetzung und Herausbildung von Standards auf überstaatlicher Ebene
Baden-Baden 2006,
zitiert: *Bearbeiter* in Implementierung internationaler Sozialstandards, Seite

Beer, Daniela/ Klahn, Dominik — Rechtliche und ökonomische Eckpunkte einer Bürgerversicherung
SGb 2004, Seite 13-23

Bemmann, Günter — Anmerkung zu BVerfGE 98, 169
StV 1998, Seite 604–605

– — Beiträge zur Strafrechtswissenschaft
3. Auflage, Baden-Baden 2004,
zitiert: *Bemmann*, Beiträge zur Strafrechtswissenschaft, Seite

Benda, Ernst — Resozialisierung als Verfassungsauftrag
Festschrift für Hans Joachim Faller
München 1984,
zitiert: *Benda* in Festschrift für Faller, Seite

Bender, Thomas (Hrsg.) — The Antislavery Debate
Capitalism and Abolitionism as a Problem in Historical Interpretation
Berkeley 1992,
zitiert: *Bearbeiter* in The Antislavery Debate, Seite

Bettermann, Karl August/ Nipperdey, Hans Carl/ Scheuner, Ulrich (Hrsg.) — Die Grundrechte
Handbuch der Theorie und Praxis der Grundrechte – Dritter Band, 1. Halbband
Berlin 1958,
zitiert: *Bearbeiter* in Bettermann/Nipperdey/Scheuner, GR III/1, Seite

Bieback, Karl-Jürgen — Probleme des SGB II – Rechtliche Probleme des Konflikts zwischen Existenzsicherung und Integration in den ersten Arbeitsmarkt –
NZS 2005, Seite 337–343

Birk, Rolf — Soziale Sicherheit und Europäische Sozialcharta
in Sozialrecht und Sozialpolitik in Deutschland und Europa,
Festschrift für Bernd Baron von Maydell
Neuwied 2002,
zitiert: *Birk* in Festschrift für v. Maydell, Seite

Blau, Kerstin — Neuere Entwicklungen in der Schutzpflichtdogmatik des EGMR
ZEuS 2005, Seite 399–440

Bleckmann, Albert — Die Völkerrechtsfreundlichkeit der deutschen Rechtsordnung
DÖV 1979, Seite 309–318

Blüthner, Andreas — Welthandel und Menschenrechte in der Arbeit
The Compatibility of Human Rights at Work with the WTO-System
Frankfurt am Main 2004,
zitiert: *Blüthner*, Seite

Böhm, Alexander — Strafvollzug
3. Auflage, Neuwied 2003,
zitiert: *Böhm*, Rn.

Böhmert, Sabine — Das Recht der ILO und sein Einfluss auf das deutsche Arbeitsrecht im Zeichen der europäischen Integration
Baden-Baden 2002
zitiert: *Böhmert*, Seite

Bonner Kommentar — Kommentar zum Bonner Grundgesetz (Loseblatt)
herausgegeben von Dolzer, Rudolf/ Vogel, Klaus/ Graßhof, Karin
Band 1, Einleitung – Art. 4
Heidelberg, 116. Ergänzungslieferung: April 2005
zitiert: *Bearbeiter* in BK, Band 1, Art. Rn.

Bower, Tom
Verschwörung Paperclip
NS-Wissenschaftler im Dienst der Siegermächte
München 1988,
zitiert: *Bower*, Seite

Breitenmoser, Stephan/ Ehrenzeller, Bernhard/ Sassòli, Marco/ Stoffel, Walter/ Wanger Pfeifer, Beatrice (Hrsg.)
Human Rights, Democracy and the Rule of Law
Liber amicorum Luzius Wildhaber,
Zürich 2007,
zitiert: *Bearbeiter* in Festschrift für Wildhaber, Seite

Bröhmer, Jürgen/ Bieber, Roland/ Calliess, Christian/ Langenfeld, Christine/ Weber, Stefan/ Wolf, Joachim (Hrsg.)
Internationale Gemeinschaft und Menschenrechte
Festschrift für Georg Ress zum 70. Geburtstag am 21. Januar 2005
Köln 2005,
zitiert: *Bearbeiter* in Festschrift für Ress, Seite

Bülck, Hartwig
Die Zwangsarbeit im Friedensvölkerrecht
Untersuchung über die Möglichkeit und Grenzen allgemeiner Menschenrechte
Göttingen 1953,
zitiert: *Bülck*, Seite

Bumke, Erwin (Hrsg.)
Deutsches Gefängniswesen
Ein Handbuch
Berlin 1928,
zitiert: *Bearbeiter* in Deutsches Gefängniswesen, Seite

Bundesarbeitsgemeinschaft für Straffälligenhilfe e.V.
Stellungnahme der Bundesarbeitsgemeinschaft für Straffälligenhilfe e.V. (BAG-S) zur Anfrage des Bundesverfassungsgerichts vom 14.08.1992 zur Verfassungsbeschwerde Aktenzeichen 2 BvR 441/90
ZfStrVo 1993, Seite 174–180

Bundesvereinigung der Anstaltsleiter im Strafvollzug e.V.
Stellungnahme der Bundesvereinigung der Anstaltsleiter im Strafvollzug e.V. zur Verfassungsmäßigkeit der Arbeitsentgeltregelungen des StVollzG
ZfStrVo 1993, Seite 180

Busch, Max	Kinder inhaftierter Väter ZfStrVo 1989, Seite 131–138
Calliess, Rolf-Peter	Die Neuregelung des Arbeitsentgelts im Strafvollzug – Zum Fünften Gesetz zur Änderung des Strafvollzugsgesetzes NJW 2001, Seite 1692–1694
Calliess, Rolf-Peter/ Müller-Dietz, Heinz	Strafvollzugsgesetz – Gesetz über den Vollzug der Freiheitsstrafe und der freiheitsentziehenden Maßregeln der Besserung und Sicherung mit ergänzenden Bestimmungen 11. Auflage, München 2008, zitiert: *Calliess/Müller-Dietz*, StVollzG, § Rn.
Cassese, Antonio	International Law 2. Auflage, Oxford 2005, zitiert: *Cassese*, Seite
Cornel, Heinz/ Kawamura-Reindl, Gabriele/ Maelicke, Bernd/ Sonnen, Bernd-Rüdiger (Hrsg.)	Handbuch der Resozialisierung 2. Auflage, Baden-Baden 2003, zitiert: *Bearbeiter* in Handbuch der Resozialisierung, Seite
Däubler, Wolfgang/ Kittner, Michael/ Lörcher, Klaus	Internationale Arbeits- und Sozialordnung 2. Auflage, Köln 1994, zitiert: *Bearbeiter* in Däubler, Internationale Arbeits- und Sozialordnung, Seite
–	Die Implementation von ILO-Übereinkommen – Erfahrungen und Überlegungen in Deutschland in Arbeitsgemeinschaft Arbeitsrecht im Deutschen Anwaltverein, Festschrift zum 25-jährigen Bestehen, Seite 1183–1205, Bonn 2006, zitiert: *Däubler* in Festschrift 25 Jahre Arbeitsgemeinschaft Arbeitsrecht im DAV, Seite

Davis, David Brion — Slavery and Human Progress
New York 1984,
zitiert: *Davis*, Seite

Doemming, Klaus-Alberto v./Füsslein, Rudolf Werner/Matz, Werner — Entstehungsgeschichte der Artikel des Grundgesetzes im Auftrage der Abwicklungsstelle des Parlamentarischen Rates und des Bundesministers des Innern auf Grund der Verhandlungen des Parlamentarischen Rates
JöR n.F. Band 1 (1951)

Doleisch von Dolsperg, Franz — Die Entstehung der Freiheitsstrafe unter besonderer Berücksichtigung des Auftretens moderner Freiheitsstrafe in England
Breslau 1928,
zitiert: *Doleisch von Dolsperg*, Seite

Domcke, Hans — Verfassung und Verfassungsrechtsprechung
Festschrift zum Festschrift zum 25 jährigen Bestehen des Bayer. Verfassungsgerichtshofs
München 1972,
zitiert: *Bearbeiter* in Festschrift zum 25-jährigen Bestehen des BayVerfGH, Seite

Dreier, Horst (Hrsg.) — Grundgesetz – Kommentar
Band I: Artikel 1 bis 19
2. Auflage, Tübingen 2004
zitiert: *Bearbeiter* in Dreier, GG Band I, Art. Rn.

Dünkel, Frieder — Verfassungsgerichtsurteil zur Gefangenenentlohnung – Minimale Entlohnung verfassungswidrig
NK 1998, Seite 14–15

Dünkel, Frieder/Van Zyl Smit, Dirk — Arbeit im Strafvollzug – Ein internationaler Vergleich
Festschrift für Günther Kaiser zum 70. Geburtstag, 2. Halbband, Seite 1161–1199
Berlin 1998,
zitiert: *Dünkel/Van Zyl Smit* in Festschrift für Kaiser, Seite

European Committee of Social Rights — Social protection in the European Social Charter
Study compiled on the basis of the case law of the European Committee of Social Rights
Straßburg 2000,
zitiert: ESCR, Social protection, Seite

Ebeling, Albert — Beiträge zur Geschichte der Freiheitsstrafe,
Breslau 1935,
zitiert: *Ebeling*, Seite

Echterhölter, Rudolf — Der Internationale Pakt über wirtschaftliche, soziale und kulturelle Rechte
BB 1973, Seite 1595–1598

– Der Internationale Pakt über wirtschaftliche, soziale und kulturelle Rechte
BArbBl 1973, Seite 496–499

– Soziale Menschenrechte – Verfassungsrechtlicher Rang
BArbBl 1978, Seite 551–555

– Kein einklagbares Recht
BArbBl 1979, Seite 51–54

Eicher, Wolfgang/ Spellbrink, Wolfgang — SGB II – Grundsicherung für Arbeitssuchende
Kommentar
2. Auflage, München 2008,
zitiert: *Bearbeiter* in Eicher/Spellbrink, SGB II, § Rn.

Eichenhofer, Eberhard — Internationales Sozialrecht und Internationales Privatrecht
Baden-Baden 1987,
zitiert: *Eichenhofer*, Internationales Sozial- und Privatrecht, Seite

– Menschenrecht auf soziale Sicherheit
VSSR 2007, Seite 87–101

Entorf, Horst	Evaluation des deutschen Strafvollzugs: Ergebnisse einer ökonomisch-kriminologischen Feldstudie Darmstadt 2006, zitiert: *Entorf*, Seite
Epping	Grundrechte 4. Auflage, Berlin 2009, zitiert: *Epping*, Rn.
Ermacora, Felix	Menschenrechte in der sich wandelnden Welt I. Band, Historische Entwicklung der Menschenrechte und Grundfreiheiten Wien 1974, zitiert: *Ermacora*, Kapitel, Rn.
Feest, Johannes (Hrsg.)	Kommentar zum Strafvollzugsgesetz (AK-StVollzG) 4. Auflage, Neuwied 2000, zitiert: *Bearbeiter* in AK-StVollzG, § Rn.
Frank, Thomas/ Jenichen, Anne/ Rosemann, Nils (Hrsg.)	Soziale Menschenrechte – die vergessenen Rechte? Zur Unteilbarkeit der Menschenrechte – ein interdisziplinärer Überblick Berlin 2001, zitiert: *Bearbeiter* in Soziale Menschenrechte, Seite
Frenz, Walter	Verbot der Sklaverei und Zwangsarbeit nach dem Urteil Siliadin NZA 2007, Seite 734–736
Friehe, Heinz-Josef	Rechtliche Probleme um den „Arbeitseinsatz" von Asylbewerbern NVwZ 1983, Seite 382–388
Gagel, Alexander	Rentenversicherung von Ghettoarbeitsverhältnissen (Auch einige Worte zum Beschäftigungsverhältnissen von Ostarbeitern) NZS 2000, Seite 231–236
Geiger, Rudolf	Grundgesetz und Völkerrecht mit Europarecht Die Bezüge des Staatsrechts zum Völkerrecht und Europarecht; ein Studienbuch 4. Auflage, München 2009, zitiert: *Geiger*, Seite

Gestrich, Andreas | Die Antisklavereibewegung im ausgehenden 18. und 19. Jahrhundert.
Forschungsstand und Forschungsperspektiven,
in Sklaverei – Knechtschaft – Zwangsarbeit
Untersuchungen zur Sozial-, Rechts- und Kulturgeschichte
Band 1, Unfreie Arbeits- und Lebensverhältnisse von der Antike bis in die Gegenwart, Seite 237–257,
Hildesheim 2005,
zitiert: *Gestrich* in Unfreie Arbeits- und Lebensverhältnisse, Seite

Göppel, Helmut | Die Zulässigkeit von Arbeitszwang nach Art. 12 Abs. 2 S. 1 des Grundgesetzes
München 1967
zitiert: *Göppel*, Seite

Götte, Sabine | Die Mitbetroffenheit der Kinder und Ehepartner von Strafgefangenen
Eine Analyse aus der Sicht unterhaltsrechtlicher Interessen
Berlin 2000,
zitiert: *Götte*, Seite

Goose, Ernst | Der internationale Pakt über bürgerliche und politische Rechte,
NJW 1974, Seite 1305–1310

Grabenwarter, Christoph | Europäische Menschenrechtskonvention
Ein Studienbuch
4. Auflage, München 2009,
zitiert: *Grabenwarter*, EMRK, § Rn.

Gravel, Eric/ Charbonneau-Jobin, Chloé | The Committee of Experts on the Application of Conventions and Recommendations: Its Dynamic and Impact
Genf 2003,
zitiert: *Gravel/Charbonneau-Jobin*, Seite

Grewe, Hellmut — Das Grundrecht der Freiheit vom Arbeitszwang gemäß Art. 12 Abs. 2 des Grundgesetzes für die Bundesrepublik Deutschland
Hamburg 1953,
zitiert: *Grewe*, Seite

Grewe, Wilhelm G. — Epochen der Völkerrechtsgeschichte
2. Auflage, Baden-Baden 1988,
zitiert: *Grewe*, Völkerrechtsgeschichte, Seite

Grote, Rainer/ Marauhn, Thilo — EMRK/GG
Konkordanzkommentar zum europäischen und deutschen Grundrechtsschutz
Tübingen 2006,
zitiert: *Bearbeiter* in Konkordanzkommentar, Kapitel Rn.

Grube, Christian/ Wahrendorf, Volker — SGB XII – Sozialhilfe
Kommentar
2. Auflage, München 2008,
zitiert: *Bearbeiter* in Grube/Wahrendorf, SGB XII, § Rn.

Günther, Monika — Die Heranziehung als Volkszähler und das Verbot des Arbeitszwanges (Art. 12 Abs. 2 GG)
DVBl 1988, Seite 429–431

Gusy, Christoph — Die Weimarer Reichsverfassung
Tübingen 1997,
zitiert: *Gusy*, Weimarer Reichsverfassung, Seite.

– — Arbeitszwang – Zwangsarbeit – Strafvollzug – BVerfGE 74, 102
JuS 1989, Seite 710–716

Haedrich, Martina — Formen von Sklaverei, Leibeigenschaft, Zwangsarbeit und Menschenhandel und der internationale Menschenrechtsschutz
in Sklaverei – Knechtschaft – Zwangsarbeit
Untersuchungen zur Sozial-, Rechts- und Kulturgeschichte

	Band 1, Unfreie Arbeits- und Lebensverhältnisse von der Antike bis in die Gegenwart, Seite 281–297, Hildesheim 2005, zitiert: *Haedrich* in Unfreie Arbeits- und Lebensverhältnisse, Seite
Hartmann, Jürgen	Keine Einbeziehung von Strafgefangenen in die gesetzliche Rentenversicherung SozVers 1993, Seite 197–200
Hasselbusch, Heike	Schuldnerberatung im Justizvollzug – Konzeptionelle Überlegungen ZfStrVo 1999, Seite 97–99
Herbert, Ulrich	Fremdarbeiter. Politik und Praxis des „Ausländer-Einsatzes“ in der Kriegswirtschaft des Dritten Reiches 2. Auflage, Berlin 1986, zitiert: *Herbert*, Seite
Herrmann, Manfred	Projekt Paperclip – Deutsche Wissenschaftler in Diensten der U.S. Streitkräfte nach 1945 Erlangen–Nürnberg 1999, zitiert: *Herrmann*, Seite
Hillermeier, Heinz	Im Namen des deutschen Volkes Todesurteile des Volksgerichtshofes 3. Auflage, Darmstadt 1983, zitiert: *Hillermeier*, Im Namen des deutschen Volkes, Seite
Hobe, Stephan	Einführung in das Völkerrecht 9. Auflage, Tübingen 2008, zitiert: *Hobe*, Völkerrecht, Seite
Hohnerlein, Eva Maria	Der Internationale Schutz sozialer Grundrechte in Europa, Die Bedeutung der Sozialcharta und die interpretative Erweiterung der Menschenrechtskonvention, ZESAR 2003, Seite 17–27

Hönicke, Florian — Arbeitszwang als Kriminalrechtsreaktion
Gemeinnützige Arbeit in der Strafrechtspflege unter Art. 12 Abs. 2, 3 GG
München 1999,
zitiert: *Hönicke*, Seite

Howard, John — The state of the prisons in England and Wales, with preliminary observations, and an account of some foreign prisons and hospitals
London 1792,
zitiert: *Howard*, Seite

Internationale Arbeitsorganisation — Forced Labour
General Survey on the Reports concerning the Forced Labour Convention, 1930 (No. 29), and the Abolition of Forced Labour Convention, 1957 (No. 105)
Genf 1968,
zitiert: RCE, Forced Labour, Seite

– International Labour Conference, 65th Session 1979
Report III (Part 4 B), General Survey of the Reports relating to the Forced Labour Convention, 1930 (No. 29), and the Abolition of Forced Labour Convention, 1957 (No. 105)
zitiert: RCE, Report III (Part 4 B) 1979, Seite

– International Labour Conference, 73rd Session 1987
Report III (Part 4 A), Report of the Committee of Experts on the Application of Conventions and Recommendations (Articles 19, 22 and 35 of the Constitution)
zitiert: RCE, Report III (Part 4 A) 1987, Seite

– International Labour Conference, 78th Session 1991,
Report III (Part 4 A), Report of the Committee of Experts on the Application of Conventions and Recommendations (Articles 19, 22 and 35 of the Constitution)
zitiert: RCE, Report III (Part 4 A) 1991, Seite

– International Labour Conference, 79th Session 1992, Report III (Part 4 A), Report of the Committee of Experts on the Application of Conventions and Recommendations (Articles 19, 22 and 35 of the Constitution)
zitiert: RCE, Report III (Part 4 A) 1992, Seite

– Forced labour in Myanmar (Burma)
Report of the Commission of Inquiry appointed under article 26 of the Constitution of the International Labour Organisation to examine the observance by Myanmar of the Forced Labour Convention, 1930 (No. 29)
Genf 1998,
zitiert: IAO, Forced Labour Myanmar, Seite

– Social security: a new consensus
Genf 2001,
zitiert: IAO, social security: a new consensus, Seite

– Schluss mit der Zwangsarbeit
Gesamtbericht im Rahmen der Folgemaßnahmen zur Erklärung der IAO über grundlegende Prinzipien und Rechte bei der Arbeit,
Internationale Arbeitskonferenz 89. Tagung 2001
Genf 2001,
zitiert: IAO, Schluss mit der Zwangsarbeit, Seite

– Tätigkeit der IAO 2001–2004
Zusammenarbeit in einem sich wandelnden Umfeld,
Genf 2005,
zitiert: IAO, Tätigkeit 2001–2004, Seite

– Eine globale Allianz gegen Zwangsarbeit
Gesamtbericht im Rahmen der Folgemaßnahmen zur Erklärung der IAO über grundlegende Rechte und Prinzipien bei der Arbeit,
Internationale Arbeitskonferenz 93. Tagung 2005
2. Auflage, Genf 2005,
zitiert: IAO, Globale Allianz, Seite

– Eradication of forced labour
Report III (Part 1 B), Report of the Comittee of Experts on the Application of Conventions and Recommendations (Articles 19, 22 and 35 of the Constitution
Zitiert: RCE, Eradication Forced Labour, Seite

– International Labour Conference, 97th Session 2008, Report III (Part 1 A), Report of the Committee of Experts on the Application of Conventions and Recommendations (Articles 19, 22 and 35 of the Constitution)
zitiert: RCE, Report III (Part 1 A) 2008, Seite

– International Labour Conference, 98th Session 2009, Report III (Part 1 A), Report of the Committee of Experts on the Application of Conventions and Recommendations (Articles 19, 22 and 35 of the Constitution)
zitiert: RCE, Report III (Part 1 A) 2009, Seite

– Die Kosten des Zwangs
Gesamtbericht im Rahmen der Folgemaßnahmen zur Erklärung der IAO über grundlegende Prinzipien und Rechte bei der Arbeit
Genf 2009,
zitiert: IAO, Kosten des Zwangs, Seite

Igl, Gerhard/ Welti, Felix — Sozialrecht
Ein Studienbuch
8. Auflage, Neuwied 2007,
zitiert: *Igl/Welti*, Sozialrecht, § Rn.

Ingram, John Kells — Die Geschichte der Sklaverei und der Hörigkeit
Dresden, Leipzig 1895,
zitiert: *Ingram*, Seite

Ipsen, Knut (Hrsg.) — Völkerrecht
6. Auflage, München 2010,
zitiert: *Bearbeiter* in Ipsen, Völkerrecht, Seite

Isensee, Josef/ Kirchhof, Paul (Hrsg.)

Handbuch des Staatsrechts der Bundesrepublik Deutschland
Band V – Rechtsquellen, Organisation, Finanzen
3. Auflage, Heidelberg 2007,
zitiert: *Bearbeiter* in Isensee/Kirchhof, HStR V, § Rn.

–

Handbuch des Staatsrechts der Bundesrepublik Deutschland
Band VI – Freiheitsrechte
2. Auflage, Heidelberg 2001
zitiert: *Bearbeiter* in Isensee/Kirchhof, HStR VI, § Rn.

Jacksch, Joachim

Die Heranziehung von Sozialhilfeempfängern zu gemeinnütziger und zusätzlicher Arbeit im Sinne des § 19 Abs. 2 Halbs. 1 Alt. 2 BSHG unter besonderer Berücksichtigung des Artikels 12 Abs. 2 GG
Frankfurt am Main 1991,
zitiert: *Jacksch*, Seite

Jaeckel, Liv

Schutzpflichten im deutschen und europäischen Recht
Eine Untersuchung der deutschen Grundrechte, der Menschenrechte und Grundfreiheiten der EMRK sowie der Grundrechte und Grundfreiheiten der Europäischen Gemeinschaft
Baden-Baden 2001,
zitiert: *Jaeckel*, Seite

Jarass, Hans D./ Pieroth, Bodo

Grundgesetz für die Bundesrepublik Deutschland
Kommentar
10. Auflage, München 2009,
zitiert: *Bearbeiter* in Jarass/Pieroth, GG, Art. Rn.

Jehle, Jörg-Martin

Arbeit und Entlohnung von Strafgefangenen
ZfStrVo 1994, Seite 259–267

de Jonge, Gerard	Strafarbeit – Entstehung und Entwicklung der Arbeitspflicht von Gefangenen in den Niederlanden Arbeitsmarkt, Strafvollzug und Gefangenenarbeit Baden-Baden 1997, Seite 35–47, zitiert: *de Jonge* in Arbeitsmarkt, Strafvollzug und Gefangenenarbeit, Seite
Jung, Heike/ Müller-Dietz, Heinz	Vorschläge zum Entwurf eines Strafvollzugsgesetzes – Fachausschuss I „Strafrecht und Strafvollzug" des Bundeszusammenschlusses für Straffälligenhilfe Bonn 1973 zitiert: *Jung/Müller-Dietz*, AE – StVollzG, Seite
–	Vorschläge zum Entwurf eines Strafvollzugsgesetzes – Fachausschuss I „Strafrecht und Strafvollzug" des Bundeszusammenschlusses für Straffälligenhilfe 2. Auflage, Bonn 1974 zitiert: *Jung/Müller-Dietz*, AE – $StVollzG^2$, Seite
Justizministerium des Landes Nordrhein-Westfalen	Strafvollzug in Nordrhein-Westfalen 12. Auflage, Düsseldorf 2000, zitiert: Strafvollzug in NRW, Seite
–	Justizvollzug in Nordrhein-Westfalen, 15. Auflage, Düsseldorf 2006, zitiert: Justizvollzug NRW, 2006, Seite
–	Justiz in Zahlen. Ausgabe 2008
Kälin, Walter/ Künzli, Jörg	Universeller Menschenrechtsschutz 2. Auflage, Basel 2008, zitiert: *Kälin/Künzli*, Seite
Kamann, Ulrich	Das Urteil des Bundesverfassungsgerichts vom 1. 7. 1998 (StV 98, 438) zur Gefangenenentlohnung, ein nicht kategorischer Imperativ für den Resozialisierungsvollzug StV 1999, Seite 348–350

Kerner, Hans-Jürgen (Hrsg.) | Straffälligenhilfe in Geschichte und Gegenwart
Beiträge und Dokumente zur Entwicklung von Gerichtshilfe, Strafaussetzung, Bewährungshilfe, Strafvollzug und Strafentlassenenhilfe
Bonn 1990,
zitiert: *Bearbeiter* in Kerner, Straffälligenhilfe, Seite

Klee, Kristina | Die progressive Verwirklichung wirtschaftlicher, sozialer und kultureller Menschenrechte
– Eine Interpretation von Art. 2 Abs. 1 des Internationalen Paktes für wirtschaftliche, soziale und kulturelle Rechte –
Ulm 2000,
zitiert: *Klee*, Seite

Klesczewski, Dieter | Anmerkung zu Hanseatisches Oberlandesgericht Hamburg, Beschluss vom 23.09.1991 – Vollz (Ws) 11/91 = NStZ 1992, 53
NStZ 1992, Seite 351–352

Klotz, Valentin | Der Einfluss der Übereinkommen der Internationalen Arbeitsorganisation auf die innerstaatliche Gesetzgebung
BArbBl 1973, Seite 499–504

Koch, Paul | Gefangenenarbeit und Resozialisierung
Stuttgart 1969,
zitiert: *Koch*, Seite

Köck, Heribert Franz | Vertragsinterpretation und Vertragsrechtskonvention
Zur Bedeutung der Artikel 31 und 32 der Wiener Vertragsrechtskonvention 1969
Berlin 1976,
zitiert: *Köck*, Seite

Köhler, Michael | Zur Kritik an der Zwangsarbeitsstrafe
GA 1987, Seite 145–161

Krahl, Matthias | Anmerkung zu Hanseatisches Oberlandesgericht Hamburg, Beschluss vom 23.09.1991 – Vollz (Ws) 11/91 = NStZ 1992, 53
NStZ 1992, Seite 207–208

Krause, Thomas — Geschichte des Strafvollzugs
Von den Kerkern des Altertums bis zur Gegenwart
Darmstadt 1999,
zitiert: *Krause*, Seite

Kreßel, Eckhard — Die Inanspruchnahme von Sozialhilfe und Arbeitspflicht dargestellt am Beispiel der Asylbewerber
Würzburg 1983,
zitiert: *Kreßel*, Seite

Krohne, Karl — Lehrbuch der Gefängniskunde unter Berücksichtigung der Kriminalstatistik und Kriminalpolitik
Stuttgart 1889,
zitiert: *Krohne*, Seite

Lambert Abdelgawad, Elisabeth/ Weber, Anne — The Reception Process in France and Germany
in: Keller/Stone Sweet, A Europe of Rights,
Seite 107–164
New York 2008,
zitiert: *Lambert Abdelgawad/Weber*, Seite

Laubenthal, Klaus — Arbeitsverpflichtung und Arbeitsentlohnung des Strafgefangenen
Kriminalistik und Strafrecht – Festschrift für Friedrich Geerds zum 70. Geburtstag,
Lübeck 1995, Seite 337–347
zitiert: *Laubenthal* in Festschrift für Geerds, Seite

– — Strafvollzug
4. Auflage, Berlin 2009
zitiert: *Laubenthal*, Rn.

Lauff, Werner — Der Schutz bürgerlicher und politischer Recht durch die Vereinten Nationen
NJW 1981, Seite 2611–2614

Landau, Herbert/ Kunze, Torsten/ Poseck, Roman — Die Neuregelung des Arbeitsentgelts im Strafvollzug
NJW 2001, Seite 2611–2613

Lasby, Clarence G. — Projekt Paperclip
German Scientists and the Cold War
New York 1971,
zitiert: *Lasby*, Seite

Leder, Hans-Claus — Arbeitsentgelt im Strafvollzug der Bundesrepublik Deutschland
Paradigma für fehlende soziologische Problemsicht
Rheinstetten-Neu 1978,
zitiert: *Leder*, Seite

Lee, Chun-Tai — Zur Kritik des unmittelbaren und mittelbaren Arbeitszwangs im Strafvollzug
Unter Berücksichtigung der geschichtlichen Entwicklung der Gefangenenarbeit und der Bestimmung des Vollzugsziels seit 1923
Hamburg 1994,
zitiert: *Lee*, Seite

Liszt, Franz von — Strafrechtliche Aufsätze und Vorträge
Erster Band 1871 bis 1891
Berlin 1905,
zitiert: *v. Liszt*, Seite

Lohmann, Hans Christian — Arbeit und Arbeitsentlohnung des Strafgefangenen
Frankfurt am Main 2002,
zitiert: *Lohmann*, Seite

von Mangoldt, Hermann/ Klein, Friedrich/ Starck, Christian (Hrsg.) — Das Bonner Grundgesetz – Kommentar
Band 1: Präambel, Artikel 1 bis 19
5. Auflage, München 2005,
zitiert: *Bearbeiter* in v. Mangoldt/Klein/Stark, GG Band 1, Art. Rn.

– — Das Bonner Grundgesetz – Kommentar
Band 2: Artikel 20 bis 78
5. Auflage, München 2005
zitiert: *Bearbeiter* in v. Mangoldt/Klein/Starck, GG Band 2, Art. Rn.

Martin, Francisco Forrest/ Schnably, Stephen J./ Wilson, Richard J./ Simon, Jonathan S./ Tushnet, Mark V.
International Human Rights and Humantiarian Law
Treaties, Cases and Analysis
New York 2006,
zitiert: *Martin/Schnably/Wilson/Simon/Tushnet*, Seite

Matt, Eduard
Resozialisierung in der Lebenslaufperspektive
NK 2004, Seite 140–143

Maunz, Theodor/ Dürig, Günter
Grundgesetz – Kommentar (Loseblatt)
Band I, GG-Text – Art. 5
München, 55. Ergänzungslieferung, Stand Mai 2009
Zitiert: *Bearbeiter* in Maunz/Dürig, GG Band I, Art. Rn.

–
Grundgesetz – Kommentar (Loseblatt)
Band II, Art. 6–16a
München, 55. Ergänzungslieferung, Stand Mai 2009
zitiert: *Bearbeiter* in Maunz/Dürig, GG Band II, Art. Rn.

von Maydell, Bernd/ Ruland, Franz/ Becker, Ulrich (Hrsg.)
Sozialrechtshandbuch (SRH)
4. Auflage, Baden-Baden 2008,
zitiert: *Bearbeiter* in SRH, Rn.

Merten, Detlef
Die Ausweitung der Sozialversicherungspflicht und die Grenzen der Verfassung
NZS 1998, Seite 545-551

Mertens, Franz Josef
Die Zulässigkeit von Arbeitszwang und Zwangsarbeit nach dem Grundgesetz und der Europäischen Konvention für Menschenrechte und Grundfreiheiten
Köln 1964,
zitiert: *Mertens*, Seite

Mett, Dietrich
Tarifgerechte Bezahlung von Gefangenenarbeit
Ein Modell konsequenter Weiterentwicklung des Resozialisierungsgedankens
SchlHA 2000, Seite 121–122

Meyer, Jürgen/ Mertin, Herbert — Strafgefangenenentlohnung – Erhöhung um 15 %?
DRiZ 2000, Seite 388–389

Meyer-Goßner, Lutz — Strafprozessordnung
Gerichtsverfassungsgesetz, Nebengesetze und ergänzende Bestimmungen
52. Auflage, München 2009,
zitiert: *Meyer-Goßner*, StPO, § Rn.

Meyer-Ladewig, Jens — Europäische Menschenrechtskonvention
Handkommentar
2. Auflage, Baden-Baden 2006,
zitiert: *Meyer-Ladewig*, EMRK, Art. Rn.

Mick, Christoph — Forschen für Stalin
Deutsche Fachleute in der sowjetischen Rüstungsindustrie 1945–1958
München 2000,
zitiert: *Mick*, Seite

Miers, Suzanne — Britain and the Ending of the Slave Trade
London 1975,
zitiert: *Miers*, Seite

Molketin, Rüdiger — Anmerkung zu OLG Nürnberg, Beschluss vom 10.05.1990 – Ws 448/90 – Verweigerung zumutbarer Arbeit
NStZ 1991, Seite 102–103

Morhard, Thilo — Die Rechtsnatur der Übereinkommen der Internationalen Arbeitsorganisation
Zugleich ein Beitrag zur Lehre vom „soft law“
Frankfurt am Main 1988,
zitiert: *Morhard*, Seite

Mrozynski, Peter — Resozialisierung und Soziales Betreuungsverhältnis
Eine Untersuchung zur Bedeutung des Sozialrechts in der Resozialisierung
Heidelberg 1984,
zitiert: *Mrozynski*, Seite

–	Zur Pflichtversicherung Gefangener im Straf- und Maßregelvollzug SGb 1990, Seite 315–320
Muckel, Stefan	Sozialrecht 3. Auflage, München 2009, zitiert: *Muckel*, § Rn.
Müller-Dietz, Heinz	Strafvollzugsgesetzgebung und Strafvollzugsreform Köln 1970, zitiert: *Müller-Dietz*, Strafvollzugsgesetzgebung, Seite
–	Zur Problematik des Arbeitsentgelts und der Sozialversicherung für Strafgefangene ZRP 1974, Seite 249–253
–	Menschenwürde und Strafvollzug Berlin 1994 zitiert: *Müller-Dietz*, Menschenwürde und Strafvollzug, Seite
–	Arbeit und Arbeitsentgelt für Strafgefangene – BVerfG, NJW 1998, 3337 JuS 1999, Seite 952–957
von Münch, Ingo/ Kunig, Philip (Hrsg.)	Grundgesetz-Kommentar Band 1 (Präambel bis Art.19) 5.Auflage, München 2000 zitiert: *Bearbeiter* in v. Münch/Kunig GG Band 1, Art. Rn.
–	Grundgesetz-Kommentar Band 2 (Art. 20 bis Art. 69) 5. Auflage, München 2001, zitiert: *Bearbeiter* in v. Münch/Kunig, GG Band 2, Art. Rn.
Münder, Johannes	Arbeitsverpflichtung für Sozialhilfeempfänger? NVwZ 1984, Seite 206–211

Münder, Johannes/ Birk, Ulrich-Arthur	Sozialhilfe und Arbeitslosigkeit Möglichkeiten der Ämter – Gegenwehr der Betroffenen 2. Auflage, Neuwied 1985, zitiert: *Münder/Birk*, Seite
Neu, Axel Dietmar	Arbeitsentgelte, Surrogatleistungen und Verwendungsauflagen bei einer Reform des Jugendstrafvollzuges Kiel 1979, zitiert: *Neu*, Arbeitsentgelte, Seite
–	Produktivität der Gefängnisarbeit: eingemauert auf bescheidenem Niveau? Arbeitsmarkt, Strafvollzug und Gefangenenarbeit Baden-Baden 1997, Seite 95–111, zitiert: *Neu* in Arbeitsmarkt, Strafvollzug und Gefangenenarbeit, Seite
–	Neuregelung der Gefangenenentlohnung – Den verfassungsrechtlichen Vorgaben knapp entsprochen NK 2001, Seite 22–26
Neubacher, Frank	Der internationale Schutz von Menschenrechten Inhaftierter durch die Vereinten Nationen und den Europarat ZfStrVo 1999, Seite 210–218
Neubeck, Xenia	Die Europäische Sozialcharta und deren Protokolle Einfluss und Bedeutung der sozialrechtlichen Bestimmungen der Europäischen Sozialcharta auf das deutsche Recht und auf das Recht der Europäischen Union Frankfurt am Main 2001, zitiert: *Neubeck*, Seite
Niesel, Klaus	Sozialgesetzbuch – Arbeitsförderung (SGB III) 4. Auflage, München 2007, zitiert: *Bearbeiter* in Niesel, SGB III, § Rn.

Nowak, Manfred — Die Durchsetzung des Internationalen Paktes über bürgerliche und politische Rechte
Bestandsaufnahme der ersten 10 Tagungen des UN-Ausschusses für Menschenrechte
EuGRZ 1980, Seite 532–544

Nußberger, Angelika — Die Spruchpraxis des Sachverständigenkomitees der Internationalen Arbeitsorganisation im Bereich des Sozialrechts
in Sozialrecht und Sozialpolitik in Deutschland und Europa
Festschrift für Bernd Baron von Maydell
Neuwied 2002,
zitiert: *Nußberger* in Festschrift für v. Maydell, Seite

– — Neue Entwicklungen in der Rechtsprechung des Europäischen Gerichtshofs für Menschenrechte zur sozialen Verpflichtetheit des Staates
ZIAS 2003, Seite 366–378

– — Sozialstandards im Völkerrecht
Eine Studie zu Entwicklung und Bedeutung der Normsetzung der Vereinten Nationen, der Internationalen Arbeitsorganisation und des Europarates zu Fragen des Sozialschutzes
Berlin 2005,
zitiert: *Nußberger*, Sozialstandards, Seite

– — Arbeit als Fluch und Segen
Völker- und verfassungsrechtliche Regelungen zum Recht auf Arbeit und Verbot der Zwangsarbeit
in Wirtschaft und Gesellschaft im Staat der Gegenwart,
Gedächtnisschrift für Peter J. Tettinger
Köln 2007, Seite 81–102,
zitiert: *Nußberger* in Gedächtnisschrift Tettinger, Seite

– — Soziale Rechte und Sozialstandards auf internationaler Ebene
in Globalisierung und Europäisches Sozialmodell

Baden-Baden 2007, Seite 295–316,
zitiert: *Nußberger* in Globalisierung und Europäisches Sozialmodell, Seite

– | Das Völkerrecht
Geschichte – Institutionen – Perspektiven
München 2009,
zitiert: *Nußberger*, Völkerrecht, Seite

Ohle, Carsten Detlev | Arbeitsbelohnung und Arbeitsentlohnung im Gefangenenarbeitswesen
Hamburg 1972,
zitiert: *Ohle*, Seite

Öhlinger, Theo | Die Europäische Sozialcharta
Fortschritt im Bewusstsein der Grund- und Menschenrechte
Festschrift für Felix Ermacora
Kehl am Rhein 1988, Seite 213–232,
zitiert: *Öhlinger* in Festschrift für Ermacora, Seite

Olbrück, Claudia | Anspruch und Wirklichkeit des Strafvollzugsgesetzes
Ein Versuch, einen gangbaren Weg der Umsetzung des § 200 II StVollzG (Erhöhung des Arbeitsentgeltes) aufzuzeigen.
Kiel 1996,
zitiert: *Olbrück*, Seite

Pawlita, Cornelius | Die Gefangenenentlohnung und ihre Bedeutung für das Sozialrecht
Zur Entscheidung des Bundesverfassungsgerichts vom 1. Juli 1998
ZFSH/SGB 1999, Seite 68–71

Pennings, Frans (Hrsg.) | International Social Security Standards
Current Views and Interpretation Matters
Antwerpen 2007,
zitiert: *Bearbeiter* in International Social Security Standards, Kapitel, Seite

Peters, Anne	Einführung in die Europäische Menschenrechtskonvention Mit rechtsvergleichenden Bezügen zum deutschen Grundgesetz München 2003, zitiert: *Peters*, EMRK, Seite
–	Völkerrecht: Allgemeiner Teil 2. Auflage, Zürich 2008, zitiert: *Peters*, Völkerrecht, Seite
Pfahlmann, Hans	Fremdarbeiter und Kriegsgefangene in der Deutschen Kriegswirtschaft 1939–1945 Würzburg 1964, zitiert: *Pfahlmann*, Seite
Pieroth, Bodo/ Schlink, Bernhard	Grundrechte – Staatsrecht II 25. Auflage, Heidelberg 2009 zitiert: *Pieroth/Schlink*, Rn.
Raphael, Lutz	Krieg, Diktatur und imperiale Erschließung: Arbeitszwang und Zwangsarbeit 1880 bis 1960 in Sklaverei – Knechtschaft – Zwangsarbeit Untersuchungen zur Sozial-, Rechts- und Kulturgeschichte Band 1, Unfreie Arbeits- und Lebensverhältnisse von der Antike bis in die Gegenwart, Seite 258–280, Hildesheim 2005, zitiert: *Raphael* in Unfreie Arbeits- und Lebensverhältnisse, Seite
Reid, Karen	A Practitioners's Guide To The European Convention On Human Rights London 1998, zitiert: *Reid*, Seite
Reindel, Florian	Auslegung menschenrechtlicher Verträge am Beispiel der Spruchpraxis des UN-Menschenrechtsausschusses, des Europäischen und des Interamerikanischen Gerichtshofs für Menschenrechte München 1995, zitiert: *Reindel*, Seite

Ress, Georg/
Schreuer, Christoph
Wechselwirkungen zwischen Völkerrecht und Verfassung bei der Auslegung völkerrechtlicher Verträge
Heidelberg 1982,
zitiert: *Ress/Schreuer*, Seite

Riedel, Eibe (Hrsg.)
Social Security as a Human Right
Drafting a General Comment on Article 9 ICESCR – Some Challenges
Berlin 2007,
zitiert: *Bearbeiter* in Social Security, Seite

Rixen, Stephan
Rechtliche Grenzen bei „Ein-Euro-Jobs" – Unbegrenzte Möglichkeiten im Hartz-IV-Land?
SozSich 2005, Seite 152–157

Rodgers, Gerry/
Lee, Eddy/
Swepston, Lee/
Van Daele, Jasmin
The ILO and the quest for social justice, 1919–2009
Genf 2009,
zitiert: *Rodgers/Lee/Swepston/Van Daele, Seite*

Rosenthal, Michael
Arbeitslohn im Strafvollzug
NK 1998, Seite 12-16

Rotthaus, Karl Peter
Die Bedeutung des Strafvollzugsgesetzes für die Reform des Strafvollzugs
NStZ 1987, Seite 1–5

Sachs, Michael
Verfassungsrecht II
Grundrechte
2. Auflage, Berlin 2002,
zitiert: *Sachs*, Grundrechte, Kapitel Rn.

Sachs, Michael (Hrsg.)
Grundgesetz – Kommentar
5. Auflage, München 2008
zitiert: *Bearbeiter* in Sachs, GG, Art. Rn.

von Savigny, Michael
Die Gesundheitsfürsorge im Strafvollzug unter besonderer Berücksichtigung der Gefangenen im freien Beschäftigungsverhältnis
Frankfurt am Main 1992,
zitiert: *v. Savigny*, Seite

Sawyer, Roger — Slavery In The Twentieth Century
London 1986,
zitiert: *Sawyer*, Seite

Schaub, Günter — Arbeitsrechtshandbuch
Systematische Dartellung und Nachschlagewerk für die Praxis
13. Auflage, München 2009,
zitiert: *Bearbeiter* in Schaub, Arbeitsrechtshandbuch, § Rn.

Schmidt-Bleibtreu, Bruno/ Klein, Franz (Hrsg.) — Kommentar zum Grundgesetz
11. Auflage, München 2008
zitiert: *Bearbeiter* in Schmidt-Bleibtreu/Klein, GG, Art. Rn.

Schneider, Jakob — Die Justiziabilität wirtschaftlicher, sozialer und kultureller Menschenrechte
Berlin 2004,
zitiert: *Schneider*, Seite

Schorn, Ulrich — Sozialversicherung im Strafvollzug
NZS 1995, Seite 444–447

Schrader, Rudolf — Die Zwangsarbeit in Ostafrika nach deutschem und britischem Kolonialrecht
Hamburg 1919,
zitiert: *Schrader*, Seite

Schüler-Springorum, Horst — Strafvollzug im Übergang
Göttingen 1969,
zitiert: *Schüler-Springorum*, Strafvollzug im Übergang, Seite

– — Angemessene Anerkennung als Arbeitsentgelt
Das Bundesverfassungsgericht zur Arbeit im Strafvollzug
Festschrift für Alexander Böhm zum 70. Geburtstag am 14. Juni 1999
Berlin 1999, Seite 219–232,
zitiert: *Schüler-Springorum* in Festschrift für Böhm, Seite

Schütz, Erwin — Das Beamtenrecht des Bundes und der Länder,
5. Auflage, Hamburg 1973,
zitiert: *Schütz*, Beamtenrecht, Seite

Schwind, Hans-Dieter/ Blau, Günther — Strafvollzug in der Praxis
Eine Einführung in die Probleme und Realitäten des Strafvollzuges und der Entlassenenhilfe
Berlin 1976,
zitiert: *Bearbeiter* in Schwind/Blau, Seite

Schwind, Hans-Dieter/ Böhm, Alexander/ Jehle, Jörg-Martin/ Laubenthal, Klaus (Hrsg.) — Strafvollzugsgesetz – Bund und Länder
5. Auflage, Berlin 2009,
zitiert: *Bearbeiter* in Schwind/Böhm/Jehle/Laubenthal, StVollzG, § Rn.

Shea, Evelyn — Why work?
Berlin 2007,
zitiert: *Shea*, Seite

Seufert, Leo — Die nicht erfüllten Gesetzgebungsgebote des Grundgesetzes und ihre verfassungsgerichtliche Durchsetzung
Ein Beitrag zum Problem gesetzgeberischen Unterlassens
Würzburg 1969,
zitiert: *Seufert*, Seite

Sieveking, Klaus — Anmerkung zum Urteil des VGH Mannheim vom 31.03.1992 – 10 S 1666/90
InfAuslR 1992, Seite 200–205

Simma, Bruno/ Bennigsen, Sabine — Wirtschaftliche, soziale und kulturelle Rechte im Völkerrecht
Der Internationale Pakt von 1966 und sein Kontrollverfahren
Festschrift für Ernst Steindorff
1990, Seite 1477–1499
zitiert: *Simma/Bennigsen* in Festschrift für Steindorff, Seite

– Soziale Grundrechte und das Völkerrecht
Der Internationale Pakt über wirtschaftliche, soziale und kulturelle Rechte in der gegenwärtigen Verfassungsdiskussion,
in Wege und Verfahren des Verfassungslebens, Festschrift für Peter Lerche zum 65. Geburtstag
München 1993, Seite 83–94,
zitiert: *Simma* in Festschrift für Lerche, Seite

Sommermann, Karl-Peter — Völkerrechtliche garantierte Menschenrechte als Maßstab der Verfassungskonkretisierung – Die Menschenrechtsfreundlichkeit des Grundgesetzes –
AöR 114 (1998), Seite 391–422

– Der Schutz der Menschenrechte im Rahmen des Europarates
Speyer 1990,
zitiert: *Sommermann*, Seite

Statistisches Bundesamt — Strafvollzug – Demographische und kriminologische Merkmale der Strafgefangenen zum Stichtag 31.3.2008
Wiesbaden 2009,
zitiert: Statistisches Bundesamt, Strafvollzug 2008, Seite

Steiner, Michael — Der Strafgefangene im System der gesetzlichen Sozialversicherung
Frankfurt am Main 2006,
zitiert: *Steiner*, Seite

Stern, Klaus — Das Staatsrecht der Bundesrepublik Deutschland
Band III/1 – Allgemeine Lehren der Grundrechte, 1. Halbband
München 1988,
zitiert: *Stern*, Staatsrecht, Band III/1, §

– Das Staatrecht der Bundesrepublik Deutschland
Band III/2 – Allgemeine Lehren der Grundrechte, 2. Halbband
München 1994,
zitiert: *Stern*, GR Band III/2, §

Sterzel, Dieter — Zwang zur Arbeit im Sozialstaat
Auf einem Dritten Weg – Festschrift für Helmut Ridder zum siebzigsten Geburtstag
Neuwied 1989, Seite 269–279,
zitiert: *Sterzel* in Festschrift für Ridder, Seite

Stree, Walter — Deliktsfolgen und Grundgesetz
Zur Verfassungsmäßigkeit der Strafen und sonstigen strafrechtlichen Maßnahmen
Tübingen 1960,
zitiert: *Stree*, Seite

Temperley, Howard — British antislavery 1833–1870
London 1972,
zitiert: *Temperley*, Seite

Tettinger, Peter J./ Stern, Klaus (Hrsg.) — Die Europäische Grundrechte-Charta im wertenden Verfassungsvergleich
Berlin 2005,
zitiert: *Bearbeiter* in Europäische Grundrechte-Charta, Seite

– — Kölner Gemeinschaftskommentar zur Europäischen Grundrechte-Charta
München 2006,
zitiert: *Bearbeiter* in Kölner Gemeinschaftskommentar, Art. Rn.

Tiedemann, Klaus — Die Rechtsstellung des Strafgefangenen nach französischem und deutschem Verfassungsrecht
Bonn 1963,
zitiert: *Tiedemann*, Seite.

Tretter, Hannes — Entwicklung und gegenwärtige Bedeutung der internationalen Sklavereiverbotes
Fortschritt im Bewusstsein der Grund- und Menschenrechte
Festschrift für Felix Ermacora
Kehl am Rhein 1988, Seite 528–574,
zitiert: *Tretter* in Festschrift für Ermacora, Seite

Uber, Giesbert — Arbeitszwang, Zwangsarbeit, Dienstpflichten
Hamburger Festschrift für Friedrich Schack zu seinem 80. Geburtstag am 1. Oktober 1966
Hamburg 1966, Seite 167–182,
zitiert: *Uber* in Festschrift für Schack, Seite

Ullenbruch, Thomas — Neuregelung des Arbeitsentgelts für Strafgefangene – Sand in die Augen des BVerfG?
ZRP 2000, Seite 177–182

Umbach, Dieter C./ Clemens, Thomas — Grundgesetz
Mitarbeiterkommentar und Handbuch
Band I, Art. 1-37,
Heidelberg 2002,
zitiert: *Bearbeiter* in Umbach/Clemens, GG Band I, Art. Rn.

Graf Vitzthum, Wolfgang — Völkerrecht
4. Auflage, Berlin 2007,
zitiert: *Bearbeiter* in Graf Vitzthum, Völkerrecht, Abschnitt Rn.

Vogel, Klaus — Die Verfassungsentscheidung des Grundgesetzes für eine internationale Zusammenarbeit
Ein Diskussionsbeitrag zu einer Frage der Staatstheorie sowie des geltenden deutschen Staatsrechts
Tübingen 1964,
zitiert: *Vogel*, Seite

Wachsmann, Nikolaus — Hitler's Prisons
Legal Terror in Nazi Germany
London 2004,
zitiert: *Wachsmann*, Seite

Walter, Michael — Abkehr von der Resozialisierung im Strafvollzug?
– Über Kriminalpolitik im Fahrwasser ökonomisierten Denkens –
in Festschrift für Heinz Müller-Dietz zum 70. Geburtstag
München 2001, Seite 961–974,
zitiert: *Walter* in Festschrift für Müller-Dietz, Seite

Waltermann, Raimund	Sozialrecht 8. Auflage, Heidelberg 2009, zitiert: *Waltermann*, Rn.
Weidmann, Klaus W.	Der Europäische Gerichtshof für Menschenrechte auf dem Weg zu einem europäischen Verfassungsgerichtshof Frankfurt am Main 1985, zitiert: *Weidmann*, Seite
Weissbrodt, David/ Anti-Slavery International	Abolishing Slavery and its Contemporary Forms Genf 2002, zitiert: *Weissbrodt*, Seite
Wickenhagen, Ernst	Internationales Sozialversicherungsrecht Eine Einführung 2. Auflage, Sankt Augustin 1982, zitiert: *Wickenhagen*, Seite.
Winkler, Jürgen (Hrsg.)	Sozialgesetzbuch IV – Gemeinsame Vorschriften für die Sozialversicherung Lehr- und Praxiskkommentar, Baden-Baden 2007, zitiert: *Bearbeiter* in Winkler, SGB IV, § Rn.
Wohlgemuth, Rüdiger	Der Vollzug kann mehr zu seiner Finanzierung beitragen. ZfStrVo 1999, Seite 219–222
Wrage, Nikolaus	Resozialisierung und Ressourcen NK 1997, Seite 14–19
–	Die ökonomische Situation der Strafgefangenen oder: Die Achillesferse des Resozialisierungsvollzugs ZRP 1997, Seite 435–437
Zöbeley, Günter	„Negative“ Berufsfreiheit und Zwangsarbeitsverbot bei Strafaussetzung zur Bewährung Festschrift für Hans Joachim Faller München 1984, Seite 344–360, zitiert: *Zöbeley* in Festschrift für Faller, Seite

Zoellner, Anne-Christine — Das Verhältnis von Bundesverfassungsgericht und Europäischem Gerichtshof für Menschenrechte unter Berücksichtigung der Rolle des EuGH
Hamburg 2009,
zitiert: *Zoellner*, Seite

Zuleeg, Manfred — Der Internationale Pakt über wirtschaftliche, soziale und kulturelle Rechte
RdA 1974, Seite 321–332

AUGSBURGER SCHRIFTEN ZUM STAATS- UND VÖLKERRECHT

Begründet von Professor Dr. Dieter Blumenwitz

Band 1 Fritz-Harald Wenig: Rechtsprobleme des innerdeutschen Handels.

Band 2 Wilfried Niedermeier: Der Beitritt der Bundesrepublik Deutschland zum Statut des Internationalen Gerichtshofes unter besonderer Berücksichtigung der obligatorischen Gerichtsbarkeit.

Band 3 Johann G. Gleich: Die Anerkennung der DDR durch die Bundesrepublik.

Band 4 Matthias Weigand: Der Vertrag über die gegenseitigen Beziehungen zwischen der Bundesrepublik Deutschland und der Tschechoslowakischen Sozialistischen Republik vom 11. Dezember 1973 - Eine völkerrechtliche Analyse.

Band 5 Werner Trützschler von Falkenstein: Die sich ändernde Bedeutung der Feindstaatenartikel (Artikel 53 und 107 der Satzung der Vereinten Nationen) für Deutschland.

Band 6 Reiner Schenk: Die Viermächteverantwortung für Deutschland als Ganzes, insbesondere deren Entwicklung seit 1969.

Band 7 Wolfgang Wagner: Die Verwirklichung der Menschenrechte im Pakt der Vereinten Nationen über bürgerliche und politische Rechte vom 16. Dezember 1966, im Grundvertrag und den ihn begleitenden Nebeninstrumenten.

Band 8 Ulrich Wacker: Der Konflikt verschiedener Rechtssysteme vor, während und nach der Kolonialzeit in Kenia.

Band 9 Wolfgang Enders: Der mexikanische Bundesstaat. Die politische und sozioökonomische Problematik eines föderalen Verfassungssystems in einem Land der "Dritten Welt".

Band 10 Heiner Hasford: Die Jurisdiktion der Europäischen Gemeinschaften. Zur extra-territorialen Wirkung des Gemeinschaftsrechts.

SCHRIFTEN ZUM STAATS- UND VÖLKERRECHT

Begründet von Professor Dr. Dr. h.c. mult. Dieter Blumenwitz
Herausgegeben von Gilbert Gornig, Burkhard Schöbener
und Winfried Bausback

Band 11 Wolf Dieter Remmele: Die Selbstdarstellung der Bundesrepublik Deutschland im Ausland durch den Rundfunk als Problem des Staats- und Völkerrechts.

Band 12 Elisabeth Lichtenstern: Die Gesetzgebung im Spannungsverhältnis zwischen Bund und Ländern.

Band 13 Peter Gassner: Kollektivmacht und Individualschutz im amerikanischen Arbeitsrecht.

Band 14 Helga Walter: Das Selbstverständnis des modernen Algeriens. Die historisch-nationalen und islamischen Elemente.

Band 15 Dieter Schütz: Der internationale ordre public. Der Ausschluß völkerrechtswidrigen fremden Rechts im Internationalen Privatrecht der Bundesrepublik Deutschland.

Band 16 Klaus-Peter Kißler: Die Zulässigkeit von Wirtschaftssanktionen der Europäischen Gemeinschaft gegenüber Drittstaaten.

Band 17 Rainhardt Freiherr von Leoprechting: Die neue Rohrwaffen-Artillerie-Munition im Lichte des I. Genfer Zusatzprotokolles vom 12. Dezember 1977. Zur Frage der Völkerrechtskonformität der Verteidigung der Bundesrepublik Deutschland mit modernen konventionellen Artilleriesystemen.

Band 18 Roland Steinmeyer: Die Schiffsgläubigerrechte im südafrikanischen nationalen und internationalen Privatrecht. Eine rechtsvergleichende Darstellung unter Einbeziehung des englischen und deutschen internationalen Privatrechts und unter besonderer Berücksichtigung des ordre public.

Band 19 Martin C. Ney: Der Einsatz von Atomwaffen im Lichte des Völkerrechts. Summary: The Use of Nuclear Weapons and International Law.

Band 20 Teodoro Ribera Neumann: Das chilenische Verfassungsgericht und das deutsche Bundesverfassungsgericht - Ein Rechtsvergleich -. 1985.

Band 21 Theodora Antoniou: Europäische Integration und griechische Verfassung. 1985.

Band 22 Georg Teyssen: Deutschlandtheorien auf der Grundlage der Ostvertragspolitik. 1987.

Band 23 Karin Klüpfel: Selbstbestimmung durch Assoziation. Die Assoziation als Verwirklichung des Selbstbestimmungsrechts der Völker - dargestellt am Beispiel von Puerto Rico. 1987.

Band 24 Friedrich Dehner: Die Stellung Berlins im Bundesrat. 1987.

Band 25 Thilo Morhard: Die Rechtsnatur der Übereinkommen der Internationalen Arbeitsorganisation. Zugleich ein Beitrag zur Lehre vom "soft law". 1988.

Band 26 Ralf Jahn: Ansiedlung von Einzelhandelsgroßprojekten (§ 11 Abs. 3 BauNVO 1977). Zur Frage der Bestimmtheit grundrechtsbeschränkender Eingriffsnormen. 1988.

Band 27 Wolfgang Götzer: Der völkerrechtliche Status der Donau zwischen Regensburg und Kelheim. Eine völkerrechtliche Untersuchung des Donauabschnittes Regensburg - Kelheim unter Einbeziehung der gesamten deutschen Donau. 1988.

Band 28 Michael Hakenberg: Die Iran-Sanktionen der USA während der Teheraner Geiselaffäre aus völkerrechtlicher Sicht. 1988.

Band 29 Renate Oxenknecht: Der Schutz ethnischer, religiöser und sprachlicher Minderheiten in Art. 27 des Internationalen Paktes über bürgerliche und politische Rechte vom 16. Dezember 1966. 1988.

Band 30 Raphael Quarshie Avornyo: Deutschland und Togo. (1847-1987). 1988.

Band 31 Friedrich Frhr. Waitz von Eschen: Die völkerrechtliche Kompetenz der Vier Mächte zur Gestaltung der Rechtslage Deutschlands nach dem Abschluß der Ostvertragspolitik. 1988.

Band 32 Gisela Süß: Die Zulassung von Zahnärzten aus dem EG-Bereich zur deutschen Kassenarztpraxis. Ein Beitrag zu Standort und Bedeutung der Grundrechte im Europäischen Gemeinschaftsrecht. 1988.

Band 33 Meggy Steffens: Die deutsche Ostpolitik im Spiegel publizistischer Stellungnahmen in den USA 1969-1973. 1988.

Band 34 Norbert Karl Riedel: Der Einsatz deutscher Streitkräfte im Ausland - verfassungs- und völkerrechtliche Schranken -. 1989.

Band 35 Heidi Dünisch: Der Mundatwald - Zur Bereinigung letzter Kriegsfolgenprobleme zwischen Deutschland und Frankreich.1989.

Band 36 Sabine Niedermeyer-Krauß: Kommunalwahlrecht für Ausländer und Erleichterung der Einbürgerung. Integrationsmöglichkeiten für Ausländer aus verfassungs- und europarechtlicher Sicht. 1989.

Band 37 Dirk-Hermann Voß: Regionen und Regionalismus im Recht der Mitgliedstaaten der Europäischen Gemeinschaft: Strukturelemente einer Europäischen Verfassungsordnung. 1989.

Band 38 Tilo Klinner: Satellitenfernerkundung im Völkerrecht. Inwieweit existiert ein völkerrechtlicher Datenschutz? 1989.

Band 39 Barbara Schmidt: Die Erweiterung der seewärtigen Hoheitsrechte der Bundesrepublik Deutschland und der DDR unter besonderer Berücksichtigung deutschlandrechtlicher Probleme. 1989.

Band 40 Hans-Joachim Brauns: Wiedervereinigung und europäische Integration. 1990.

Band 41 Gilbert-Hanno Gornig: Der Hitler-Stalin-Pakt. Eine völkerrechtliche Studie. 1990.

Band 42 Gudrun Lehnberger: Kommunale Entwicklungshilfe. Eine Aufgabe der Gemeinden? - Bestandsaufnahme und rechtliche Würdigung unter besonderer Berücksichtigung der bayerischen Verwaltungspraxis. 1990.

Band 43 Heike Kaup: Der Schwangerschaftsabbruch aus verfassungsrechtlicher Sicht. Eine rechtsvergleichende Untersuchung anhand des deutschen und des amerikanischen Rechts. 1991.

Band 44 Bernadette Steinmeyer: Verfassungsrechtliche Ansätze zur Neuordnung der multirassischen Gesellschaft Südafrikas unter Berücksichtigung des Vorschlages des Verhandlungsforums der "KwaZulu/Natal Indaba". 1991.

Band 45 Burkhard Schöbener: Die amerikanische Besatzungspolitik und das Völkerrecht. 1991.

Band 46 Christian Raap: Die Souveränität der Bundesrepublik Deutschland unter besonderer Berücksichtigung des militärischen Bereichs und der deutschen Einheit. 1992.

Band 47 Andrea Wagner: Der argentinisch-chilenische Konflikt um den Beagle-Kanal. Ein Beitrag zu den Methoden friedlicher Streiterledigung. 1992.

Band 48 Ralf Wittkowski: Die Staatensukzession in völkerrechtliche Verträge unter besonderer Berücksichtigung der Herstellung der staatlichen Einheit Deutschlands. 1992.

Band 49 Michael Piazolo: Das Recht auf Abtreibung als Teilaspekt des Right of Privacy. 1992.

Band 50 Silke Wenk: Das konfiszierte deutsche Privatvermögen in Polen und der Tschechoslowakei. Die Rechtslage nach Abschluß des deutsch-polnischen und deutsch-tschechoslowakischen Nachbarschaftsvertrages. 1993.

Band 51 Antje Kießwetter: Die Verfassungsentwicklung in Namibia. 1993.

Band 52 Angelika Kleffner-Riedel: Regionalausschuß und Subsidiaritätsprinzip. Die Stellung der deutschen Bundesländer nach dem Vertrag über die Europäische Union. 1993.

Band 53 Jerzy Kranz: Entre l'influence et l'intervention. Certains aspects juridiques de l'assistance financière multilatérale. 1994.

Band 54 Knut Kettwig: Rechtsgrundlagen dezentraler grenzüberschreitender Zusammenarbeit im deutsch-polnischen und deutsch-tschechischen Grenzraum. 1994.

Band 55 Ulrich Seidenberger: Die diplomatischen und konsularischen Immunitäten und Privilegien. Ein Beitrag zur Diskussion über die Reformbedürftigkeit des Diplomaten- und Konsularrechts aus staats- und völkerrechtlicher Sicht. 1994.

Band 56 Christian Schede: Bundesrat und Europäische Union. Die Beteiligung des Bundesrates nach dem neuen Artikel 23 des Grundgesetzes. 1994.

Band 57 Florian Prugger: Die Nachfolge in das Vermögen der ehemaligen DDR. Ein Beitrag zu Art. 21 ff Einigungsvertrag unter besonderer Berücksichtigung der Firma F.C. Gerlach des Bereichs Kommerzielle Koordinierung. 1994.

Band 58 Mark Zimmer: Einsätze der Bundeswehr im Rahmen kollektiver Sicherheit. Staats- und völkerrechtliche Grundlagen unter Berücksichtigung des BVerfG-Urteils vom 12.07.1994. 1995.

Band 59 Gerd von Laffert: Die völkerrechtliche Lage des geteilten Zypern und Fragen seiner staatlichen Reorganisation. 1995.

Band 60 Wolfram Schneeweiß: Die rechtliche Stellung der Indianerstämme innerhalb der Vereinigten Staaten von Amerika. Ein Modell für den Schutz der *indigenous peoples*. 1995.

Band 61 Marianne Janik: Möglichkeiten und Grenzen einer gemeinsamen Exportkontrolle für sensitive Waren und Dienstleistungen im Lichte des europäischen Gemeinschaftsrechts. 1995.

Band 62 Michael Brems: Die politische Integration ethnischer Minderheiten aus staats- und völkerrechtlicher Sicht. 1995.

Band 63 Martin Vocke: Verfassungsinterpretation und Normbegründung - Grundlegung zu einer prozeduralen Theorie der Verfassungsgerichtsbarkeit. 1995.

Band 64 Stefan von der Beck: Die Konfiskationen in der Sowjetischen Besatzungszone von 1945 bis 1949. Ein Beitrag zu Geschichte und Rechtsproblemen der Enteignung auf besatzungsrechtlicher und besatzungshoheitlicher Grundlage. 1996.

Band 65 Stephanie Baer: Der Zerfall Jugoslawiens im Lichte des Völkerrechts. 1995.

Band 66 Christine Sauerwald: Die Unionsbürgerschaft und das Staatsangehörigkeitsrecht in den Mitgliedstaaten der Europäischen Union. 1996.

Band 67 Silke Buchner: Die Rechtswidrigkeit der Taten von "Mauerschützen" im Lichte von Art. 103 II GG unter besonderer Berücksichtigung des Völkerrechts. Ein Beitrag zum Problem der Verfolgung von staatlich legitimiertem Unrecht nach Beseitigung des Unrechtssystems. 1996.

Band 68 Bernd Weiß: Einführung und Umsetzung der Europäischen Charta der kommunalen Selbstverwaltung in Deutschland, insbesondere in Bayern und Nordrhein-Westfalen. 1996.

Band 69 Gesine Katharina Neumann: Boliviens Recht auf freien Zugang zum Pazifik. Zur völkerrechtlichen Problematik des Zugangs der Binnenstaaten zum Meer. 1997.

Band 70 Elvira Pfrang: Das Verhältnis zwischen Europäischem Gemeinschaftsrecht und deutschem Recht nach der Maastricht-Entscheidung des Bundesverfassungsgerichts. Eine Studie zu den Konflikten beider Rechtsordnungen auf dem Gebiet des Grundrechtsschutzes und der Kompetenzen. 1997.

Band 71 Dieter Blumenwitz / Burkhard Schöbener: Stabilitätspakt für Europa. Die Sicherstellung mitgliedstaatlicher Haushaltsdisziplin im Europa- und Völkerrecht. 1997.

Band 72 Matthias Weinberg: Schutz der deutschen Minderheit in Polen nach den Weltkriegen. Ein Vergleich unter Berücksichtigung der aktuellen Rechtslage. 1997.

Band 73 Reinhard Müller: Der "2+4-Vertrag und das Selbstbestimmungsrecht der Völker. 1997.

Band 74 Stefan Strobl: Das Nichtverbreitungsregime für Kernwaffen nach 1995 und der freie Zugang zu nuklearen Technologien und Materialien. 1997.

Band 75 Christine Weber: Das Gegenzeichnungsrecht unter besonderer Berücksichtigung der Verfassung des Fürstentums Liechtenstein. 1997.

Band 76 Stephan Semrau: Die Gemeinsame Außen- und Sicherheitspolitik der Europäischen Union. 1998.

Band 77 Marcus Schultz: Die Auslandsentsendung von Bundeswehr und Bundesgrenzschutz zum Zwecke der Friedenswahrung und Verteidigung. Völker- und verfassungsrechtliche Analyse unter besonderer Berücksichtigung der Entscheidung des Bundesverfassungsgerichtes zum Einsatz deutscher Streitkräfte vom 12. Juli 1994. 1998.

Band 78 Benedikt P. Kuttenkeuler: Die Verankerung des Subsidiaritätsprinzips im Grundgesetz. Ein Beitrag zur Bedeutung des Subsidiaritätsprinzips für die Kompetenzabgrenzung im Bundesstaat. 1998.

Band 79 Winfried Bausback: Verfassungsrechtliche Grenzen des Wahlrechts zum Deutschen Bundestag. 1998.

Band 80 Elvira Pfrang: Towards Liberalisation of the European Electricity Markets. The Directive concerning Common Rules for an Internal Market in Electricity in the Frame of the Competition and Internal Market Rules of the EC-Treaty. 1999.

Band 81 Alexander Wolf: Prozessuale Probleme des "Maastricht"-Urteils des Bundesverfassungsgerichts. 1999.

Band 82 Jürgen Bartl: Die humanitäre Intervention durch den Sicherheitsrat der Vereinten Nationen im "Failed State". Das Beispiel Somalia. 1999.

Band 83 Thomas Gnielinski: Die Reform des deutschen Staatsangehörigkeitsrechts. Eine Analyse und Bewertung der vorliegenden Gesetzesvorhaben. 1999.

Band 84 Margarita González: Der völkerrechtliche Status des Panamakanals nach Ablauf der Übergangszeit im Jahr 1999. 2000.

Band 85 Petra Johnen: Die Verfassungsentwicklung Südafrikas unter besonderer Berücksichtigung der verfassunggebenden Gewalt des Volkes. 2001.

Band 86 Markus Allstadt: Die offene Völkerrechtslage im deutsch-tschechischen Verhältnis und ihre Bedeutung für die Osterweiterung der Europäischen Union. Zugleich Überlegungen zu den Auswirkungen zwingenden Völkerrechts in der Vertriebenenfrage. 2000.

Band 87 Gerrit Aschmann: Europol aus Sicht der deutschen Länder. 2000.

Band 88 Mark Weber: Der Berlin-Status im intertemporalrechtlichen Konflikt. Dargestellt am Beispiel von Grundstücksenteignungen im Ostteil Groß-Berlins. 2001.

Band 89 Heidi Hellwig: Die Staatsangehörigkeit als Anknüpfung im deutschen IPR. Unter besonderer Berücksichtigung des Gesetzes zur Reform des Staatsangehörigkeitsrechts. 2001.

Band 90 Aline Bruer-Schäfer: Der Internationale Strafgerichtshof. Die Internationale Strafgerichtsbarkeit im Spannungsfeld von Recht und Politik. 2001.

Band 91 Andreas Rosenfeld: Die Verfassungsentwicklung von Mosambik. Ein Beitrag zur rechtsstaatlichen Transformation im südlichen Afrika. 2001.

Band 92 Markus Pallek: Der Minderheitenschutz im deutschen Verfassungsrecht. Eine analytische Untersuchung des Begriffs sowie der bundes- und landesverfassungsrechtlichen Stellung der ethnischen, nationalen, sprachlichen, kulturellen und religiösen Minderheiten in der Bundesrepublik Deutschland vor dem Hintergrund der völker- und europarechtlichen Rahmenbedingungen. 2001.

Band 93 Ansgar Firsching: Die Samen, ihre Rechtsstellung in Schweden und ihre Rechtsstellung im Lichte der Indigenous Peoples weltweit. 2002.

Band 94 Jörg Dunker: Regionale Integration im System des liberalisierten Welthandels. EG und NAFTA im Vergleich. 2002.

Band 95 Katharina Wodarz: Gewaltverbot, Menschenrechtsschutz und Selbstbestimmungsrecht im Kosovo-Konflikt. 2002.

Band 96 Grit Hokema: Immunität von Staatsoberhäuptern. 2002.

Band 97 Tido Oliver Hokema: Mehrfache Staatsangehörigkeit. Eine Betrachtung aus völkerrechtlicher und verfassungsrechtlicher Sicht. Unter Berücksichtigung des Staatsangehörigkeitsreformgesetzes vom 15. Juli 1999. 2002.

Band 98 Janet Kerstin Butler: Die Beteiligung von Privatpersonen am WTO-Streitbeilegungsverfahren. Bestandsaufnahme und Entwicklungsperspektiven. 2002

Band 99 Tobias H. Irmscher: Die Behandlung privater Beschwerden über systematische und grobe Menschenrechtsverletzungen in der UN-Menschenrechtskommission. Das 1503-Verfahren nach seiner Reform. 2002

Band 100 Markus Voltz: Menschenrechte und ordre public im Internationalen Privatrecht. 2002.

Band 101 Sabine Schorer: Das Konsensprinzip in der internationalen Gerichtsbarkeit. 2003.

Band 102 Anja Weisgerber: Das Beweiserhebungsverfahren parlamentarischer Untersuchungsausschüsse des Deutschen Bundestages. 2003.

Band 103 Stephan Anstötz: Perspektiven zur staatlichen Neuordnung Zyperns. 2003.

Band 104 Eva Stumpf: Kulturgüterschutz im internationalen Recht unter besonderer Berücksichtigung der deutsch-russischen Beziehungen. 2003.

Band 105 Christian Malzahn: GATT-widrige *Treble Damages*-Klagen auf der Grundlage des US Antidumping Act 1916. Eine Untersuchung der Rechtsstellung beklagter deutscher Unternehmen im US-amerikanischen und deutschen Recht. 2003.

Band 106 Susanne Giannios: Ein Wasserregime im Nahen Osten. Rechtliche und politische Grundlagen und Perspektiven der internationalen Wasserverteilung im Jordanbecken. 2004.

Band 107 Jan Hübner: Das Verbrechen des Völkermordes im internationalen und nationalen Recht. 2004.

Band 108 Benjamin Krenberger: Deutschland im Spannungsfeld zwischen Europäischer Menschenrechtskonvention und nachzubefolgendem Besatzungsrecht. Reichweite der Verpflichtungen des souveränen Deutschlands nach der Liechtenstein-Entscheidung des Europäischen Gerichtshofes für Menschenrechte. 2004.

Band 109 Matthias Werner Schneider: Kommunaler Einfluß in Europa. Die Einflußnahme der Kommunen beim Europarat als Modell für die Europäische Union. KGRE, AdR und EKC als Säulen eines europäischen Kommunalschutzes. 2004.

Band 110 Bettina Gerber: Die Asylrechtsharmonisierung in der Europäischen Union. Unter besonderer Berücksichtigung der Richtlinie zur Festlegung von Mindestnormen für die Aufnahme von Asylbewerbern in den Mitgliedstaaten. 2004.

Band 111 Markus Lintner: Die verfassungsrechtlichen Grenzen des horizontalen Länderfinanzausgleichs nach Art. 107 Abs. 2 GG. 2004.

Band 112 Daniel Volk: Die Begrenzung kriegerischer Konflikte durch das moderne Völkerrecht. 2005.

Band 113 Eugenie Trützschler von Falkenstein: Mittelosteuropa – Nationen, Staaten, Regionen. Die Erweiterung der Europäischen Union aus der historischen Perspektive. 2005.

Band 114 Angela Kaiser: Minderheitenschutz in der Europäischen Union. Eine Untersuchung des "doppelten Standards" des EU-Minderheitenschutzes unter besonderer Berücksichtigung der Europäischen Grundrechtecharta. 2005.

Band 115 Kerstin Liesem: Die Reparationsverpflichtungen der Bundesrepublik Deutschland nach dem Zweiten Weltkrieg unter besonderer Berücksichtigung der Zwangsarbeiterentschädigung. 2005.

Band 116 Christoph Holthusen: Der Nordirlandkonflikt. Geschichte, zentrale Aspekte und Lösungsmodelle unter völkerrechtlicher Betrachtung. 2005.

Band 117 Christoph Junck: Die Gerichtsbarkeit des Internationalen Strafgerichtshofs. Vorbedingungen und Auslösemechanismen nach dem Römischen Statut vom 17. Juli 1998. 2006.

Band 118 Corinna Margit Hartmann: Staatliche Beteiligung an terroristischen Gewaltaktionen. Neue Herausforderungen für das Friedenssicherungssystem der Vereinten Nationen. 2006.

Band 119 Dagmar Wurst: Eigentums- und Investitionsgüterschutz im Völkerrecht. Das Beispiel der Landenteignung in Zimbabwe. 2006.

Band 120 Türkmen Tezcan: Der Zypernkonflikt vor dem Europäischen Menschenrechtsgerichtshof. Eine Analyse unter besonderer Berücksichtigung der Loizidou-Rechtsprechung und ihrer Auswirkung auf die zwischenstaatlichen Beziehungen. 2006.

Band 121 Dorothee von Arnim: Der Standort der EU-Grundrechtecharta in der Grundrechtsarchitektur Europas. 2006.

Band 122 Alexander Brexendorff: Rohstoffe im Kaspischen Becken. Völkerrechtliche Fragen der Förderung und des Transports von Erdöl und Erdgas. 2006.

Band 123 Markus A. Meckler: Der Kleinstaat im Völkerrecht. Das Fürstentum Liechtenstein im Spannungsfeld zwischen Souveränität und kleinstaatenspezifischen Funktionsdefiziten. 2006.

Band 124 Björn Hoppenstedt: Kommunale Selbstverwaltung in den USA. Im Lichte europäischer Standards. 2007.

Band 125 Martin Kunde: Der Präventivkrieg. Geschichtliche Entwicklung und gegenwärtige Bedeutung. 2007.

Band 126 Christoph Mangold: Die völkerstrafrechtliche Verfolgung von Individuen durch internationale Strafgerichtshöfe. 2007.

Band 127 Ralf Müller: Europäische Entwicklungspolitik zwischen gemeinschaftlicher Handelspolitik, intergouvernementaler Außenpolitik und ökonomischer Effizienz. 2007.

Band 128 Michael Wiener: Das Mandat des UN-Sonderberichterstatters über Religions- oder Weltanschauungsfreiheit. Institutionelle, prozedurale und materielle Rechtsfragen. 2007.

Band 129 Senja Kreutzberger: Die gesetzlich nicht geregelten Entscheidungsvarianten des Bundesverfassungsgerichts. 2007.

Band 130 Bettina M. Malzahn: Bedeutung und Reichweite des Eigentumsschutzes in der Europäischen Menschenrechtskonvention. Eine Untersuchung unter besonderer Berücksichtigung der Enteignungen auf besatzungsrechtlicher bzw. besatzungshoheitlicher Grundlage zwischen 1945 und 1949 und der deutschen Restitutionsgesetzgebung nach der Wiedervereinigung. 2007.

Band 131 Thomas Michael Pfeiffer: Verfassungsgerichtliche Rechtsprechung zu Fragen der Außenpolitik. Ein Rechtsvergleich Deutschland – Frankreich. 2007.

Band 132 Christina Schaffrath: Die Rückführung unrechtmäßig nach Deutschland verbrachten Kulturguts an den Ursprungsstaat. 2007.

Band 133 Markus Rabe: Die föderale Entwicklung in Australien und Deutschland. Ein Rechtsvergleich. 2008.

Band 134 Clemens E. Ziegler: Kosovo-Krieg der Nato 1999 und Irak-Krieg 2003. Völkerrechtliche Untersuchung zum universellen Gewaltverbot und seinen Ausnahmen. 2009.

Band 135 Frédéric P. Bostedt: Vorsorgliche und einstweilige Maßnahmen zum Schutz der Menschenrechte. 2009.

Band 136 Sabine Bienk-Koolman: Die Befugnis des Sicherheitsrates der Vereinten Nationen zur Einsetzung von ad hoc-Strafgerichtshöfen. Zur Rechtmäßigkeit der Einsetzung des Internationalen Strafgerichtshofs für das ehemalige Jugoslawien sowie zum nachfolgenden Wandel in Praxis und Rechtsauffassung. 2009.

Band 137 Carolin Dahmen: Die Verpflichtung zur Arbeit im Strafvollzug. Untersuchung zur Vereinbarkeit der Regelungen zu Arbeitspflicht, Entlohnung und Sozialversicherung nach dem Strafvollzugsgesetz mit deutschem Verfassungsrecht und Völkerrecht. 2011.

www.peterlang.de